New

일본어 상용한자 기초 마스터 1026

다락원

머리말

지금 시대는 많은 변화를 거듭하여 '멀티 페르소나' 시대를 맞이하였습니다. 현대사회가 점차 복잡하고 개인화된 다매체 사회로 변하면서 페르소나가 중요한 개념으로 새삼 떠오르고 있습니다. 학생들 또한 카카오톡이나 유튜브, 트위터, 인스타그램 등을 통해 각기 다른 정체성으로 소통을 하고 있습니다. 일본어 학습도 이와 같은 다양한 방법으로 학습을 하고 있지만 읽고 쓰기를 꾸준히 반복해야 하는 한자의 학습법은 변함이 없습니다.

다양한 매체를 통하여 일본어 회화 구사 능력은 좋아졌으나 일본어 쓰기 실력은 초기 단계에 머무는 경우가 많습니다. 그 원인은 바로 부족한 한자 학습 시간에 있습니다. 한자를 읽지 못하고 쓰는 데 서툴러 일본어 어휘 수준이 향상되지 않기 때문입니다.

한자 문화권인 일본과 한국은 비슷한 한자 어휘를 사용합니다. 다만 일본에서는 한자를 직접 쓰고 읽으나 한국에서는 쓰기, 읽기 교육보다는 한자 어휘만을 사용할 뿐입니다. 쓰기, 읽기 교육이 일본보다 약하다고는 하나 한자 어휘를 사용하는 터라 한국인에게 일본어 한자 학습은 매우 유리합니다. 뜻이 비슷한 데다가 음도 비슷한 부분이 많아 쓰기, 읽기만 반복하면 충분히 정복할 수 있습니다.

이 책은 일본의 초등학교에서 배우는 한자를 학년별로 나누어 음과 훈, 의미를 적고 단어와 예문을 제시하였습니다. 2020년 4월 1일 개정된 내용에 맞게 일부 새롭게 편집을 하였습니다. 또한 새롭게 개정된 JLPT의 급수를 제시하여 JLPT에도 대비할 수 있게끔 만든 책입니다. 단어와 예문은 되도록 일본의 실생활에서 응용할 수 있는 것을 실었으므로 쓰기와 읽기를 병행하며 예문을 학습하면 회화 연습에도 많은 도움이 되리라고 생각합니다.

한자는 한번 학습을 했더라도 반복하거나 활용하지 않으면 금방 잊어버립니다. 본서는 매일 공부한 분량을 복습할 수 있는 확인 문제를 인터넷으로 제공하고 책에는 6, 7일 째마다 푸는 연습 문제를 실어 계속 확인하고 반복하도록 하였습니다. 한자를 쓰고 읽는 일은 쉽지 않지만 포기하지 않고 학습하다보면 어휘가 많이 향상되어 일본어 실력도 상당히 좋아지리라 믿어 의심치 않습니다. 아무쪼록 이 교재로 한자를 꾸준히 학습하여 일본어를 정복하시기 바랍니다.

저자 일동

이 책의 구성과 특징

1 생활에 필요한 많은 한자를 부담 없이 익힐 수 있습니다.

본서는 2010년 11월 30일 문부과학성이 새롭게 지정한 일본어 상용한자 2136자 중에서 일본 초등학생들이 배우는 교육한자 1026자를 학년별로 차례대로 배열하였습니다. 2010년 발표한 초등학교 교육한자는 1006개였으나 2020년 4월 1일 새롭게 1026개로 증가되었으므로 일본 초등학교 학습지도 요령에 맞게 새롭게 개정하였습니다.

1학년부터 3학년까지는 익히기 쉬운 한자부터 임의로 배열하였고, 4학년부터 6학년까지는 한글의 자모순으로 배열하였습니다. 1학년 한자는 unit 한 개, 2학년부터 6학년까지는 unit 두 개로 구성하여 총 열한 개의 unit입니다. 각 unit당 80~100자씩으로 나누어 총 1026자를 부담 없이 학습할 수 있으며 unit이 끝날 때마다 연습 문제를 수록하여 충분히 복습할 수 있도록 고려하였습니다.

상용한자 일본 문부과학성이 법령이나 공용문서, 신문, 방송 등 일반 사회 생활에서 쓰도록 권장하는 한자입니다. 2010년 11월 30일 새롭게 지정되어 총 2136자의 상용한자가 있습니다.

교육한자 상용한자 중에서 일본 초등학생들이 배우도록 지정된 한자입니다.
2020년 4월 1일 새롭게 개정된 1026자의 학년별 한자 수는 다음과 같습니다.

1학년 | 80자	2학년 | 160자	3학년 | 200자
4학년 | 202자	5학년 | 193자	6학년 | 191자

2 JLPT 대비도 문제 없습니다.

본서는 JLPT(일본어능력시험)에 대비할 수 있도록 표제 한자 밑에 N5부터 N1까지의 급수를 표시하였습니다. 또한 6일과 7일째의 연습 문제는 JLPT의 출제 형식을 모방하였습니다. 따라서 한자가 JLPT의 몇 급에 해당하는지 확인해 가면서 학습할 수 있으며, 연습 문제를 모의시험처럼 활용해도 좋습니다.

0683

홀로 독 (獨)

N2 총 9 획

음 どく 独身(どくしん) 독신 | 独占(どくせん) 독점 | 独特(どくとく) 독특 | 独立(どくりつ) 독립 | 孤独(こどく) 고독 | 単独(たんどく) 단독

훈 ひと(り) 独(ひと)り 한 명, 혼자 | 独(ひと)り言(ごと) 혼잣말

예외 独楽(こま) 팽이

孤独(こどく)な時間(じかん)はいつですか。 고독한 시간은 언제입니까?

独(ひと)りで旅行(りょこう)に行(い)きました。 혼자서 여행을 갔습니다.

쓰는 순서 独 独 独 独 独 独 独 独 独

❶ 일련번호 | 1부터 1026까지의 일련번호입니다.
다락원 홈페이지에서 단어 · 예문의 음성(mp3) 파일을 들으실 때 일련번호를 참고해 주세요.

❷ 표제 한자 | 보기 쉽게 한자를 크게 표시했습니다.

❸ 우리말 음훈 | 우리나라에서 쓰는 뜻과 음을 표기하였습니다.

❹ 한국 한자 | 우리나라에서 쓰는 한자(정자)가 따로 있는 경우 표기해 두었습니다.

❺ JLPT 급수 | N5부터 N1까지의 JLPT의 각 해당하는 급수를 표시하여 JLPT에 대비하도록 하였습니다.

❻ 총획 | 한자의 총획을 표시하였습니다

❼ 일본어 음훈과 단어의 예 | 자주 쓰는 대표적인 단어의 음과 훈을 적고 각각의 의미를 적었습니다.

❽ 예외 | 특별하게 읽는 단어를 예시하였습니다.

❾ 예문 | 음독 단어, 훈독 단어를 이용한 예문을 각각 한 문장씩 실었습니다.

❿ 쓰는 순서 | 한자의 쓰는 순서를 제시하여 올바른 쓰기 학습이 가능하도록 하였습니다.
우리나라에서 쓰는 한자와 일본어 한자는 필순이 다를 때도 있습니다.

⓫ □□ | 학습을 한 후 암기한 한자를 체크하기 위한 공간입니다.

일본어 한자에 대하여

일본어를 표기할 때는 한자, 히라가나, 가타카나를 사용합니다. 히라가나는 문법적인 말(활용 어미나 조사, 조동사 등), 가타카나는 외래어나 강조하고 싶은 말, 한자는 실질적인 어휘에 사용합니다. 한자는 실질적인 어휘를 나타내는 만큼 특히 중요합니다. 그럼 일본어 한자의 특징에 대하여 알아봅시다.

1 한자에는 음(音)과 훈(訓)이 있습니다.

일본어 한자는 음독(音読み)과 훈독(訓読み)으로 발음합니다. 음은 중국에서 한자가 건너올 때 한자가 나타내는 중국어 발음을 그대로 일본어에 도입한 것을 말합니다. 한편 훈은 일본인이 한자를 알기 전부터 사용했던 음입니다. 한자가 일본으로 전해지면서 같은 뜻을 나타내자 훈으로 읽게 되었지요. 그래서 대개 훈을 보면 의미도 알 수 있습니다.

음 さん 중국어 발음을 일본어에 도입한 음

훈 やま 한자가 나타내는 중국어 의미를 일본어로 표기한 것

우리나라에서는 한자에 음독과 훈독이 하나씩인 경우가 많지만, 일본어 한자는 음독과 훈독이 다양하며 의미가 여러 가지인 경우도 많습니다.

음 せい, しょう

훈 いきる, いかす, いける, うまれる, うむ, おう, はえる, はかす, なま, き

2 발음이 변할 때가 있습니다.

한자의 앞이나 뒤에 다른 한자나 단어가 붙어서 새로운 단어가 되었을 때 예와 같이 발음이 변하거나 특별하게 읽는 경우가 있습니다.

① 音便化(음편화): 앞의 음이 뒤의 음의 영향을 받아 촉음으로 바뀌는 현상입니다.

学(がく) + **校**(こう) → **学校**(がっこう)
학 교 학교

出(しゅつ) + **発**(はつ) → **出発**(しゅっぱつ)
출 발 출발

② 連濁(れんだく)(연탁): 뒤의 첫음이 청음에서 탁음으로 바뀌는 현상입니다.

天(てん) + **国**(こく) → **天国**(てんごく)
천 국 천국

③ 連声(れんじょう)(연성): 앞의 음이 ん·ち·つ로 끝날 때 あ·や·わ행이 이어지면 그 음이 な·ま·た행으로 바뀌는 현상입니다.

因(いん) + **縁**(えん) → **因縁**(いんねん)
인 연 인연

④ 当(あ)て字(じ): 특별하게 읽는 경우입니다.

田(でん) + **舎**(しゃ) → **田舎**(いなか)
전 사 시골

본서에서는 단어의 음편화, 연탁, 연성에 대한 설명은 따로 하지 않았습니다.
특별하게 읽으나 자주 사용하는 当て字는 '예외'라고 표시해 두었습니다.

3 오쿠리가나(送(おく)り仮(が)名(な))

오쿠리가나는 문장을 읽을 때 쉽게 읽기 위하여 한자 뒤에 붙는 히라가나를 말합니다. 오쿠리가나는 기본적으로 훈독으로 읽는 동사, イ·ナ형용사, 부사(일부)에 있고, 동사, 형용사에는 활용어미(活用語尾)에, 부사에는 마지막 음절(音節)에 사용하여 정확한 의미, 문맥을 알 수 있도록 하는 역할을 합니다. 오쿠리가나에 따라 의미가 달라지므로 주의하여야 합니다. 본서에서는 오쿠리가나를 괄호에 넣어 표시하였습니다.

동사 閉(し)まる 닫히다 閉(し)める 닫다 生(う)む 낳다 生(う)まれる 태어나다

イ형용사 細(ほそ)い 가늘다 細(こま)かい 상세하다, 작다 苦(くる)しい 괴롭다 苦(にが)い (맛이) 쓰다

ナ형용사 幸(しあわ)せだ 행복하다 幸(さいわ)いだ 다행이다

부사 最(もっと)も 가장 必(かなら)ず 꼭 概(おおむ)ね 대강, 대체로

11주 학습 계획표

『NEW 일본어 상용한자 기초 마스터 1026』을 학습하는 독자분들을 위해 11주 완성으로 학습 계획표를 짰습니다. 80~100자로 이루어진 각 unit을 일주일 동안 학습할 수 있게 일련번호순으로 하루에 약 16~20자씩 나누었습니다. 주말에는 일주일 동안 학습한 내용을 연습 문제를 풀어 보며 꼼꼼하게 복습하세요. 단어와 예문의 음성(mp3) 파일, 매일 풀어 보는 확인 문제도 다락원 홈페이지(www.darakwon.co.kr)에서 제공하니 다운로드하여 활용해 보세요.

		월	화	수	목	금	토 · 일
1주	초등학교 **1학년** 한자	1~16	17~32	33~48	49~64	65~80	연습 문제 1, 2
2주	초등학교 **2학년** 한자 ❶	81~96	97~112	113~128	129~144	145~160	연습 문제 3, 4
3주	초등학교 **2학년** 한자 ❷	161~176	177~192	193~208	209~224	225~240	연습 문제 5, 6
4주	초등학교 **3학년** 한자 ❶	241~260	261~280	281~300	301~320	321~340	연습 문제, 7, 8
5주	초등학교 **3학년** 한자 ❷	341~360	361~380	381~400	401~420	421~440	연습 문제 9, 10
6주	초등학교 **4학년** 한자 ❶	441~460	461~480	481~500	501~520	521~540	연습 문제 11, 12
7주	초등학교 **4학년** 한자 ❷	541~560	561~580	581~600	601~620	621~642	연습 문제 13, 14
8주	초등학교 **5학년** 한자 ❶	643~662	663~682	683~702	703~722	723~742	연습 문제 15, 16
9주	초등학교 **5학년** 한자 ❷	743~761	762~780	781~799	800~817	818~835	연습 문제 17, 18
10주	초등학교 **6학년** 한자 ❶	836~854	855~873	874~892	893~910	911~928	연습 문제 19, 20
11주	초등학교 **6학년** 한자 ❷	929~948	949~968	969~988	989~1008	1009~1026	연습 문제 21, 22

차례

머리말 ········ 3

이 책의 구성과 특징 ········ 4

일본어 한자에 대하여 ········ 6

11주 학습 계획표 ········ 8

초등학교 **1학년** 한자 ········ 11

초등학교 **2학년** 한자 ❶ ········ 37

초등학교 **2학년** 한자 ❷ ········ 63

초등학교 **3학년** 한자 ❶ ········ 89

초등학교 **3학년** 한자 ❷ ········ 120

초등학교 **4학년** 한자 ❶ ········ 151

초등학교 **4학년** 한자 ❷ ········ 182

초등학교 **5학년** 한자 ❶ ········ 213

초등학교 **5학년** 한자 ❷ ········ 244

초등학교 **6학년** 한자 ❶ ········ 273

초등학교 **6학년** 한자 ❷ ········ 303

색인 ········ 333

1
초등학교
학년 한자

초등학교 1학년 한자

80 자

一	二	三	四	五	六	七	八
한 일	두 이	석 삼	넉 사	다섯 오	여섯 육(륙)	일곱 칠	여덟 팔
九	十	百	千	年	日	月	火
아홉 구	열 십	일백 백	일천 천	해 년	날 일	달 월	불 화
水	木	金	土	上	下	大	中
물 수	나무 목	쇠 금	흙 토	윗 상	아래 하	큰 대	가운데 중
小	左	右	白	赤	青	口	耳
작을 소	왼 좌	오른 우	흰 백	붉을 적	푸를 청	입 구	귀 이
目	手	足	文	字	先	生	学
눈 목	손 수	발 족	글월 문	글자 자	먼저 선	날 생	배울 학
校	車	出	入	山	川	天	石
학교 교	수레 차(거)	날 출	들 입	뫼 산	내 천	하늘 천	돌 석
森	林	空	気	雨	夕	男	女
수풀 삼	수풀 림	빌 공	기운 기	비 우	저녁 석	사내 남	여자 녀
人	名	王	子	力	正	犬	虫
사람 인	이름 명	임금 왕	아들 자	힘 력	바를 정	개 견	벌레 충
貝	花	草	竹	円	玉	糸	見
조개 패	꽃 화	풀 초	대 죽	둥글 원	구슬 옥	실 사	볼 견
音	休	本	立	早	田	町	村
소리 음	쉴 휴	근본 본	설 립	이를 조	밭 전	밭두둑 정	마을 촌

0001 □ □

一

한 일

N5 총 1 획

음 いち, いつ 一年(いちねん) 1년 | 一番(いちばん) 첫 번째, 가장 | 一回(いっかい) 한 번

훈 ひと, ひと(つ) 一人(ひとり) 한 명, 혼자 | 一つ(ひと) 한 개, 하나

예외 一日(ついたち) 초하루, 1일

一年(いちねん)は365日(にち)です。1년은 365일입니다.

一(ひと)つ、いくらですか。한 개에 얼마입니까?

쓰는 순서 一

0002 □ □

二

두 이

N5 총 2 획

음 に 二回(にかい) 2회, 두 번 | 二時(にじ) 두 시 | 二年(にねん) 2년

훈 ふた, ふた(つ) 二人(ふたり) 두 명 | 二つ(ふた) 두 개

예외 二十歳(はたち) 스무 살, 20세 | 二十日(はつか) 20일 | 二日(ふつか) 2일, 이틀

二時(にじ)に学校(がっこう)で会(あ)いましょう。두 시에 학교에서 만납시다.

ケーキを二(ふた)つください。케이크 두 개 주세요.

쓰는 순서 二 二

0003 □ □

三

석 삼

N5 총 3 획

음 さん 三人(さんにん) 세 명 | 三年生(さんねんせい) 3학년 | 三枚(さんまい) 세 장

훈 み, み(つ), みっ(つ) 三日(みっか) 3일, 사흘 | 三つ(みっ) 세 개

妹(いもうと)は大学三年生(だいがくさんねんせい)です。여동생은 대학교 3학년입니다.

三月三日(さんがつみっか)はひなまつりです。3월 3일은 히나 마쓰리입니다.

* ひなまつり : 히나 마쓰리, 여자아이의 건강을 기원하는 행사

쓰는 순서 三 三 三

0004 □ □

四

넉 사

N5 총 5 획

음 し 四月(しがつ) 4월 | 四季(しき) 사계

훈 よ, よ(つ), よっ(つ), よん 四時(よじ) 네 시 | 四日(よっか) 4일 | 四つ(よっ) 네 개 | 四歳(よんさい) 네 살

今日(きょう)は四月四日(しがつよっか)です。오늘은 4월 4일입니다.

切手(きって)を四枚(よんまい)ください。우표 네 장 주세요.

쓰는 순서 四 四 四 四 四

0005 □ □

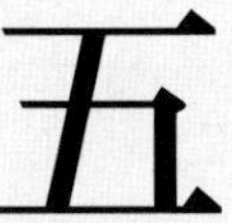

다섯 오

N5 총 4 획

음 ご 五時(ごじ) 다섯 시 | 五人(ごにん) 다섯 명 | 五年(ごねん) 5년

훈 いつ, いつ(つ) 五日(いつか) 5일 | 五つ(いつ) 다섯 개

五月五日(ごがついつか)は子(こ)どもの日(ひ)です。 5월 5일은 어린이날입니다.

りんごが五(いつ)つあります。 사과가 다섯 개 있습니다.

쓰는 순서 五 五 五 五

0006 □ □

여섯 육(륙)

N5 총 4 획

음 ろく 六月(ろくがつ) 6월 | 六時(ろくじ) 여섯 시 | 六人(ろくにん) 여섯 명 | 六本(ろっぽん) 여섯 병

훈 む, むい, む(つ), むっ(つ) 六日(むいか) 6일 | 六つ(むっ) 여섯 개

会社(かいしゃ)は六時(ろくじ)に終(お)わります。 회사는 여섯 시에 끝납니다.

ドーナツを六(むっ)つ買(か)いました。 도너츠를 여섯 개 샀습니다.

쓰는 순서 六 六 六 六

0007 □ □

일곱 칠

N5 총 2 획

음 しち 七月(しちがつ) 7월 | 七時(しちじ) 일곱 시 | 七人(しちにん) 일곱 명

훈 なな, なな(つ), なの 七本(ななほん) 일곱 병 | 七つ(なな) 일곱 개 | 七日(なのか) 7일

毎日(まいにち)、夜七時(よるしちじ)のニュースを見(み)ます。 매일 저녁 일곱 시 뉴스를 봅니다.

アイスクリームを七(なな)つください。 아이스크림을 일곱 개 주세요.

쓰는 순서 七 七

0008 □ □

八

여덟 팔

N5 총 2 획

음 はち 八月(はちがつ) 8월 | 八人(はちにん) 여덟 명

훈 や, や(つ), やっ(つ), よう 八百屋(やおや) 채소 가게 | 八つ(やっ) 여덟 개 | 八日(ようか) 8일

私(わたし)の誕生日(たんじょうび)は八月八日(はちがつようか)です。 내 생일은 8월 8일입니다.

八百屋(やおや)でトマトを買(か)いました。 채소 가게에서 토마토를 샀습니다.

쓰는 순서 八 八

0009 □□

아홉 구

N5 총2획

음 く, きゅう 九月(くがつ) 9월 | 九時(くじ) 아홉 시 | 九階(きゅうかい) 9층 | 九歳(きゅうさい) 아홉 살 | 九人(きゅうにん) 아홉 명

훈 ここの, ここの(つ) 九日(ここのか) 9일 | 九(ここの)つ 아홉 개

銀行(ぎんこう)は九時(くじ)に始(はじ)まります。은행은 아홉 시에 시작합니다.

十月九日(じゅうがつここのか)はハングルの日(ひ)です。10월 9일은 한글날입니다.

쓰는 순서 九 九

0010 □□

열 십

N5 총2획

음 じゅう, じっ 十月(じゅうがつ) 10월 | 十人(じゅうにん) 열 명 | 十回(じゅっかい)・十回(じっかい) 10회 | 十分(じゅっぷん)・十分(じっぷん) 10분

훈 と, とお 十日(とおか) 10일, 열흘

教室(きょうしつ)の中(なか)に学生(がくせい)が十人(じゅうにん)います。교실 안에 학생이 열 명 있습니다.

十日間(とおかかん)、旅行(りょこう)に行(い)きます。열흘간 여행을 갑니다.

쓰는 순서 十 十

0011 □□

일백 백

N5 총6획

음 ひゃく 百円玉(ひゃくえんだま) 백 엔짜리 동전 | 百人(ひゃくにん) 백 명 | 百年(ひゃくねん) 백 년 | 百貨店(ひゃっかてん) 백화점

百円玉(ひゃくえんだま)がありません。백 엔짜리 동전이 없습니다.

百貨店(ひゃっかてん)でバッグを買(か)いました。백화점에서 가방을 샀습니다.

쓰는 순서 百 百 百 百 百 百

0012 □□

일천 천

N5 총3획

음 せん 千円(せんえん) 천 엔 | 千人(せんにん) 천 명 | 千年(せんねん) 천 년

훈 ち 千切(ちぎ)る 손으로 잘게 찢다 | 千代(ちよ) 영원

この寺(てら)は千年前(せんねんまえ)の建物(たてもの)です。이 절은 천 년 전 건물입니다.

これは千切(ちぎ)り絵(え)の作品(さくひん)です。이것은 손으로 찢어 붙여 만든 작품입니다.

* 千切(ちぎ)り絵(え): 손으로 잘게 찢어 만든 그림

쓰는 순서 千 千 千

0013

해 년

N5 총6획

음 ねん 学年(がくねん) 학년 | 新年(しんねん) 새해 | 四年生(よねんせい) 4학년 | 来年(らいねん) 내년

훈 とし 年(とし) 나이, 해 | 年上(としうえ) 손윗사람, 연장자 | お年玉(としだま) 새뱃돈 | お年寄(としよ)り 노인 | 毎年(まいとし) 매년

新年(しんねん)、あけましておめでとうございます。 새해 복 많이 받으세요.

お正月(しょうがつ)にお年玉(としだま)をもらいました。 설날에 세뱃돈을 받았습니다.

쓰는순서 年 年 年 年 年 年

0014

날 일

N5 총4획

음 にち, じつ 一日(いちにち) 하루 | 今日(こんにち)・今日(きょう)・本日(ほんじつ) 오늘 | 毎日(まいにち) 매일 | 休日(きゅうじつ) 휴일 | 平日(へいじつ) 평일

훈 ひ, か 日帰(ひがえ)り 당일치기 | 朝日(あさひ) 아침 해 | 日曜日(にちようび) 일요일 | 二十日(はつか) 20일

本日(ほんじつ)はセールです。 오늘은 세일입니다.

日帰(ひがえ)りで温泉(おんせん)に行(い)きます。 당일치기로 온천에 갑니다.

쓰는순서 日 日 日 日

0015

달 월

N5 총4획

음 げつ, がつ 月末(げつまつ) 월말 | 月曜日(げつようび) 월요일 | 八月(はちがつ) 8월 | 生年月日(せいねんがっぴ) 생년월일

훈 つき 月(つき) 달, 한 달 | 月日(つきひ) 월일, 날짜, 세월

生年月日(せいねんがっぴ)を書(か)いてください。 생년월일을 써 주세요.

月(つき)がきれいです。 달이 예쁩니다.

쓰는순서 月 月 月 月

0016

불 화

N5 총4획

음 か 火山(かざん) 화산 | 火事(かじ) 화재 | 火曜日(かようび) 화요일

훈 ひ, ほ 火(ひ) 불 | 花火(はなび) 불꽃놀이

火事(かじ)に気(き)をつけましょう。 화재에 주의합시다.

月末(げつまつ)に花火大会(はなびたいかい)があります。 월말에 불꽃놀이 축제가 있습니다.

쓰는순서 火 火 火 火

0017

물 수

N5 총 4 획

음 すい 水泳(すいえい) 수영 | 水道(すいどう) 수도 | 水曜日(すいようび) 수요일 | 香水(こうすい) 향수

훈 みず 水(みず) 물 | 水着(みずぎ) 수영복 | 水時計(みずどけい) 물시계 | 鼻水(はなみず) 콧물

水泳(すいえい)が好(す)きです。 수영을 좋아합니다.

水一杯(みずいっぱい)お願(ねが)いします。 물 한 잔 부탁합니다.

쓰는 순서 水 水 水 水

0018

나무 목

N5 총 4 획

음 もく, ぼく 木材(もくざい) 목재 | 木造(もくぞう) 목조 | 木曜日(もくようび) 목요일 | 土木(どぼく) 토목

훈 き, こ 木(き) 나무 | 並木(なみき) 가로수 | 木(こ)の葉(は) 나뭇잎

木曜日(もくようび)のメニューは何(なん)ですか。 목요일 메뉴는 무엇입니까?

この公園(こうえん)は木(き)が多(おお)いです。 이 공원은 나무가 많습니다.

쓰는 순서 木 木 木 木

0019

쇠 금

N5 총 8 획

음 きん, こん 金色(きんいろ)·金色(こんじき) 금색 | 金庫(きんこ) 금고 | 金曜日(きんようび) 금요일 | 税金(ぜいきん) 세금 | 黄金(おうごん) 황금

훈 かね, かな お金(かね) 돈 | お金持(かねも)ち 부자 | 金物(かなもの) 철물

銀行(ぎんこう)に金庫(きんこ)があります。 은행에 금고가 있습니다.

お金(かね)をきれいに使(つか)ってください。 돈을 깨끗하게 써 주세요.

쓰는 순서 金 金 金 金 金 金 金 金

0020

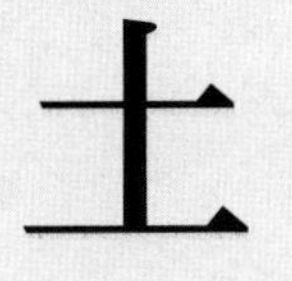

흙 토

N5 총 3 획

음 ど, と 土日(どにち) 토요일과 일요일, 주말 | 土曜日(どようび) 토요일 | 国土(こくど) 국토 | 土地(とち) 토지

훈 つち 土(つち) 흙 | 土(つち)ぼこり 흙먼지

土日(どにち)は割引(わりび)きできません。 주말에는 할인이 되지 않습니다.

植木鉢(うえきばち)に土(つち)を入(い)れます。 화분에 흙을 담습니다.

쓰는 순서 土 土 土

0021

上

윗 상

N5 총 3 획

음 じょう 上下(じょうげ) 상하 | 上手(じょうず) 잘함, 능함 | 上流(じょうりゅう) 상류 | 地上(ちじょう) 지상

훈 うえ, うわ, かみ, あ(げる), あ(がる), のぼ(る) 上(うえ) 위 | 上着(うわぎ) 겉옷, 상의 | 上(あ)げる 올리다 | 上(あ)がる 오르다, 올라가다 | 上(のぼ)る 오르다, 올라가다

日本語(にほんご)が上手(じょうず)になりたいです。 일본어를 잘하고 싶습니다.

暑(あつ)かったら上着(うわぎ)を脱(ぬ)いでください。 더우면 겉옷을 벗으세요.

쓰는 순서 上 上 上

0022

下

아래 하

N5 총 3 획

음 か, げ 下流(かりゅう) 하류 | 地下(ちか) 지하 | 地下鉄(ちかてつ) 지하철 | 下車(げしゃ) 하차 | 下宿(げしゅく) 하숙

훈 した, しも, もと, さ(げる), さ(がる), くだ(る), お(りる), お(ろす) 下(した) 아래, 밑 | 下(さ)げる 낮추다 | 下(さ)がる 내려가다 | 下(くだ)る 내려가다 | 下(お)りる 내리다 | 下(お)ろす 내리다

食堂(しょくどう)は地下一階(ちかいっかい)です。 식당은 지하 1층입니다.

今月(こんげつ)から急(きゅう)に気温(きおん)が下(さ)がりました。 이번 달부터 갑자기 기온이 떨어졌습니다.

쓰는 순서 下 下 下

0023

큰 대

N5 총 3 획

음 だい, たい 大学(だいがく) 대학 | 大丈夫(だいじょうぶ) 괜찮음 | 大会(たいかい) 대회 | 大陸(たいりく) 대륙

훈 おお, おお(きい), おお(いに) 大雨(おおあめ) 큰비, 폭우 | 大通(おおどお)り 큰길 | 大(おお)きい 크다

예외 大人(おとな) 어른

大学一年生(だいがくいちねんせい)です。 대학교 1학년입니다.

大(おお)きい車(くるま)がほしいです。 큰 차를 갖고 싶습니다.

쓰는 순서 大 大 大

0024

가운데 중

N5 총 4 획

음 ちゅう, じゅう 中学生(ちゅうがくせい) 중학생 | 中心(ちゅうしん) 중심 | 食事中(しょくじちゅう) 식사 중 | 一日中(いちにちじゅう) 하루 종일

훈 なか 中(なか) 속, 안 | 中身(なかみ) 내용물 | 夜中(よなか) 한밤중

弟(おとうと)は中学生(ちゅうがくせい)です。 남동생은 중학생입니다.

箱(はこ)の中身(なかみ)は何(なん)ですか。 상자 속에 든 것은 무엇입니까?

쓰는 순서 中 中 中 中

□□

0025

작을 소

N5 총3획

음 しょう 小学生(しょうがくせい) 초등학생 | 小説(しょうせつ) 소설 | 中小(ちゅうしょう) 중소

훈 ちい(さい), こ, お 小(ちい)さい 작다 | 小切手(こぎって) 수표 | 小包(こづつみ) 소포 | 小川(おがわ) 시냇물

日本(にほん)の小説(しょうせつ)が好(す)きです。 일본 소설을 좋아합니다.

小包(こづつみ)を開(あ)けてみてください。 소포를 열어 보세요.

쓰는 순서 小 小 小

□□

0026

왼 좌

N5 총5획

음 さ 左折(させつ) 좌회전

훈 ひだり 左(ひだり) 왼쪽 | 左側(ひだりがわ) 왼쪽 | 左利(ひだりき)き 왼손잡이 | 左手(ひだりて) 왼손

ここで左折(させつ)してください。 여기에서 좌회전해 주세요.

彼(かれ)は左利(ひだりき)きです。 그는 왼손잡이입니다.

쓰는 순서 左 左 左 左 左

□□

0027

오른 우

N5 총5획

음 う, ゆう 右往左往(うおうさおう) 우왕좌왕 | 右折(うせつ) 우회전 | 左右(さゆう) 좌우

훈 みぎ 右(みぎ) 오른쪽 | 右側(みぎがわ) 오른쪽 | 右手(みぎて) 오른손

左右(さゆう)をよく見(み)てください。 좌우를 잘 보세요.

右(みぎ)に曲(ま)がってください。 오른쪽으로 돌아 주세요.

쓰는 순서 右 右 右 右 右

□□

0028

흰 백

N5 총5획

음 はく, びゃく 白紙(はくし) 백지 | 白夜(はくや)・白夜(びゃくや) 백야 | 紅白(こうはく) 홍백 | 告白(こくはく) 고백

훈 しろ, しら, しろ(い) 白(しろ) 하양 | 白雪姫(しらゆきひめ) 백설공주 | 白(しろ)い 희다, 하얗다

紅白(こうはく)に分(わ)かれて、運動会(うんどうかい)をしました。 홍팀 백팀으로 나뉘어 운동회를 했습니다.

ゆりの花(はな)は白(しろ)くて、きれいです。 백합꽃은 하얗고 예쁩니다.

쓰는 순서 白 白 白 白 白

0029

赤

붉을 적

N4 총 7 획

음 せき, しゃく 赤十字(せきじゅうじ) 적십자 | 赤道(せきどう) 적도 | 赤飯(せきはん) 팥밥

훈 あか, あか(い), あか(らむ), あか(らめる) 赤(あか) 빨강 | 赤字(あかじ) 적자 | 赤信号(あかしんごう) 적신호, 빨간불(횡단보도) | 赤(あか)ちゃん 아기 | 赤(あか)い 빨갛다

大学(だいがく)の近(ちか)くに赤十字病院(せきじゅうじびょういん)があります。 대학 근처에 적십자 병원이 있습니다.

赤(あか)ちゃんが泣(な)いています。 아기가 울고 있습니다.

쓰는순서 赤 赤 赤 赤 赤 赤 赤

0030

푸를 청 (靑)

N4 총 8 획

음 せい, しょう 青春(せいしゅん) 청춘 | 青少年(せいしょうねん) 청소년

훈 あお, あお(い) 青(あお) 파랑 | 青信号(あおしんごう) 청신호, 파란불(횡단보도) | 青空(あおぞら) 푸른 하늘 | 青(あお)い 파랗다

この町(まち)には青少年(せいしょうねん)が多(おお)いです。 이 마을에는 청소년이 많습니다.

青信号(あおしんごう)になるまで待(ま)ちましょう。 파란불이 될 때까지 기다립시다.

쓰는순서 青 青 青 青 青 青 青 青

0031

입 구

N4 총 3 획

음 こう, く 口座(こうざ) 계좌 | 人口(じんこう) 인구 | 口調(くちょう) 말투, 어조

훈 くち 口(くち) 입 | 一口(ひとくち) 한마디, 한 입, 한 모금 | 入(い)り口(ぐち) 입구 | 出口(でぐち) 출구

中国(ちゅうごく)は人口(じんこう)が多(おお)いです。 중국은 인구가 많습니다.

出口(でぐち)はどこですか。 출구는 어디입니까?

쓰는순서 口 口 口

0032

귀 이

N5 총 6 획

음 じ 耳鼻科(じびか) 이비인후과 | 耳目(じもく) 이목

훈 みみ 耳(みみ) 귀 | 初耳(はつみみ) 초문, 처음 들음

この本(ほん)は耳目(じもく)を集(あつ)めています。 이 책은 이목을 끌고 있습니다.

それは初耳(はつみみ)です。 그것은 처음 들었습니다.

쓰는순서 耳 耳 耳 耳 耳 耳

0033

눈 목

N5 총 5 획

음 もく, ぼく 目的(もくてき) 목적 | 科目(かもく) 과목 | 注目(ちゅうもく) 주목 | 面目(めんもく)·面目(めんぼく) 면목

훈 め, ま 目(め) 눈 | 目上(めうえ) 손위, 연장자 | 目覚(めざ)まし時計(どけい) 자명종

日本(にほん)に行(い)く目的(もくてき)は何(なん)ですか。 일본에 가는 목적은 무엇입니까?

目上(めうえ)の人(ひと)を大事(だいじ)にしてください。 손윗사람을 소중하게 대해 주세요.

쓰는 순서 目 目 目 目 目

0034

손 수

N5 총 4 획

음 しゅ 手話(しゅわ) 수화 | 歌手(かしゅ) 가수 | 投手(とうしゅ) 투수

훈 て, た 手(て) 손 | 手紙(てがみ) 편지 | 手袋(てぶくろ) 장갑 | 下手(へた) 서투름

手話(しゅわ)が習(なら)いたいです。 수화를 배우고 싶습니다.

暖(あたた)かい手袋(てぶくろ)がほしいです。 따뜻한 장갑을 갖고 싶습니다.

쓰는 순서 手 手 手 手

0035

발 족

N4 총 7 획

음 そく 一足(いっそく) 한 켤레, 한 발 | 遠足(えんそく) 소풍 | 不足(ふそく) 부족 | 満足(まんぞく) 만족

훈 あし, た(りる), た(る), た(す) 足(あし) 발 | 手足(てあし) 손발 | 足(た)りる 충분하다 | 足(た)す 더하다

アフターサービスは満足(まんぞく)でしたか。 애프터서비스는 만족하셨습니까?

勉強(べんきょう)する時間(じかん)が足(た)りないです。 공부할 시간이 부족합니다.

쓰는 순서 足 足 足 足 足 足 足

0036

글월 문

N4 총 4 획

음 ぶん, もん 文化(ぶんか) 문화 | 文学(ぶんがく) 문학 | 作文(さくぶん) 작문 | 文句(もんく) 불평, 문구 | 文字(もじ) 문자, 글자

훈 ふみ 文(ふみ) 문서, 책 | 恋文(こいぶみ) 연애 편지

作文(さくぶん)がきらいです。 작문을 싫어합니다.

昔(むかし)の人(ひと)は恋文(こいぶみ)をよく書(か)きました。 옛날 사람은 연애 편지를 자주 썼습니다.

쓰는 순서 文 文 文 文

□□

0037

글자 자

N4 총6획

음 じ **赤字**(あかじ) 적자 | **漢字**(かんじ) 한자 | **黒字**(くろじ) 흑자 | **数字**(すうじ) 숫자 | **文字**(もじ) 문자, 글자

훈 あざ

日本語(にほんご)の漢字(かんじ)は難(むずか)しいです。 일본어 한자는 어렵습니다.

ファックスの文字(もじ)が読(よ)めません。 팩스의 글자를 읽을 수 없습니다.

쓰는 순서 字 字 字 字 字 字

□□

0038

먼저 선

N5 총6획

음 せん **先月**(せんげつ) 지난달 | **先週**(せんしゅう) 지난주 | **先生**(せんせい) 선생(님) | **先輩**(せんぱい) 선배(님)

훈 さき **先に**(さき) 먼저, 전에

先輩(せんぱい)から教科書(きょうかしょ)をもらいました。 선배에게 교과서를 받았습니다.

お先(さき)に失礼(しつれい)します。 먼저 실례하겠습니다.

쓰는 순서 先 先 先 先 先 先

□□

0039

生

날 생

N5 총5획

음 せい, しょう **生物**(せいぶつ) 생물 | **学生**(がくせい) 학생 | **人生**(じんせい) 인생 | **先生**(せんせい) 선생(님) | **一生**(いっしょう) 일생, 평생

훈 い(きる), い(かす), い(ける), う(まれる), う(む), お(う), は(える), は(やす), なま, き **生きる**(い) 살다 | **生かす**(い) 살리다 | **生ける**(い) 꽂다, 살리다 | **生け花**(いばな) 꽃꽂이 | **生まれる**(う) 태어나다 | **生える**(は) 자라다 | **生ビール**(なま) 생맥주

田中先生(たなかせんせい)は優(やさ)しいです。 다나카 선생님은 상냥합니다.

先月(せんげつ)、赤(あか)ちゃんが生(う)まれました。 지난달에 아기가 태어났습니다.

쓰는 순서 生 生 生 生 生

□□

0040

배울 학 (學)

N5 총8획

음 がく **学習**(がくしゅう) 학습 | **学費**(がくひ) 학비 | **科学**(かがく) 과학 | **進学**(しんがく) 진학 | **大学**(だいがく) 대학 | **入学**(にゅうがく) 입학

훈 まな(ぶ) **学ぶ**(まな) 배우다

大学(だいがく)に入学(にゅうがく)しました。 대학에 입학했습니다.

先生(せんせい)から人生(じんせい)の大事(だいじ)なことを学(まな)びました。

선생님에게 인생의 중요한 것을 배웠습니다.

쓰는 순서 学 学 学 学 学 学 学 学

0041

학교 교

N5 총 10 획

음 こう 校長(こうちょう) 교장 | 校門(こうもん) 교문 | 学校(がっこう) 학교 | 高校生(こうこうせい) 고등학생 | 母校(ぼこう) 모교

学校(がっこう)の友達(ともだち)に会(あ)いました。 학교 친구를 만났습니다.

彼(かれ)と私(わたし)は母校(ぼこう)が同(おな)じです。 그와 나는 모교가 같습니다.

쓰는 순서 校 校 校 校 校 校 校 校 校 校

0042

수레 차(거)

N5 총 7 획

음 しゃ 新車(しんしゃ) 새 차, 신차 | 自動車(じどうしゃ) 자동차 | 中古車(ちゅうこしゃ) 중고차 | 駐車(ちゅうしゃ) 주차 | 電車(でんしゃ) 전철

훈 くるま 車(くるま) 자동차 | 車(くるま)いす 휠체어

先月(せんげつ)、中古車(ちゅうこしゃ)を買(か)いました。 지난달에 중고차를 샀습니다.

車(くるま)の多(おお)い時代(じだい)になりました。 차가 많은 시대가 되었습니다.

쓰는 순서 車 車 車 車 車 車 車

0043

날 출

N5 총 5 획

음 しゅつ, すい 出現(しゅつげん) 출현 | 出席(しゅっせき) 출석 | 出発(しゅっぱつ) 출발 | 支出(ししゅつ) 지출 | 出納(すいとう) 출납

훈 で(る), だ(す) 出(で)る 나가다, 나오다 | 出前(でまえ) 배달 요리 | 出(だ)す 내다

あしたは必(かなら)ず出席(しゅっせき)します。 내일은 꼭 출석하겠습니다.

一人(ひとり)一万円(いちまんえん)ずつ出(だ)してください。 한 사람당 만 엔씩 내세요.

쓰는 순서 出 出 出 出 出

0044

들 입

N5 총 2 획

음 にゅう 入院(にゅういん) 입원 | 入学(にゅうがく) 입학 | 入試(にゅうし) 입시 | 入場(にゅうじょう) 입장

훈 い(る), い(れる), はい(る) 入(い)り口(ぐち) 입구 | 入(い)れる 넣다 | 押(お)し入(い)れ 벽장 | 入(はい)る 들어오다

病気(びょうき)で入院(にゅういん)しました。 병 때문에 입원했습니다.

十時(じゅうじ)に始(はじ)まるので、十時(じゅうじ)までに入(はい)ってください。

열 시에 시작하니까 열 시까지 들어와 주세요.

쓰는 순서 入 入

뫼 산

N5 총 3 획

음 さん 山水(さんすい) 산수 | 火山(かざん) 화산 | 登山(とざん) 등산 | 富士山(ふじさん) 후지산

훈 やま 山(やま) 산 | 山火事(やまかじ) 산불

富士山(ふじさん)に登(のぼ)ったことはありません。 후지산에 오른 적은 없습니다.

韓国(かんこく)は山(やま)が多(おお)いです。 한국은 산이 많습니다.

쓰는 순서 山 山 山

0046

내 천

N5 총 3 획

음 せん 河川(かせん) 하천

훈 かわ 川(かわ) 강 | 川上(かわかみ) 강의 상류 | 川下(かわしも) 강의 하류

近(ちか)くで河川工事(かせんこうじ)をしています。 근처에서 하천 공사를 하고 있습니다.

ソウルには大(おお)きな川(かわ)が流(なが)れています。 서울에는 큰 강이 흐릅니다.

쓰는 순서 川 川 川

0047

하늘 천

N5 총 4 획

음 てん 天気(てんき) 날씨 | 天国(てんごく) 천국 | 天才(てんさい) 천재 | 天文台(てんもんだい) 천문대 | 雨天(うてん) 우천, 비가 옴

훈 あま, あめ 天の川(あまのがわ) 은하수

雨天(うてん)のときは、運動会(うんどうかい)は中止(ちゅうし)です。 비가 오면 운동회는 중지입니다.

天気(てんき)のいいときは天(あま)の川(がわ)がよく見(み)えます。

날씨가 좋을 때는 은하수가 잘 보입니다.

쓰는 순서 天 天 天 天

0048

石

돌 석

N3 총 5 획

음 せき, しゃく, こく 化石(かせき) 화석 | 宝石(ほうせき) 보석 | 石油(せきゆ) 석유 | 磁石(じしゃく) 자석

훈 いし 石(いし) 돌 | 石段(いしだん) 돌계단 | 小石(こいし) 작은 돌

最近(さいきん)、石油(せきゆ)の値段(ねだん)が高(たか)いです。 요즘 석유 가격이 비쌉니다.

きれいな石(いし)を拾(ひろ)いました。 예쁜 돌을 주웠습니다.

쓰는 순서 石 石 石 石 石

0049

수풀 삼

N4 총 12 획

음 しん　森林(しんりん) 삼림

훈 もり　森(もり) 숲

森林公園(しんりんこうえん)を歩(ある)きましょう。 삼림 공원을 걸읍시다.

森(もり)の中(なか)は昼間(ひるま)も暗(くら)いです。 숲속은 낮에도 어둡습니다.

쓰는 순서 森 森 森 森 森 森 森 森 森 森 森 森

0050

수풀 림

N4 총 8 획

음 りん　林業(りんぎょう) 임업 | 林野(りんや) 임야 | 森林(しんりん) 삼림

훈 はやし　林(はやし) 숲 | 松林(まつばやし) 송림, 솔숲

北海道(ほっかいどう)には広(ひろ)い林野(りんや)があります。 홋카이도에는 넓은 임야가 있습니다.

林(はやし)の中(なか)できのこをとりました。 숲속에서 버섯을 땄습니다.

쓰는 순서 林 林 林 林 林 林 林 林

0051

빌 공

N5 총 8 획

음 くう　空間(くうかん) 공간 | 空気(くうき) 공기 | 空港(くうこう) 공항

훈 そら, あ(く), あ(ける), から　空(そら) 하늘 | 空(あ)く 비다 | 空(あ)き缶(かん) 빈 깡통 | 空(から)っぽ 텅 빔

雨(あめ)が降(ふ)って空気(くうき)がきれいです。 비가 내려서 공기가 깨끗합니다.

財布(さいふ)が空(から)っぽになりました。 지갑이 텅텅 비었습니다.

쓰는 순서 空 空 空 空 空 空 空 空

0052

기운 기 (氣)

N5 총 6 획

음 き, け　気温(きおん) 기온 | 気持(きも)ち 기분 | 電気(でんき) 전기 | 人気(にんき) 인기 | 気配(けはい) 기색, 낌새

急(きゅう)に気温(きおん)が高(たか)くなりました。 갑자기 기온이 높아졌습니다.

秋(あき)の気配(けはい)がします。 가을이 느껴집니다.

쓰는 순서 気 気 気 気 気 気

0053

雨

비 우

N5 총 8 획

음 う 雨季(うき)·雨期(うき) 우기 | 雨天(うてん) 우천, 비가 옴 | 雨量(うりょう) 강수량 | 梅雨(ばいう)·梅雨(つゆ) 장마

훈 あめ, あま 雨(あめ) 비 | 大雨(おおあめ) 큰비, 폭우 | 雨具(あまぐ) 우비, 비옷 | 雨水(あまみず) 빗물 | 雨宿り(あまやどり) 비를 피함

七月(しちがつ)と八月(はちがつ)は雨量(うりょう)が多(おお)いです。 7월과 8월은 강수량이 많습니다.

大雨(おおあめ)のときは雨具(あまぐ)が必要(ひつよう)です。 폭우가 내릴 때는 우비가 필요합니다.

쓰는 순서 雨 雨 雨 雨 雨 雨 雨 雨

0054

저녁 석

N4 총 3 획

음 せき 一朝一夕(いっちょういっせき) 일조일석, 하루 아침

훈 ゆう 夕方(ゆうがた) 저녁 때 | 夕刊(ゆうかん) 석간 | 夕ご飯(ゆうごはん) 저녁밥 | 夕立(ゆうだち) 소나기 | 夕日(ゆうひ) 석양

外国語(がいこくご)の勉強(べんきょう)は一朝一夕(いっちょういっせき)ではできません。

외국어 공부는 하루 아침에 되지 않습니다.

七時(しちじ)に夕(ゆう)ご飯(はん)を食(た)べました。 일곱 시에 저녁밥을 먹었습니다.

쓰는 순서 夕 夕 夕

0055

男

사내 남

N5 총 7 획

음 だん, なん 男子(だんし) 남자 | 男女(だんじょ)·男女(なんにょ) 남녀 | 男性(だんせい) 남성 | 次男(じなん) 차남 | 長男(ちょうなん) 장남

훈 おとこ 男(おとこ) 남자 | 男の子(おとこのこ) 남자아이

長男(ちょうなん)は結婚(けっこん)しています。 장남은 결혼했습니다.

公園(こうえん)で男(おとこ)の子(こ)が遊(あそ)んでいます。 공원에서 남자아이가 놀고 있습니다.

쓰는 순서 男 男 男 男 男 男 男

0056

여자 녀

N5 총 3 획

음 じょ, にょ, にょう 女子(じょし) 여자 | 女性(じょせい) 여성 | 男女(だんじょ)·男女(なんにょ) 남녀 | 女房(にょうぼう) 아내, 궁녀

훈 おんな, め 女(おんな) 여자 | 女の子(おんなのこ) 여자아이 | 女神(めがみ) 여신

男性(だんせい)より女性(じょせい)の方(ほう)が多(おお)いです。 남성보다 여성이 많습니다.

女(おんな)の子(こ)が生(う)まれました。 여자아이가 태어났습니다.

쓰는 순서 女 女 女

0057

사람 인

N5 총2획

음 じん, にん 人生(じんせい) 인생 | 外国人(がいこくじん) 외국인 | 人気(にんき) 인기 | 人形(にんぎょう) 인형 | 病人(びょうにん) 병자, 환자

훈 ひと 人(ひと) 사람 | 人柄(ひとがら) 인품 | 男の人(おとこのひと) 남자, 남성 | 女の人(おんなのひと) 여자, 여성

これは外国人(がいこくじん)に人気(にんき)があります。이것은 외국인에게 인기가 있습니다.

人柄(ひとがら)のいい人(ひと)が好(す)きです。인품이 좋은 사람을 좋아합니다.

쓰는 순서 人 人

0058

이름 명

N5 총6획

음 めい, みょう 人名(じんめい) 인명 | 姓名(せいめい) 성명 | 地名(ちめい) 지명 | 有名(ゆうめい) 유명함 | 名字(みょうじ) 성

훈 な 名札(なふだ) 명찰 | 名前(なまえ) 이름

日本人(にほんじん)の人名(じんめい)は難(むずか)しいです。일본인의 인명은 어렵습니다.

名前(なまえ)と住所(じゅうしょ)を書(か)いてください。이름과 주소를 써 주세요.

쓰는 순서 名 名 名 名 名 名

0059

임금 왕

N3 총4획

음 おう 王様(おうさま) 임금님, 왕 | 王子(おうじ) 왕자 | 国王(こくおう) 국왕 | 大王(だいおう) 대왕

『はだかの王様(おうさま)』という本(ほん)を読(よ)んだことがありますか。

『벌거벗은 임금님』이라는 책을 읽은 적이 있습니까?

タイには国王(こくおう)がいます。태국에는 국왕이 있습니다.

쓰는 순서 王 王 王 王

0060

아들 자

N5 총3획

음 し, す 女子(じょし) 여자 | 男子(だんし) 남자 | 調子(ちょうし) 상태 | 弟子(でし) 제자 | 様子(ようす) 모습, 모양

훈 こ 子育て(こそだて) 육아 | 子ども(こども) 어린이, 아이 | 男の子(おとこのこ) 남자아이 | 親子(おやこ) 부모 자식 | 女の子(おんなのこ) 여자아이

女子(じょし)トイレはどこですか。여자 화장실은 어디입니까?

子(こ)どもは小学校何年生(しょうがっこうなんねんせい)ですか。아이는 초등학교 몇 학년입니까?

쓰는 순서 子 子 子

0061 □□

力

힘 력

N4 총 2 획

음 りょく, りき 学力(がくりょく) 학력 | 全力(ぜんりょく) 전력 | 努力(どりょく) 노력 | 能力(のうりょく) 능력 | 力士(りきし) 스모 선수, 씨름꾼, 장사 | 力説(りきせつ) 역설

훈 ちから 力(ちから) 힘 | 力持(ちからも)ち 힘이 셈, 장사

全力(ぜんりょく)を出(だ)して、頑張(がんば)ってください。 전력을 다해 열심히 하세요.

荷物(にもつ)を運(はこ)ぶ力(ちから)がありません。 짐을 옮길 힘이 없습니다.

쓰는 순서 力 力

0062 □□

正

바를 정

N4 총 5 획

음 せい, しょう 正式(せいしき) 정식 | 正門(せいもん) 정문 | 不正(ふせい) 부정 | 正面(しょうめん) 정면 | お正月(しょうがつ) 양력 설날

훈 ただ(しい), ただ(す), まさ 正(ただ)しい 바르다, 정당하다 | 正(ただ)す 바로잡다, 고치다 | 正(まさ)に 확실히, 정말로

正式(せいしき)にあいさつしてください。 정식으로 인사해 주세요.

正(ただ)しいかどうか確(たし)かめてください。 맞는지 여부를 확인해 주세요.

쓰는 순서 正 正 正 正 正

0063 □□

개 견

N4 총 4 획

음 けん 愛犬(あいけん) 애견 | 名犬(めいけん) 명견

훈 いぬ 犬(いぬ) 개 | 犬年(いぬどし) 개띠 | 子犬(こいぬ) 강아지

秋田犬(あきたけん)は名犬(めいけん)です。 아키타 견은 명견입니다.

私(わたし)は犬年(いぬどし)です。 나는 개띠입니다.

쓰는 순서 犬 犬 犬 犬

0064 □□

벌레 충

N3 총 6 획

음 ちゅう 害虫(がいちゅう) 해충 | 昆虫(こんちゅう) 곤충

훈 むし 虫(むし) 벌레 | 虫歯(むしば) 충치 | 虫眼鏡(むしめがね) 돋보기, 확대경 | 水虫(みずむし) 무좀

その子(こ)は昆虫(こんちゅう)が好(す)きです。 그 아이는 곤충을 좋아합니다.

虫歯(むしば)を抜(ぬ)きました。 충치를 뺐습니다.

쓰는 순서 虫 虫 虫 虫 虫 虫

0065

조개 패
N3 총7획

훈 かい 貝(かい) 조개 | 貝(かい)がら 조개 껍데기 | ほたて貝(がい) 가리비

貝(かい)を焼(や)いて食(た)べると、おいしいです。 조개를 구워 먹으면 맛있습니다.

貝(かい)がらで作(つく)ったものです。 조개 껍데기로 만든 것입니다.

쓰는 순서 貝 貝 貝 貝 貝 貝 貝

0066

花

꽃 화
N4 총7획

음 か 花瓶(かびん) 꽃병 | 花粉(かふん) 꽃가루 | 開花(かいか) 개화

훈 はな 花(はな) 꽃 | 花束(はなたば) 꽃다발 | 花火(はなび) 불꽃놀이 | 花見(はなみ) 꽃구경, 벚꽃놀이 | 花嫁(はなよめ) 신부, 새색시

さくらの開花(かいか)はいつですか。 벚꽃 개화는 언제입니까?

花嫁(はなよめ)はきれいです。 신부는 예쁩니다.

쓰는 순서 花 花 花 花 花 花 花

0067

草

풀 초
N3 총9획

음 そう 草原(そうげん) 초원 | 草書(そうしょ) 초서 | 雑草(ざっそう) 잡초

훈 くさ 草(くさ) 풀 | 草色(くさいろ) 초록빛 | 草花(くさばな) 화초

草原(そうげん)で馬(うま)が走(はし)っています。 초원에서 말이 달리고 있습니다.

庭(にわ)の草(くさ)をとりました。 정원의 풀을 뽑았습니다.

쓰는 순서 草 草 草 草 草 草 草 草 草

0068

대 죽
N3 총6획

음 ちく 爆竹(ばくちく) 폭죽 | 松竹梅(しょうちくばい) 송죽매(추위에 잘 견디는 소나무, 대나무, 매화나무를 일컬음)

훈 たけ 竹(たけ) 대나무 | 竹細工(たけざいく) 죽세공 | 竹の子(たけのこ) 죽순 | 竹林(たけばやし) 죽림, 대숲

海辺(うみべ)で爆竹遊(ばくちくあそ)びをしました。 해변에서 폭죽놀이를 했습니다.

竹(たけ)でざるを作(つく)りました。 대나무로 소쿠리를 만들었습니다.

쓰는 순서 竹 竹 竹 竹 竹 竹

0069

등글 원 (圓)

N5 총 4 획

음 えん 円(えん) 엔(일본 화폐 단위) | 円相場(えんそうば) 엔 시세 | 円高(えんだか) 엔화 강세 | 円満(えんまん) 원만함 | 円安(えんやす) 엔화 약세

훈 まる(い) 円い(まるい) 둥글다

最近(さいきん)、円高(えんだか)で日本(にほん)に行(い)けません。 요즘 엔화가 비싸서 일본에 갈 수 없습니다.

月(つき)が円(まる)くなりました。 달이 둥그래졌습니다.

쓰는 순서 円 円 円 円

0070

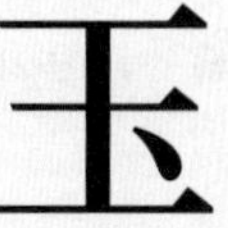

구슬 옥

N3 총 5 획

음 ぎょく 玉石(ぎょくせき) 옥석 | 玉体(ぎょくたい) 옥체 | 宝玉(ほうぎょく) 보옥, 보석

훈 たま 玉(たま) 옥, 보석 | 玉(たま)ねぎ 양파 | お年玉(としだま) 세뱃돈 | 水玉(みずたま) 물방울 | 目玉焼(めだまや)き 계란 프라이

王様(おうさま)の体(からだ)を玉体(ぎょくたい)と言(い)います。 임금님의 몸을 옥체라고 합니다.

目玉焼(めだまや)きを食(た)べました。 계란 프라이를 먹었습니다.

쓰는 순서 玉 玉 玉 玉 玉

0071

실 사 (絲)

N3 총 6 획

음 し 絹糸(けんし) 견사, 명주실 | 抜糸(ばっし) 실을 뽑음 | 綿糸(めんし) 면사, 무명실

훈 いと 糸(いと) 실 | 糸(いと)くず 실보무라지 | 糸口(いとぐち) 실의 끝, 실마리 | 毛糸(けいと) 털실

病院(びょういん)で抜糸(ばっし)をしました。 병원에서 실을 뽑았습니다.

毛糸(けいと)でマフラーを編(あ)みました。 털실로 목도리를 짰습니다.

쓰는 순서 糸 糸 糸 糸 糸 糸

0072

볼 견

N5 총 7 획

음 けん 見学(けんがく) 견학 | 見物(けんぶつ) 구경 | 意見(いけん) 의견 | 発見(はっけん) 발견

훈 み(る), み(える), み(せる) 見(み)る 보다 | 見本(みほん) 견본 | お見舞(みま)い 병문안, 문병 | 見(み)える 보이다 | 見(み)せる 보이다, 나타내다

東京(とうきょう)タワーを見物(けんぶつ)しました。 도쿄 타워를 구경했습니다.

見本(みほん)を見(み)せてください。 견본을 보여 주세요.

쓰는 순서 見 見 見 見 見 見 見

0073

音

소리 음

N4 총 9 획

음 おん, いん **音楽**(おんがく) 음악 | **音声**(おんせい) 음성 | **音読・音読み**(おんどく・おんよ) 음독 | **発音**(はつおん) 발음

훈 おと, ね **音**(おと) 소리 | **足音**(あしおと) 발소리 | **音色**(ねいろ) 음색 | **本音**(ほんね) 속마음, 진심

音楽(おんがく)の時間(じかん)は楽(たの)しいです。 음악 시간은 즐겁습니다.

足音(あしおと)に気(き)をつけてください。 발소리에 주의해 주세요.

쓰는 순서 音 音 音 音 音 音 音 音 音

0074

쉴 휴

N5 총 6 획

음 きゅう **休学**(きゅうがく) 휴학 | **休刊**(きゅうかん) 휴간 | **休憩**(きゅうけい) 휴게, 휴식 | **休日**(きゅうじつ) 휴일

훈 やす(む), やす(まる), やす(める) **休む**(やす) 쉬다 | **夏休み**(なつやす) 여름 방학, 여름휴가 | **一休み**(ひとやす) 잠깐 쉼 | **冬休み**(ふゆやす) 겨울 방학 | **休まる**(やす) 편안해지다 | **休める**(やす) 쉬게 하다

休憩室(きゅうけいしつ)はどこですか。 휴게실은 어디입니까?

夏休(なつやす)みを待(ま)っています。 여름 방학을 기다리고 있습니다.

쓰는 순서 休 休 休 休 休 休

0075

근본 본

N5 총 5 획

음 ほん **本**(ほん) 책 | **本気**(ほんき) 진심 | **本当**(ほんとう) 사실, 정말 | **本音**(ほんね) 속마음, 진심 | **本物**(ほんもの) 진짜 | **本屋**(ほんや) 서점, 책방 | **一本**(いっぽん) 한 병, 한 자루 | **日本・日本**(にほん・にっぽん) 일본

훈 もと **本**(もと) 처음, 기원 | **根本**(ねもと) 뿌리, 근원

本屋(ほんや)に行(い)って日本語(にほんご)の本(ほん)を買(か)いました。 서점에 가서 일본어 책을 샀습니다.

草(くさ)の根本(ねもと)に虫(むし)がいます。 풀 뿌리에 벌레가 있습니다.

쓰는 순서 本 本 本 本 本

0076

설 립

N5 총 5 획

음 りつ, りゅう **立春**(りっしゅん) 입춘 | **立冬**(りっとう) 입동 | **立派**(りっぱ) 훌륭함 | **国立**(こくりつ) 국립 | **設立**(せつりつ) 설립 | **建立**(こんりゅう) 건립

훈 た(つ), た(てる) **立つ**(た) 서다 | **立場**(たちば) 입장 | **立ち入り禁止**(たいきんし) 출입 금지 | **立てる**(た) 세우다

大学(だいがく)の設立者(せつりつしゃ)はだれですか。 대학 설립자는 누구입니까?

ここは工事(こうじ)のため、立(た)ち入(い)り禁止(きんし)です。 여기는 공사 때문에 출입 금지입니다.

쓰는 순서 立 立 立 立 立

0077

早

이를 조

N4 총 6 획

음 そう, さっ **早春**(そうしゅん) 조봄 | **早退**(そうたい) 조퇴 | **早朝**(そうちょう) 조조 | **早速**(さっそく) 곧, 즉시

훈 はや(い), はや(まる), はや(める) **早い**(はや) 이르다, 빠르다 | **早口**(はやくち) 말이 빠름 | **早まる**(はや) 빨라지다 | **早める**(はや) 서두르다

早朝割引(そうちょうわりびき)を利用(りよう)すると安(やす)いです。 조조할인을 이용하면 저렴합니다.

早(はや)く帰(かえ)りましょう。 빨리 돌아갑시다.

쓰는 순서 早 早 早 早 早 早

0078

田

밭 전

N4 총 5 획

음 でん **田園**(でんえん) 전원 | **塩田**(えんでん) 염전 | **水田**(すいでん) 수전 | **油田**(ゆでん) 유전

훈 た **田**(た) 논 | **田植え**(たう) 모내기 | **田畑**(たはた) 논밭 | **田んぼ**(た) 논

예외 **田舎**(いなか) 시골, 고향

韓国(かんこく)の西海(さいかい)には塩田(えんでん)が多(おお)いです。 한국 서해에는 염전이 많습니다.

春(はる)になると田植(たう)えが始(はじ)まります。 봄이 되면 모내기를 시작합니다.

쓰는 순서 田 田 田 田 田

0079

町

밭두둑 정

N4 총 7 획

음 ちょう **町長**(ちょうちょう) 지방의 장, 촌장

훈 まち **町**(まち) 시내, 읍내 | **町角**(まちかど) 길모퉁이 | **町はずれ**(まち) 변두리 | **港町**(みなとまち) 항구 도시

新(あたら)しい町長(ちょうちょう)が決(き)まりました。 새로운 촌장이 정해졌습니다.

横浜(よこはま)は港町(みなとまち)です。 요코하마는 항구 도시입니다.

쓰는 순서 町 町 町 町 町 町 町

0080

村

마을 촌

N4 총 7 획

음 そん **村長**(そんちょう) 촌장 | **村落**(そんらく) 촌락 | **漁村**(ぎょそん) 어촌 | **農村**(のうそん) 농촌

훈 むら **村**(むら) 마을 | **村人**(むらびと) 마을 사람

私(わたし)の父(ちち)は村長(そんちょう)です。 우리 아빠는 촌장입니다.

この村(むら)には子(こ)どもが少(すく)ないです。 이 마을에는 아이가 적습니다.

쓰는 순서 村 村 村 村 村 村 村

연습 문제 ①

[/20]

■ 밑줄 친 한자를 바르게 읽은 것을 고르시오.

1 ケーキを二つください。

① みっつ ② ふたつ ③ よっつ ④ ひとつ

2 八百屋でトマトを買(か)いました。

① はっぴゃくや ② はちひゃくや ③ やおや ④ おおや

3 火事に気(き)をつけてください。

① かじ ② かごと ③ ひじ ④ ひごと

4 この本(ほん)は耳目を集(あつ)めています。

① じもく ② みみもく ③ じめ ④ みみめ

5 左右を見(み)てください。

① さゆ ② さあゆ ③ さあゆう ④ さゆう

6 次(つぎ)は生物の時間(じかん)です。

① せいもつ ② せいぶつ ③ しょうもつ ④ しょうぶつ

7 毎週(まいしゅう)の土曜日(どようび)、登山に行(い)きます。

① とさん ② とざん ③ どざん ④ どさん

8 冬(ふゆ)の気配がします。

① けはい ② きはい ③ けぱい ④ きぱい

9 男子トイレはどこですか。

① なんじ ② だんじ ③ なんし ④ だんし

10 努力して、頑張(がんば)ってください。

① どりょく ② どりき ③ のりょく ④ のりき

정답 1② 2③ 3① 4① 5④ 6② 7② 8① 9④ 10①

11 虫歯を抜きました。

① ちゅうは　② ちゅうば　③ むしは　④ むしば

12 円高で日本に行けません。

① まるだか　② まるこう　③ えんだか　④ えんこう

13 草の根本に虫がいます。

① ねほん　② ねもと　③ こんほん　④ こんもと

14 立春はいつですか。

① りつしゅう　② りっしゅう　③ りつしゅん　④ りっしゅん

15 春になると田植えが始まります。

① たうえ　② だうえ　③ たはえ　④ だはえ

16 お正月にお年玉をもらいました。

① おとしたま　② おどしだま　③ おとしだま　④ おどしたま

17 サービスは満足でしたか。

① まんあし　② まんぞく　③ えんあし　④ えんぞく

18 目上の人を大事にしてください。

① もくかみ　② もくうえ　③ めかみ　④ めうえ

19 十日間、旅行に行きます。

① とおかかん　② はつかかん

③ じゅうにちかん　④ じゅうじつかん

20 今日は、四月二十四日です。

① しがつにじゅうよんにち　② しがつにじゅうよっか

③ よんがつにじゅうよんにち　④ よんがつにじゅうよっか

정답 11④ 12③ 13② 14④ 15① 16③ 17② 18④ 19① 20②

연습 문제 ②

[/20]

■ 밑줄 친 히라가나를 한자로 바르게 적은 것을 고르시오.

1 さんがつみっかは、ひなまつりです。

① 三月六日 ② 二月六日 ③ 三月三日 ④ 二月三日

2 ひゃくえんだまがありません。

① 白円王 ② 白円玉 ③ 百円王 ④ 百円玉

3 せんえんさつがありますか。

① 千円 ② 干円 ③ 平円 ④ 中円

4 まいにち、運動(うんどう)をしています。

① 休日 ② 今日 ③ 毎日 ④ 本日

5 次(つぎ)をさせつしてください。

① 左折 ② 左祈 ③ 右折 ④ 右祈

6 でぐちはどこですか。

① 大口 ② 出口 ③ 圭口 ④ 入口

7 友達(ともだち)に秘密(ひみつ)をこくはくしました。

① 故百 ② 故白 ③ 告百 ④ 告白

8 彼(かれ)ははやくちです。

① 早口 ② 串口 ③ 小口 ④ 乎口

9 大学(だいがく)のせつりつしゃはだれですか。

① 説並者 ② 設並者 ③ 説立者 ④ 設立者

10 きゅうけいしつはどこですか。

① 休計室 ② 体計室 ③ 休憩室 ④ 体憩室

정답 1③ 2④ 3① 4③ 5① 6② 7④ 8① 9④ 10③

11　みほんを見(み)せてください。

① 兄本　② 兄木　③ 見本　④ 見木

12　子(こ)どもはこんちゅうが好(す)きです。

① 混虫　② 昆虫　③ 混忠　④ 昆忠

13　ざっそうをとりました。

① 雑草　② 雑早　③ 稚草　④ 稚早

14　うてんのときは中止(ちゅうし)です。

① 雨天　② 雨大　③ 雷天　④ 雷大

15　くうこうに迎(むか)えに行(い)きました。

① 共渦　② 共港　③ 空渦　④ 空港

16　もりの中(なか)を散歩(さんぽ)します。

① 村　② 栞　③ 林　④ 森

17　今月(こんげつ)のししゅつはいくらですか。

① 至出　② 支出　③ 至入　④ 支入

18　それははつみみです。

① 初耳　② 初目　③ 礼耳　④ 礼目

19　あおしんごうになるまで待(ま)ちましょう。

① 責信号　② 青信号　③ 胃信号　④ 再信号

20　入場料(にゅうじょうりょう)はおとなは千円(せんえん)、子(こ)どもは五百円(ごひゃくえん)です。

① 太人　② 太入　③ 大人　④ 大入

정답　11③　12②　13①　14①　15④　16④　17②　18①　19②　20③

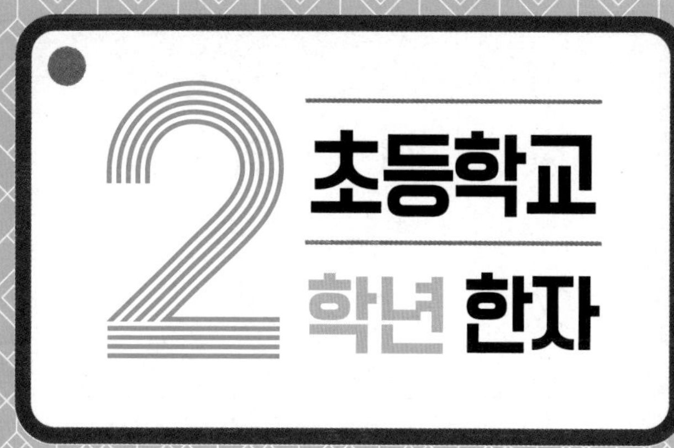
2
초등학교
학년 한자

초등학교 2학년 한자 ①

80 자

東	西	南	北	春	夏	秋	冬
동녘 동	서녘 서	남녘 남	북녘 북	봄 춘	여름 하	가을 추	겨울 동
父	母	兄	弟	姉	妹	親	友
아버지 부	어머니 모	형 형	아우 제	손위 누이 자	누이 매	친할 친	벗 우
自	分	古	今	内	外	前	後
스스로 자	나눌 분	옛 고	이제 금	안 내	바깥 외	앞 전	뒤 후
多	少	強	弱	遠	近	万	牛
많을 다	적을 소	강할 강	약할 약	멀 원	가까울 근	일만 만	소 우
馬	魚	鳥	鳴	米	麦	肉	食
말 마	물고기 어	새 조	울 명	쌀 미	보리 맥	고기 육	밥 식
茶	道	毎	週	朝	昼	夜	時
차 다(차)	길 도	매양 매	돌 주	아침 조	낮 주	밤 야	때 시
曜	半	京	里	会	社	公	園
빛날 요	반 반	서울 경	마을 리	모일 회	모일 사	공평할 공	동산 원
寺	交	絵	画	言	語	教	室
절 사	사귈 교	그림 회	그림 화/그을 획	말씀 언	말씀 어	가르칠 교	집 실
工	作	計	算	点	数	読	書
장인 공	지을 작	셀 계	셈 산	점 점	셈 수	읽을 독	글 서
記	新	聞	番	組	歌	声	楽
기록할 기	새 신	들을 문	차례 번	짤 조	노래 가	소리 성	노래 악/즐길 락

0081

동녘 동

N5 총 8 획

음 とう 東海(とうかい) 동해 | 東京(とうきょう) 도쿄 | 東北(とうほく) 도호쿠(지방) | 東洋(とうよう) 동양 | 関東(かんとう) 간토(지방)

훈 ひがし 東(ひがし) 동쪽 | 東側(ひがしがわ) 동쪽 | 東口(ひがしぐち) 동쪽 출입구

日本(にほん)の首都(しゅと)は東京(とうきょう)です。 일본의 수도는 도쿄입니다.

東口(ひがしぐち)にデパートがあります。 동쪽 출입구에 백화점이 있습니다.

쓰는 순서 東 東 東 東 東 東 東 東

0082

서녘 서

N5 총 6 획

음 せい, さい 西欧(せいおう) 서구 | 西部(せいぶ) 서부 | 西洋(せいよう) 서양 | 関西(かんさい) 간사이(지방) | 東西南北(とうざいなんぼく) 동서남북

훈 にし 西(にし) 서쪽 | 西側(にしがわ) 서쪽 | 西口(にしぐち) 서쪽 출입구

大阪(おおさか)は関西方言(かんさいほうげん)を使(つか)います。 오사카는 간사이 사투리를 씁니다.

駅(えき)の西口(にしぐち)で会(あ)いましょう。 역의 서쪽 출입구에서 만납시다.

쓰는 순서 西 西 西 西 西 西

0083

남녘 남

N5 총 9 획

음 なん, な 南極(なんきょく) 남극 | 南国(なんごく) 남국, 남쪽 지방 | 南部(なんぶ) 남부 | 東南(とうなん) 동남

훈 みなみ 南(みなみ) 남쪽 | 南風(みなみかぜ) 남풍 | 南側(みなみがわ) 남쪽 | 南向(みなみむ)き 남향

インドネシアは東南(とうなん)アジアにあります。 인도네시아는 동남아시아에 있습니다.

南向(みなみむ)きの部屋(へや)がいいです。 남향인 방이 좋습니다.

쓰는 순서 南 南 南 南 南 南 南 南 南

0084

북녘 북

N5 총 5 획

음 ほく 北上(ほくじょう) 북상 | 北東(ほくとう) 북동 | 北海道(ほっかいどう) 홋카이도(지명) | 北極(ほっきょく) 북극

훈 きた 北(きた) 북쪽 | 北側(きたがわ) 북쪽 | 北国(きたぐに) 북국, 북쪽 지방 | 北半球(きたはんきゅう) 북반구

台風(たいふう)が北上(ほくじょう)しています。 태풍이 북상하고 있습니다.

北国(きたぐに)は春(はる)が遅(おそ)いです。 북쪽 지방은 봄이 늦습니다.

쓰는 순서 北 北 北 北 北

□□

0085

春

봄 춘

N4 총 9 획

음 しゅん **春夏秋冬**(しゅんかしゅうとう) 춘하추동 | **春分**(しゅんぶん) 춘분 | **青春**(せいしゅん) 청춘 | **立春**(りっしゅん) 입춘

훈 はる **春**(はる) 봄 | **春一番**(はるいちばん) 입춘 후 처음으로 부는 강한 남풍 | **春先**(はるさき) 초봄 | **春雨**(はるさめ) 봄비, 당면 | **春休み**(はるやすみ) 봄 방학

日本(にほん)は春分(しゅんぶん)の日(ひ)が休(やす)みです。 일본은 춘분이 휴일입니다.

春休(はるやす)みは短(みじか)いです。 봄 방학은 짧습니다.

쓰는 순서 春 春 春 春 春 春 春 春 春

□□

0086

夏

여름 하

N4 총 10 획

음 か, げ **夏期**(かき) 하기 | **初夏**(しょか) 초여름 | **夏至**(げし) 하지

훈 なつ **夏**(なつ) 여름 | **夏服**(なつふく) 하복 | **夏休み**(なつやすみ) 여름 방학, 여름휴가 | **真夏**(まなつ) 한여름

初夏(しょか)の気配(けはい)がします。 초여름이 온 듯합니다.

夏(なつ)はクーラーが必要(ひつよう)です。 여름에는 냉방 장치가 필요합니다.

쓰는 순서 夏 夏 夏 夏 夏 夏 夏 夏 夏 夏

□□

0087

秋

가을 추

N4 총 9 획

음 しゅう **秋季**(しゅうき) 추계, 가을철 | **秋分**(しゅうぶん) 추분 | **中秋**(ちゅうしゅう) 중추 | **立秋**(りっしゅう) 입추

훈 あき **秋**(あき) 가을 | **秋風**(あきかぜ) 가을 바람 | **秋雨**(あきさめ) 가을비

秋分(しゅうぶん)は夜(よる)と昼(ひる)の長(なが)さが同(おな)じです。 추분은 밤과 낮의 길이가 같습니다.

秋(あき)になると、コオロギが鳴(な)きます。 가을이 되면 귀뚜라미가 웁니다.

쓰는 순서 秋 秋 秋 秋 秋 秋 秋 秋 秋

□□

0088

冬

겨울 동 (冬)

N4 총 5 획

음 とう **冬季**(とうき) 동계 | **冬至**(とうじ) 동지 | **冬眠**(とうみん) 동면

훈 ふゆ **冬**(ふゆ) 겨울 | **冬服**(ふゆふく) 동복 | **冬休み**(ふゆやすみ) 겨울 방학 | **真冬**(まふゆ) 한겨울

日本(にほん)では冬至(とうじ)の日(ひ)にカボチャを食(た)べます。
일본에서는 동짓날에 호박을 먹습니다.

冬(ふゆ)になると、よくスキー場(じょう)に行(い)きます。 겨울이 되면 자주 스키장에 갑니다.

쓰는 순서 冬 冬 冬 冬 冬

0089

아버지 부

N5 총 4 획

음 ふ 父兄(ふけい) 부형, 보호자 | 父母(ふぼ) 부모 | 神父(しんぷ) 신부(가톨릭) | 祖父(そふ) 할아버지

훈 ちち 父(ちち) 아빠, 아버지 | 父親(ちちおや) 부친, 아버지 | 父の日(ちちのひ) 아버지의 날

예외 お父(とう)さん 아버지, 아버님

あした、父母会(ふぼかい)があります。 내일 부모 모임이 있습니다.

父(ちち)の日(ひ)は六月(ろくがつ)の第三日曜日(だいさんにちようび)です。 아버지의 날은 6월 셋째 주 일요일입니다.

쓰는 순서 父 父 父 父

0090

어머니 모

N5 총 5 획

음 ぼ 母音(ぼいん) 모음 | 母校(ぼこう) 모교 | 母国(ぼこく) 모국 | 母国語(ぼこくご) 모국어 | 母性(ぼせい) 모성 | 母乳(ぼにゅう) 모유

훈 はは 母(はは) 엄마, 어머니 | 母親(ははおや) 모친, 어머니 | 母の日(ははのひ) 어머니의 날

예외 お母(かあ)さん 어머니, 어머님

母国語(ぼこくご)は何(なん)ですか。 모국어는 무엇입니까?

母(はは)は会社員(かいしゃいん)です。 어머니는 회사원입니다.

쓰는 순서 母 母 母 母 母

0091

형 형

N4 총 5 획

음 きょう, けい 兄弟(きょうだい) 형제 | 義兄(ぎけい) 형부, 매형 | 父兄(ふけい) 보호자

훈 あに 兄(あに) 오빠, 형 | 兄嫁(あによめ) 형수

예외 お兄(にい)さん 오빠, 형

何人兄弟(なんにんきょうだい)ですか。 형제는 몇 명입니까?

兄(あに)は京都(きょうと)に住(す)んでいます。 형은 교토에 삽니다.

쓰는 순서 兄 兄 兄 兄 兄

0092

아우 제

N4 총 7 획

음 てい, だい, で 師弟(してい) 사제 | 兄弟(きょうだい) 형제 | 弟子(でし) 제자

훈 おとうと 弟(おとうと) 남동생

板前(いたまえ)に弟子入(でしい)りしました。 요리사에 입문했습니다.

兄(あに)と弟(おとうと)がいます。 오빠와 남동생이 있습니다.

쓰는 순서 弟 弟 弟 弟 弟 弟 弟

0093

姉

손위 누이 자

N4 총 8 획

음 し 姉妹(しまい) 자매

훈 あね 姉(あね) 언니, 누나

예외 お姉(ねえ)さん 언니, 누나

姉妹校(しまいこう)から学生(がくせい)が来(き)ました。 자매 학교에서 학생이 왔습니다.

姉(あね)は結婚(けっこん)しています。 언니는 결혼했습니다.

쓰는 순서 姉 姉 姉 姉 姉 姉 姉 姉

0094

妹

누이 매

N4 총 8 획

음 まい 姉妹(しまい) 자매

훈 いもうと 妹(いもうと) 여동생

私(わたし)は三人姉妹(さんにんしまい)の末(すえ)っ子(こ)です。 나는 세 자매의 막내입니다.

妹(いもうと)と仲(なか)がいいです。 여동생과 사이가 좋습니다.

쓰는 순서 妹 妹 妹 妹 妹 妹 妹 妹

0095

親

친할 친

N4 총 16 획

음 しん 親交(しんこう) 친교 | 親戚(しんせき) 친척 | 親切(しんせつ) 친절 | 親友(しんゆう) 친한 친구, 벗 | 両親(りょうしん) 양친, 부모

훈 おや, した(しい), した(しむ) 親(おや) 부모 | 親子(おやこ) 부모와 자녀 | 親孝行(おやこうこう) 효도, 효행 | 親(した)しい 친하다 | 親(した)しむ 친하게 지내다

お正月(しょうがつ)に親戚(しんせき)が集(あつ)まりました。 설날에 친척이 모였습니다.

田中(たなか)さんのところは親子(おやこ)そっくりです。 다나카 씨네는 가족이 모두 쏙 닮았습니다.

쓰는 순서 親 親 親 親 親 親 親 親 親 親 親 親 親 親 親 親

0096

벗 우

N5 총 4 획

음 ゆう 友好(ゆうこう) 우호 | 友情(ゆうじょう) 우정 | 友人(ゆうじん) 친구, 벗 | 親友(しんゆう) 친한 친구, 벗

훈 とも 友(とも) 벗 | 友達(ともだち) 친구

武者小路実篤(むしゃのこうじさねあつ)の『友情(ゆうじょう)』という小説(しょうせつ)を読(よ)みましたか。

무샤노코지 사네아쓰의 『우정』이라는 소설을 읽었습니까?

日本(にほん)の友達(ともだち)から手紙(てがみ)が来(き)ました。 일본의 친구에게 편지가 왔습니다.

쓰는 순서 友 友 友 友

0097

스스로 자
N4 총6획

음 じ, し 自己(じこ) 자기 | 自信(じしん) 자신 | 自宅(じたく) 자택 | 自動(じどう) 자동 | 自分自身(じぶんじしん) 자기 자신 | 自由(じゆう) 자유 | 自然(しぜん) 자연

훈 みずか(ら) 自ら(みずから) 스스로

自己紹介(じこしょうかい)をしてください。자기소개를 해 주세요.

昨日(きのう)のことを彼(かれ)に自(みずか)ら話(はな)した。어제의 일을 스스로 그에게 말했다.

쓰는 순서 自 自 自 自 自 自

0098

나눌 분
N5 총4획

음 ぶん, ふん, ぶ 分担(ぶんたん) 분담 | 分別(ぶんべつ) 분별, 분리 | 分類(ぶんるい) 분류 | 充分(じゅうぶん) 충분함 | 身分(みぶん) 신분 | 分別(ふんべつ) 분별, 지각 | 五分五分(ごぶごぶ) 비슷함, 우열이 없음 | 七割五分(ななわりごぶ) 7할 5푼

훈 わ(ける), わ(かれる), わ(かる), わ(かつ) 分ける(わける) 나누다 | 引分け(ひきわけ) 무승부 | 分かれる(わかれる) 나뉘다 | 分かれ道(わかれみち) 갈림길 | 分かる(わかる) 알다, 이해하다

ごみを分別(ぶんべつ)してください。쓰레기를 분리해 주세요.

三人分(さんにんぶん)に分(わ)けてください。3인분으로 나누어 주세요.

쓰는 순서 分 分 分 分

0099

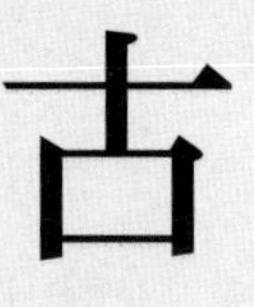

옛 고
N5 총5획

음 こ 古書(こしょ) 고서 | 古代(こだい) 고대 | 古典(こてん) 고전 | 古文(こぶん) 고문 | 中古車(ちゅうこしゃ) 중고차

훈 ふる(い), ふる(す) 古い(ふるい) 낡다, 오래되다 | 古着(ふるぎ) 헌옷 | 古本(ふるほん) 헌책, 고서 | 古す(ふるす) 낡게 하다

古代(こだい)エジプト展(てん)を見(み)に行(い)きました。고대 이집트전을 보러 갔습니다.

彼(かれ)は私(わたし)の古(ふる)い友達(ともだち)です。그는 나의 오래된 친구입니다.

쓰는 순서 古 古 古 古 古

0100

이제 금
N5 총4획

음 こん, きん 今月(こんげつ) 이번 달 | 今度(こんど) 이번, 다음 번 | 今日(こんにち) 오늘 | 今晩(こんばん) 오늘 밤 | 今夜(こんや) 오늘 밤 | 今上天皇(きんじょうてんのう) 현재의 일왕 | 古今(こきん)·古今(ここん) 고금

훈 いま 今(いま) 지금 | 今さら(いまさら) 이제 와서, 새삼스럽게

예외 今日(きょう) 오늘 | 今年(ことし) 올해, 금년 | 今朝(けさ) 오늘 아침

今夜(こんや)は早(はや)く帰(かえ)るつもりです。오늘 밤은 빨리 돌아갈 생각입니다.

今(いま)なら間(ま)に合(あ)いますよ。지금이라면 제시간에 갈 수 있어요.

쓰는 순서 今 今 今 今

0101

内

안 내 (内)

N3 총 4 획

음 ない, だい **内科**(ないか) 내과 | **案内**(あんない) 안내 | **家内**(かない) 집안, 아내 | **国内**(こくない) 국내 | **車内**(しゃない) 차내 | **境内**(けいだい) 경내

훈 うち **内**(うち) 안 | **内側**(うちがわ) 안쪽 | **身内**(みうち) 온몸, 일가

車内放送(しゃないほうそう)が始(はじ)まりました。 차내 방송이 시작되었습니다.

白線(はくせん)の内側(うちがわ)にお下(さ)がりください。 하얀 선 안쪽으로 물러서 주세요.

쓰는 순서 内 内 内 内

0102

外

바깥 외

N5 총 5 획

음 がい, げ **外国**(がいこく) 외국 | **外食**(がいしょく) 외식 | **外部**(がいぶ) 외부 | **以外**(いがい) 이외 | **海外**(かいがい) 해외 | **外科**(げか) 외과

훈 そと, ほか, はず(す), はず(れる) **外**(そと) 밖 | **外側**(そとがわ) 바깥쪽 | **外**(ほか) 그 밖, 외부 | **この外**(ほか) 이 밖에 | **その外**(ほか) 그 밖에 | **外す**(はずす) 제외하다, 떼다, 벗다 | **外れる**(はずれる) 벗어나다, 빠지다

最近(さいきん)は外国旅行(がいこくりょこう)が自由(じゆう)になりました。 요즘은 외국 여행이 자유로워졌습니다.

外(そと)はもう暗(くら)いです。 밖은 이미 어둡습니다.

쓰는 순서 外 外 外 外 外

0103

前

앞 전

N5 총 9 획

음 ぜん **前期**(ぜんき) 전기 | **前後**(ぜんご) 전후 | **前日**(ぜんじつ) 전날 | **午前**(ごぜん) 오전 | **事前**(じぜん) 사전, 미리

훈 まえ **前**(まえ) 앞 | **前売券**(まえうりけん) 예매권 | **前書き**(まえがき) 머리말, 서문 | **前歯**(まえば) 앞니 | **名前**(なまえ) 이름

午前(ごぜん)11時(じ)に来(き)てください。 오전 열한 시에 와 주세요.

コンサートの前売券(まえうりけん)を買(か)っておきました。 콘서트 예매권을 사 두었습니다.

쓰는 순서 前 前 前 前 前 前 前 前 前

0104

뒤 후

N5 총 9 획

음 ご, こう **午後**(ごご) 오후 | **後日**(ごじつ) 훗날 | **最後**(さいご) 마지막 | **後援**(こうえん) 후원 | **後悔**(こうかい) 후회 | **後輩**(こうはい) 후배

훈 のち, うし(ろ), あと, おく(れる) **後**(のち) 뒤, 후 | **後ほど**(のちほど) 나중에 | **後ろ**(うしろ) 뒤 | **後**(あと) 뒤, 후 | **後始末**(あとしまつ) 뒷정리 | **後れる**(おくれる) 뒤쳐지다

今日(きょう)はテストの最後(さいご)の日(ひ)です。 오늘은 테스트의 마지막 날입니다.

運転(うんてん)するときは後(うし)ろをよく見(み)てください。 운전할 때는 뒤를 잘 보세요.

쓰는 순서 後 後 後 後 後 後 後 後 後

2학년

0105

맑을 다
N4 총 6 획

음 た 多少 다소 | 多数 다수 | 多分 많음, 아마 | 多様 다양함

훈 おお(い) 多い 많다

事故で多数の人がけがをしました。 사고로 많은 사람이 다쳤습니다.

セールに多くの人が来ました。 세일에 많은 사람이 왔습니다.

쓰는 순서 多 多 多 多 多 多

0106

적을 소
N4 총 4 획

음 しょう 少々 조금, 잠깐 | 少女 소녀 | 少年 소년 | 少量 소량

훈 すく(ない), すこ(し) 少ない 적다 | 少し 조금, 약간

少々お待ちください。 잠깐 기다려 주세요.

塩を少し入れてください。 소금을 조금 넣어 주세요.

쓰는 순서 少 少 少 少

0107

강할 강 (强)
N4 총 11 획

음 きょう, ごう 強制 강제 | 強力 강력 | 勉強 공부 | 強引 강행, 억지로 함

훈 つよ(い), つよ(まる), つよ(める), し(いる) 強い 강하다, 세다 | 強気 강경함, 강세, 오름세 | 強まる 강해지다 | 強める 강화하다 | 強いる 강요하다

あきらめないで勉強してください。 포기하지 말고 공부하세요.

力士は力が強いです。 스모 선수는 힘이 셉니다.

쓰는 순서 強 強 強 強 強 強 強 強 強 強 強

0108

약할 약 (弱)
N3 총 10 획

음 じゃく 弱者 약자 | 弱点 약점 | 強弱 강약 | 貧弱 빈약

훈 よわ(い), よわ(る), よわ(まる), よわ(める) 弱い 약하다 | 弱気 마음이 약함, 약세 | 弱虫 겁쟁이 | 弱る 약해지다, 난처해지다 | 弱まる 약해지다 | 弱める 약하게 하다

彼は小さいときから体が貧弱です。 그는 어릴 때부터 몸이 빈약합니다.

運動不足で体が弱くなりました。 운동 부족으로 몸이 약해졌습니다.

쓰는 순서 弱 弱 弱 弱 弱 弱 弱 弱 弱 弱

0109

遠

멀 원(遠)

N4 총 13 획

음 えん, おん **遠足(えんそく)** 소풍 | **遠慮(えんりょ)** 사양, 사려 | **永遠(えいえん)** 영원 | **久遠(くおん)** 구원

훈 とお(い) **遠(とお)い** 멀다 | **遠出(とおで)** 멀리 나감 | **遠回(とおまわ)り** 멀리 돌아감

遠慮(えんりょ)しないでください。 사양하지 마세요.

道(みち)に迷(まよ)って遠回(とおまわ)りをしてしまいました。 길을 헤매서 멀리 돌아왔습니다.

쓰는 순서 遠 遠 遠 遠 遠 遠 遠 遠 遠 遠 遠 遠 遠

0110

近

가까울 근(近)

N4 총 7 획

음 きん **近所(きんじょ)** 근처 | **近代(きんだい)** 근대 | **最近(さいきん)** 최근 | **付近(ふきん)** 부근

훈 ちか(い) **近(ちか)い** 가깝다 | **近(ちか)ごろ** 요즘, 최근 | **近(ちか)づく** 가까이 가다 | **近道(ちかみち)** 지름길

これは東京(とうきょう)付近(ふきん)の地図(ちず)です。 이것은 도쿄 부근의 지도입니다.

この近(ちか)くには大(おお)きいデパートがありません。 이 근처에는 큰 백화점이 없습니다.

쓰는 순서 近 近 近 近 近 近 近

0111

일만 만(萬)

N5 총 3 획

음 まん, ばん **万(まん)が一(いち)** 만에 하나, 만약 | **万年筆(まんねんひつ)** 만년필 | **一万円(いちまんえん)** 만 엔 | **万国(ばんこく)** 만국 | **万歳(ばんざい)** 만세 | **万能(ばんのう)** 만능

最近(さいきん)、万年筆(まんねんひつ)はあまり使(つか)いません。 요즘 만년필은 그다지 사용하지 않습니다.

英語(えいご)は万国共通語(ばんこくきょうつうご)です。 영어는 만국 공통어입니다.

쓰는 순서 万 万 万

0112

소 우

N4 총 4 획

음 ぎゅう **牛丼(ぎゅうどん)** 소고기덮밥 | **牛肉(ぎゅうにく)** 소고기 | **牛乳(ぎゅうにゅう)** 우유

훈 うし **牛(うし)** 소 | **牛小屋(うしごや)** 외양간 | **子牛(こうし)** 송아지

日本(にほん)の牛丼(ぎゅうどん)が食(た)べたいです。 일본의 소고기덮밥이 먹고 싶습니다.

牛(うし)が畑(はたけ)で働(はたら)いています。 소가 밭에서 일하고 있습니다.

쓰는 순서 牛 牛 牛 牛

0113

馬

말 마

N3 총 10 획

음 ば 馬車(ばしゃ) 마차 | 競馬(けいば) 경마 | 乗馬(じょうば) 승마 | 木馬(もくば) 목마

훈 うま, ま 馬(うま) 말 | 馬小屋(うまごや) 마구간 | 子馬(こうま) 망아지 | 馬子(まご) 마부

「トロイの木馬(もくば)」を見(み)たことがありますか。「트로이의 목마」를 본 적이 있습니까?

モンゴルに行(い)って馬(うま)に乗(の)りました。몽골에 가서 말을 탔습니다.

쓰는 순서 馬 馬 馬 馬 馬 馬 馬 馬 馬 馬

0114

물고기 어

N4 총 11 획

음 ぎょ 魚介類(ぎょかいるい) 어패류 | 金魚(きんぎょ) 금붕어 | 人魚(にんぎょ) 인어 | 熱帯魚(ねったいぎょ) 열대어

훈 さかな, うお 魚(さかな) 물고기, 생선 | 魚屋(さかなや) 생선 가게 | 魚市場(うおいちば) 어시장 | 魚の目(うおのめ) 티눈

「人魚姫(にんぎょひめ)」の話(はなし)は悲(かな)しいです。「인어 공주」 이야기는 슬픕니다.

築地(つきじ)には大(おお)きな魚市場(うおいちば)があります。쓰키지에는 큰 어시장이 있습니다.

쓰는 순서 魚 魚 魚 魚 魚 魚 魚 魚 魚 魚 魚

0115

새 조

N4 총 11 획

음 ちょう 鳥類(ちょうるい) 조류 | 一石二鳥(いっせきにちょう) 일석이조 | 白鳥(はくちょう) 백조

훈 とり 鳥(とり) 새 | 鳥かご(とりかご) 새장 | 鳥小屋(とりごや) 닭장

「白鳥(はくちょう)の湖(みずうみ)」というバレエを見(み)ました。「백조의 호수」라는 발레를 봤습니다.

窓(まど)ぎわに鳥(とり)がとまっています。창가에 새가 머물러 있습니다.

쓰는 순서 鳥 鳥 鳥 鳥 鳥 鳥 鳥 鳥 鳥 鳥 鳥

0116

울 명

N2 총 14 획

음 めい 共鳴(きょうめい) 공명 | 悲鳴(ひめい) 비명

훈 な(く), な(る), な(らす) 鳴(な)く (새, 벌레 등이) 울다 | 鳴(な)き声(ごえ) 울음소리 | 鳴(な)る 소리가 나다, 울리다 | 鳴(な)らす 소리를 내다, (평판, 명성 등을) 떨치다

女(おんな)の人(ひと)の悲鳴(ひめい)が聞(き)こえてきました。여성의 비명이 들려왔습니다.

上映中(じょうえいちゅう)はケータイを鳴(な)らしてはいけません。
상영 중에는 휴대전화를 울리면 안 됩니다.

쓰는 순서 鳴 鳴 鳴 鳴 鳴 鳴 鳴 鳴 鳴 鳴 鳴 鳴 鳴 鳴

0117

米

쌀 미

N3 총 6 획

음 べい, まい 米価(べいか) 쌀값 | 米国(べいこく) 미국 | 米寿(べいじゅ) 미수, 88세 | 欧米(おうべい) 구미(유럽과 미국) |
玄米(げんまい) 현미 | 新米(しんまい) 햅쌀 | 白米(はくまい) 백미

훈 こめ 米(こめ) 쌀 | 米粒(こめつぶ) 쌀알

祖母(そぼ)の米寿(べいじゅ)のお祝(いわ)いをしました。 할머니의 미수 축하 파티를 했습니다.

韓国(かんこく)と日本(にほん)はお米(こめ)が主食(しゅしょく)です。 한국과 일본은 쌀이 주식입니다.

쓰는 순서 米 米 米 米 米 米

0118

麦

보리 맥 (麥)

N3 총 7 획

음 ばく 麦芽(ばくが) 맥아 | 麦秋(ばくしゅう) 보릿가을

훈 むぎ 麦(むぎ) 보리 | 麦茶(むぎちゃ) 보리차 | 麦飯(むぎめし) 보리밥 | 小麦粉(こむぎこ) 밀가루

麦芽(ばくが)100%のビール。 맥아 100%의 맥주.

麦飯(むぎめし)は体(からだ)にいいです。 보리밥은 몸에 좋습니다.

쓰는 순서 麦 麦 麦 麦 麦 麦 麦

0119

고기 육

N4 총 6 획

음 にく 肉(にく) 고기 | 肉食(にくしょく) 육식 | 肉体(にくたい) 육체 | 牛肉(ぎゅうにく) 쇠고기 | 豚肉(ぶたにく) 돼지고기

トラは肉食動物(にくしょくどうぶつ)です。 호랑이는 육식동물입니다.

韓国人(かんこくじん)は豚肉(ぶたにく)をよく食(た)べます。 한국인은 돼지고기를 자주 먹습니다.

쓰는 순서 肉 肉 肉 肉 肉 肉

0120

밥 식

N5 총 9 획

음 しょく, じき 食事(しょくじ) 식사 | 食堂(しょくどう) 식당 | 昼食(ちゅうしょく) 점심 | 朝食(ちょうしょく) 조식, 아침 식사 | 断食(だんじき) 단식

훈 た(べる), く(う), く(らう) 食(た)べる 먹다 | 食(た)べ物(もの) 음식 | 食(く)う 먹다 |
食(く)いしん坊(ぼう) 식충이, 걸신쟁이 | 食(く)らう 먹다, 마시다, 당하다

朝食(ちょうしょく)付(つ)きのホテルです。 조식을 제공하는 호텔입니다.

お昼(ひる)を食(た)べに行(い)きましょう。 점심을 먹으러 갑시다.

쓰는 순서 食 食 食 食 食 食 食 食 食

0121

茶

차 다(차)

N4 총 9 획

음 さ, ちゃ **茶道**(さどう) 다도 | **喫茶店**(きっさてん) 찻집, 다방 | **お茶**(ちゃ) 차 | **紅茶**(こうちゃ) 홍차 | **緑茶**(りょくちゃ) 녹차

喫茶店(きっさてん)に行(い)きませんか。 찻집에 가지 않을래요?

おいしい紅茶(こうちゃ)が飲(の)みたいです。 맛있는 홍차를 마시고 싶습니다.

쓰는 순서 茶 茶 茶 茶 茶 茶 茶 茶 茶

0122

道

길 도(道)

N4 총 12 획

음 どう, とう **国道**(こくどう) 국도 | **柔道**(じゅうどう) 유도 | **水道**(すいどう) 수도 | **鉄道**(てつどう) 철도 | **神道**(しんとう) 신도(일본의 전통 신앙)

훈 みち **道**(みち) 길 | **近道**(ちかみち) 지름길 | **山道**(やまみち) 산길

高速(こうそく)は混(こ)んでいるから、国道(こくどう)で行(い)きましょう。
고속도로는 막히니까 국도로 갑시다.

結婚式場(けっこんしきじょう)に行(い)く道(みち)を教(おし)えてください。 결혼식장에 가는 길을 알려 주세요.

쓰는 순서 道 道 道 道 道 道 道 道 道 道 道 道

0123

매양 매(毎)

N5 총 6 획

음 まい **毎朝**(まいあさ) 매일 아침 | **毎月・毎月**(まいげつ・まいつき) 매월 | **毎週**(まいしゅう) 매주 | **毎度**(まいど) 매번 | **毎日**(まいにち) 매일

毎朝(まいあさ)、牛乳(ぎゅうにゅう)を飲(の)んでいます。 매일 아침 우유를 마십니다.

毎度(まいど)、ありがとうございます。 매번 감사합니다.

쓰는 순서 毎 毎 毎 毎 毎 毎

0124

돌 주(週)

N4 총 11 획

음 しゅう **週刊誌**(しゅうかんし) 주간지 | **週末**(しゅうまつ) 주말 | **今週**(こんしゅう) 이번 주 | **先週**(せんしゅう) 지난주 | **毎週**(まいしゅう) 매주

週末(しゅうまつ)はバイトをしています。 주말은 아르바이트를 합니다.

先週(せんしゅう)、京都(きょうと)に行(い)ってきました。 지난주 교토에 갔다 왔습니다.

쓰는 순서 週 週 週 週 週 週 週 週 週 週 週

0125

朝

아침 조

N4 총 12 획

음 ちょう 朝刊(ちょうかん) 조간 | 朝食(ちょうしょく) 조식, 아침 식사 | 朝礼(ちょうれい) 조례 | 早朝(そうちょう) 조조

훈 あさ 朝(あさ) 아침 | 朝顔(あさがお) 나팔꽃 | 朝ご飯(あさはん) 아침밥 | 朝寝坊(あさねぼう) 늦잠 | 朝日(あさひ) 아침해

예외 今朝(けさ) 오늘 아침

毎朝(まいあさ)、朝刊(ちょうかん)を読(よ)んでいます。 매일 아침 조간을 읽습니다.

昔(むかし)、朝顔(あさがお)は薬(くすり)でした。 옛날에 나팔꽃은 약이었습니다.

쓰는 순서 朝 朝 朝 朝 朝 朝 朝 朝 朝 朝 朝 朝

0126

昼

낮 주 (晝)

N4 총 9 획

음 ちゅう 昼食(ちゅうしょく) 점심 | 昼夜(ちゅうや) 주야

훈 ひる 昼(ひる) 낮 | 昼寝(ひるね) 낮잠 | 昼間(ひるま) 낮 동안, 주간 | 昼休み(ひるやすみ) 점심시간

昼食(ちゅうしょく)はお弁当(べんとう)を食(た)べています。 점심은 도시락을 먹습니다.

昼休(ひるやす)みに銀行(ぎんこう)に行(い)ってきました。 점심시간에 은행에 갔다 왔습니다.

쓰는 순서 昼 昼 昼 昼 昼 昼 昼 昼 昼

0127

夜

밤 야

N4 총 8 획

음 や 夜景(やけい) 야경 | 夜食(やしょく) 야식 | 今夜(こんや) 오늘 밤 | 深夜(しんや) 심야

훈 よ, よる 夜明け(よあけ) 새벽 | 夜中(よなか) 한밤중 | 月夜(つきよ) 달밤 | 夜(よる) 밤

東京(とうきょう)タワーから見(み)る東京(とうきょう)の夜景(やけい)はきれいです。

도쿄 타워에서 보는 도쿄의 야경은 아름답습니다.

夜中(よなか)に電話(でんわ)が鳴(な)りました。 한밤중에 전화가 울렸습니다.

쓰는 순서 夜 夜 夜 夜 夜 夜 夜 夜

0128

때 시

N5 총 10 획

음 じ 時間(じかん) 시간 | 時刻表(じこくひょう) 시각표 | 時代(じだい) 시대 | 当時(とうじ) 당시

훈 とき 時(とき) 때 | 時々(ときどき) 가끔, 때때로, 그때그때

예외 時計(とけい) 시계 | 時雨(しぐれ) 늦가을에 오다 말다 하는 비

時刻表(じこくひょう)を見(み)せてください。 시각표를 보여 주세요.

晴(は)れ時々雨(ときどきあめ)。 맑고 때때로 비.

쓰는 순서 時 時 時 時 時 時 時 時 時 時

0129 □□

曜

빛날 요 (曜)

N4 총 18획

음 よう 曜日(ようび) 요일 | 土曜日(どようび) 토요일 | 何曜日(なんようび) 무슨 요일

土曜日(どようび)は休(やす)みですか。 토요일은 휴일입니까?

今日(きょう)は何曜日(なんようび)ですか。 오늘은 무슨 요일입니까?

쓰는 순서 曜 曜 曜 曜 曜 曜 曜 曜 曜 曜 曜 曜 曜 曜 曜 曜 曜 曜

0130 □□

반 반

N5 총 5획

음 はん 半額(はんがく) 반액 | 半日(はんにち) 반일, 한나절 | 半分(はんぶん) 반, 절반 | 後半(こうはん) 후반 | 前半(ぜんはん) 전반

훈 なか(ば) 半(なか)ば 절반, 도중

閉店前(へいてんまえ)は魚(さかな)が半額(はんがく)です。 폐점 전에는 생선이 반액입니다.

今年(ことし)も半(なか)ばを過(す)ぎました。 올해도 절반이 지났습니다.

쓰는 순서 半 半 半 半 半

0131 □□

서울 경

N4 총 8획

음 きょう, けい 京都(きょうと) 교토 | 上京(じょうきょう) 상경 | 東京(とうきょう) 도쿄 | 京阪神(けいはんしん) 게이한신(교토, 오사카, 고베)

私(わたし)は高校(こうこう)を卒業(そつぎょう)して、上京(じょうきょう)しました。

나는 고등학교를 졸업하고 상경했습니다.

私(わたし)は東京生(とうきょうう)まれです。 나는 도쿄에서 태어났습니다.

쓰는 순서 京 京 京 京 京 京 京 京

0132 □□

마을 리

N1 총 7획

음 り 十里(じゅうり) 십 리 | 千里(せんり) 천 리

훈 さと 里(さと) 마을, 시골 | 里帰(さとがえ)り 귀성, 친정 나들이

韓国(かんこく)の十里(じゅうり)は約四(やくよん)キロです。 한국의 10리는 약 4km입니다.

お正月(しょうがつ)には家族(かぞく)みんなで里帰(さとがえ)りします。 설날에는 가족 모두 고향에 갑니다.

쓰는 순서 里 里 里 里 里 里 里

0133

모일 회 (會)

N4 총 6 획

음 かい, え 会議(かいぎ) 회의 | 会社(かいしゃ) 회사 | 会話(かいわ) 회화 | 会釈(えしゃく) 가벼운 인사 |
一期一会(いちごいちえ) 일생에 단 한 번뿐인 만남

훈 あ(う) 会(あ)う 만나다 | 出会(であ)い 만남 | 出会(であ)う 우연히 만나다

日本語会話(にほんごかいわ)の時間(じかん)は楽(たの)しいです。 일본어 회화 시간은 즐겁습니다.

デパートで昔(むかし)の友人(ゆうじん)に会(あ)いました。 백화점에서 옛 친구를 만났습니다.

쓰는 순서 会 会 会 会 会 会

0134

모일 사 (社)

N5 총 7 획

음 しゃ 社員(しゃいん) 사원 | 社会(しゃかい) 사회 | 社長(しゃちょう) 사장 | 会社(かいしゃ) 회사 | 神社(じんじゃ) 신사

훈 やしろ 社(やしろ) 신사, 사당

うちの社長(しゃちょう)は厳(きび)しいです。 우리 사장은 엄격합니다.

社(やしろ)にお参(まい)りに行(い)きました。 사당에 참배하러 갔습니다.

쓰는 순서 社 社 社 社 社 社 社

0135

공평할 공 (公)

N1 총 4 획

음 こう 公演(こうえん) 공연 | 公園(こうえん) 공원 | 公開(こうかい) 공개 | 公立(こうりつ) 공립 | 主人公(しゅじんこう) 주인공

훈 おおやけ 公(おおやけ) 정부, 공공

公園(こうえん)に散歩(さんぽ)に行(い)きます。 공원에 산책하러 갑니다.

政治家(せいじか)は公(おおやけ)の人(ひと)です。 정치가는 공인입니다.

쓰는 순서 公 公 公 公

0136

동산 원

N3 총 13 획

음 えん 公園(こうえん) 공원 | 田園(でんえん) 전원 | 動物園(どうぶつえん) 동물원 | 幼稚園(ようちえん) 유치원

훈 その エデンの園(その) 에덴 동산 | 花園(はなぞの) 화원

動物園(どうぶつえん)に象(ぞう)がいます。 동물원에 코끼리가 있습니다.

アダムとイブがエデンの園(その)に住(す)んでいました。
아담과 이브가 에덴 동산에 살고 있었습니다.

쓰는 순서 園 園 園 園 園 園 園 園 園 園 園 園 園

0137

절 사

N3 총 6 획

음 じ 寺院(じいん) 사원 | 浅草寺(せんそうじ) 센소지(도쿄 아사쿠사) | 東大寺(とうだいじ) 도다이지(나라)

훈 てら お寺(てら) 절 | 山寺(やまでら) 산사

浅草(あさくさ)には浅草寺(せんそうじ)があります。아사쿠사에는 센소지가 있습니다.

京都(きょうと)にはお寺(てら)が多(おお)いです。교토에는 절이 많습니다.

쓰는 순서 寺 寺 寺 寺 寺 寺

0138

사귈 교

N3 총 6 획

음 こう 交代(こうたい) 교대 | 交通(こうつう) 교통 | 交番(こうばん) 파출소 | 外交(がいこう) 외교

훈 まじ(わる), まじ(える), ま(じる), ま(ざる), か(う), か(わす) 交(まじ)わる 교차하다, 사귀다 | 交(まじ)える 섞다, 교차시키다 | 交(ま)じる 섞이다 | 交(ま)ざる 섞이다 | 交(か)わす 주고받다, 통하다

ソウル駅(えき)は交通(こうつう)が便利(べんり)です。서울역은 교통이 편리합니다.

韓国(かんこく)の男性(だんせい)はよく握手(あくしゅ)を交(か)わします。한국의 남성은 자주 악수를 합니다.

쓰는 순서 交 交 交 交 交 交

0139

그림 회 (繪)

N3 총 12 획

음 かい, え 絵画(かいが) 회화, 그림 | 絵(え) 그림 | 絵(え)の具(ぐ) 그림물감 | 絵葉書(えはがき) 그림엽서 | 絵本(えほん) 그림책

絵画展示会(かいがてんじかい)に行(い)きました。회화 전시회에 갔습니다.

外国(がいこく)の友達(ともだち)から絵葉書(えはがき)が届(とど)きました。

외국 친구에게서 그림엽서가 도착했습니다.

쓰는 순서 絵 絵 絵 絵 絵 絵 絵 絵 絵 絵 絵 絵

0140

그림 화/그을 획 (畫)

N4 총 8 획

음 が, かく 画家(がか) 화가 | 映画(えいが) 영화 | 漫画(まんが) 만화 | 画数(かくすう) 획수 | 企画(きかく) 기획 | 計画(けいかく) 계획

弟(おとうと)は漫画(まんが)をかくことが好(す)きです。남동생은 만화 그리기를 좋아합니다.

夏休(なつやす)みの計画(けいかく)はありますか。여름휴가 계획은 있습니까?

쓰는 순서 画 画 画 画 画 画 画 画

□ □

0141

말씀 언

N4 총 7 획

음 げん, ごん 言語(げんご) 언어 | 発言(はつげん) 발언 | 方言(ほうげん) 방언, 사투리 | 伝言(でんごん) 전언, 전갈 | 遺言(ゆいごん) 유언

훈 い(う), こと 言(い)う 말하다 | 言(い)い訳(わけ) 변명 | 言葉(ことば) 말, 언어 | ひと言(こと) 한마디 | 寝言(ねごと) 잠꼬대

日本(にほん)には方言(ほうげん)がたくさんあります。 일본에는 사투리가 많이 있습니다.

言(い)い訳(わけ)を言(い)わないでください。 변명을 하지 마세요.

쓰는 순서 言 言 言 言 言 言 言

□ □

0142

語

말씀 어

N5 총 14 획

음 ご 語彙(ごい) 어휘 | 語学(ごがく) 어학 | 言語(げんご) 언어 | 日本語(にほんご) 일본어

훈 かた(る), かた(らう) 語(かた)る 말하다, 이야기하다 | 物語(ものがたり) 이야기, 소설

難(むずか)しい語彙(ごい)は覚(おぼ)えなくてもいいです。 어려운 어휘는 외우지 않아도 됩니다.

『源氏物語(げんじものがたり)』は有名(ゆうめい)な古典(こてん)です。『겐지 이야기』는 유명한 고전입니다.

쓰는 순서 語 語 語 語 語 語 語 語 語 語 語 語 語 語

□ □

0143

教

가르칠 교 (敎)

N4 총 11 획

음 きょう 教育(きょういく) 교육 | 教師(きょうし) 교사 | 教室(きょうしつ) 교실 | 宗教(しゅうきょう) 종교

훈 おし(える), おそ(わる) 教(おし)える 가르치다 | 教(おし)え子(ご) 제자 | 教(おそ)わる 배우다

マイケルは英語(えいご)の教師(きょうし)です。 마이클은 영어 교사입니다.

馬場先生(ばばせんせい)に日本語(にほんご)を教(おそ)わりました。 바바 선생님에게 일본어를 배웠습니다.

쓰는 순서 教 教 教 教 教 教 教 教 教 教 教

□ □

0144

집 실

N4 총 9 획

음 しつ 室内(しつない) 실내 | 教室(きょうしつ) 교실 | 図書室(としょしつ) 도서실 | 浴室(よくしつ) 욕실

훈 むろ 室町時代(むろまちじだい) 무로마치 시대(1336~1573)

図書室(としょしつ)で勉強(べんきょう)しています。 도서실에서 공부하고 있습니다.

鎌倉時代(かまくらじだい)の次(つぎ)は室町時代(むろまちじだい)です。 가마쿠라 시대의 다음은 무로마치 시대입니다.

쓰는 순서 室 室 室 室 室 室 室 室 室

2학년

0145

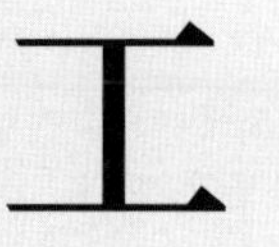

장인 공

N4 총 3 획

음 こう, く 工事(こうじ) 공사 | 工場(こうじょう) 공장 | 人工(じんこう) 인공 | 工夫(くふう) 궁리, 고안 | 細工(さいく) 세공 | 大工(だいく) 목수

工事(こうじ)をしているので、うるさいです。공사를 하고 있어서 시끄럽습니다.

これは私(わたし)が工夫(くふう)したものです。이것은 내가 고안한 것입니다.

쓰는 순서 工 工 工

0146

作

지을 작

N4 총 7 획

음 さく, さ 作品(さくひん) 작품 | 作文(さくぶん) 작문 | 作家(さっか) 작가 | 名作(めいさく) 명작 | 作業(さぎょう) 작업 | 動作(どうさ) 동작 | 発作(ほっさ) 발작

훈 つく(る) 作(つく)る 만들다 | 作(つく)り方(かた) 만드는 방법 | 手作(てづく)り 수제

『坊(ぼっ)ちゃん』は夏目漱石(なつめそうせき)の名作(めいさく)です。『도련님』은 나쓰메 소세키의 명작입니다.

日本料理(にほんりょうり)の作(つく)り方(かた)を教(おし)えてください。일본 요리 만드는 방법을 가르쳐 주세요.

쓰는 순서 作 作 作 作 作 作 作

0147

셀 계

N4 총 9 획

음 けい 計画(けいかく) 계획 | 計算(けいさん) 계산 | 合計(ごうけい) 합계 | 体温計(たいおんけい) 체온계 | 時計(とけい) 시계

훈 はか(る), はか(らう) 計(はか)る 재다, 달다, 세다 | 計(はか)らう 처리하다, 의논하다

合計何人(ごうけいなんにん)ですか。합계 몇 명입니까?

体重(たいじゅう)を計(はか)ってみましょう。체중을 재 봅시다.

쓰는 순서 計 計 計 計 計 計 計 計 計

0148

셈 산

N3 총 14 획

음 さん 算出(さんしゅつ) 산출 | 算数(さんすう) 산수 | 精算(せいさん) 정산 | 予算(よさん) 예산

算数(さんすう)は苦手(にがて)です。산수는 잘 못합니다.

乗(の)り越(こ)し精算(せいさん)をしなければなりません。초과 금액을 정산해야 합니다.

쓰는 순서 算 算 算 算 算 算 算 算 算 算 算 算 算 算

0149

점 점 (點)

N3 총 9 획

음 てん 点検(てんけん) 점검 | 点数(てんすう) 점수 | 弱点(じゃくてん) 약점 | 終点(しゅうてん) 종점 | 百点(ひゃくてん) 100점 | 満点(まんてん) 만점

まもなく終点(しゅうてん)です。 곧 종점입니다.

テストで百点満点(ひゃくてんまんてん)をとりました。 테스트에서 100점 만점을 받았습니다.

쓰는 순서 点 点 点 点 点 点 点 点 点

0150

数

셈 수 (數)

N3 총 13 획

음 すう, す 数学(すうがく) 수학 | 数字(すうじ) 숫자 | 点数(てんすう) 점수 | 人数(にんずう) 인원수 | 数奇屋(すきや) 다실

훈 かず, かぞ(える) 数(かず) 수 | 数(かぞ)える 세다, 헤아리다 | 数(かぞ)え年(どし) 태어난 해를 한 살로 치는 나이

会合(かいごう)に来(く)る人数(にんずう)を調(しら)べています。 회합에 오는 인원수를 조사하고 있습니다.

数(かぞ)え年(どし)でいくつですか。 한국 나이로 몇 살입니까?

쓰는 순서 数 数 数 数 数 数 数 数 数 数 数 数 数

0151

読

읽을 독 (讀)

N5 총 14 획

음 どく, とく, とう 読者(どくしゃ) 독자 | 読書(どくしょ) 독서 | 朗読(ろうどく) 낭독 | 読本(とくほん) 독본 | 句読点(くとうてん) 구두점

훈 よ(む) 読(よ)む 읽다 | 読(よ)み方(かた) 읽는 법 | 読(よ)み物(もの) 읽을 거리

読者(どくしゃ)からメールが来(き)ました。 독자에게 메일이 왔습니다.

名前(なまえ)の読(よ)み方(かた)を教(おし)えてください。 이름 읽는 법을 알려 주세요.

쓰는 순서 読 読 読 読 読 読 読 読 読 読 読 読 読 読

0152

글 서

N5 총 10 획

음 しょ 書店(しょてん) 서점, 책방 | 書道(しょどう) 서예 | 書類(しょるい) 서류 | 遺書(いしょ) 유서 | 図書館(としょかん) 도서관

훈 か(く) 書(か)く 쓰다 | 書留(かきとめ) 등기 우편 | 手書(てが)き 손으로 씀

近(ちか)くに大(おお)きな書店(しょてん)がありますか。 근처에 큰 서점이 있습니까?

書留(かきとめ)なので、サインをお願(ねが)いします。 등기 우편이니 사인 부탁드립니다.

쓰는 순서 書 書 書 書 書 書 書 書 書 書

0153

記

기록할 기

N2 총 10획

음 き 記事(きじ) 기사 | 記入(きにゅう) 기입 | 記念日(きねんび) 기념일 | 記録(きろく) 기록 | 日記(にっき) 일기

훈 しる(す) 記(しる)す 적다

毎日(まいにち)、日記(にっき)を書(か)いています。 매일 일기를 쓰고 있습니다.

背(せ)の高(たか)さを柱(はしら)に記(しる)しておきました。 키가 몇인지 기둥에 적어 두었습니다.

쓰는 순서 記 記 記 記 記 記 記 記 記 記

0154

新

새 신

N4 총 13획

음 しん 新鮮(しんせん) 신선함 | 新年(しんねん) 신년 | 新聞(しんぶん) 신문 | 最新(さいしん) 최신 | 新幹線(しんかんせん) 신칸센(일본 고속 철도)

훈 あたら(しい), あら(た), にい 新(あたら)しい 새롭다, 싱싱하다 | 新(あら)た 새로움 | 新潟県(にいがたけん) 니가타 현 | 新妻(にいづま) 새색시

これは最新(さいしん)モデルのケータイです。 이것은 최신 모델의 휴대전화입니다.

このビルは新(あたら)しいです。 이 빌딩은 새 건물입니다.

쓰는 순서 新 新 新 新 新 新 新 新 新 新 新 新 新

0155

聞

들을 문

N5 총 14획

음 ぶん, もん 見聞(けんぶん) 구경 | 新聞(しんぶん) 신문 | 伝聞(でんぶん) 전문 | 前代未聞(ぜんだいみもん) 전대미문 | 聴聞(ちょうもん) 청문

훈 き(く), き(こえる) 聞(き)く 듣다 | 聞(き)き取(と)り 듣기 | 聞(き)こえる 들리다

彼(かれ)の夢(ゆめ)は新聞記者(しんぶんきしゃ)です。 그의 꿈은 신문 기자입니다.

あした、聞(き)き取(と)りのテストがあります。 내일 듣기 시험이 있습니다.

쓰는 순서 聞 聞 聞 聞 聞 聞 聞 聞 聞 聞 聞 聞 聞 聞

0156

番

차례 번

N3 총 12획

음 ばん 番組(ばんぐみ) 프로그램 | 番号(ばんごう) 번호 | 番地(ばんち) 번지 | 一番(いちばん) 첫번째, 가장 | 順番(じゅんばん) 순번, 순서, 차례 | 当番(とうばん) 당번

ホテルの部屋(へや)の番号(ばんごう)を教(おし)えてください。 호텔 방 번호를 알려 주세요.

面接(めんせつ)の順番(じゅんばん)を待(ま)っています。 면접 차례를 기다리고 있습니다.

쓰는 순서 番 番 番 番 番 番 番 番 番 番 番 番

0157

組

짤 조

N3 총 11 획

음 そ 組織(そしき) 조직 | 組成(そせい) 조성

훈 く(む), くみ 組(く)む 엮다, 짜다 | 組合(くみあい) 조합 | 組(く)み立(た)て 조립 | 三組(さんくみ) 3조, 3반 | 番組(ばんぐみ) 프로그램

大学(だいがく)の組織(そしき)が変(か)わりました。 대학 조직이 바뀌었습니다.

おもしろい番組(ばんぐみ)がありますか。 재미있는 프로그램이 있습니까?

쓰는 순서 組 組 組 組 組 組 組 組 組 組 組

0158

歌

노래 가

N4 총 14 획

음 か 歌詞(かし) 가사 | 歌手(かしゅ) 가수 | 校歌(こうか) 교가 | 国歌(こっか) 국가

훈 うた, うた(う) 歌(うた) 노래 | 歌声(うたごえ) 노랫소리 | 鼻歌(はなうた) 콧노래 | 歌(うた)う 노래하다

最近(さいきん)、外国(がいこく)で韓国(かんこく)の歌手(かしゅ)が人気(にんき)があります。

최근 외국에서 한국 가수가 인기 있습니다.

カラオケに行(い)って、よく日本(にほん)の歌(うた)を歌(うた)います。

노래방에 가서 종종 일본 노래를 부릅니다.

쓰는 순서 歌 歌 歌 歌 歌 歌 歌 歌 歌 歌 歌 歌 歌 歌

0159

소리 성 (聲)

N3 총 7 획

음 せい, しょう 声楽(せいがく) 성악 | 声明(せいめい) 성명 | 音声(おんせい) 음성 | 発声(はっせい) 발성

훈 こえ, こわ 声(こえ) 목소리 | 歌声(うたごえ) 노랫소리 | 大声(おおごえ) 큰소리 | 鳴(な)き声(ごえ) 우는 소리 | 声色(こわいろ) 음색

カーナビが音声(おんせい)で道(みち)を説明(せつめい)します。

자동차 내비게이션이 음성으로 길을 설명합니다.

木村(きむら)さんは声(こえ)が大(おお)きいです。 기무라 씨는 목소리가 큽니다.

쓰는 순서 声 声 声 声 声 声 声

0160

노래 악/즐길 락 (樂)

N4 총 13 획

음 がく, らく 音楽(おんがく) 음악 | 声楽(せいがく) 성악 | 楽器(がっき) 악기 | 楽園(らくえん) 낙원 | 楽々(らくらく) 편안히

훈 たの(しい), たの(しむ) 楽(たの)しい 즐겁다 | 楽(たの)しむ 즐기다 | 楽(たの)しみ 즐거움, 기대

弟(おとうと)は声楽(せいがく)を専攻(せんこう)しています。 남동생은 성악을 전공합니다.

海外旅行(かいがいりょこう)は楽(たの)しかったです。 해외 여행은 즐거웠습니다.

쓰는 순서 楽 楽 楽 楽 楽 楽 楽 楽 楽 楽 楽 楽 楽

연습 문제 ③

[　　/20]

■ 밑줄 친 한자를 바르게 읽은 것을 고르시오.

1　南向きの部屋は明るいです。

① みなみあき　② ひがしあき　③ みなみむき　④ ひがしむき

2　台風が北上しています。

① きたうえ　② きたじょう　③ ほくうえ　④ ほくじょう

3　韓国では冬至の日、あずきがゆを食べます。

① とうじ　② どうじ　③ とうし　④ どうし

4　私は三人姉妹の末っ子です。

① しまい　② ちまい　③ しいま　④ ちいま

5　足を折って、外科に行きました。

① けが　② けか　③ げが　④ げか

6　白線の内側にお下がりください。

① うちかわ　② うちがわ　③ ないかわ　④ ないがわ

7　遠慮しないでください。

① おんりょう　② おんりょ　③ えんりょう　④ えんりょ

8　弟は声楽を専攻しています。

① せいらく　② せんらく　③ せいがく　④ せんがく

9　電話番号を教えてください。

① ばんご　② ばんごう　③ ぼんご　④ ぼんごう

10　サッカー選手の記事が載っています。

① きさ　② きじ　③ ぎさ　④ ぎじ

정답　1③ 2④ 3① 4① 5④ 6② 7④ 8③ 9② 10②

[　　/20]

11　書留でお願(ねが)いします。

① かきとめ　② がきとめ　③ かきどめ　④ がきどめ

12　来年(らいねん)の予算を考(かんが)えました。

① よさん　② よざん　③ いさん　④ いざん

13　料理(りょうり)を工夫して作(つく)りました。

① こうふ　② こふう　③ くふう　④ くうふ

14　父(ちち)は遺言を残(のこ)しました。

① いけん　② いげん　③ ゆいこん　④ ゆいごん

15　駅(えき)の近(ちか)くに交番があります。

① きょうばん　② きょうぼん　③ こうばん　④ こうぼん

16　政治家(せいじか)は公の人(ひと)です。

① おおやけ　② おやけ　③ こう　④ こん

17　晴(は)れ時々雨(あめ)。

① どきどき　② ときどき　③ どきとき　④ ときとき

18　夜中まで勉強(べんきょう)しました。

① やなか　② よなか　③ やちゅう　④ よちゅう

19　喫茶店でモーニングセットを食(た)べました。

① きつちゃてん　② きっちゃてん　③ きつさてん　④ きっさてん

20　麦飯は体(からだ)にいいです。

① むぎめし　② むきめし　③ むぎはん　④ むきはん

정답　11① 12① 13③ 14④ 15③ 16① 17② 18② 19④ 20①

연습 문제 ④

[　　/ 20]

■ 밑줄 친 히라가나를 한자로 바르게 적은 것을 고르시오.

1　はるさめで作った料理を食べました。

① 春目　② 青目　③ 春雨　④ 青雨

2　しゅうぶんは夜と昼の長さが同じです。

① 秋分　② 秋合　③ 春分　④ 春合

3　漫画家にでしいりしました。

① 弟字入り　② 第字入り　③ 第子入り　④ 弟子入り

4　道をしんせつに教えてくれました。

① 新切　② 親切　③ 新折　④ 親折

5　みぶん証明証を見せてください。

① 身分　② 身合　③ 見分　④ 見合

6　きかく会社に入りました。

① 正両　② 企両　③ 正画　④ 企画

7　文房具屋でえのぐを買いました。

① 絵の具　② 桧の具　③ 絵の貝　④ 桧の貝

8　こうえんに散歩に行きました。

① 公園　② 公演　③ 講園　④ 講演

9　神戸のやけいがきれいです。

① 野景　② 野京　③ 夜景　④ 夜京

10　パンとぎゅうにゅうを買いました。

① 午孔　② 牛孔　③ 午乳　④ 牛乳

정답　1③ 2① 3④ 4② 5① 6④ 7① 8① 9③ 10④

11 弟(おとうと)はよわむしです。

① 弱忠　② 弱虫　③ 強虫　④ 強忠

12 くじ引(び)きがはずれました。

① 朴れ　② 外れ　③ 止れ　④ 上れ

13 中村(なかむら)さんは私(わたし)のおしえごです。

① 教え子　② 数え子　③ 教え字　④ 数え字

14 ごうけい、いくらですか。

① 会訂　② 会計　③ 合訂　④ 合計

15 会合(かいごう)に来(く)るにんずうを調(しら)べています。

① 入数　② 入教　③ 人数　④ 人教

16 おおごえを出(だ)さないでください。

① 大声　② 太声　③ 大戸　④ 太戸

17 大学(だいがく)のそしきが変(か)わりました。

① 組織　② 組職　③ 祖織　④ 祖職

18 しょどうを習(なら)っています。

① 署通　② 署道　③ 書通　④ 書道

19 てづくりのクッキーをもらいました。

① 毛作り　② 毛昨り　③ 手作り　④ 手昨り

20 子(こ)どもをようちえんに送(おく)ります。

① 幻稚園　② 幼稚園　③ 幻雑園　④ 幼雑園

정답 11 ② 12 ② 13 ① 14 ④ 15 ③ 16 ① 17 ① 18 ④ 19 ③ 20 ②

초등학교 2학년 한자 ②

80 자

売	買	門	戸	行	来	歩	走
팔 매	살 매	문 문	집 호	다닐 행	올 래	걸음 보	달릴 주
止	方	角	市	場	心	体	頭
그칠 지	모 방	뿔 각	저자 시	마당 장	마음 심	몸 체	머리 두
首	顔	色	羽	毛	丸	形	刀
머리 수	얼굴 안	빛 색	깃 우	털 모	둥글 환	모양 형	칼 도
店	長	用	才	科	答	引	線
가게 점	길 장	쓸 용	재주 재	과목 과	대답할 답	끌 인	줄 선
弓	矢	汽	船	台	光	紙	午
활 궁	화살 시	물 끓는 김 기	배 선	토대 대/별 태	빛 광	종이 지	낮 오
元	広	太	池	谷	岩	星	風
으뜸 원	넓을 광	클 태	못 지	골짜기 곡	바위 암	별 성	바람 풍
海	高	原	雪	野	黄	黒	雲
바다 해	높을 고	근원 원	눈 설	들 야	누를 황	검을 흑	구름 운
地	図	電	話	国	家	思	考
땅 지	그림 도	번개 전	말씀 화	나라 국	집 가	생각 사	생각할 고
活	切	合	同	回	帰	何	明
살 활	끊을 절/모두 체	합할 합	한가지 동	돌아올 회	돌아갈 귀	어찌 하	밝을 명
当	直	間	理	通	知	晴	細
마땅할 당	곧을 직	사이 간	다스릴 리	통할 통	알 지	맑을 청	가늘 세

0161

売

팔 매 (賣)

N4 총 7 획

음 ばい 売却(ばいきゃく) 매각 | 売店(ばいてん) 매점 | 商売(しょうばい) 장사 | 発売(はつばい) 발매 | 販売(はんばい) 판매

훈 う(る), う(れる) 売(う)る 팔다 | 売(う)り場(ば) 매장 | 売(う)り上(あ)げ 매상 | 売(う)り切(き)れ 매진 | 売(う)れる 팔리다

これは新発売(しんはつばい)のパソコンです。 이것은 새로 발매된 컴퓨터입니다.

きっぷ売(う)り場(ば)はどこですか。 매표소는 어디입니까?

쓰는 순서 売 売 売 売 売 売 売

0162

살 매

N4 총 12 획

음 ばい 買収(ばいしゅう) 매수 | 購買(こうばい) 구매 | 売買(ばいばい) 매매

훈 か(う) 買(か)う 사다 | 買(か)い物(もの) 쇼핑 | お買(か)い得(どく) 이득

テレビコマーシャルは購買力(こうばいりょく)をそそります。

텔레비전 광고는 구매력을 자아냅니다.

このワインはお買(か)い得(どく)です。 이 와인은 사면 이득입니다.

쓰는 순서 買 買 買 買 買 買 買 買 買 買 買 買

0163

문 문

N3 총 8 획

음 もん 門戸(もんこ) 문호 | 校門(こうもん) 교문 | 専門(せんもん) 전문 | 入門(にゅうもん) 입문 | 名門(めいもん) 명문

훈 かど 門口(かどぐち) 문간 | 門出(かどで) 집을 나섬, 출발 | 門松(かどまつ) 가도마쓰(새해에 문 앞에 장식하는 소나무)

校門(こうもん)の前(まえ)で待(ま)ってください。 교문 앞에서 기다려 주세요.

お正月(しょうがつ)には門松(かどまつ)を作(つく)ります。 설날에는 가도마쓰를 만듭니다.

쓰는 순서 門 門 門 門 門 門 門 門

0164

집 호 (戶)

N3 총 4 획

음 こ 戸主(こしゅ) 호주 | 戸籍(こせき) 호적 | 一戸建(いっこだ)て 단독주택 | 下戸(げこ) 술을 못 마시는 사람

훈 と 戸締(とじま)り 문단속 | 戸棚(とだな) 찬장 | 網戸(あみど) 망창, 방충망 | 井戸(いど) 우물

父(ちち)は三十代(さんじゅうだい)で一戸建(いっこだ)ての家(いえ)を買(か)いました。

아버지는 30대에 단독주택을 샀습니다.

きちんと戸締(とじま)りをしてから出(で)かけましょう。

문단속을 단단히 하고 나서 외출합시다.

쓰는 순서 戸 戸 戸 戸

0165

다닐 행

N5 총6획

음 こう, ぎょう, あん 行為(こうい) 행위 | 行動(こうどう) 행동 | 銀行(ぎんこう) 은행 | 飛行機(ひこうき) 비행기 | 旅行(りょこう) 여행 | 行事(ぎょうじ) 행사 | 行列(ぎょうれつ) 행렬 | 行灯(あんどん) 행등, 초롱불

훈 い(く), ゆ(く), おこな(う) 行く(い)·行く(ゆ) 가다 | 行方(ゆくえ) 행방 | 行う(おこな) 행동하다

今(いま)まで飛行機(ひこうき)に乗(の)ったことがありません。 지금까지 비행기를 탄 적이 없습니다.

昨日(きのう)、銀行(ぎんこう)に行(い)ってきました。 어제 은행에 다녀왔습니다.

쓰는순서 行 行 行 行 行 行

0166

올 래 (來)

N5 총7획

음 らい 来月(らいげつ) 다음 달 | 来年(らいねん) 내년 | 将来(しょうらい) 장래 | 未来(みらい) 미래

훈 く(る), きた(る), きた(す) 来る(く) 오다 | 来る(きた) 오다 | 来す(きた) 초래하다

鈴木(すずき)さんは来月(らいげつ)、韓国人(かんこくじん)と結婚(けっこん)します。

스즈키 씨는 다음 달에 한국인과 결혼합니다.

ソウル行(ゆ)きの電車(でんしゃ)は何時(なんじ)に来(き)ますか。 서울행 전철은 몇 시에 옵니까?

쓰는순서 来 来 来 来 来 来 来

0167

걸음 보 (步)

N4 총8획

음 ほ, ぶ, ふ 歩道(ほどう) 보도 | 徒歩(とほ) 도보 | 散歩(さんぽ) 산책 | 歩合(ぶあい) 비율, 수수료 | 歩(ふ) 졸(일본 장기)

훈 ある(く), あゆ(む) 歩く(ある)·歩む(あゆ) 걷다

天気(てんき)がいいからお散歩(さんぽ)でも行(い)きましょうか。

날씨가 좋으니까 산책이라도 갈까요?

学校(がっこう)まで歩(ある)いて何分(なんぷん)ぐらいかかりますか。

학교까지 걸어서 몇 분 정도 걸립니까?

쓰는순서 歩 歩 歩 歩 歩 歩 歩 歩

0168

달릴 주

N4 총7획

음 そう 走行(そうこう) 주행 | 走者(そうしゃ) 주자 | 競走(きょうそう) 경주 | 逃走(とうそう) 도주

훈 はし(る) 走る(はし) 달리다, 뛰다

彼(かれ)は百(ひゃく)メートル競走(きょうそう)の最高(さいこう)の選手(せんしゅ)です。

그는 100m 경주에서 가장 뛰어난 선수입니다.

廊下(ろうか)を走(はし)ってはいけません。 복도에서 뛰면 안 됩니다.

쓰는순서 走 走 走 走 走 走 走

0169

그칠 지

N4 총 4 획

음 し　止血(しけつ) 지혈 | 禁止(きんし) 금지 | 中止(ちゅうし) 중지 | 停止(ていし) 정지

훈 と(まる), と(める)　止(と)まる 멈추다, 서다 | 止(と)める 멈추다, 세우다 | 通行止(つうこうど)め 통행금지

ここは通行禁止(つうこうきんし)です。 여기는 통행금지입니다.

この電車(でんしゃ)は急行(きゅうこう)ですから、次(つぎ)の駅(えき)には止(と)まりません。
이 전철은 급행이므로 다음 역에는 서지 않습니다.

쓰는 순서 止 止 止 止

0170

方

모 방

N4 총 4 획

음 ほう　方向(ほうこう) 방향 | 方法(ほうほう) 방법 | 前方(ぜんぽう) 전방 | 地方(ちほう) 지방

훈 かた　方(かた) 방법, 사람(분) | 作(つく)り方(かた) 만드는 방법 | 味方(みかた) 내편, 아군

外国語(がいこくご)の勉強(べんきょう)には、どんな方法(ほうほう)がありますか。
외국어 공부에는 어떤 방법이 있습니까?

トッポッキの作(つく)り方(かた)を教(おし)えてください。 떡볶이 만드는 법을 가르쳐 주세요.

쓰는 순서 方 方 方 方

0171

角

뿔 각

N3 총 7 획

음 かく　角度(かくど) 각도 | 三角形(さんかくけい) 삼각형 | 直角(ちょっかく) 직각 | 頭角(とうかく) 두각

훈 かど, つの　角(かど) 모서리, 모퉁이 | 角(つの) 뿔 | 角笛(つのぶえ) 뿔피리

日本(にほん)のおにぎりは三角形(さんかくけい)の形(かたち)です。 일본의 주먹밥은 삼각형 모양입니다.

次(つぎ)の角(かど)を右(みぎ)に曲(ま)がってください。 다음 모퉁이를 오른쪽으로 돌아 주세요.

쓰는 순서 角 角 角 角 角 角 角

0172

市

저자 시

N4 총 5 획

음 し　市外(しがい) 시외 | 市内(しない) 시내 | 市民(しみん) 시민 | 都市(とし) 도시 | 大阪市(おおさかし) 오사카시

훈 いち　市場(いちば) 시장 | 魚市場(うおいちば) 어시장

市内(しない)に新(あたら)しいデパートができました。 시내에 새로운 백화점이 생겼습니다.

市場(いちば)に買(か)い物(もの)に行(い)きましょう。 시장에 쇼핑하러 갑시다.

쓰는 순서 市 市 市 市 市

0173 □ □

場

마당 장

N4 총 12 획

음 じょう 場内(じょうない) 장내 | 運動場(うんどうじょう) 운동장 | 会場(かいじょう) 회장 | 工場(こうじょう) 공장

훈 ば 場合(ばあい) 때, 경우 | 場所(ばしょ) 장소 | 場面(ばめん) 장면 | 広場(ひろば) 광장

会場(かいじょう)にたくさんの人(ひと)がいます。 회장에 많은 사람이 있습니다.

ソウルには市庁(しちょう)の前(まえ)に広場(ひろば)があります。 서울에는 시청 앞에 광장이 있습니다.

쓰는 순서 場 場 場 場 場 場 場 場 場 場 場 場

0174 □ □

마음 심

N4 총 4 획

음 しん 心身(しんしん) 심신 | 心配(しんぱい) 걱정 | 安心(あんしん) 안심 | 中心(ちゅうしん) 중심 | 本心(ほんしん) 본심, 진심

훈 こころ 心(こころ) 마음 | 心(こころ)づかい 배려 | 心細(こころぼそ)い 불안하다, 허전하다 | 親心(おやごころ) 부모 마음

卒業(そつぎょう)の後(あと)が心配(しんぱい)です。 졸업 후가 걱정입니다.

一人(ひとり)で歩(ある)く夜(よる)の道(みち)は心細(こころぼそ)いです。 혼자 걷는 밤길은 불안합니다.

쓰는 순서 心 心 心 心

0175 □ □

몸 체 (體)

N4 총 7 획

음 たい, てい 体育(たいいく) 체육 | 体力(たいりょく) 체력 | 身体(しんたい) 신체 | 肉体(にくたい) 육체 | 世間体(せけんてい) 세상에 대한 체면

훈 からだ 体(からだ) 몸 | 体(からだ)つき 몸매

今日(きょう)は身体検査(しんたいけんさ)の日(ひ)です。 오늘은 신체검사하는 날입니다.

運動(うんどう)は体(からだ)にいいです。 운동은 몸에 좋습니다.

쓰는 순서 体 体 体 体 体 体 体

0176 □ □

머리 두

N4 총 16 획

음 とう, ず, と 頭角(とうかく) 두각 | 先頭(せんとう) 선두 | 頭痛(ずつう) 두통 | 頭脳(ずのう) 두뇌

훈 あたま, かしら 頭(あたま) 머리 | 頭(かしら) 머리, 우두머리 | 頭文字(かしらもじ) 머리글자

頭痛(ずつう)がひどいので、病院(びょういん)に行(い)きました。 두통이 심해서 병원에 갔습니다.

疲(つか)れて頭(あたま)が回(まわ)りません。 피곤해서 머리가 돌아가지 않습니다.

쓰는 순서 頭 頭 頭 頭 頭 頭 頭 頭 頭 頭 頭 頭 頭 頭 頭 頭

0177

머리 수

N4 총 9 획

음 しゅ 首相(しゅしょう) 수상, 총리 | 首都(しゅと) 수도 | 自首(じしゅ) 자수 | 部首(ぶしゅ) 부수

훈 くび 首(くび) 목 | 首(くび)かざり 목걸이 | 足首(あしくび) 발목 | 手首(てくび) 손목

ニューヨークはアメリカの首都(しゅと)ではありません。
뉴욕은 미국의 수도가 아닙니다.

ワイシャツの首(くび)のサイズはどうですか。 와이셔츠의 목 사이즈는 어떻습니까?

쓰는 순서 首 首 首 首 首 首 首 首 首

0178

顔

얼굴 안

N4 총 18 획

음 がん 顔色(がんしょく)・顔色(かおいろ) 얼굴색, 안색, 낯빛 | 顔面(がんめん) 안면 | 洗顔(せんがん) 세안 | 童顔(どうがん) 동안

훈 かお 顔(かお) 얼굴 | 顔立(かおだ)ち 이목구비 | 顔見知(かおみし)り 안면이 있음 | 笑顔(えがお) 웃는 얼굴

吉田(よしだ)さんは童顔(どうがん)なので若(わか)く見(み)えます。 요시다 씨는 동안이라 젊어 보입니다.

木村(きむら)さんは笑顔(えがお)がすてきです。 기무라 씨는 웃는 얼굴이 멋집니다.

쓰는 순서 顔 顔 顔 顔 顔 顔 顔 顔 顔 顔 顔 顔 顔 顔 顔 顔 顔 顔

0179

빛 색

N4 총 6 획

음 しょく, しき 染色(せんしょく) 염색 | 特色(とくしょく) 특색 | 色彩(しきさい) 색채 | 景色(けしき) 경치, 풍경

훈 いろ 色(いろ) 색, 색깔 | 色々(いろいろ) 여러 가지 | 色紙(いろがみ) 색종이 | 顔色(かおいろ)・顔色(がんしょく) 얼굴색, 안색, 낯빛

「松島(まつしま)」という所(ところ)は景色(けしき)がすばらしいです。
'마쓰시마'라는 곳은 경치가 훌륭합니다.

大丈夫(だいじょうぶ)ですか。顔色(かおいろ)が悪(わる)いですよ。 괜찮아요? 얼굴색이 나쁜데요.

쓰는 순서 色 色 色 色 色 色

0180

깃 우

N3 총 6 획

음 う 羽化(うか) 번데기가 날개 있는 성충이 됨 | 羽毛(うもう) 깃털

훈 は, はね, わ 羽織(はおり) 기모노 위에 입는 짧은 겉옷 | 羽(はね) 날개 | 羽布団(はねぶとん) 깃이불 | 一羽(いちわ) 한 마리

冬(ふゆ)は羽毛(うもう)のふとんを使(つか)うといいです。 겨울에는 깃털 이불을 사용하면 좋습니다.

電線(でんせん)の上(うえ)にすずめが三羽(さんわ)とまっています。
전선 위에 참새가 세 마리 머물러 있습니다.

쓰는 순서 羽 羽 羽 羽 羽 羽

0181

털 모

N3 총 4 획

음 もう 毛筆(もうひつ) 모필, 털붓 | 毛布(もうふ) 담요 | 不毛(ふもう) 불모 | 羊毛(ようもう) 양모

훈 け 毛(け) 털 | 毛糸(けいと) 털실 | 毛虫(けむし) 모충 | 眉毛(まゆげ) 눈썹

毛布(もうふ)をクリーニングに出(だ)しました。 담요를 세탁하러 보냈습니다.

毛糸(けいと)でマフラーを編(あ)んで、友達(ともだち)にあげます。

털실로 목도리를 짜서 친구에게 줍니다.

쓰는 순서 毛 毛 毛 毛

0182

둥글 환

N3 총 3 획

음 がん 丸薬(がんやく) 환약 | 一丸(いちがん) 탄환 하나, 한 덩어리 | 弾丸(だんがん) 탄환 | 砲丸(ほうがん) 포환 | 砲丸投(ほうがんな)げ 투포환

훈 まる, まる(い), まる(める) 丸(まる) 동그라미 | 丸(まる)い 둥글다 | 丸(まる)める 둥글게 하다 | 丸(まる)ごと 통째로 | 丸太(まるた) 통나무

彼女(かのじょ)は砲丸投(ほうがんな)げの選手(せんしゅ)です。 그녀는 투포환 선수입니다.

大(おお)きなケーキを一人(ひとり)で丸(まる)ごと食(た)べてしまいました。

커다란 케이크를 혼자 통째로 다 먹어 버렸습니다.

쓰는 순서 丸 丸 丸

0183

모양 형

N3 총 7 획

음 けい, ぎょう 形式(けいしき) 형식 | 形容詞(けいようし) 형용사 | 図形(ずけい) 도형 | 形相(ぎょうそう) 형상 | 人形(にんぎょう) 인형

훈 かた, かたち 形見(かたみ) 기념품, 유품 | 手形(てがた) 손도장, 어음 | 形(かたち) 형태

子(こ)どもは人形(にんぎょう)が好(す)きです。 아이는 인형을 좋아합니다.

この指輪(ゆびわ)は母(はは)の形見(かたみ)です。 이 반지는 어머니의 유품입니다.

쓰는 순서 形 形 形 形 形 形 形

0184

칼 도

N1 총 2 획

음 とう 短刀(たんとう) 단도 | 日本刀(にほんとう) 일본도 | 木刀(ぼくとう) 목도 | 名刀(めいとう) 명도

훈 かたな 刀(かたな) 칼 | 小刀(こがたな) 창칼, 주머니칼

예외 竹刀(しない) 죽도

今(いま)では日本刀(にほんとう)を作(つく)る人(ひと)が少(すく)なくなりました。

지금은 일본도를 만드는 사람이 줄어들었습니다.

父(ちち)が子(こ)どもの頃(ころ)は、小刀(こがたな)で鉛筆(えんぴつ)を削(けず)っていました。

아버지가 어렸을 때는 주머니칼로 연필을 깎았습니다.

쓰는 순서 刀 刀

□ □

0185

店

가게 점

N5 총8획

음 てん　店員(てんいん) 점원 | 店長(てんちょう) 점장 | 開店(かいてん) 개점 | 書店(しょてん) 서점, 책방 | 売店(ばいてん) 매점

훈 みせ　店(みせ) 가게 | 店番(みせばん) 가게를 봄 | 夜店(よみせ) 밤거리 노점, 야시장

駅(えき)の売店(ばいてん)でお茶(ちゃ)と弁当(べんとう)を買(か)いました。 역 매점에서 차와 도시락을 샀습니다.

いつか韓国料理(かんこくりょうり)の店(みせ)を始(はじ)めようと思(おも)います。

언젠가 한국 음식점을 시작하려고 생각합니다.

쓰는 순서 店 店 店 店 店 店 店 店

□ □

0186

길 장

N5 총8획

음 ちょう　長所(ちょうしょ) 장점 | 長女(ちょうじょ) 장녀 | 長男(ちょうなん) 장남 | 社長(しゃちょう) 사장 | 成長(せいちょう) 성장

훈 なが(い)　長(なが)い 길다 | 長生(ながい)き 장수

今年(ことし)、長女(ちょうじょ)が結婚(けっこん)しました。 올해 장녀가 결혼했습니다.

最近(さいきん)、長生(ながい)きの人(ひと)が多(おお)くなりました。 최근 장수하는 사람이 많아졌습니다.

쓰는 순서 長 長 長 長 長 長 長 長

□ □

0187

쓸 용

N4 총5획

음 よう　用意(ようい) 준비 | 用事(ようじ) 용무, 볼일 | 使用(しよう) 사용 | 実用(じつよう) 실용 | 日用品(にちようひん) 생필품 | 利用(りよう) 이용

훈 もち(いる)　用(もち)いる 사용하다

渡辺(わたなべ)さんは用事(ようじ)があって、早(はや)く帰(かえ)りました。

와타나베 씨는 볼일이 있어 빨리 돌아갔습니다.

テストのとき、辞書(じしょ)は用(もち)いないでください。

시험 때 사전은 사용하지 마세요.

쓰는 순서 用 用 用 用 用

□ □

0188

재주 재

N3 총3획

음 さい　才能(さいのう) 재능 | 才気(さいき) 재기 | 才女(さいじょ) 재주가 있는 여자, 재원 | 天才(てんさい) 천재

子(こ)どもの才能(さいのう)を見(み)つけることは大事(だいじ)なことです。

아이의 재능을 발견하는 것은 중요한 일입니다.

努力(どりょく)しない天才(てんさい)はいません。 노력하지 않는 천재는 없습니다.

쓰는 순서 才 才 才

0189

科

과목 과

N3 총 9 획

음 か 科学(かがく) 과학 | 科目(かもく) 과목 | 学科(がっか) 학과 | 教科書(きょうかしょ) 교과서 | 外科(げか) 외과

好(す)きな科目(かもく)は何(なん)ですか。좋아하는 과목은 무엇입니까?

妹(いもうと)は英文学科(えいぶんがっか)の学生(がくせい)です。여동생은 영문학과 학생입니다.

쓰는 순서 科 科 科 科 科 科 科 科 科

0190

答

대답할 답

N4 총 12 획

음 とう 答案(とうあん) 답, 답안 | 答弁(とうべん) 답변 | 応答(おうとう) 응답 | 解答(かいとう) 해답 | 正答(せいとう) 정답

훈 こた(える), こた(え) 答(こた)える 대답하다 | 答(こた)え 대답

答案(とうあん)は、この紙(かみ)に書(か)いてください。답은 이 종이에 써 주세요.

難(むずか)しくて答(こた)えることができませんでした。어려워서 대답할 수가 없었습니다.

쓰는 순서 答 答 答 答 答 答 答 答 答 答 答 答

0191

引

끌 인

N3 총 4 획

음 いん 引退(いんたい) 은퇴 | 引用(いんよう) 인용 | 引力(いんりょく) 인력 | 索引(さくいん) 색인

훈 ひ(く), ひ(ける) 引(ひ)く 끌다 | 引(ひ)き分(わ)け 무승부 | 割引(わりびき) 할인 | 引(ひ)ける 끝나다

後(うし)ろに索引(さくいん)がありますので、利用(りよう)してください。
뒤에 색인이 있으니 이용해 주세요.

学生(がくせい)は割引(わりびき)できます。학생은 할인이 가능합니다.

쓰는 순서 引 引 引 引

0192

줄 선

N3 총 15 획

음 せん 線画(せんが) 선으로만 그린 그림 | 線路(せんろ) 선로 | 直線(ちょくせん) 직선 | 電線(でんせん) 전선

線路(せんろ)を渡(わた)るときは、気(き)をつけてください。선로를 건널 때는 주의하세요.

台風(たいふう)で電線(でんせん)が切(き)れてしまいました。태풍 때문에 전선이 끊어지고 말았습니다.

쓰는 순서 線 線 線 線 線 線 線 線 線 線 線 線 線 線 線

0193

활 궁

N1 총 3 획

음 きゅう 弓形(きゅうけい) 궁형 | 弓道(きゅうどう) 궁도 | 洋弓(ようきゅう) 양궁

훈 ゆみ 弓(ゆみ) 활 | 弓矢(ゆみや) 궁시, 활과 화살

弟(おとうと)は弓道部(きゅうどうぶ)に入(はい)りました。 남동생은 궁도부에 들어 갔습니다.

弓(ゆみ)を射(い)ます。 활을 쏩니다.

쓰는 순서 弓 弓 弓

0194

화살 시

N1 총 5 획

음 し 一矢(いっし) 화살 한 개 | 一矢報(いっしむく)いる 보복하다, 되갚다

훈 や 矢(や) 화살 | 矢面(やおもて) 화살이 날아오는 정면, 진두 | 矢印(やじるし) 화살표 | 毒矢(どくや) 독화살

今日(きょう)の試合(しあい)で、一矢報(いっしむく)いることができました。

오늘 시합에서 되갚아 줄 수 있었습니다.

矢印(やじるし)の方向(ほうこう)に進(すす)んでください。 화살표 방면으로 가세요.

쓰는 순서 矢 矢 矢 矢 矢

0195

물 끓는 김 기

N1 총 7 획

음 き 汽車(きしゃ) 기차 | 汽船(きせん) 기선 | 汽笛(きてき) 기적, 고동

汽車(きしゃ)で旅(たび)をするのが好(す)きです。 기차 여행을 좋아합니다.

港(みなと)から汽笛(きてき)が聞(き)こえます。 항구에서 기적 소리가 들립니다.

쓰는 순서 汽 汽 汽 汽 汽 汽 汽

0196

배 선 (船)

N2 총 11 획

음 せん 船員(せんいん) 선원 | 船長(せんちょう) 선장 | 漁船(ぎょせん) 어선 | 風船(ふうせん) 풍선

훈 ふね, ふな 船(ふね) 배 | 船旅(ふなたび) 배를 타고 하는 여행 | 船便(ふなびん) 배편 | 船酔(ふなよ)い 뱃멀미

風船(ふうせん)に空気(くうき)を入(い)れてください。 풍선에 공기를 넣어 주세요.

荷物(にもつ)を船便(ふなびん)で送(おく)ります。 짐을 배편으로 보냅니다.

쓰는 순서 船 船 船 船 船 船 船 船 船 船 船

0197

토대 대/별 태 (臺)

N4 총 5 획

음 だい, たい 台所(だいどころ) 부엌 | 灯台(とうだい) 등대 | 台風(たいふう) 태풍 | 屋台(やたい) 노점상, 포장마차

母(はは)は台所(だいどころ)で夕(ゆう)ご飯(はん)を作(つく)っています。 엄마는 부엌에서 저녁밥을 만들고 있습니다.

テレビで台風(たいふう)のニュースを見(み)ます。 텔레비전으로 태풍에 관한 뉴스를 봅니다.

쓰는 순서 台 台 台 台 台

0198

光

빛 광

N4 총 6 획

음 こう 光学(こうがく) 광학 | 光景(こうけい) 광경 | 光線(こうせん) 광선 | 観光(かんこう) 관광 | 日光(にっこう) 햇볕

훈 ひか(る), ひかり 光(ひか)る 빛나다 | 光(ひかり) 빛

ソウルにはたくさんの観光客(かんこうきゃく)が来(き)ます。 서울에는 많은 관광객이 옵니다.

ほたるの光(ひかり)がきれいです。 반딧불이 예쁩니다.

쓰는 순서 光 光 光 光 光 光

0199

紙

종이 지

N4 총 10 획

음 し 紙上(しじょう) 종이 위, 지면 | 紙面(しめん) 지면 | 表紙(ひょうし) 표지 | 用紙(ようし) 용지

훈 かみ 紙(かみ) 종이 | 紙(かみ)くず 휴지 | 紙(かみ)ぶくろ 종이봉투 | 折(お)り紙(がみ) 종이접기

振込(ふりこ)み用紙(ようし)をください。 입금 용지를 주세요.

紙(かみ)くずはゴミ箱(ばこ)に捨(す)ててください。 휴지는 쓰레기통에 버리세요.

쓰는 순서 紙 紙 紙 紙 紙 紙 紙 紙 紙 紙

0200

낮 오

N5 총 4 획

음 ご 午後(ごご) 오후 | 午前(ごぜん) 오전 | 子午線(しごせん) 자오선 | 正午(しょうご) 정오

テストは午前十時(ごぜんじゅうじ)から始(はじ)まります。 테스트는 오전 열 시부터 시작합니다.

午後(ごご)から雨(あめ)が降(ふ)るそうです。 오후부터 비가 내린다고 합니다.

쓰는 순서 午 午 午 午

0201 □□

으뜸 원

N4 총 4 획

음 げん, がん **元気**(げんき) 기운, 건강함 | **紀元**(きげん) 기원 | **根元**(こんげん) 근원 | **元日**(がんじつ) 설날 | **元来**(がんらい) 원래, 애당초

훈 もと **元**(もと) 이전, 원래 | **元々**(もともと) 원래 | **身元**(みもと) 신원

おばあさんはまだ元気(げんき)です。 할머니는 아직 건강합니다.

身元(みもと)を確認(かくにん)するために、パスポートを見(み)せてください。

신원을 확인하기 위해 여권을 보여 주세요.

쓰는 순서 元 元 元 元

0202 □□

넓을 광 (廣)

N4 총 5 획

음 こう **広告**(こうこく) 광고 | **広大**(こうだい) 넓고 큼 | **広報**(こうほう) 홍보 | **広野**(こうや) 광야

훈 ひろ(い), ひろ(まる), ひろ(める), ひろ(がる), ひろ(げる) **広い**(ひろい) 넓다 | **広場**(ひろば) 광장 | **広まる**(ひろまる) 넓어지다 | **広める**(ひろめる) 넓히다 | **広がる**(ひろがる) 넓어지다 | **広げる**(ひろげる) 넓히다, 확장하다

広告(こうこく)を見(み)た人(ひと)が、店(みせ)にたくさん来(き)ます。 광고를 본 사람이 가게에 많이 옵니다.

広場(ひろば)に人(ひと)が集(あつ)まっています。 광장에 사람이 모여 있습니다.

쓰는 순서 広 広 広 広 広

0203 □□

클 태

N4 총 4 획

음 た, たい **丸太**(まるた) 통나무 | **太古**(たいこ) 태고, 먼 옛날 | **太平洋**(たいへいよう) 태평양 | **太陽**(たいよう) 태양

훈 ふと(い), ふと(る) **太い**(ふとい) 굵다 | **太る**(ふとる) 살찌다

太平洋(たいへいよう)はとても広(ひろ)いです。 태평양은 매우 넓습니다.

太(ふと)ったのでダイエットをしようと思(おも)います。 살쪄서 다이어트를 하려고 합니다.

쓰는 순서 太 太 大 太

0204 □□

못 지

N4 총 6 획

음 ち **貯水池**(ちょすいち) 저수지 | **電池**(でんち) 전지, 건전지 | **用水池**(ようすいち) 용수지

훈 いけ **池**(いけ) 연못 | **ため池**(ためいけ) 저수지 | **古池**(ふるいけ) 오래된 연못

新(あたら)しい電池(でんち)に取(と)り換(か)えてください。 새 전지로 바꿔 주세요.

危(あぶ)ないですから、この池(いけ)で泳(およ)いではいけません。

위험하니까 이 연못에서 헤엄치면 안 됩니다.

쓰는 순서 池 池 池 池 池 池

0205

골짜기 곡

N3 총 7 획

음 こく　峡谷(きょうこく) 협곡 | 渓谷(けいこく) 계곡

훈 たに　谷(たに) 골짜기 | 谷風(たにかぜ) 골바람 | 谷川(たにがわ) 계류, 산골짜기 시냇물 | 谷間(たにま) 골짜기

渓谷(けいこく)にはキャンプ場(じょう)があります。 계곡에는 캠프장이 있습니다.

谷川(たにがわ)で魚(さかな)釣(つ)りをしました。 계류에서 낚시를 했습니다.

쓰는 순서 谷 谷 谷 谷 谷 谷 谷

0206

바위 암 (巖)

N3 총 8 획

음 がん　岩塩(がんえん) 돌소금, 암염 | 岩石(がんせき) 암석 | 砂岩(さがん) 사암 | 溶岩(ようがん) 용암

훈 いわ　岩(いわ) 바위 | 岩場(いわば) 바위가 많은 곳, 암벽 | 岩山(いわやま) 바위산

研究者(けんきゅうしゃ)は月(つき)の岩石(がんせき)を調(しら)べました。 연구자는 달의 암석을 조사했습니다.

岩山(いわやま)を登(のぼ)るのは大変(たいへん)です。 바위산을 오르는 것은 힘듭니다.

쓰는 순서 岩 岩 岩 岩 岩 岩 岩 岩

0207

별 성

N3 총 9 획

음 せい, しょう　星座(せいざ) 별자리 | 火星(かせい) 화성 | 金星(きんせい) 금성 | 北極星(ほっきょくせい) 북극성 | 明星(みょうじょう) 금성의 옛이름

훈 ほし　星(ほし) 별 | 星明り(ほしあかり) 별빛 | 星空(ほしぞら) 별이 총총한 밤하늘 | 流れ星(ながれぼし) 유성, 별똥별

夏(なつ)の星座(せいざ)には何(なに)がありますか。 여름 별자리에는 뭐가 있습니까?

今日(きょう)は星(ほし)がよく見(み)えます。 오늘은 별이 잘 보입니다.

쓰는 순서 星 星 星 星 星 星 星 星 星

0208

바람 풍

N4 총 9 획

음 ふう, ふ　風雨(ふうう) 바람과 비 | 風景(ふうけい) 풍경 | 風情(ふぜい) 운치, 정취 | お風呂(ふろ) 목욕(탕)

훈 かぜ, かざ　風(かぜ) 바람 | 風車(かざぐるま) 풍차, 바람개비 | 風下(かざしも) 바람이 불어 가는 쪽

예외 風邪(かぜ) 감기

お風呂(ふろ)に入(はい)った後(あと)、ビールを飲(の)みます。 목욕을 한 다음 맥주를 마십니다.

エアコンの風(かぜ)より、自然(しぜん)の風(かぜ)が気持(きも)ちいいです。

에어컨 바람보다 자연 바람이 기분 좋습니다.

쓰는 순서 風 風 風 風 風 風 風 風 風

0209

海

바다 해 (海)

N4 총 9 획

음 かい 海外(かいがい) 해외 | 海水浴(かいすいよく) 해수욕 | 公海(こうかい) 공해 | 地中海(ちちゅうかい) 지중해

훈 うみ 海(うみ) 바다 | 海風(うみかぜ) 해풍 | 海辺(うみべ) 해변

父(ちち)は海外(かいがい)に出張中(しゅっちょうちゅう)です。 아빠는 해외에 출장 중입니다.

窓(まど)から海(うみ)が見(み)えます。 창문에서 바다가 보입니다.

쓰는 순서 海 海 海 海 海 海 海 海 海

0210

높을 고

N5 총 10 획

음 こう 高価(こうか) 고가 | 高級(こうきゅう) 고급 | 高校(こうこう) 고등학교 | 高度(こうど) 고도 | 最高(さいこう) 최고

훈 たか(い), たか, たか(まる), たか(める) 高(たか)い 높다, 비싸다 | 売上高(うりあげだか) 판매액, 매출액 | 残高(ざんだか) 잔액 | 高(たか)まる 높아지다 | 高(たか)める 높이다

妹(いもうと)は高校(こうこう)二(に)年生(ねんせい)です。 여동생은 고등학교 2학년입니다.

中村(なかむら)さんは背(せ)が高(たか)くて、ハンサムです。 나카무라 씨는 키가 크고 잘 생겼습니다.

쓰는 순서 高 高 高 高 高 高 高 高 高 高

0211

근원 원

N3 총 10 획

음 げん 原因(げんいん) 원인 | 原稿(げんこう) 원고 | 原子力(げんしりょく) 원자력 | 原油(げんゆ) 원유 | 高原(こうげん) 고원

훈 はら 原(はら) 들, 벌판 | 原(はら)っぱ 들판, 공터 | 野原(のはら) 들판

けんかの原因(げんいん)は何(なん)ですか。 싸움의 원인은 무엇입니까?

野原(のはら)にはコスモスが咲(さ)いています。 들판에는 코스모스가 피어 있습니다.

쓰는 순서 原 原 原 原 原 原 原 原 原 原

0212

눈 설

N3 총 11 획

음 せつ 雪原(せつげん) 설원 | 雪像(せつぞう) 눈을 다져 만든 조각 | 除雪(じょせつ) 제설 | 積雪(せきせつ) 적설, 쌓여 있는 눈

훈 ゆき 雪(ゆき) 눈 | 雪国(ゆきぐに) 설국, 눈이 많은 고장 | 雪(ゆき)だるま 눈사람 | 初雪(はつゆき) 첫눈

北海道(ほっかいどう)は除雪機(じょせつき)が必要(ひつよう)です。 홋카이도는 제설기가 필요합니다.

雪(ゆき)だるまを作(つく)って遊(あそ)びました。 눈사람을 만들며 놀았습니다.

쓰는 순서 雪 雪 雪 雪 雪 雪 雪 雪 雪 雪 雪

0213

野

들 야

N4 총 11 획

음 や 野球(やきゅう) 야구 | 野菜(やさい) 채소 | 分野(ぶんや) 분야 | 平野(へいや) 평야

훈 の 野(の) 들 | 野宿(のじゅく) 노숙 | 野花(のばな) 들꽃 | 野良猫(のらねこ) 길고양이

テレビで野球(やきゅう)を見(み)るのが好(す)きです。 텔레비전으로 야구를 보는 것을 좋아합니다.

色々(いろいろ)な野花(のばな)が咲(さ)いています。 여러 들꽃이 피어 있습니다.

쓰는 순서 野 野 野 野 野 野 野 野 野 野 野

0214

黄

누를 황 (黃)

N2 총 11 획

음 おう, こう 黄金(おうごん) 황금 | 黄河(こうが) 황하 | 黄砂(こうさ) 황사

훈 き, こ 黄色(きいろ) 노랑색 | 黄身(きみ) 노른자위 | 黄金(こがね) 황금

黄砂(こうさ)で車(くるま)が汚(よご)れてしまいました。 황사 때문에 차가 더러워져 버렸습니다.

この料理(りょうり)は卵(たまご)の黄身(きみ)だけを使(つか)います。 이 요리는 달걀 노른자만을 사용합니다.

쓰는 순서 黄 黄 黄 黄 黄 黄 黄 黄 黄 黄 黄

0215

黒

검을 흑 (黑)

N4 총 11 획

음 こく 黒点(こくてん) 흑점, 검은 점 | 黒板(こくばん) 칠판 | 暗黒(あんこく) 암흑

훈 くろ, くろ(い) 黒(くろ) 검정 | 黒い(くろい) 검다 | 黒字(くろじ) 흑자 | 黒砂糖(くろざとう) 흑설탕

黒板(こくばん)に答(こた)えを書(か)いてください。 칠판에 답을 써 주세요.

私(わたし)は黒色(くろいろ)の服(ふく)をよく着(き)ます。 나는 검정색 옷을 자주 입습니다.

쓰는 순서 黒 黒 黒 黒 黒 黒 黒 黒 黒 黒 黒

0216

구름 운

N3 총 12 획

음 うん 雲海(うんかい) 구름바다 | 雲上(うんじょう) 구름 위 | 星雲(せいうん) 성운 | 雷雲(らいうん) 소나기 구름

훈 くも 雲(くも) 구름 | 雲脚(くもあし) 구름의 움직임 | 雲間(くもま) 구름 사이 | 雨雲(あまぐも) 비구름

東(ひがし)の空(そら)から雷雲(らいうん)が近(ちか)づいてきました。 동쪽 하늘에서 소나기 구름이 다가왔습니다.

今日(きょう)は雲(くも)で月(つき)が見(み)えません。 오늘은 구름 때문에 달이 보이지 않습니다.

쓰는 순서 雲 雲 雲 雲 雲 雲 雲 雲 雲 雲 雲 雲

0217

地

땅 지

N4 총 6 획

음 ち, じ 地下(ちか) 지하 | 地球(ちきゅう) 지구 | 地図(ちず) 지도 | 地理(ちり) 지리 | 大地(だいち) 대지 | 土地(とち) 토지 | 地震(じしん) 지진 | 生地(きじ) 본성, 옷감

この道(みち)は地図(ちず)にありません。 이 길은 지도에 없습니다.

いつか地球(ちきゅう)を一周(いっしゅう)したいです。 언젠가 지구를 일주하고 싶습니다.

쓰는 순서 地 地 地 地 地 地

0218

그림 도 (圖)

N4 총 7 획

음 ず, と 図表(ずひょう) 도표 | 合図(あいず) 신호 | 図書館(としょかん) 도서관 | 意図(いと) 의도

훈 はか(る) 図(はか)る 도모하다, 꾀하다

午後(ごご)は図書館(としょかん)で勉強(べんきょう)します。 오후에는 도서관에서 공부합니다.

親睦(しんぼく)を図(はか)るために、飲(の)み会(かい)を開(ひら)きました。

친목을 도모하기 위해 술자리를 가졌습니다.

쓰는 순서 図 図 図 図 図 図 図

0219

번개 전

N5 총 13 획

음 でん 電気(でんき) 전기 | 電車(でんしゃ) 전철 | 電話(でんわ) 전화 | 終電(しゅうでん) 마지막 전철 | 充電(じゅうでん) 충전

電気(でんき)のない生活(せいかつ)は不便(ふべん)です。 전기가 없는 생활은 불편합니다.

終電(しゅうでん)は夜(よる)の11時半(じはん)です。 마지막 전철은 밤 열한 시 반 입니다.

쓰는 순서 電 電 電 電 電 電 電 電 電 電 電 電 電

0220

말씀 화

N5 총 13 획

음 わ 話題(わだい) 화제 | 会話(かいわ) 회화 | 手話(しゅわ) 수화 | 神話(しんわ) 신화

훈 はな(す), はなし 話(はな)す 말하다 | 話(はな)し合(あ)う 서로 이야기하다, 의논하다 | 昔話(むかしばなし) 옛날이야기

最近(さいきん)の韓国(かんこく)の話題(わだい)は何(なん)ですか。 최근 한국의 화젯거리는 무엇입니까?

友達(ともだち)と旅行(りょこう)の計画(けいかく)を話(はな)し合(あ)いました。 친구와 여행 계획을 의논했습니다.

쓰는 순서 話 話 話 話 話 話 話 話 話 話 話 話 話

0221 □□

나라 국 (國)

N5 총 8 획

음 こく 国語(こくご) 국어 | 国内(こくない) 국내 | 国民(こくみん) 국민 | 国家(こっか) 국가 | 外国(がいこく) 외국 | 入国(にゅうこく) 입국

훈 くに 国(くに) 나라, 고향 | 島国(しまぐに) 섬나라 | 雪国(ゆきぐに) 설국, 눈의 고장

入国(にゅうこく)の手続(てつづ)きが簡単(かんたん)になりました。입국 절차가 간단해졌습니다.

日本(にほん)では色々(いろいろ)な国(くに)から来(き)た人(ひと)たちが働(はたら)いています。

일본에서는 다양한 나라에서 온 사람들이 일하고 있습니다.

쓰는 순서 国 国 国 国 国 国 国 国

0222 □□

집 가

N4 총 10 획

음 か, け 家事(かじ) 가사 | 家族(かぞく) 가족 | 国家(こっか) 국가 | 作家(さっか) 작가 | 分家(ぶんけ) 분가 | 本家(ほんけ) 본가

훈 いえ, や 家(いえ) 집 | 家賃(やちん) 집세 | 空(あ)き家(や) 빈집 | 大家(おおや) 집주인, 안채

家族(かぞく)は何人(なんにん)ですか。가족은 몇 명입니까?

家賃(やちん)は大家(おおや)さんに直接(ちょくせつ)、渡(わた)します。집세는 집주인에게 직접 냅니다.

쓰는 순서 家 家 家 家 家 家 家 家 家 家

0223 □□

생각 사

N4 총 9 획

음 し 思考(しこう) 사고 | 思春期(ししゅんき) 사춘기 | 思想(しそう) 사상 | 意思(いし) 의사

훈 おも(う) 思(おも)う 생각하다 | 思(おも)い出(で) 추억 | 思(おも)いやり 배려 | 思(おも)わず 엉겁결에

うちには思春期(ししゅんき)の娘(むすめ)がいます。우리 집에는 사춘기인 딸이 있습니다.

日本(にほん)で多(おお)くの思(おも)い出(で)を作(つく)りました。일본에서 많은 추억을 만들었습니다.

쓰는 순서 思 思 思 思 思 思 思 思 思

0224 □□

생각할 고

N4 총 6 획

음 こう 考古学(こうこがく) 고고학 | 考察(こうさつ) 고찰 | 再考(さいこう) 재고 | 参考(さんこう) 참고

훈 かんが(える) 考(かんが)える 생각하다 | 考(かんが)え 생각

新聞記事(しんぶんきじ)を参考(さんこう)にして、レポートを書(か)きました。

신문 기사를 참고해서 리포트를 썼습니다.

もっと深(ふか)く考(かんが)えてみましょう。더 깊게 생각해 봅시다.

쓰는 순서 考 考 考 考 考 考

0225

活

살 활

N3 총 9 획

음 かつ 活動(かつどう) 활동 | 活用(かつよう) 활용 | 生活(せいかつ) 생활 | 復活(ふっかつ) 부활

学生(がくせい)のときに、色々(いろいろ)なボランティア活動(かつどう)をしました。
학생 때 다양한 봉사 활동을 했습니다.

最近(さいきん)、物価(ぶっか)が上(あ)がったので生活(せいかつ)が苦(くる)しくなりました。
최근에 물가가 올라서 생활이 힘들어졌습니다.

쓰는 순서 活 活 活 活 活 活 活 活 活

0226

切

끊을 절/모두 체

N4 총 4 획

음 せつ, さい 切実(せつじつ) 절실함 | 親切(しんせつ) 친절함 | 大切(たいせつ) 중요함, 소중함 | 一切(いっさい) 일절, 모두

훈 き(る), き(れる) 切(き)る 자르다 | 切手(きって) 우표 | 切符(きっぷ) 표 | 切(き)れる 끊어지다, 베이다

日本人(にほんじん)が親切(しんせつ)に道(みち)を教(おし)えてくれました。
일본인이 친절하게 길을 가르쳐 주었습니다.

玉(たま)ねぎを切(き)ると涙(なみだ)が出(で)ます。 양파를 자르면 눈물이 나옵니다.

쓰는 순서 切 切 切 切

0227

합할 합

N4 총 6 획

음 ごう, がっ, かっ 合格(ごうかく) 합격 | 合計(ごうけい) 합계 | 集合(しゅうごう) 집합 | 合宿(がっしゅく) 합숙 | 合羽(かっぱ) 소매 없는 비옷

훈 あ(う), あ(わす), あ(わせる) 合(あ)う 맞다, 만나다 | 合気道(あいきどう) 합기도 | 合図(あいず) 신호 | 割合(わりあい) 비율 | 合(あ)わす 맞추다, 합치다 | 合(あ)わせる 맞추다, 합치다

大学(だいがく)に合格(ごうかく)して、父(ちち)からスーツをもらいました。
대학에 합격해서 아빠에게 양복을 받았습니다.

何回(なんかい)、計算(けいさん)しても数字(すうじ)が合(あ)いません。 몇 번 계산했지만 숫자가 맞지 않습니다.

쓰는 순서 合 合 合 合 合 合

0228

한가지 동

N4 총 6 획

음 どう 同一(どういつ) 동일 | 同時(どうじ) 동시 | 同情(どうじょう) 동정 | 共同(きょうどう) 공동 | 協同(きょうどう) 협동 | 合同(ごうどう) 합동

훈 おな(じ) 同(おな)じ 같음 | 同(おな)じ年(とし)・同(おな)い年(どし) 동갑

二人(ふたり)の選手(せんしゅ)は同時(どうじ)にゴールしました。 두 선수는 동시에 들어왔습니다.

私(わたし)と木村(きむら)さんは同(おな)い年(どし)です。 나와 기무라 씨는 동갑입니다.

쓰는 순서 同 同 同 同 同 同

0229

돌아올 회
N4 총6획

음 かい, え 回送(かいそう) 회송 | 回転(かいてん) 회전 | 回答(かいとう) 회답 | 今回(こんかい) 이번 | 次回(じかい) 다음 번 | 回向(えこう) 회향(불교)

훈 まわ(る), まわ(す) 回る(まわる) 돌다 | 回り道(まわりみち) 길을 돌아서 감 | 回す(まわす) 돌리다

これは回送電車(かいそうでんしゃ)なので乗(の)れません。 이것은 회송 전철이라서 탈 수 없습니다.

風車(ふうしゃ)を回(まわ)して電気(でんき)を作(つく)ります。 풍차를 돌려 전기를 만듭니다.

쓰는 순서 回 回 回 回 回 回

0230

돌아갈 귀 (歸)
N4 총10획

음 き 帰化(きか) 귀화 | 帰国(きこく) 귀국 | 帰省(きせい) 귀성 | 帰宅(きたく) 귀가 | 復帰(ふっき) 복귀

훈 かえ(る), かえ(す) 帰る(かえる) 돌아가다 | 里帰り(さとがえり) 친정 나들이 | 日帰り(ひがえり) 당일치기 | 帰す(かえす) 돌려보내다

帰国(きこく)する日(ひ)は、いつですか。 귀국하는 날은 언제입니까?

忙(いそが)しくて、帰(かえ)る時間(じかん)が遅(おそ)くなりました。 바빠서 집에 가는 시간이 늦어졌습니다.

쓰는 순서 帰 帰 帰 帰 帰 帰 帰 帰 帰 帰

0231

어찌 하
N5 총7획

음 か 幾何学(きかがく) 기하학

훈 なに, なん 何が(なにが) 무엇이 | 何で(なにで)・何で(なんで) 무엇으로 | 何を(なにを) 무엇을, 뭐야!(분노의 말) | 何個(なんこ) 몇 개 | 何時(なんじ) 몇 시

私(わたし)は大学(だいがく)で幾何学(きかがく)を勉強(べんきょう)しています。 나는 대학에서 기하학을 공부하고 있습니다.

何(なに)が必要(ひつよう)ですか。 무엇이 필요합니까?

쓰는 순서 何 何 何 何 何 何 何

0232

밝을 명
N4 총8획

음 めい, みょう 明暗(めいあん) 명암 | 明白(めいはく) 명백 | 自明(じめい) 자명, 명백함 | 発明(はつめい) 발명 | 明朝(みょうちょう) 내일 아침 | 明晩(みょうばん) 내일 밤

훈 あ(かり), あか(るい), あか(るむ), あか(らむ), あき(らか), あ(ける), あ(く), あ(くる), あ(かす) 明かり(あかり) 빛 | 明るい(あかるい) 밝다 | 明るむ(あかるむ) 밝아지다 | 明らむ(あからむ) (동이 터서) 훤해지다 | 明らか(あきらか) 명백함, 밝음 | 明ける(あける) 밝다 | 明くる(あくる) 다음(~날, 달 등이 옴) | 明かす(あかす) 밝히다

電球(でんきゅう)はエジソンが発明(はつめい)しました。 전구는 에디슨이 발명했습니다.

吉田(よしだ)さんは性格(せいかく)がとても明(あか)るいです。 요시다 씨는 성격이 매우 밝습니다.

쓰는 순서 明 明 明 明 明 明 明 明

0233

当

마땅할 당 (當)

N3 총 6 획

음 とう 当日(とうじつ) 당일 | 当番(とうばん) 당번 | 担当(たんとう) 담당 | 適当(てきとう) 적당함

훈 あ(たる), あ(てる) 当(あ)たる 맞다, 당첨되다 | 当(あ)たり前(まえ) 당연함 | 当(あ)てる 맞히다, 대다

試験当日(しけんとうじつ)は朝八時(あさはちじ)に集合(しゅうごう)してください。

시험 당일에는 아침 여덟 시까지 집합하세요.

今(いま)まで宝(たから)くじに当(あ)たったことがありますか。

지금까지 복권에 당첨된 적이 있습니까?

쓰는 순서 当 当 当 当 当 当

0234

곧을 직

N3 총 8 획

음 ちょく, じき 直接(ちょくせつ) 직접 | 直線(ちょくせん) 직선 | 直訴(じきそ) 직소, 직접 상소함 | 正直(しょうじき) 정직함

훈 ただ(ちに), なお(す), なお(る) 直(ただ)ちに 곧, 즉시 | 直(なお)す 고치다 | 直(なお)る 고쳐지다

この書類(しょるい)は直接(ちょくせつ)、本人(ほんにん)に渡(わた)さなければなりません。

이 서류는 직접 본인에게 건네야 합니다.

パソコンが故障(こしょう)したので、直(なお)してください。

컴퓨터가 고장났으니 고쳐 주세요.

쓰는 순서 直 直 直 直 直 直 直 直

0235

사이 간

N5 총 12 획

음 かん, けん 間食(かんしょく) 간식 | 間接(かんせつ) 간접 | 時間(じかん) 시간 | 世間(せけん) 세간, 세상 사람들 | 人間(にんげん) 인간

훈 あいだ, ま 間(あいだ) 사이, 동안 | 間柄(あいだがら) 혈족 관계, 친척 관계 | 間(ま)に合(あ)う 제시간에 대다 | 間違(まちが)う 틀리다

友達(ともだち)と世間話(せけんばなし)をしました。 친구와 세상 이야기를 했습니다.

間(ま)に合(あ)わないから、少(すこ)し急(いそ)ぎましょう。 제시간에 갈 수 없으니 조금 서두릅시다.

쓰는 순서 間 間 間 間 間 間 間 間 間 間 間 間

0236

다스릴 리

N4 총 11 획

음 り 理科(りか) 이과 | 理解(りかい) 이해 | 理由(りゆう) 이유 | 代理(だいり) 대리 | 道理(どうり) 도리 | 無理(むり) 무리 | 料理(りょうり) 요리

理由(りゆう)をきちんと話(はな)してください。 이유를 확실히 말해 주세요.

無理(むり)をしないで働(はたら)いてください。 무리하지 말고 일하세요.

쓰는 순서 理 理 理 理 理 理 理 理 理 理 理

0237

통할 통 (通)

N4 총 10 획

음 つう, つ　通行(つうこう) 통행 | 通学(つうがく) 통학 | 共通(きょうつう) 공통 | 交通(こうつう) 교통 | お通夜(つや) 초상집에서 밤샘

훈 とお(る), とお(す), かよ(う)　通(とお)る 지나가다 | 大通(おおどお)り 대로 | 通(とお)す 통하게 하다 | 通(かよ)う 다니다

私(わたし)は毎日(まいにち)、バスで通学(つうがく)しています。 나는 매일 버스로 통학합니다.

仕事(しごと)が終(お)わった後(あと)は、ジムに通(かよ)います。 일이 끝난 후에는 체육관에 다닙니다.

쓰는 순서 通 通 通 通 通 通 通 通 通 通

0238

知

알 지

N4 총 8 획

음 ち　知識(ちしき) 지식 | 知人(ちじん) 지인 | 告知(こくち) 고지, 통지 | 通知(つうち) 통지

훈 し(る)　知(し)る 알다 | 知(し)り合(あ)い 아는 사이, 지인

会社(かいしゃ)から採用(さいよう)の通知(つうち)が来(き)ました。 회사에서 채용 통지가 왔습니다.

日本人(にほんじん)の知(し)り合(あ)いがいますか。 알고 지내는 일본인이 있습니까?

쓰는 순서 知 知 知 知 知 知 知 知

0239

晴

맑을 청 (晴)

N2 총 12 획

음 せい　晴耕雨読(せいこううどく) 청경우독(맑을 때는 밭을 갈고 비올 때는 책을 읽음) | 晴天(せいてん) 맑은 하늘 | 快晴(かいせい) 쾌청함

훈 は(れる), は(らす)　晴(は)れる (날씨가) 맑다, 개다 | 晴(は)れ着(ぎ) 나들이 옷 | 晴(は)らす 개게 하다, 풀다 | 気晴(きば)らし 기분 전환

十月(じゅうがつ)は晴天(せいてん)の日(ひ)が多(おお)いです。 시월은 하늘이 맑은 날이 많습니다.

晴(は)れることを祈(いの)って、てるてる坊主(ぼうず)をつるします。

날이 개기를 바라며 테루테루 인형을 매답니다.

* てるてる坊主(ぼうず): 날이 개기를 빌 때 매다는 종이 인형

쓰는 순서 晴 晴 晴 晴 晴 晴 晴 晴 晴 晴 晴 晴

0240

가늘 세

N3 총 11 획

음 さい　細菌(さいきん) 세균 | 細心(さいしん) 세심함 | 細胞(さいぼう) 세포 | 子細(しさい) 자초지종, 자세한 경위 | 詳細(しょうさい) 상세함

훈 ほそ(い), ほそ(る), こま(か), こま(かい)　細(ほそ)い 가늘다 | 細(ほそ)る 가늘어지다 | 細(こま)か 아주 작음, 상세함 | 細(こま)かい 상세하다, 잘다

事故(じこ)の詳細(しょうさい)をニュースで知(し)りました。

사고에 대한 상세한 내용을 뉴스로 알았습니다.

玉(たま)ねぎを細(こま)かく切(き)って入(い)れてください。 양파를 잘게 썰어 넣어 주세요.

쓰는 순서 細 細 細 細 細 細 細 細 細 細 細

연습 문제 5

[　　/20]

■ 밑줄 친 한자를 바르게 읽은 것을 고르시오.

1　駅(えき)の<u>売店</u>で雑誌(ざっし)を買(か)いました。

① まいてん　② ばいてん　③ まいみせ　④ ばいみせ

2　お酒(さけ)が飲(の)めない人(ひと)を<u>下戸</u>といいます。

① げご　② げこ　③ けご　④ けこ

3　駅(えき)から<u>徒歩</u>十分(じゅっぷん)です。

① とぽ　② とうぽ　③ とほ　④ とうほ

4　友達(ともだち)と<u>世間話</u>をしました。

① せけんばなし　② せかんばなし　③ よけんばなし　④ よかんばなし

5　秋(あき)は<u>晴天</u>の日(ひ)が多(おお)いです。

① ちょうでん　② ちょうてん　③ せいでん　④ せいてん

6　このバスは<u>回送</u>なので、乗(の)れません。

① かいそ　② かいそう　③ がいそ　④ がいそう

7　選手(せんしゅ)たちは十日間(とおかかん)、<u>合宿</u>をしました。

① ごうしゅく　② ごうやど　③ がっしゅく　④ がっやど

8　アメリカでたくさんの<u>思い出</u>を作(つく)りました。

① おもいで　② おもいだ　③ おまいで　④ おまいだ

9　<u>入国</u>の手続(てつづ)きを済(す)ませてください。

① にゅこく　② にゅごく　③ にゅうこく　④ にゅうごく

10　飲(の)み会(かい)で親睦(しんぼく)を<u>図りました</u>。

① あかりました　② ひかりました　③ わかりました　④ はかりました

정답　1② 2② 3③ 4① 5④ 6② 7③ 8① 9③ 10④

11　黄身と白身(しろみ)を分(わ)けてください。

① おうみ　② きみ　③ おうしん　④ きしん

12　銀行(ぎんこう)の残高があまりありません。

① ざんこう　② ざんだか　③ ぜんこう　④ ぜんだか

13　今日(きょう)は流れ星がよく見(み)えます。

① ながればし　② ながれほし　③ なかればし　④ なかれほし

14　新(あたら)しい電池に取(と)り替(か)えました。

① でんじ　② てんじ　③ でんち　④ てんち

15　店(みせ)の広告がおもしろいです。

① こうこく　② こうこ　③ こんこく　④ こんこ

16　午後から雨(あめ)が降(ふ)るそうです。

① こご　② ごご　③ ごこ　④ ここ

17　港(みなと)から汽笛が聞(き)こえます。

① きでき　② きてき　③ ぎてき　④ ぎでき

18　学生(がくせい)割引を使(つか)うと安(やす)いです。

① わるびく　② わるびき　③ わりびく　④ わりびき

19　解答は後(うし)ろについています。

① がいと　② がいとう　③ かいと　④ かいとう

20　お茶(ちゃ)とコーヒーを用意してください。

① よい　② ようい　③ ゆいん　④ ゆういん

정답　11 ②　12 ②　13 ①　14 ③　15 ①　16 ②　17 ②　18 ④　19 ④　20 ②

연습 문제 6

[/ 20]

■ 밑줄 친 히라가나를 한자로 바르게 적은 것을 고르시오.

1 車のそうこう距離は何キロになりましたか。

① 走行 ② 走何 ③ 足行 ④ 足何

2 しょうらいの夢は何ですか。

① 壮来 ② 壮未 ③ 将来 ④ 将未

3 お正月にはかどまつを作ります。

① 問松 ② 門松 ③ 問桧 ④ 門桧

4 きちんととじまりをしてください。

① 色締り ② 包締り ③ 声締り ④ 戸締り

5 りゆうをきちんと話してください。

① 利由 ② 利宙 ③ 理由 ④ 理宙

6 一人旅はこころぼそいです。

① 心細い ② 必細い ③ 心畑い ④ 必畑い

7 知り合いのおつやに行きました。

① お通夜 ② お進夜 ③ お通液 ④ お進液

8 きばらしにドライブをしました。

① 汽請らし ② 気請らし ③ 汽晴らし ④ 気晴らし

9 ぜんぽうに気をつけてください。

① 全方 ② 全万 ③ 前方 ④ 前万

10 しょうじきに言ってください。

① 正直 ② 正式 ③ 生直 ④ 生式

정답 1① 2③ 3② 4④ 5③ 6① 7① 8④ 9③ 10①

11 鈴木(すずき)さんは<u>あかるい</u>性格(せいかく)です。

① 昭るい　② 明るい　③ 胴るい　④ 朋るい

12 日本(にほん)と韓国(かんこく)がワールドカップを<u>きょうどう</u>開催(かいさい)しました。

① 共同　② 共洞　③ 供同　④ 供洞

13 いつも<u>きたく</u>が遅(おそ)いです。

① 来宇　② 帰宇　③ 来宅　④ 帰宅

14 週末(しゅうまつ)は<u>かじ</u>を手伝(てつだ)いました。

① 火事　② 家事　③ 火時　④ 家時

15 <u>きっぷ</u>は窓口(まどぐち)で買(か)ってください。

① 切花　② 切符　③ 来花　④ 来符

16 <u>しゅわ</u>ができますか。

① 手話　② 手語　③ 毛話　④ 毛語

17 今日(きょう)は<u>くも</u>で月(つき)が見(み)えません。

① 雲　② 雷　③ 雪　④ 雹

18 <u>やさい</u>は体(からだ)にいいです。

① 野彩　② 野菜　③ 原彩　④ 原菜

19 ケーキを一人(ひとり)で<u>まるごと</u>食(た)べました。

① 刀ごと　② 力ごと　③ 九ごと　④ 丸ごと

20 <u>やじるし</u>の方向(ほうこう)に進(すす)んでください。

① 失印　② 矢印　③ 失卯　④ 矢卯

정답 11 ② 12 ① 13 ④ 14 ② 15 ② 16 ① 17 ① 18 ② 19 ④ 20 ②

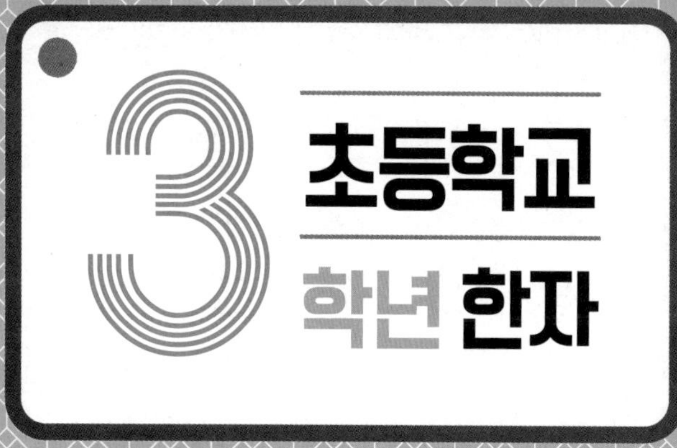
3
초등학교
학년 한자

초등학교 3학년 한자 ①

100 자

反	対	軽	重	寒	暑	登	落	神	宮
돌이킬 반	대할 대	가벼울 경	무거울 중	찰 한	더울 서	오를 등	떨어질 락	귀신 신	집 궁
写	真	旅	館	期	待	消	息	終	着
베낄 사	참 진	나그네 려	집 관	기약할 기	기다릴 대	사라질 소	쉴 식	마칠 종	붙을 착
駅	始	発	病	院	流	血	医	者	薬
역 역	비로소 시	필 발	병 병	집 원	흐를 류	피 혈	의원 의	놈 자	약 약
局	号	全	身	遊	泳	急	速	安	打
판 국	이름 호	온전할 전	몸 신	놀 유	헤엄칠 영	급할 급	빠를 속	편안 안	칠 타
練	習	勝	負	投	球	幸	福	感	動
익힐 련	익힐 습	이길 승	질 부	던질 투	공 구	다행 행	복 복	느낄 감	움직일 동
列	島	受	取	物	品	配	送	商	業
벌일 렬	섬 도	받을 수	가질 취	물건 물	물건 품	나눌 배	보낼 송	장사 상	업 업
鉄	橋	乗	客	住	所	仕	事	進	路
쇠 철	다리 교	탈 승	손 객	살 주	바 소	섬길 사	일 사	나아갈 진	길 로
転	向	研	究	相	談	宿	題	詩	集
구를 전	향할 향	갈 연	연구할 구	서로 상	말씀 담	잘 숙	제목 제	시 시	모을 집
意	味	委	員	君	主	平	等	追	放
뜻 의	맛 미	맡길 위	인원 원	임금 군	주인 주	평평할 평	무리 등	쫓을 추	놓을 방
礼	式	使	命	悪	筆	飲	酒	部	屋
예도 례	법 식	하여금 사	목숨 명	악할 악/미워할 오	붓 필	마실 음	술 주	떼 부	집 옥

0241 □□

돌이킬 반

N3 총 4 획

음 はん, ほん, たん 反省(はんせい) 반성 | 反対(はんたい) 반대 | 反応(はんのう) 반응 | 違反(いはん) 위반 | 謀反(むほん) 모반 | 反物(たんもの) 옷감

훈 そ(る), そ(らす) 反(そ)る 휘다 | 反(そ)らす 뒤로 젖히다, 휘게 하다

私(わたし)は彼(かれ)の意見(いけん)に反対(はんたい)です。 나는 그의 의견에 반대입니다.

胸(むね)を反(そ)らして歩(ある)きました。 가슴을 뒤로 젖히고 자신만만하게 걸었습니다.

쓰는 순서 反 反 反 反

0242 □□

対

대할 대 (對)

N3 총 7 획

음 たい, つい 対応(たいおう) 대응 | 対(たい)する 대하다 | 対立(たいりつ) 대립 | 絶対(ぜったい) 절대 | 相対(そうたい) 상대 | 一対(いっつい) 한 쌍

意見(いけん)が対立(たいりつ)して、会議(かいぎ)が終(お)わりません。

의견이 대립해서, 회의가 끝나지 않습니다.

親(おや)に対(たい)する態度(たいど)が悪(わる)いです。 부모를 대하는 태도가 나쁩니다.

쓰는 순서 対 対 対 対 対 対 対

0243 □□

軽

가벼울 경 (輕)

N3 총 12 획

음 けい 軽快(けいかい) 경쾌함 | 軽視(けいし) 경시 | 軽自動車(けいじどうしゃ) 경차 | 軽蔑(けいべつ) 경멸

훈 かる(い), かろ(やか) 軽(かる)い 가볍다 | 軽口(かるくち) 익살, 입이 가벼움 | 気軽(きがる) 가볍게 행동함 | 身軽(みがる) 몸놀림이 가벼움, 간편한 모양 | 軽(かろ)やか 가뿐함, 경쾌함

軽快(けいかい)な音楽(おんがく)が聞(き)こえてきます。 경쾌한 음악이 들려옵니다.

気軽(きがる)に何(なん)でも聞(き)いてください。 부담 없이 무엇이든 물어보세요.

쓰는 순서 軽 軽 軽 軽 軽 軽 軽 軽 軽 軽 軽 軽

0244 □□

무거울 중

N4 총 9 획

음 じゅう, ちょう 重大(じゅうだい) 중대 | 重要(じゅうよう) 중요 | 厳重(げんじゅう) 엄중 | 体重(たいじゅう) 체중 | 貴重(きちょう) 귀중 | 尊重(そんちょう) 존중

훈 え, おも(い), かさ(ねる), かさ(なる) 二重(ふたえ) 이중, 두 겹 | 重(おも)い 무겁다 | 重(かさ)ねる 겹치다, 반복하다 | 重(かさ)なる 포개어지다, 거듭되다

急(きゅう)に体重(たいじゅう)が増(ふ)えました。 갑자기 체중이 늘었습니다.

重(おも)い荷物(にもつ)は私(わたし)が持(も)ちます。 무거운 짐은 제가 들겠습니다.

쓰는 순서 重 重 重 重 重 重 重 重 重

0245

寒

찰 한

N3 총 12 획

음 かん　寒波(かんぱ) 한파 | 寒風(かんぷう) 한풍 | 悪寒(おかん) 오한 | 厳寒(げんかん) 엄한, 혹한

훈 さむ(い)　寒(さむ)い 춥다 | 寒気(さむけ) 한기, 오한

寒波(かんぱ)が続(つづ)いています。 한파가 계속되고 있습니다.

寒(さむ)い日(ひ)のおでんはおいしいです。 추운 날 먹는 어묵은 맛있습니다.

쓰는 순서 寒 寒 寒 寒 寒 寒 寒 寒 寒 寒 寒 寒

0246

더울 서 (暑)

N3 총 12 획

음 しょ　暑中見舞(しょちゅうみま)い 복중 문안 | 酷暑(こくしょ) 혹서 | 残暑(ざんしょ) 늦더위 | 避暑(ひしょ) 피서

훈 あつ(い)　暑(あつ)い 덥다

残暑(ざんしょ)が厳(きび)しいです。 늦더위가 기승을 부립니다.

今年(ことし)の夏(なつ)はとても暑(あつ)いです。 올여름은 매우 덥습니다.

쓰는 순서 暑 暑 暑 暑 暑 暑 暑 暑 暑 暑 暑 暑

0247

오를 등

N3 총 12 획

음 とう, と　登校(とうこう) 등교 | 登場(とうじょう) 등장 | 登録(とうろく) 등록 | 登山(とざん) 등산

훈 のぼ(る)　登(のぼ)る 오르다 | 木登(きのぼ)り 나무 타기 | 山登(やまのぼ)り 등산

朝八時半(あさはちじはん)までに登校(とうこう)しなければなりません。
아침 여덟 시 반까지 등교해야만 합니다.

週末(しゅうまつ)はいつも山(やま)に登(のぼ)ります。 주말에는 항상 산에 오릅니다.

쓰는 순서 登 登 登 登 登 登 登 登 登 登 登 登

0248

떨어질 락

N3 총 12 획

음 らく　落書(らくが)き 낙서 | 落第(らくだい) 낙제 | 下落(げらく) 하락 | 転落(てんらく) 전락 | 落下(らっか) 낙하

훈 お(ちる), お(とす)　落(お)ちる 떨어지다 | 落(お)ち葉(ば) 낙엽 | 落(お)とす 떨어뜨리다 | 落(お)とし物(もの) 분실물

예외 お洒落(しゃれ) 멋짐, 세련됨

机(つくえ)に落書(らくが)きをしないでください。 책상에 낙서를 하지 마세요.

落(お)とし物(もの)を交番(こうばん)に届(とど)けました。 분실물을 파출소에 신고했습니다.

쓰는 순서 落 落 落 落 落 落 落 落 落 落 落 落

0249

귀신 신(神)

N3 총 9 획

음 しん, じん 神経(しんけい) 신경 | 神父(しんぷ) 신부(가톨릭) | 神話(しんわ) 신화 | 精神(せいしん) 정신 | 神社(じんじゃ) 신사, 사당

훈 かみ, かん, こう 神(かみ) 신 | 神様(かみさま) 신의 높임말, 신령님, 하느님 | 神無月(かんなづき) 음력 10월의 딴 이름 | 神主(かんぬし) 신사의 신관 | 神々しい(こうごうしい) 숭고하다, 성스럽다

日本(にほん)の神話(しんわ)について勉強(べんきょう)しました。 일본 신화에 대해 공부했습니다.

病気(びょうき)が治(なお)ることを神様(かみさま)に祈(いの)りました。 병이 낫기를 하느님께 빌었습니다.

쓰는 순서 神 神 神 神 神 神 神 神 神

0250

집 궁

N1 총 10 획

음 きゅう, ぐう, く 宮中(きゅうちゅう) 궁중 | 宮殿(きゅうでん) 궁전 | 王宮(おうきゅう) 왕궁 | 宮司(ぐうじ) 신사의 우두머리 신관 | 神宮(じんぐう) 신궁 | 宮内庁(くないちょう) 궁내청

훈 みや 宮(みや) 신사, 궁 | お宮参り(おみやまいり) 신사 참배

明治神宮(めいじじんぐう)は有名(ゆうめい)です。 메이지 신궁은 유명합니다.

日本(にほん)では赤(あか)ちゃんが生(う)まれると、お宮参(みやまい)りをします。

일본에서는 아기가 태어나면 신사에 참배를 갑니다.

쓰는 순서 宮 宮 宮 宮 宮 宮 宮 宮 宮 宮

0251

베낄 사(寫)

N4 총 5 획

음 しゃ 写真(しゃしん) 사진 | 写生(しゃせい) 사생, 스케치 | 映写(えいしゃ) 영사 | 複写(ふくしゃ) 복사

훈 うつ(す), うつ(る) 写(うつ)す 베끼다, 그리다, 찍다 | 書き写(かきうつ)す 베껴 쓰다, 옮겨 적다 | 写(うつ)る 찍히다

ここで写真(しゃしん)を撮(と)ってもいいですか。 여기에서 사진을 찍어도 됩니까?

電話番号(でんわばんごう)を手帳(てちょう)に書(か)き写(うつ)しました。 전화번호를 수첩에 옮겨 적었습니다.

쓰는 순서 写 写 写 写 写

0252

참 진(眞)

N4 총 10 획

음 しん 真意(しんい) 진의 | 真実(しんじつ) 진실 | 真理(しんり) 진리 | 純真(じゅんしん) 순진함

훈 ま 真心(まごころ) 진심, 정성 | 真面目(まじめ) 진지함, 성실함 | 真っ白(まっしろ) 새하얌 | 真夏(まなつ) 한여름 | 真昼(まひる) 한낮 | 真冬(まふゆ) 한겨울

事件(じけん)の真実(しんじつ)が分(わ)かりません。 사건의 진실을 모르겠습니다.

田中(たなか)さんから真心(まごころ)のこもったプレゼントをもらいました。

다나카 씨에게 정성이 담긴 선물을 받았습니다.

쓰는 순서 真 真 真 真 真 真 真 真 真 真

0253 □□

旅

나그네 려(旅)

N4 총 10획

음 りょ **旅客機**(りょかくき) 여객기 | **旅館**(りょかん) 여관 | **旅行**(りょこう) 여행 | **旅費**(りょひ) 여비

훈 たび **旅**(たび) 여행 | **旅人**(たびびと) 나그네, 여행자 | **一人旅**(ひとりたび) 혼자 하는 여행 | **船旅**(ふなたび) 배를 타고 하는 여행

夏休(なつやす)みにアメリカを旅行(りょこう)します。여름 방학에 미국을 여행합니다.

学生(がくせい)のときに、ヨーロッパを一人旅(ひとりたび)しました。학생 때 혼자 유럽을 여행했습니다.

쓰는 순서 旅 旅 旅 旅 旅 旅 旅 旅 旅 旅

0254 □□

館

집 관(館)

N1 총 16획

음 かん **館長**(かんちょう) 관장 | **大使館**(たいしかん) 대사관 | **図書館**(としょかん) 도서관 | **本館**(ほんかん) 본관 | **旅館**(りょかん) 여관

훈 やかた **館**(やかた) 구조가 크고 번듯한 집, 공공 건물, 숙박 업소

パスポートをなくしたので、大使館(たいしかん)に連絡(れんらく)しました。
여권을 잃어버려서 대사관에 연락했습니다.

森(もり)の中(なか)には古(ふる)い旅館(りょかん)があります。숲속에는 낡은 여관이 있습니다.

쓰는 순서 館 館 館 館 館 館 館 館 館 館 館 館 館 館 館 館

0255 □□

期

기약할 기

N3 총 12획

음 き, ご **期間**(きかん) 기간 | **期待**(きたい) 기대 | **期末**(きまつ) 기말 | **学期**(がっき) 학기 | **時期**(じき) 시기 | **最期**(さいご) 임종, 최후

期末試験(きまつしけん)はとても難(むずか)しかったです。기말시험은 몹시 어려웠습니다.

日本(にほん)の一学期(いちがっき)は四月(しがつ)に始(はじ)まります。일본의 1학기는 4월에 시작됩니다.

쓰는 순서 期 期 期 期 期 期 期 期 期 期 期 期

0256 □□

待

기다릴 대

N4 총 9획

음 たい **待機**(たいき) 대기 | **待遇**(たいぐう) 대우 | **期待**(きたい) 기대 | **招待**(しょうたい) 초대 | **接待**(せったい) 접대

훈 ま(つ) **待つ**(まつ) 기다리다 | **待合室**(まちあいしつ) 대합실

パーティーに友達(ともだち)を招待(しょうたい)しました。파티에 친구를 초대했습니다.

待合室(まちあいしつ)にたくさんの人(ひと)がいます。대합실에 많은 사람이 있습니다.

쓰는 순서 待 待 待 待 待 待 待 待 待

0257

消

사라질 소 (消)

N2 총 10 획

음 しょう 消化(しょうか) 소화 | 消極的(しょうきょくてき) 소극적 | 消灯(しょうとう) 소등, (조명) 불을 끔 | 消費(しょうひ) 소비 | 解消(かいしょう) 해소

훈 き(える), け(す) 消(き)える 사라지다 | 消(け)す 끄다, 없애다

11時(じ)以降(いこう)は消灯(しょうとう)します。 열한 시 이후에는 불을 끕니다.

電気(でんき)ストーブを消(け)すのを忘(わす)れないでください。

전기 난로 끄는 것을 잊지 마세요.

쓰는 순서 消 消 消 消 消 消 消 消 消 消

0258

息

쉴 식

N3 총 10 획

음 そく 休息(きゅうそく) 휴식 | 終息(しゅうそく) 종식 | 消息(しょうそく) 소식 | 利息(りそく) 이자

훈 いき 息(いき) 숨, 호흡 | 息抜(いきぬ)き 한숨 돌림, 환기창 | ため息(いき) 한숨

예외 息子(むすこ) 아들

日本(にほん)はあまり利息(りそく)が変(か)わりません。 일본은 그다지 이자가 달라지지 않습니다.

息抜(いきぬ)きにコーヒーでも飲(の)みましょう。 기분 전환을 위해 커피라도 마십시다.

쓰는 순서 息 息 息 息 息 息 息 息 息 息

0259

終

마칠 종

N4 총 11 획

음 しゅう 終点(しゅうてん) 종점 | 終電(しゅうでん) 마지막 전철 | 終了(しゅうりょう) 종료 | 最終(さいしゅう) 최종 | 始終(しじゅう) 시종, 언제나

훈 お(わる), お(える) 終(お)わる 끝나다 | 終(お)える 끝내다

今日(きょう)の営業(えいぎょう)は終了(しゅうりょう)しました。 오늘의 영업은 종료했습니다.

授業(じゅぎょう)は三時(さんじ)に終(お)わります。 수업은 세 시에 끝납니다.

쓰는 순서 終 終 終 終 終 終 終 終 終 終 終

0260

着

붙을 착

N4 총 12 획

음 ちゃく, じゃく 着実(ちゃくじつ) 착실함 | 着用(ちゃくよう) 착용 | 着陸(ちゃくりく) 착륙 | 愛着(あいちゃく) 애착 | 到着(とうちゃく) 도착

훈 き(る), き(せる), つ(く), つ(ける) 着(き)る (옷을) 입다 | 着物(きもの) 기모노, 일본 옷 | 上着(うわぎ) 겉옷, 상의 | 着(き)せる 입히다 | 着(つ)く 도착하다, 닿다 | 着(つ)ける (몸에) 쓰다, 끼다, 매다

飛行機(ひこうき)がもうすぐ到着(とうちゃく)します。 비행기가 이제 곧 도착합니다.

上着(うわぎ)はここに掛(か)けてください。 겉옷은 여기에 걸어 주세요.

쓰는 순서 着 着 着 着 着 着 着 着 着 着 着 着

0261

駅

역 역 (驛)

N4 총 14 획

음 えき　**駅** 역 | **駅員** 역무원 | **駅舎** 역사, 정거장 건물 | **駅長** 역장

私の家は駅から遠いです。 우리 집은 역에서 멉니다.

田舎に古い駅舎があります。 시골에 낡은 역사가 있습니다.

쓰는 순서 駅 駅 駅 駅 駅 駅 駅 駅 駅 駅 駅 駅 駅 駅

0262

始

비로소 시

N4 총 8 획

음 し　**始動** 시동 | **始発** 시발 | **開始** 개시 | **年末年始** 연말연시

훈 はじ(まる), はじ(める)　**始まる** 시작되다 | **始める** 시작하다

毎日、始発の電車に乗って、会社に行きます。

매일 첫 전철을 타고 회사에 갑니다.

夏休みが始まりました。 여름 방학이 시작되었습니다.

쓰는 순서 始 始 始 始 始 始 始 始

0263

発

필 발 (發)

N4 총 9 획

음 はつ, ほつ　**発音** 발음 | **発明** 발명 | **発車** 발차 | **発生** 발생 | **発表** 발표 | **開発** 개발 | **出発** 출발 | **発作** 발작 | **発足** 발족, 출범

次の地下鉄は何時に出発しますか。 다음 지하철은 몇 시에 출발합니까?

私にはぜん息の発作があります。 나에게는 천식 발작이 있습니다.

쓰는 순서 発 発 発 発 発 発 発 発 発

0264

병 병

N4 총 10 획

음 びょう, へい　**病院** 병원 | **病気** 병 | **仮病** 꾀병 | **持病** 지병 | **疾病** 질병

훈 や(む), やまい　**病む** 앓다, 병들다 | **病** 병, 나쁜 버릇

病院へお見舞いに行きます。 병원에 병문안을 갑니다.

ストレスで心を病む人が増えています。

스트레스 때문에 마음의 병을 앓는 사람이 늘고 있습니다.

쓰는 순서 病 病 病 病 病 病 病 病 病 病

0265

院

집 원

N4 총 10 획

음 いん 院長(いんちょう) 원장 | 医院(いいん) 의원 | 大学院(だいがくいん) 대학원 | 入院(にゅういん) 입원

一ヶ月(いっかげつ)、入院(にゅういん)することになりました。 한 달 동안 입원하게 되었습니다.

兄(あに)は大学院(だいがくいん)で勉強(べんきょう)しています。 형은 대학원에서 공부하고 있습니다.

쓰는 순서 院 院 院 院 院 院 院 院 院 院

3 학년

0266

흐를 류

N3 총 10 획

음 りゅう, る 流行(りゅうこう) 유행 | 流通(りゅうつう) 유통 | 一流(いちりゅう) 일류 | 交流(こうりゅう) 교류 | 流布(るふ) 유포

훈 なが(れる), なが(す) 流(なが)れる 흐르다, 흘러가다 | 流(なが)す 흘리다, 흐르게 하다

日本(にほん)にある大学(だいがく)と交流(こうりゅう)しています。 일본에 있는 대학과 교류하고 있습니다.

運動(うんどう)をして汗(あせ)を流(なが)すと気持(きも)ちいいです。 운동을 해서 땀을 흘리면 기분 좋습니다.

쓰는 순서 流 流 流 流 流 流 流 流 流 流

0267

피 혈

N3 총 6 획

음 けつ 血圧(けつあつ) 혈압 | 血液(けつえき) 혈액 | 献血(けんけつ) 헌혈 | 出血(しゅっけつ) 출혈

훈 ち 血(ち) 피 | 鼻血(はなぢ) 코피

大学生(だいがくせい)になって、初(はじ)めて献血(けんけつ)をしました。

대학생이 되어서 처음으로 헌혈을 했습니다.

けがをして血(ち)が出(で)ました。 다쳐서 피가 났습니다.

쓰는 순서 血 血 血 血 血 血

0268

의원 의 (醫)

N4 총 7 획

음 い 医学(いがく) 의학 | 医者(いしゃ) 의사 | 医薬品(いやくひん) 의약품 | 医療(いりょう) 의료 | 名医(めいい) 명의

私(わたし)の父(ちち)は医者(いしゃ)です。 우리 아버지는 의사입니다.

医学(いがく)はとても発展(はってん)しました。 의학은 무척 발전했습니다.

쓰는 순서 医 医 医 医 医 医 医

□□

놈 자 (者)

N4 총 8 획

음 しゃ 学者(がくしゃ) 학자 | 患者(かんじゃ) 환자 | 記者(きしゃ) 기자 | 作者(さくしゃ) 작자, 지은이 | 初心者(しょしんしゃ) 초심자

훈 もの 者(もの) 사람 | 若者(わかもの) 젊은이 | 人気者(にんきもの) 인기 있는 사람, 인기인

私(わたし)の夢(ゆめ)は新聞記者(しんぶんきしゃ)です。 내 꿈은 신문 기자입니다.

彼(かれ)はクラスの人気者(にんきもの)です。 그는 반에서 인기가 있습니다.

쓰는 순서 者 者 者 者 者 者 者 者

0270 □□

약 약 (藥)

N3 총 16 획

薬

음 やく 薬品(やくひん) 약품 | 薬物(やくぶつ) 약물 | 薬局(やっきょく) 약국 | 火薬(かやく) 화약 | 試薬(しやく) 시약

훈 くすり 薬(くすり) 약 | 薬指(くすりゆび) 약지 | 胃薬(いぐすり) 위장약

この薬品(やくひん)は危(あぶ)ないですから、触(さわ)らないでください。

이 약품은 위험하니까 만지지 마세요.

薬(くすり)は食前(しょくぜん)に飲(の)んでください。 약은 식전에 먹으세요.

쓰는 순서 薬 薬 薬 薬 薬 薬 薬 薬 薬 薬 薬 薬 薬 薬 薬 薬

0271 □□

局

판 국

N3 총 7 획

음 きょく 結局(けっきょく) 결국 | 事務局(じむきょく) 사무국 | 放送局(ほうそうきょく) 방송국 | 薬局(やっきょく) 약국 | 郵便局(ゆうびんきょく) 우체국

父(ちち)は放送局(ほうそうきょく)に勤(つと)めています。 아버지는 방송국에서 근무하고 있습니다.

この近(ちか)くに郵便局(ゆうびんきょく)はありますか。 이 근처에 우체국은 있습니까?

쓰는 순서 局 局 局 局 局 局 局

0272 □□

이름 호 (號)

N3 총 5 획

음 ごう 号外(ごうがい) 호외 | 記号(きごう) 기호 | 信号(しんごう) 신호 | 番号(ばんごう) 번호

信号(しんごう)が青(あお)に変(か)わりました。 신호가 파란색으로 변했습니다.

暗証番号(あんしょうばんごう)を押(お)してください。 비밀번호를 눌러 주세요.

쓰는 순서 号 号 号 号 号

0273

온전할 전 (全)

N3 총 6 획

음 ぜん 全国(ぜんこく) 전국 | 全体(ぜんたい) 전체 | 全部(ぜんぶ) 전부 | 安全(あんぜん) 안전 | 完全(かんぜん) 완전

훈 まった(く), すべ(て) 全く(まったく) 전혀 | 全て(すべて) 전부, 모두

参加者(さんかしゃ)は全部(ぜんぶ)で何人(なんにん)ですか。 참가자는 전부 몇 명입니까?

暗(くら)くて部屋(へや)の中(なか)が全(まった)く見(み)えません。 어두워서 방 안이 전혀 보이지 않습니다.

쓰는 순서 全 全 全 全 全 全

0274

몸 신

N3 총 7 획

음 しん 身体(しんたい) 신체 | 身長(しんちょう) 신장, 키 | 出身(しゅっしん) 출신 | 全身(ぜんしん) 전신

훈 み 身(み) 몸, 신체, 자신 | 身内(みうち) 온몸, 일가 | 身近(みぢか) 신변, 자기와 관계가 깊음 | 中身(なかみ) 내용물

私(わたし)は東京出身(とうきょうしゅっしん)です。 나는 도쿄 출신입니다.

お弁当(べんとう)の中身(なかみ)は何(なん)ですか。 도시락의 내용물은 무엇입니까?

쓰는 순서 身 身 身 身 身 身 身

0275

놀 유 (遊)

N2 총 12 획

음 ゆう, ゆ 遊泳(ゆうえい) 유영 | 遊園地(ゆうえんち) 유원지 | 遊牧(ゆうぼく) 유목 | 遊覧船(ゆうらんせん) 유람선 | 遊山(ゆさん) 유람, 관광

훈 あそ(ぶ) 遊ぶ(あそぶ) 놀다

友達(ともだち)と遊覧船(ゆうらんせん)に乗(の)りました。 친구와 유람선을 탔습니다.

公園(こうえん)で遊(あそ)びました。 공원에서 놀았습니다.

쓰는 순서 遊 遊 遊 遊 遊 遊 遊 遊 遊 遊 遊 遊

0276

헤엄칠 영

N3 총 8 획

음 えい 泳法(えいほう) 수영법 | 遠泳(えんえい) 원영, 장거리 수영 | 競泳(きょうえい) 경영, 수영을 겨룸 | 水泳(すいえい) 수영

훈 およ(ぐ) 泳ぐ(およぐ) 헤엄치다 | 背泳ぎ(せおよぎ) 배영 | 平泳ぎ(ひらおよぎ) 평영

韓国(かんこく)の水泳選手(すいえいせんしゅ)が金(きん)メダルをとりました。

한국의 수영 선수가 금메달을 땄습니다.

私(わたし)の得意(とくい)な泳(およ)ぎは平泳(ひらおよ)ぎです。 내가 잘하는 수영은 평영입니다.

쓰는 순서 泳 泳 泳 泳 泳 泳 泳 泳

0277

급할 급
N4 총 9 획

음 きゅう 急行(きゅうこう) 급행 | 急用(きゅうよう) 급한 용무 | 緊急(きんきゅう) 긴급 | 早急(さっきゅう)·早急(そうきゅう) 조급함 | 特急(とっきゅう) 특급

훈 いそ(ぐ) 急ぐ(いそぐ) 서두르다

急用(きゅうよう)ができたので、帰(かえ)らなければなりません。
급한 용무가 생겨서 돌아가야 합니다.

あまり時間(じかん)がないので急(いそ)ぎましょう。 시간이 별로 없으니 서두릅시다.

쓰는순서 急 急 急 急 急 急 急 急 急

0278

速

빠를 속 (速)
N2 총 10 획

음 そく 速達(そくたつ) 속달, 빠른 우편 | 速度(そくど) 속도 | 急速(きゅうそく) 급속 | 高速(こうそく) 고속

훈 はや(い), はや(める), はや(まる), すみ(やか) 速い(はやい) 빠르다 | 速める(はやめる) 빠르게 하다 | 速まる(はやまる) 빨라지다 | 速やか(すみやか) 빠름, 신속함

この手紙(てがみ)を速達(そくたつ)でお願(ねが)いします。 이 편지를 빠른 우편으로 부탁합니다.

渡辺(わたなべ)さんは足(あし)がとても速(はや)いです。 와타나베 씨는 발이 매우 빠릅니다.

쓰는순서 速 速 速 速 速 速 速 速 速 速

0279

편안 안
N4 총 6 획

음 あん 安易(あんい) 안이함 | 安心(あんしん) 안심 | 安全(あんぜん) 안전 | 治安(ちあん) 치안 | 不安(ふあん) 불안

훈 やす(い) 安い(やすい) 싸다 | 安売り(やすうり) 싸게 팖, 염가 판매 | 目安(めやす) 표준, 기준

最近(さいきん)、この町(まち)は治安(ちあん)がよくなりました。 최근에 이 마을은 치안이 좋아졌습니다.

あの店(みせ)より、この店(みせ)がもっと安(やす)いです。 저 가게보다 이 가게가 더 쌉니다.

쓰는순서 安 安 安 安 安 安

0280

칠 타
N3 총 5 획

음 だ 打者(だしゃ) 타자 | 打破(だは) 타파 | 安打(あんだ) 안타 | 乱打(らんだ) 난타

훈 う(つ) 打つ(うつ) 치다 | 打ち合わせ(うちあわせ) 미리 상의함

打者(だしゃ)がホームランを打(う)ちました。 타자가 홈런을 쳤습니다.

あしたの日程(にってい)の打(う)ち合(あ)わせをしましょう。 내일 일정을 상의합시다.

쓰는순서 打 打 打 打 打

0281 □□

익힐 련(練)

N2 총 14 획

음 れん 練習(れんしゅう) 연습 | 練炭(れんたん) 연탄 | 訓練(くんれん) 훈련 | 試練(しれん) 시련 | 未練(みれん) 미련

훈 ね(る) 練(ね)る 단련하다, 반죽하다, 구상하다, 짜다

午後(ごご)からピアノの練習(れんしゅう)があります。 오후부터 피아노 연습이 있습니다.

サッカー選手(せんしゅ)たちは作戦(さくせん)を練(ね)りました。 축구 선수들은 작전을 짰습니다.

쓰는 순서 練 練 練 練 練 練 練 練 練 練 練 練 練 練

0282 □□

익힐 습(習)

N4 총 11 획

음 しゅう 習慣(しゅうかん) 습관 | 習得(しゅうとく) 습득 | 学習(がくしゅう) 학습 | 復習(ふくしゅう) 복습 | 予習(よしゅう) 예습

훈 なら(う) 習(なら)う 배우다, 익히다

漢字(かんじ)の学習(がくしゅう)は難(むずか)しいです。 한자 학습은 어렵습니다.

ハナちゃんはダンスを習(なら)っています。 하나는 댄스를 배우고 있습니다.

쓰는 순서 習 習 習 習 習 習 習 習 習 習 習

0283 □□

勝

이길 승

N2 총 12 획

음 しょう 勝敗(しょうはい) 승패 | 勝利(しょうり) 승리 | 決勝(けっしょう) 결승 | 優勝(ゆうしょう) 우승

훈 か(つ), まさ(る) 勝(か)つ 이기다 | 勝手(かって) 제멋대로임 | 勝(まさ)る 낫다, 뛰어나다

韓国(かんこく)チームが決勝(けっしょう)に進出(しんしゅつ)しました。 한국 팀이 결승에 진출했습니다.

妹(いもうと)が私(わたし)の服(ふく)を勝手(かって)に着(き)て出(で)かけました。

여동생이 내 옷을 제멋대로 입고 외출했습니다.

쓰는 순서 勝 勝 勝 勝 勝 勝 勝 勝 勝 勝 勝 勝

0284 □□

질 부

N3 총 9 획

음 ふ 負債(ふさい) 부채 | 負担(ふたん) 부담 | 自負(じふ) 자부 | 勝負(しょうぶ) 승부 | 抱負(ほうふ) 포부

훈 ま(ける), ま(かす), お(う) 負(ま)ける 지다 | 負(ま)かす 지게 하다, 이기다 | 負(お)う (짐을) 지다, (비난이나 상처 등을) 입다

この仕事(しごと)は負担(ふたん)の大(おお)きい仕事(しごと)です。 이 일은 부담이 큰 일입니다.

頑張(がんば)ったのに負(ま)けてしまいました。 열심히 했는데 지고 말았습니다.

쓰는 순서 負 負 負 負 負 負 負 負 負

3 학년

0285

投

던질 투

N2 총 7 획

음 とう 投資 투자 | 投手 투수 | 投入 투입 | 投票 투표

훈 な(げる) 投げる 던지다 | 投げやり 중도에 그만둠, 자포자기함

今月の十日は投票日です。이번 달 10일은 투표일입니다.

ボールを高く投げてください。공을 높이 던져 주세요.

쓰는 순서 投 投 投 投 投 投 投

0286

球

공 구

N2 총 11 획

음 きゅう 球技 구기 | 球場 구장 | 卓球 탁구 | 地球 지구 | 電球 전구 | 野球 야구

훈 たま 球 공

昼休みに卓球をして、遊びました。점심시간에 탁구를 하고 놀았습니다.

その選手は速い球を投げます。그 선수는 빠른 공을 던집니다.

쓰는 순서 球 球 球 球 球 球 球 球 球 球 球

0287

幸

다행 행

N3 총 8 획

음 こう 幸運 행운 | 幸福 행복 | 多幸 다복 | 不幸 불행

훈 さいわ(い), さち, しあわ(せ) 幸い 행복, 다행히 | 幸 행복, 행운 | 幸せ 행복

幸運を祈ります。행운을 빕니다.

あなたに会えて、とても幸せです。당신을 만나서 매우 행복합니다.

쓰는 순서 幸 幸 幸 幸 幸 幸 幸 幸

0288

福

복 복 (福)

N3 총 13 획

음 ふく 福祉 복지 | 福利 복리 | 祝福 축복 | 裕福 유복함

スウェーデンは福祉の進んだ国です。스웨덴은 복지가 발달한 나라입니다.

彼は裕福な家庭で育ちました。그는 유복한 가정에서 자랐습니다.

쓰는 순서 福 福 福 福 福 福 福 福 福 福 福 福 福

0289

感

느낄 감

N3 총 13 획

음 かん **感覚**(かんかく) 감각 | **感謝**(かんしゃ) 감사 | **感情**(かんじょう) 감정 | **感じる**(かん) 느끼다 | **感動**(かんどう) 감동 | **予感**(よかん) 예감

感謝(かんしゃ)の気持(きも)ちを母(はは)に伝(つた)えました。 감사하는 마음을 어머니에게 전했습니다.

本(ほん)を読(よ)んで感(かん)じたことを書(か)いてください。 책을 읽고 느낀 점을 써 주세요.

쓰는 순서 感 感 感 感 感 感 感 感 感 感 感 感 感

0290

움직일 동

N4 총 11 획

음 どう **動作**(どうさ) 동작 | **動物**(どうぶつ) 동물 | **移動**(いどう) 이동 | **運動**(うんどう) 운동 | **活動**(かつどう) 활동 | **騒動**(そうどう) 소동

훈 うご(く), うご(かす) **動く**(うご) 움직이다, 행동하다 | **動かす**(うご) 움직이다, 옮기다

子(こ)どもの頃(ころ)に、よく動物園(どうぶつえん)に行(い)きました。 어릴 적에 종종 동물원에 갔습니다.

先生(せんせい)の言葉(ことば)が学生(がくせい)の心(こころ)を動(うご)かしました。

선생님의 말이 학생의 마음을 움직였습니다.

쓰는 순서 動 動 動 動 動 動 動 動 動 動 動

0291

벌일 렬

N3 총 6 획

음 れつ **列車**(れっしゃ) 열차 | **列島**(れっとう) 열도 | **行列**(ぎょうれつ) 행렬, 줄 | **整列**(せいれつ) 정렬 | **陳列**(ちんれつ) 진열

ラーメンのお店(みせ)に長(なが)い行列(ぎょうれつ)ができています。 라면 가게에 긴 줄이 생겼습니다.

子(こ)どもたちが運動場(うんどうじょう)に整列(せいれつ)しています。 아이들이 운동장에 정렬해 있습니다.

쓰는 순서 列 列 列 列 列 列

0292

섬 도

N3 총 10 획

음 とう **島民**(とうみん) 도민, 섬사람 | **半島**(はんとう) 반도 | **無人島**(むじんとう) 무인도 | **離島**(りとう) 벽지, 외딴섬 | **列島**(れっとう) 열도

훈 しま **島**(しま) 섬 | **島国**(しまぐに) 섬나라

日本列島(にほんれっとう)は南北(なんぼく)に長(なが)いです。 일본 열도는 남북으로 깁니다.

いつか南(みなみ)の島(しま)に行(い)ってみたいです。 언젠가 남쪽에 있는 섬에 가 보고 싶습니다.

쓰는 순서 島 島 島 島 島 島 島 島 島 島

0293

받을 수

N3 총 8 획

음 じゅ **受験**(じゅけん) 수험 | **受信**(じゅしん) 수신 | **受診**(じゅしん) 진찰을 받음 | **授受**(じゅじゅ) 수수, 주고받음

훈 う(ける), う(かる) **受ける**(う) 받다, (시험을) 치루다 | **受付**(うけつけ) 접수 | **受かる**(う) 합격하다

今(いま)は受験(じゅけん)シーズンです。 지금은 수험 기간입니다.

一年(いちねん)ごとに健康診断(けんこうしんだん)を受(う)けてください。 해마다 건강 진단을 받으세요.

쓰는 순서 受 受 受 受 受 受 受 受

0294

가질 취

N3 총 8 획

음 しゅ **取材**(しゅざい) 취재 | **取得**(しゅとく) 취득 | **採取**(さいしゅ) 채취 | **先取**(せんしゅ) 선취

훈 と(る) **取る**(と) 취하다, 받다, 따다 | **取っ手**(とって) 손잡이 | **取り消し**(とりけし) 취소

日本(にほん)の記者(きしゃ)が韓国(かんこく)を取材(しゅざい)に来(き)ました。 일본 기자가 한국을 취재하러 왔습니다.

ちょっと塩(しお)を取(と)ってください。 소금 좀 집어 주세요.

쓰는 순서 取 取 取 取 取 取 取 取

0295

物

물건 물

N4 총 8 획

음 ぶつ, もつ **物価**(ぶっか) 물가 | **物理**(ぶつり) 물리 | **植物**(しょくぶつ) 식물 | **人物**(じんぶつ) 인물 | **食物**(しょくもつ) 음식물 | **荷物**(にもつ) 짐

훈 もの **物**(もの) 물건, 것 | **物語**(ものがたり) 이야기 | **果物**(くだもの) 과일 | **偽物**(にせもの) 가짜 | **飲み物**(のみもの) 음료, 마실것

荷物(にもつ)はここに置(お)いてください。 짐은 여기에 놓아 주세요.

お飲(の)み物(もの)は何(なに)にしますか。 음료는 무엇으로 하시겠습니까?

쓰는 순서 物 物 物 物 物 物 物 物

0296

물건 품

N4 총 9 획

음 ひん **品質**(ひんしつ) 품질 | **品種**(ひんしゅ) 품종 | **作品**(さくひん) 작품 | **商品**(しょうひん) 상품 | **特売品**(とくばいひん) 특매품 | **返品**(へんぴん) 반품

훈 しな **品**(しな) 물건, 상품 | **品切れ**(しなぎれ) 품절 | **品物**(しなもの) 물건 | **手品**(てじな) 마술, 속임수

返品(へんぴん)は断(ことわ)ります。 반품은 사절입니다.

特売品(とくばいひん)は品切(しなぎ)れになりました。 특매품은 품절입니다.

쓰는 순서 品 品 品 品 品 品 品 品 品

0297

나눌 배

N3 총 10 획

음 はい 配達(はいたつ) 배달 | 配慮(はいりょ) 배려 | 気配(けはい) 기색, 낌새 | 手配(てはい) 준비, 수배 | 心配(しんぱい) 걱정 | 宅配(たくはい) 택배

훈 くば(る) 配る(くばる) 나누어 주다 | 気配り(きくばり) 배려

母(はは)が宅配(たくはい)でみかんを送(おく)ってくれました。 어머니가 택배로 귤을 보내 주었습니다.

新入生(しんにゅうせい)にガイダンスの案内(あんない)を配(くば)りました。

신입생에게 오리엔테이션 안내를 나눠 주었습니다.

쓰는 순서 配 配 配 配 配 配 配 配 配 配

0298

送

보낼 송 (送)

N4 총 9 획

음 そう 送金(そうきん) 송금 | 送信(そうしん) 송신 | 回送(かいそう) 회송 | 放送(ほうそう) 방송 | 郵送(ゆうそう) 우송

훈 おく(る) 送る(おくる) 보내다, 배웅하다 | 見送り(みおくり) 배웅

外国(がいこく)にいる息子(むすこ)に送金(そうきん)しました。 외국에 있는 아들에게 송금했습니다.

友達(ともだち)を空港(くうこう)まで送(おく)りました。 친구를 공항까지 배웅했습니다.

쓰는 순서 送 送 送 送 送 送 送 送 送

0299

장사 상

N2 총 11 획

음 しょう 商業(しょうぎょう) 상업 | 商店街(しょうてんがい) 상점가 | 商売(しょうばい) 장사 | 商品(しょうひん) 상품 | 行商(ぎょうしょう) 행상

훈 あきな(う) 商う(あきなう) 장사하다

商品券(しょうひんけん)で買(か)い物(もの)をしました。 상품권으로 쇼핑을 했습니다.

私(わたし)の実家(じっか)は小(ちい)さな店(みせ)を商(あきな)っています。 제 본가는 작은 가게를 합니다.

쓰는 순서 商 商 商 商 商 商 商 商 商 商 商

0300

업 업

N4 총 13 획

음 ぎょう, ごう 業種(ぎょうしゅ) 업종 | 業務(ぎょうむ) 업무 | 営業(えいぎょう) 영업 | 企業(きぎょう) 기업 | 産業(さんぎょう) 산업 | 授業(じゅぎょう) 수업 | 卒業(そつぎょう) 졸업 | 業苦(ごうく) 업고(불교)

훈 わざ 業(わざ) 짓, 소행, 일, 직업 | 仕業(しわざ) 소행, 짓

毎日(まいにち)、五時(ごじ)まで授業(じゅぎょう)があります。 매일 다섯 시까지 수업이 있습니다.

窓(まど)を割(わ)ったのはだれの仕業(しわざ)でしょうか。 창문을 깬 것은 누구 짓일까요?

쓰는 순서 業 業 業 業 業 業 業 業 業 業 業 業 業

0301

鉄

쇠 철 (鐵)

N3 총 13 획

음 てつ 鉄筋(てっきん) 철근 | 鉄道(てつどう) 철도 | 鉄棒(てつぼう) 철봉 | 地下鉄(ちかてつ) 지하철

新(あたら)しい鉄道(てつどう)ができました。 새로운 철도가 생겼습니다.

東京(とうきょう)の地下鉄(ちかてつ)はとても複雑(ふくざつ)です。 도쿄 지하철은 매우 복잡합니다.

쓰는 순서 鉄 鉄 鉄 鉄 鉄 鉄 鉄 鉄 鉄 鉄 鉄 鉄 鉄

0302

橋

다리 교

N3 총 16 획

음 きょう 橋脚(きょうきゃく) 교각 | 鉄橋(てっきょう) 철교 | 歩道橋(ほどうきょう) 보도교, 육교

훈 はし 橋(はし) 다리 | 石橋(いしばし) 돌다리 | 吊り橋(つりばし) 현수교, 조교

歩道橋(ほどうきょう)を歩(ある)いて渡(わた)りましょう。 육교를 걸어서 건넙시다.

漢江(ハンガン)にはたくさんの橋(はし)があります。 한강에는 많은 다리가 있습니다.

쓰는 순서 橋 橋 橋 橋 橋 橋 橋 橋 橋 橋 橋 橋 橋 橋 橋 橋

0303

乗

탈 승 (乘)

N4 총 9 획

음 じょう 乗車(じょうしゃ) 승차 | 乗馬(じょうば) 승마 | 乗務員(じょうむいん) 승무원 | 搭乗(とうじょう) 탑승

훈 の(る), の(せる) 乗(の)る 타다 | 乗(の)り換(か)え 환승 | 乗(の)り場(ば) 승차장 | 乗(の)せる 태우다

飛行機(ひこうき)の搭乗(とうじょう)には時間(じかん)がかかります。 비행기 탑승에는 시간이 걸립니다.

高速(こうそく)バスに乗(の)って京都(きょうと)まで行(い)きました。 고속버스를 타고 교토까지 갔습니다.

쓰는 순서 乗 乗 乗 乗 乗 乗 乗 乗 乗

0304

客

손 객

N3 총 9 획

음 きゃく, かく 客席(きゃくせき) 객석 | 客観(きゃっかん) 객관 | 観客(かんきゃく) 관객 | 乗客(じょうきゃく) 승객 | 旅客機(りょかっき)・旅客機(りょかくき) 여객기

お客(きゃく)さまを客席(きゃくせき)に案内(あんない)します。 손님을 객석으로 안내합니다.

会場(かいじょう)には観客(かんきゃく)がたくさんいました。 회장에는 관객이 많이 있었습니다.

쓰는 순서 客 客 客 客 客 客 客 客 客

0305

住

살 주

N4 총 7 획

음 じゅう 住所(じゅうしょ) 주소 | 住宅(じゅうたく) 주택 | 住民(じゅうみん) 주민 | 移住(いじゅう) 이주 | 居住(きょじゅう) 거주

훈 す(む), す(まう) 住(す)む 살다, 거주하다 | 住(す)まう 살다, 거주하다 | 住(す)まい 주거, 주소

住民(じゅうみん)センターで料理(りょうり)を習(なら)っています。 주민 센터에서 요리를 배우고 있습니다.

私(わたし)は学校(がっこう)の近(ちか)くに住(す)んでいます。 나는 학교 근처에서 삽니다.

쓰는 순서 住 住 住 住 住 住 住

0306

所

바 소

N3 총 8 획

음 しょ 所属(しょぞく) 소속 | 所得(しょとく) 소득 | 近所(きんじょ) 근처 | 短所(たんしょ) 단점 | 場所(ばしょ) 장소 | 市役所(しやくしょ) 시청

훈 ところ 所(ところ) 곳, 부분, 점 | 台所(だいどころ) 부엌

今日(きょう)は市役所(しやくしょ)に行(い)かなければなりません。 오늘은 시청에 가야 합니다.

景色(けしき)がきれいな所(ところ)でお弁当(べんとう)を食(た)べました。

경치가 좋은 곳에서 도시락을 먹었습니다.

쓰는 순서 所 所 所 所 所 所 所 所

0307

섬길 사

N4 총 5 획

음 し 仕入(しい)れ 구입, 매입 | 仕組(しく)み 방법, 계획, 장치 | 仕事(しごと) 일 | 奉仕(ほうし) 봉사

훈 つか(える) 仕(つか)える 섬기다, 봉사하다

仕事(しごと)がなかなか終(お)わりません。 일이 좀처럼 끝나지 않습니다.

私(わたし)は国(くに)に仕(つか)える仕事(しごと)がしたいです。 나는 나라에 도움이 되는 일을 하고 싶습니다.

쓰는 순서 仕 仕 仕 仕 仕

0308

일 사

N4 총 8 획

음 じ, ず 事件(じけん) 사건 | 事故(じこ) 사고 | 記事(きじ) 기사 | 行事(ぎょうじ) 행사 | 食事(しょくじ) 식사 | 無事(ぶじ) 무사, 평온함 | 返事(へんじ) 대답 | 好事家(こうずか) 호사가, 별난 것을 좋아하는 사람, 풍류를 즐기는 사람

훈 こと 事(こと) 사건, 일 | 出来事(できごと) 일어난 일, 사건 | 人事(ひとごと) 남의 일

無事(ぶじ)に帰国(きこく)することができました。 무사히 귀국할 수 있었습니다.

今日(きょう)は色々(いろいろ)な出来事(できごと)がありました。 오늘은 여러 가지 일이 있었습니다.

쓰는 순서 事 事 事 事 事 事 事 事

□□

0309

나아갈 진(進)

N4 총11획

음 しん 進化(しんか) 진화 | 進学(しんがく) 진학 | 先進国(せんしんこく) 선진국 | 促進(そくしん) 촉진 | 前進(ぜんしん) 전진

훈 すす(む), すす(める) 進(すす)む 나아가다, 전진하다 | 進(すす)める 앞으로 가게 하다, 진행시키다

ここの高校(こうこう)は進学率(しんがくりつ)がいいです。 이 고등학교는 진학률이 좋습니다.

まっすぐ進(すす)んで、交差点(こうさてん)を左(ひだり)に曲(ま)がってください。
직진하다가 사거리에서 왼쪽으로 꺾어 주세요.

쓰는 순서 進 進 進 進 進 進 進 進 進 進 進

□□

0310

路

길 로

N3 총13획

음 ろ 路上(ろじょう) 노상, 가는 도중 | 路面(ろめん) 노면 | 活路(かつろ) 활로 | 進路(しんろ) 진로 | 線路(せんろ) 선로 | 道路(どうろ) 도로

훈 じ 家路(いえじ) 귀로, 집에 가는 길 | 旅路(たびじ) 여로, 여행길

卒業後(そつぎょうご)の進路(しんろ)はどうしますか。 졸업 후의 진로는 어떻게 합니까?

雨(あめ)が降(ふ)ってきたので家路(いえじ)を急(いそ)ぎました。 비가 내려서 서둘러 집으로 갔습니다.

쓰는 순서 路 路 路 路 路 路 路 路 路 路 路 路 路

□□

0311

구를 전(轉)

N4 총11획

음 てん 転校(てんこう) 전학 | 転職(てんしょく) 전직, 이직 | 移転(いてん) 이전 | 運転(うんてん) 운전 | 自転車(じてんしゃ) 자전거

훈 ころ(がる), ころ(げる), ころ(がす), ころ(ぶ) 転(ころ)がる 구르다, 넘어지다 | 転(ころ)げる 구르다, 넘어지다 | 転(ころ)がす 굴리다, 넘어뜨리다 | 転(ころ)ぶ 구르다, 넘어지다

早(はや)く車(くるま)を運転(うんてん)してみたいです。 빨리 차를 운전해 보고 싶습니다.

転(ころ)んで、けがをしてしまいました。 넘어져서 다쳤습니다.

쓰는 순서 転 転 転 転 転 転 転 転 転 転 転

□□

0312

향할 향

N3 총6획

음 こう 向上(こうじょう) 향상 | 意向(いこう) 의향 | 傾向(けいこう) 경향 | 方向(ほうこう) 방향

훈 む(く), むか(う), む(ける), む(こう) 向(む)く 향하다 | 向(む)かう 향하다 | 向(む)かい風(かぜ) 맞바람, 역풍 | 向(む)ける 향하게 하다 | 向(む)こう 건너편 | 向(む)こう岸(ぎし) 건너편 물가

道(みち)に迷(まよ)って、方向(ほうこう)が分(わ)からなくなりました。
길을 헤매서 방향을 잃어버렸습니다.

向(む)こうから山田(やまだ)さんが歩(ある)いてきます。 맞은편에서 야마다 씨가 걸어 옵니다.

쓰는 순서 向 向 向 向 向 向

0313

研

갈 연 (研)

N4 총 9 획

음 けん **研究**(けんきゅう) 연구 | **研鑽**(けんさん) 연찬(깊이 연구함) | **研修**(けんしゅう) 연수 | **研磨**(けんま) 연마

훈 と(ぐ) **研ぐ**(と) 갈다, 윤을 내다, (곡식을) 씻다

兄(あに)は新薬(しんやく)の研究(けんきゅう)をしています。 형은 신약을 연구하고 있습니다.

米(こめ)を研(と)いで、ご飯(はん)を炊(た)きました。 쌀을 씻어서 밥을 지었습니다.

쓰는 순서 研 研 研 研 研 研 研 研 研

0314

究

연구할 구

N4 총 7 획

음 きゅう **究極**(きゅうきょく) 궁극 | **究明**(きゅうめい) 구명, 규명 | **探究**(たんきゅう) 탐구 | **追究**(ついきゅう) 추구

훈 きわ(める) **究める**(きわ) 사물을 구명하다, 사물의 끝에 도달하다

警察(けいさつ)は事故(じこ)の原因(げんいん)を究明(きゅうめい)しています。 경찰은 사고 원인을 규명하고 있습니다.

真相(しんそう)を究(きわ)めるのは難(むずか)しいです。 진상을 밝혀내기란 어렵습니다.

쓰는 순서 究 究 究 究 究 究 究

0315

相

서로 상

N3 총 9 획

음 そう, しょう **相対**(そうたい) 상대 | **相当**(そうとう) 상당함 | **相場**(そうば) 시세 | **真相**(しんそう) 진상 | **手相**(てそう) 손금 | **首相**(しゅしょう) 수상

훈 あい **相変わらず**(あいか) 변함없이, 여전히 | **相席**(あいせき) 합석 | **相手**(あいて) 상대

株式相場(かぶしきそうば)のニュースを見(み)ます。 주식 시세의 뉴스를 봅니다.

私(わたし)は相変(あいか)わらず元気(げんき)です。 저는 변함없이 잘 있습니다.

쓰는 순서 相 相 相 相 相 相 相 相 相

0316

말씀 담

N3 총 15 획

음 だん **談判**(だんぱん) 담판 | **談話**(だんわ) 담화 | **雑談**(ざつだん) 잡담 | **冗談**(じょうだん) 농담 | **相談**(そうだん) 상담 | **面談**(めんだん) 면담

大統領(だいとうりょう)が談話(だんわ)を発表(はっぴょう)しました。 대통령이 담화를 발표했습니다.

午後(ごご)から先生(せんせい)と面談(めんだん)があります。 오후부터 선생님과 면담이 있습니다.

쓰는 순서 談 談 談 談 談 談 談 談 談 談 談 談 談 談 談

3 학년

0317 □□

宿

잘 숙

N3 총 11 획

음 しゅく 宿題(しゅくだい) 숙제 | 宿泊(しゅくはく) 숙박 | 合宿(がっしゅく) 합숙 | 下宿(げしゅく) 하숙 | 野宿(のじゅく) 노숙

훈 やど, やど(る), やど(す) 宿(やど) 집, 숙소 | 宿る(やどる) 거주하다, 숙박하다, 잉태하다 | 雨宿り(あまやどり) 비를 피함 | 宿す(やどす) 묵게 하다, 품다

今日(きょう)は宿題(しゅくだい)がたくさんあります。 오늘은 숙제가 많이 있습니다.

新(あたら)しい命(いのち)が宿(やど)りました。 새 생명을 잉태하였습니다.

쓰는 순서 宿 宿 宿 宿 宿 宿 宿 宿 宿 宿 宿

0318 □□

題

제목 제

N4 총 18 획

음 だい 題材(だいざい) 제재 | 題名(だいめい) 제명, 표제명 | 題目(だいもく) 제목 | 課題(かだい) 과제 | 問題(もんだい) 문제 | 話題(わだい) 화제

卒業論文(そつぎょうろんぶん)の題目(だいもく)が決(き)まりません。 졸업 논문의 제목이 정해지지 않습니다.

次(つぎ)の課題(かだい)は何(なん)ですか。 다음 과제는 무엇입니까?

쓰는 순서 題 題 題 題 題 題 題 題 題 題 題 題 題 題 題 題 題 題

0319 □□

詩

시 시

N1 총 13 획

음 し 詩集(ししゅう) 시집 | 詩人(しじん) 시인 | 漢詩(かんし) 한시 | 自由詩(じゆうし) 자유시

韓国(かんこく)の詩(し)を読(よ)むのが好(す)きです。 한국 시를 읽는 것을 좋아합니다.

佐藤(さとう)さんは詩人(しじん)みたいな人(ひと)です。 사토 씨는 시인 같은 사람입니다.

쓰는 순서 詩 詩 詩 詩 詩 詩 詩 詩 詩 詩 詩 詩 詩

0320 □□

集

모을 집

N4 총 12 획

음 しゅう 集合(しゅうごう) 집합 | 集団(しゅうだん) 집단 | 採集(さいしゅう) 채집 | 収集(しゅうしゅう) 수집 | 集中(しゅうちゅう) 집중 | 募集(ぼしゅう) 모집

훈 あつ(まる), あつ(める), つど(う) 集まる(あつまる) 모이다 | 集める(あつめる) 모으다 | 集う(つどう) 모이다

午後三時(ごごさんじ)にここに集合(しゅうごう)してください。 오후 세 시에 여기로 집합해 주세요.

切手(きって)を集(あつ)めるのが趣味(しゅみ)です。 우표 모으기가 취미입니다.

쓰는 순서 集 集 集 集 集 集 集 集 集 集 集 集

0321

意

뜻 의

N4 총 13 획

음 い 意外(いがい) 의외 | 意見(いけん) 의견 | 意思(いし) 의사 | 意識(いしき) 의식 | 意図(いと) 의도 | 意味(いみ) 의미 | 決意(けつい) 결의 | 注意(ちゅうい) 주의 | 得意(とくい) 잘함 | 用意(ようい) 준비

この単語(たんご)の意味(いみ)が分(わ)かりません。이 단어의 의미를 모르겠습니다.

足元(あしもと)に注意(ちゅうい)してください。발밑을 조심하세요.

쓰는 순서 意 意 意 意 意 意 意 意 意 意 意 意 意

3 학년

0322

맛 미

N4 총 8 획

음 み 味覚(みかく) 미각 | 意味(いみ) 의미 | 興味(きょうみ) 흥미 | 地味(じみ) 수수함 | 趣味(しゅみ) 취미 | 調味料(ちょうみりょう) 조미료

훈 あじ, あじ(わう) 味(あじ) 맛 | 味付(あじつ)け 간맞추기 | 味見(あじみ) 맛을 봄, 간을 봄 | 味(あじ)わう 맛보다

趣味(しゅみ)は何(なん)ですか。취미는 무엇입니까?

ちょっと味見(あじみ)してみてください。잠깐 간을 봐 주세요.

쓰는 순서 味 味 味 味 味 味 味 味

0323

맡길 위

N2 총 8 획

음 い 委員(いいん) 위원 | 委嘱(いしょく) 위촉 | 委託(いたく) 위탁 | 委任(いにん) 위임

훈 ゆだ(ねる) 委(ゆだ)ねる 남에게 맡기다, 위임하다

彼(かれ)は学生会(がくせいかい)の委員(いいん)です。그는 학생회의 위원입니다.

私(わたし)は彼女(かのじょ)に判断(はんだん)を委(ゆだ)ねました。나는 그녀에게 판단을 맡겼습니다.

쓰는 순서 委 委 委 委 委 委 委 委

0324

인원 원

N4 총 10 획

음 いん 会員(かいいん) 회원 | 会社員(かいしゃいん) 회사원 | 公務員(こうむいん) 공무원 | 社員(しゃいん) 사원 | 店員(てんいん) 점원

会員(かいいん)カードを作(つく)りました。회원 카드를 만들었습니다.

店員(てんいん)が席(せき)を案内(あんない)してくれました。점원이 자리를 안내해 주었습니다.

쓰는 순서 員 員 員 員 員 員 員 員 員 員

0325

君

음 くん 君(くん) ~군 | 君子(くんし) 군자 | 君主(くんしゅ) 군주 | 主君(しゅくん) 주군 | 諸君(しょくん) 제군, 여러분

훈 きみ 君(きみ) 자네, 너 | 君が代(きみがよ) 기미가요(일본 국가)

山田君(やまだくん)、おはよう。 야마다 군, 안녕.

君(きみ)が作(つく)ってくれる料理(りょうり)はおいしいね。 네가 만들어 주는 요리는 맛있구나.

쓰는 순서 君 君 君 君 君 君 君

임금 군

N3 총 7 획

0326

음 しゅ, す 主人(しゅじん) 남편, 주인 | 主題(しゅだい) 주제 | 主張(しゅちょう) 주장 | 主婦(しゅふ) 주부 | 主役(しゅやく) 주역 | 三日坊主(みっかぼうず) 곧 싫증이 나서 오래 지속하지 못함, 작심삼일 | 民主的(みんしゅてき) 민주적

훈 ぬし, おも 主(ぬし) 주인 | 飼い主(かいぬし) 가축이나 반려동물을 기르는 사람 | 家主(やぬし) 호주, 집주인 | 主な(おもな) 주된 | 主に(おもに) 주로

母(はは)は主婦(しゅふ)で、父(ちち)は会社員(かいしゃいん)です。 어머니는 주부이고 아버지는 회사원입니다.

主(おも)な内容(ないよう)は次(つぎ)のとおりです。 주된 내용은 다음과 같습니다.

쓰는 순서 主 主 主 主 主

주인 주

N4 총 5 획

0327

음 へい, びょう 平均(へいきん) 평균 | 平日(へいじつ) 평일 | 平和(へいわ) 평화 | 公平(こうへい) 공평 | 平等(びょうどう) 평등

훈 たい(ら), ひら 平ら(たいら) 평평함, 편안함 | 平泳ぎ(ひらおよぎ) 평영 | 平社員(ひらしゃいん) 평사원 | 平屋(ひらや) 단층집

テストの平均点(へいきんてん)は70点(てん)でした。 시험의 평균점은 70점이었습니다.

兄(あに)はまだ平社員(ひらしゃいん)です。 형은 아직 평사원입니다.

쓰는 순서 平 平 平 平 平

평평할 평 (平)

N3 총 5 획

0328

음 とう 等級(とうきゅう) 등급 | 一等(いっとう) 1등 | 均等(きんとう) 균등 | 同等(どうとう) 동등 | 特等席(とくとうせき) 특등석 | 平等(びょうどう) 평등

훈 ひと(しい) 等しい(ひとしい) 같다, 마찬가지이다

体育大会(たいいくたいかい)で一等(いっとう)になりました。 체육 대회에서 1등 했습니다.

ケーキを等(ひと)しく四(よっ)つに切(き)りました。 케이크를 똑같이 네 개로 잘랐습니다.

쓰는 순서 等 等 等 等 等 等 等 等 等 等 等 等

무리 등

N3 총 12 획

0329

追

쫓을 추 (追)

N2 총 9 획

음 つい 追憶(ついおく) 추억 | 追加(ついか) 추가 | 追求(ついきゅう) 추구 | 追伸(ついしん) 추신

훈 お(う) 追う(おう) 쫓다, 추구하다 | 追い風(おいかぜ) 순풍 | 追い越す(おいこす) 추월하다

一人分(ひとりぶん)、追加(ついか)をお願(ねが)いします。1인분 추가를 부탁합니다.

前(まえ)の車(くるま)を追(お)い越(こ)しました。앞차를 추월했습니다.

쓰는 순서 追 追 追 追 追 追 追 追 追

0330

放

놓을 방

N2 총 8 획

음 ほう 放棄(ほうき) 포기 | 放送(ほうそう) 방송 | 放置(ほうち) 방치 | 解放(かいほう) 해방 | 追放(ついほう) 추방

훈 はな(す), はな(つ), はな(れる), ほう(る) 放す(はなす) 풀어 주다 | 放し飼い(はなしがい) 방목 | 放つ(はなつ) 놓아주다, 추방하다 | 放れる(はなれる) 풀리다 | 放る(ほうる) 던지다, 방치하다

テレビがデジタル放送(ほうそう)に変(か)わりました。텔레비전이 디지털 방송으로 바뀌었습니다.

魚(さかな)を川(かわ)に放(はな)しました。물고기를 강에 놓아 주었습니다.

쓰는 순서 放 放 放 放 放 放 放 放

0331

礼

예도 례 (禮)

N3 총 5 획

음 れい, らい 礼儀(れいぎ) 예의 | 礼服(れいふく) 예복 | 敬礼(けいれい) 경례 | 失礼(しつれい) 실례 | 謝礼(しゃれい) 사례 | 礼賛(らいさん) 예찬

田中(たなか)さんはいつも礼儀(れいぎ)正(ただ)しいです。다나카 씨는 늘 예의가 바릅니다.

今日(きょう)は、これで失礼(しつれい)します。오늘은 이만 실례하겠습니다.

쓰는 순서 礼 礼 礼 礼 礼

0332

式

법 식

N3 총 6 획

음 しき 株式(かぶしき) 주식 | 形式(けいしき) 형식 | 結婚式(けっこんしき) 결혼식 | 公式(こうしき) 공식 | 正式(せいしき) 정식 | 洋式(ようしき) 서양식 | 和式(わしき) 일본식

日本(にほん)の結婚式(けっこんしき)に行(い)ったことがありますか。일본의 결혼식에 간 적이 있습니까?

洋式(ようしき)と和式(わしき)のトイレがあります。서양식과 일본식 화장실이 있습니다.

쓰는 순서 式 式 式 式 式 式

0333

使

하여금 사

N4 총 8 획

음 し 使者(ししゃ) 사자, 심부름하는 사람 | 使用(しよう) 사용 | 大使(たいし) 대사 | 天使(てんし) 천사

훈 つか(う) 使(つか)う 사용하다 | 使(つか)い捨(す)て 한 번 쓰고 버림, 일회용

使用上(しようじょう)の注意(ちゅうい)をよく読(よ)んでください。 사용상의 주의를 잘 읽어 주세요.

私(わたし)は使(つか)い捨(す)てのコンタクトレンズを使(つか)っています。

나는 일회용 콘택트렌즈를 사용하고 있습니다.

쓰는 순서 使 使 使 使 使 使 使 使

0334

命

목숨 명

N3 총 8 획

음 めい, みょう 命(めい)じる 명령하다 | 命令(めいれい) 명령 | 運命(うんめい) 운명 | 生命(せいめい) 생명 | 寿命(じゅみょう) 수명

훈 いのち 命(いのち) 목숨, 생명 | 命(いのち)がけ 필사적임, 목숨을 걺 | 命綱(いのちづな) 위험한 곳에서 일할 때 몸에 매어 두는 밧줄 | 命拾(いのちびろ)い 구사일생으로 살아남

ベートーヴェンの「運命(うんめい)」はとても有名(ゆうめい)です。

베토벤의 '운명'은 매우 유명합니다.

何(なに)よりも命(いのち)が大事(だいじ)です。 무엇보다도 생명이 소중합니다.

쓰는 순서 命 命 命 命 命 命 命 命

0335

悪

악할 악/미워할 오 (惡)

N4 총 11 획

음 あく, お 悪意(あくい) 악의 | 悪化(あっか) 악화 | 極悪(ごくあく) 극악 | 善悪(ぜんあく) 선악 | 悪寒(おかん) 오한 | 嫌悪(けんお) 혐오

훈 わる(い) 悪(わる)い 나쁘다 | 悪口(わるくち) 욕, 험담 | 悪者(わるもの) 나쁜 놈, 악인

病気(びょうき)が悪化(あっか)してしまいました。 병이 악화되고 말았습니다.

具合(ぐあい)が悪(わる)いので、帰(かえ)ってもいいですか。 몸이 좋지 않은데, 집에 가도 됩니까?

쓰는 순서 悪 悪 悪 悪 悪 悪 悪 悪 悪 悪 悪

0336

筆

붓 필

N2 총 12 획

음 ひつ 筆記(ひっき) 필기 | 筆者(ひっしゃ) 필자 | 筆順(ひつじゅん) 필순, 쓰는 순서 | 鉛筆(えんぴつ) 연필 | 万年筆(まんねんひつ) 만년필

훈 ふで 筆(ふで) 붓 | 筆先(ふでさき) 붓끝 | 絵筆(えふで) 화필, 그림붓

この漢字(かんじ)の筆順(ひつじゅん)を教(おし)えてください。 이 한자의 쓰는 순서를 가르쳐 주세요.

絵筆(えふで)を三本(さんぼん)買(か)いました。 그림붓을 세 자루 샀습니다.

쓰는 순서 筆 筆 筆 筆 筆 筆 筆 筆 筆 筆 筆 筆

0337

마실 음(飮)

N4 총 12 획

음 いん 飲酒(いんしゅ) 음주 | 飲食(いんしょく) 음식 | 飲用(いんよう) 음용, 마심 | 飲料水(いんりょうすい) 음료수

훈 の(む) 飲む(の) 마시다 | 飲み会(のみかい) 술을 마시고 즐기는 모임 | 飲み屋(のみや) 술집, 선술집

飲酒運転(いんしゅうんてん)はよくないです。 음주 운전은 좋지 않습니다.

コーラが飲(の)みたいです。 콜라를 마시고 싶습니다.

쓰는 순서 飲 飲 飲 飲 飲 飲 飲 飲 飲 飲 飲 飲

0338

술 주

N3 총 10 획

음 しゅ 酒税(しゅぜい) 주세 | 酒席(しゅせき) 술자리 | 禁酒(きんしゅ) 금주 | 日本酒(にほんしゅ) 일본술 | 洋酒(ようしゅ) 양주

훈 さけ, さか 酒(さけ) 술 | 甘酒(あまざけ) 단술, 감주 | 酒屋(さかや) 주류 판매업 | 居酒屋(いざかや) 선술집

免税店(めんぜいてん)で洋酒(ようしゅ)を買(か)いました。 면세점에서 양주를 샀습니다.

居酒屋(いざかや)で一杯(いっぱい)やりましょうか。 선술집에서 한잔 할까요?

쓰는 순서 酒 酒 酒 酒 酒 酒 酒 酒 酒 酒

0339

떼 부

N3 총 11 획

음 ぶ 部長(ぶちょう) 부장 | 部分(ぶぶん) 부분 | 局部(きょくぶ) 국부 | 西部(せいぶ) 서부 | 全部(ぜんぶ) 전부 | 本部(ほんぶ) 본부

예외 部屋(へや) 방

部長(ぶちょう)はとても厳(きび)しいです。 부장님은 매우 엄합니다.

週末(しゅうまつ)は部屋(へや)の掃除(そうじ)をしました。 주말엔 방 청소를 했습니다.

쓰는 순서 部 部 部 部 部 部 部 部 部 部 部

0340

집 옥

N4 총 9 획

음 おく 屋外(おくがい) 옥외 | 屋上(おくじょう) 옥상 | 家屋(かおく) 가옥 | 社屋(しゃおく) 사옥

훈 や 屋台(やたい) 가판점, 포장마차 | 屋根(やね) 지붕 | 花屋(はなや) 꽃 가게 | 本屋(ほんや) 서점, 책방 | 八百屋(やおや) 채소 가게

屋上(おくじょう)のビアガーデンがオープンしました。 옥상의 비어 가든이 오픈했습니다.

屋台(やたい)でラーメンを食(た)べました。 포장마차에서 라면을 먹었습니다.

쓰는 순서 屋 屋 屋 屋 屋 屋 屋 屋 屋

연습 문제 ⑦

[　　/20]

■ 밑줄 친 한자를 바르게 읽은 것을 고르시오.

1　<u>体重</u>を計(はか)ってみましょう。

①たいじゅん　②たいじゅう　③だいじゅん　④だいじゅう

2　週末(しゅうまつ)は<u>部屋</u>の掃除(そうじ)をしました。

①ぶや　②へや　③ぶおく　④へおく

3　今年(ことし)は<u>残暑</u>が厳(きび)しいです。

①ざんしょ　②ざんしょう　③ぜんしょ　④ぜんしょう

4　美術用(びじゅつよう)の<u>鉛筆</u>を三本(さんぼん)買(か)いました。

①よんひつ　②よんぴつ　③えんひつ　④えんぴつ

5　フランスに行(い)って、昔(むかし)の<u>王宮</u>を見(み)ました。

①おうぐう　②おうきゅう　③ぎょくぐう　④ぎょくきゅう

6　あしたは友達(ともだち)の<u>結婚式</u>に行(い)きます。

①けっぽんしき　②けつほんしき　③けっこんしき　④けつこんしき

7　祖父(そふ)は病院(びょういん)で<u>最期</u>を迎(むか)えました。

①ざいき　②ざいご　③さいき　④さいご

8　私(わたし)は<u>三日坊主</u>なので、ダイエットが続(つづ)きません。

①みっかぼうず　②さんにちぼうず

③みっかぼうしゅ　④さんにちぼうしゅ

9　<u>上着</u>はここに掛(か)けてください。

①じょうぎ　②うわぎ　③じょうちゃく　④うわちゃく

10　彼(かれ)は学生会(がくせいかい)の<u>委員</u>です。

①ゆいん　②ゆいいん　③いいん　④いいいん

정답　1② 2② 3① 4④ 5② 6③ 7④ 8① 9② 10③

11 インフルエンザが流行しています。

① るこう ② るごう ③ りゅうこう ④ りゅうごう

12 これは戦争(せんそう)を題材にした映画(えいが)です。

① たいさい ② たいざい ③ だいさい ④ だいざい

13 大統領(だいとうりょう)が談話を発表(はっぴょう)しました。

① たんわ ② だんわ ③ たんご ④ だんご

14 今日(きょう)、はじめて献血をしました。

① けんけつ ② けんげつ ③ けいけつ ④ けいげつ

15 転んで、けがをしてしまいました。

① はこんで ② あそんで ③ とんで ④ ころんで

16 プールで平泳ぎの練習(れんしゅう)をしました。

① へいあおぎ ② へいおよぎ ③ ひらあおぎ ④ ひらおよぎ

17 服(ふく)を買(か)いに行(い)きましたが、品切れでした。

① しなぎれ ② しなきれ ③ ひんぎれ ④ ひんきれ

18 母(はは)はどんな困難(こんなん)も打破してきました。

① たは ② だは ③ たぱ ④ だぱ

19 スウェーデンは福祉の進(すす)んだ国(くに)です。

① ほくり ② ほくし ③ ふくり ④ ふくし

20 その選手(せんしゅ)は速(はや)い球を投(な)げます。

① たま ② まる ③ えん ④ きゅう

정답 11③ 12④ 13② 14① 15④ 16④ 17① 18② 19④ 20①

연습 문제 ⑧

[　　/20]

■ 밑줄 친 히라가나를 한자로 바르게 적은 것을 고르시오.

1　遅(おそ)くまでいざかやでビールを飲(の)みました。

① 居酒屋　② 居涙屋　③ 届酒屋　④ 届涙屋

2　日本(にほん)では結婚(けっこん)のお祝(いわ)いにいっついの茶碗(ちゃわん)を送(おく)ります。

① 一立　② 一班　③ 一組　④ 一対

3　平均(へいきん)じゅみょうが延(の)びました。

① 寿明　② 寿命　③ 受明　④ 受命

4　壁(かべ)にらくがきをしてはいけません。

① 楽書き　② 落書き　③ 楽画き　④ 落画き

5　魚(さかな)を川(かわ)にはなしました。

① 話し　② 離し　③ 放し　④ 逃し

6　田中(たなか)さんはとてもまじめな性格(せいかく)です。

① 責両目　② 真両目　③ 責面目　④ 真面目

7　平民(へいみん)はくんしゅに逆(さか)らうことができませんでした。

① 君主　② 君住　③ 郡主　④ 郡住

8　来月(らいげつ)、むすこが結婚(けっこん)します。

① 弟子　② 息子　③ 餃子　④ 双子

9　燃(も)えるゴミは水曜日(すいようび)にしゅうしゅうします。

① 取集　② 取隼　③ 収集　④ 収隼

10　子(こ)どもがぜん息(そく)のほっさを起(お)こしました。

① 発作　② 発昨　③ 登作　④ 登昨

정답 1① 2④ 3② 4② 5③ 6④ 7① 8② 9③ 10①

11 警察(けいさつ)は事故(じこ)の原因(げんいん)をきゅうめいしています。

① 突命　② 突明　③ 究命　④ 究明

12 細(ほそ)いジーンズがわかものに人気(にんき)です。

① 若物　② 若者　③ 苦物　④ 苦者

13 今日(きょう)は色々(いろいろ)なできごとがありました。

① 出来事　② 出末事　③ 圭来事　④ 圭末事

14 吉田(よしだ)さんの言(い)うことは、まったく理解(りかい)できません。

① 全く　② 絶く　③ 不く　④ 非く

15 窓(まど)を割(わ)ったのはだれのしわざでしょうか。

① 支技　② 支業　③ 仕技　④ 仕業

16 火事(かじ)のときは、すみやかに避難(ひなん)してください。

① 退やか　② 近やか　③ 速やか　④ 迅やか

17 ホテルの予約(よやく)をとりけしました。

① 耶り消し　② 取り消し　③ 耶り注し　④ 取り注し

18 毎日(まいにち)、漢字(かんじ)のふくしゅうをします。

① 復習　② 複習　③ 復翌　④ 複翌

19 日本(にほん)やイギリスはしまぐにです。

① 鳥囲　② 島囲　③ 鳥国　④ 島国

20 本(ほん)を読(よ)んでかんじたことを書(か)いてください。

① 惑じた　② 感じた　③ 思じた　④ 想じた

정답 11④ 12② 13① 14① 15④ 16③ 17② 18① 19④ 20②

초등학교 3학년 한자 ②

100자

指	皮	歯	鼻	有	短	温	暗	去	返
가리킬 지	가죽 피	이 치	코 비	있을 유	짧을 단	따뜻할 온	어두울 암	갈 거	돌이킬 반
助	拾	持	起	開	湖	岸	化	氷	油
도울 조	주울 습	가질 지	일어날 기	열 개	호수 호	언덕 안	될 화	얼음 빙	기름 유
波	庫	荷	箱	曲	次	運	役	苦	美
물결 파	곳집 고	멜 하	상자 상	굽을 곡	버금 차	옮길 운	부릴 역	쓸 고	아름다울 미
想	炭	畑	根	深	植	陽	葉	農	緑
생각 상	숯 탄	화전 전	뿌리 근	깊을 심	심을 식	볕 양	잎 엽	농사 농	푸를 록
予	代	申	央	注	柱	決	坂	皿	豆
미리 예	대신할 대	거듭 신	가운데 앙	부을 주	기둥 주	결정할 결	언덕 판	그릇 명	콩 두
具	第	洋	服	階	童	湯	銀	羊	死
갖출 구	차례 제	큰 바다 양	옷 복	섬돌 계	아이 동	끓일 탕	은 은	양 양	죽을 사
世	界	両	由	板	級	表	面	丁	区
인간 세	지경 계	두 량	말미암을 유	널빤지 판	등급 급	겉 표	낯 면	고무래 정	구역 구
州	県	都	庭	他	悲	勉	問	章	漢
고을 주	고을 현	도읍 도	뜰 정	다를 타	슬플 비	힘쓸 면	물을 문	글 장	한나라 한
族	守	昔	祭	和	係	育	定	昭	秒
겨레 족	지킬 수	옛 석	제사 제	화할 화	맬 계	기를 육	정할 정	밝을 소	분초 초
調	整	様	度	実	笛	港	横	倍	帳
고를 조	가지런할 정	모양 양	법도 도	열매 실	피리 적	항구 항	가로 횡	곱 배	휘장 장

0341

가리킬 지

N3 총 9 획

음 し 指揮(しき) 지휘 | 指示(しじ) 지시 | 指定(してい) 지정 | 指名(しめい) 지명 | 指紋(しもん) 지문

훈 ゆび, さ(す) 指(ゆび) 손가락 | 指輪(ゆびわ) 반지 | 親指(おやゆび) 엄지손가락 | 指(さ)す 가리키다

野球場(やきゅうじょう)の指定席(していせき)を予約(よやく)しました。야구장의 지정석을 예약했습니다.

大切(たいせつ)な指輪(ゆびわ)をなくしてしまいました。소중한 반지를 잃어 버렸습니다.

쓰는 순서 指 指 指 指 指 指 指 指 指

0342

가죽 피

N3 총 5 획

음 ひ 皮肉(ひにく) 가죽과 살, 피상적, 빈정거림 | 皮膚(ひふ) 피부 | 脱皮(だっぴ) 탈피 | 表皮(ひょうひ) 표피

훈 かわ 皮(かわ) 가죽, 껍질 | 毛皮(けがわ) 털가죽

アトピーで皮膚科(ひふか)に通(かよ)っています。아토피 때문에 피부과에 다니고 있습니다.

りんごの皮(かわ)をむいてくれませんか。사과 껍질을 벗겨 주지 않을래요?

쓰는 순서 皮 皮 皮 皮 皮

0343

이 치 (齒)

N2 총 12 획

음 し 歯科(しか) 치과 | 歯石(しせき) 치석 | 抜歯(ばっし) 발치

훈 は 歯(は) 이 | 歯医者(はいしゃ) 치과 의사 | 歯車(はぐるま) 톱니바퀴 | 歯(は)ブラシ 칫솔 | 歯磨(はみが)き 양치질 | 虫歯(むしば) 충치

親知(おやし)らずを抜歯(ばっし)しました。사랑니를 뺐습니다.

虫歯(むしば)ができたので、歯医者(はいしゃ)に行(い)きました。
충치가 생겨서 치과 의사에게 갔습니다.

쓰는 순서 歯 歯 歯 歯 歯 歯 歯 歯 歯 歯 歯 歯

0344

코 비

N3 총 14 획

음 び 鼻炎(びえん) 비염 | 鼻音(びおん) 비음 | 鼻孔(びこう) 콧구멍 | 耳鼻科(じびか) 이비인후과

훈 はな 鼻(はな) 코 | 鼻歌(はなうた) 콧노래 | 鼻血(はなぢ) 코피 | 鼻水(はなみず) 콧물

鼻炎(びえん)の薬(くすり)をください。비염 약을 주세요.

風邪(かぜ)を引(ひ)いて、鼻水(はなみず)が止(と)まりません。감기에 걸려서 콧물이 멈추지 않습니다.

쓰는 순서 鼻 鼻 鼻 鼻 鼻 鼻 鼻 鼻 鼻 鼻 鼻 鼻 鼻 鼻

0345

有

있을 유

N4 총 6 획

음 ゆう, う　有名(ゆうめい) 유명함 | 有料(ゆうりょう) 유료 | 所有(しょゆう) 소유 | 有無(うむ) 유무 | 稀有(けう) 아주 드묾

훈 あ(る)　有(あ)る 있다

あの方(かた)は有名(ゆうめい)な作家(さっか)です。 저 분은 유명한 작가입니다.

部屋(へや)にはたくさんの本(ほん)が有(あ)ります。 방에는 책이 많이 있습니다.

쓰는순서 有 有 有 有 有 有

0346

短

짧을 단

N3 총 12 획

음 たん　短気(たんき) 성미가 급함 | 短期(たんき) 단기 | 短縮(たんしゅく) 단축 | 短所(たんしょ) 단점

훈 みじか(い)　短(みじか)い 짧다

短期研修(たんきけんしゅう)で日本(にほん)に行(い)ってきました。 단기 연수로 일본에 갔다 왔습니다.

この服(ふく)は袖(そで)がちょっと短(みじか)いです。 이 옷은 소매가 조금 짧습니다.

쓰는순서 短 短 短 短 短 短 短 短 短 短 短 短

0347

温

따뜻할 온 (溫)

N3 총 12 획

음 おん　温水(おんすい) 온수 | 温泉(おんせん) 온천 | 温度(おんど) 온도 | 気温(きおん) 기온 | 高温(こうおん) 고온

훈 あたた(か), あたた(かい), あたた(まる), あたた(める)　温(あたた)か 따뜻함, 다정함 | 温(あたた)かい 따뜻하다 | 温(あたた)まる 따뜻해지다 | 温(あたた)める 따뜻하게 하다, 데우다

箱根(はこね)は有名(ゆうめい)な温泉地(おんせんち)です。 하코네는 유명한 온천지입니다.

お風呂(ふろ)に入(はい)って体(からだ)を温(あたた)めます。 목욕탕에 들어가서 몸을 따뜻하게 합니다.

쓰는순서 温 温 温 温 温 温 温 温 温 温 温 温

0348

어두울 암

N3 총 13 획

음 あん　暗記(あんき) 암기 | 暗号(あんごう) 암호 | 暗算(あんざん) 암산 | 暗室(あんしつ) 암실 | 明暗(めいあん) 명암

훈 くら(い)　暗(くら)い 어둡다 | 暗闇(くらやみ) 어둠 | 真(ま)っ暗(くら) 아주 캄캄함

セリフを暗記(あんき)しなければなりません。 대사를 암기해야만 합니다.

冬(ふゆ)は外(そと)が早(はや)く暗(くら)くなります。 겨울은 밖이 빨리 어두워집니다.

쓰는순서 暗 暗 暗 暗 暗 暗 暗 暗 暗 暗 暗 暗 暗

0349

갈 거

N4 총 5 획

음 きょ, こ 去年(きょねん) 작년 | 除去(じょきょ) 제거 | 退去(たいきょ) 퇴거 | 過去(かこ) 과거

훈 さ(る) 去(さ)る 떠나가다, 가다, 지나가다

去年(きょねん)、ここに引(ひ)っ越(こ)してきました。 작년에 이곳으로 이사했습니다.

冬(ふゆ)が去(さ)って、春(はる)になりました。 겨울이 가고 봄이 되었습니다.

쓰는 순서 去 去 去 去 去

0350

돌이킬 반 (返)

N3 총 7 획

음 へん 返却(へんきゃく) 반환 | 返金(へんきん) 돈을 갚음 | 返事(へんじ) 대답, 답장 | 返信(へんしん) 반신, 회신

훈 かえ(す), かえ(る) 返(かえ)す 돌려주다 | 返(かえ)る 돌아가다

大(おお)きい声(こえ)で返事(へんじ)をしてください。 큰 소리로 대답해 주세요.

この本(ほん)は、あしたまでに返(かえ)さなければなりません。
이 책은 내일까지 돌려주어야 합니다.

쓰는 순서 返 返 返 返 返 返 返

0351

도울 조

N3 총 7 획

음 じょ 助言(じょげん) 조언 | 助手(じょしゅ) 조수 | 助力(じょりょく) 조력 | 援助(えんじょ) 원조 | 救助(きゅうじょ) 구조

훈 たす(ける), たす(かる), すけ 助(たす)ける 구하다, 돕다 | 助(たす)かる 살아나다, 목숨을 건지다, 도움이 되다 | 助(すけ)っ人(と) 일을 돕는 사람, 조력자

先生(せんせい)に助言(じょげん)を求(もと)めました。 선생님께 조언을 구했습니다.

手術(しゅじゅつ)をして、父(ちち)の命(いのち)は助(たす)かりました。 수술을 해서 아버지의 목숨은 구했습니다.

쓰는 순서 助 助 助 助 助 助 助

0352

주울 습

N2 총 9 획

음 しゅう, じゅう 収拾(しゅうしゅう) 수습 | 拾得(しゅうとく) 습득

훈 ひろ(う) 拾(ひろ)う 줍다 | 拾(ひろ)い物(もの) 주운 물건, 습득물

拾得物(しゅうとくぶつ)を警察(けいさつ)に届(とど)けました。 주운 물건을 경찰에 신고했습니다.

森(もり)の中(なか)で栗(くり)を拾(ひろ)いました。 숲속에서 밤을 주웠습니다.

쓰는 순서 拾 拾 拾 拾 拾 拾 拾 拾 拾

0353

持

가질 지

N4 총 9 획

음 じ 持参(じさん) 지참 | 持続(じぞく) 지속 | 持病(じびょう) 지병 | 維持(いじ) 유지 | 所持(しょじ) 소지

훈 も(つ) 持(も)つ 들다, 가지다, 지속하다 | 持(も)ち主(ぬし) 소유주 | 金持(かねも)ち 부자 | 気持(きも)ち 기분

あしたはお弁当(べんとう)を持参(じさん)してください。 내일은 도시락을 지참해 주세요.

車(くるま)を持(も)っています。 차를 가지고 있습니다.

쓰는 순서 持 持 持 持 持 持 持 持 持

0354

起

일어날 기

N4 총 10 획

음 き 起因(きいん) 기인 | 起源(きげん) 기원 | 起床(きしょう) 기상 | 起立(きりつ) 기립 | 決起(けっき) 궐기

훈 お(きる), お(こす), お(こる) 起(お)きる 일어나다 | 早起(はやお)き 일찍 일어남 | 起(お)こす 일으키다, 깨우다 | 起(お)こる 일어나다, 발생하다

起床時間(きしょうじかん)は朝六時(あさろくじ)です。 기상 시간은 아침 여섯 시입니다.

毎朝(まいあさ)、母(はは)が私(わたし)を起(お)こしてくれます。 매일 아침 엄마가 나를 깨워 줍니다.

쓰는 순서 起 起 起 起 起 起 起 起 起 起

0355

開

열 개

N4 총 12 획

음 かい 開始(かいし) 개시 | 開店(かいてん) 개점 | 開発(かいはつ) 개발 | 公開(こうかい) 공개 | 展開(てんかい) 전개 | 満開(まんかい) 만개

훈 ひら(く), ひら(ける), あ(く), あ(ける) 開(ひら)く 열리다 | 開(ひら)ける 열리다, 펼쳐지다 | 開(あ)く 열리다, 개점하다 | 開(あ)ける 열다

開店時間(かいてんじかん)はいつですか。 문 여는 시간은 언제입니까?

窓(まど)を開(あ)けてもいいですか。 창문을 열어도 됩니까?

쓰는 순서 開 開 開 開 開 開 開 開 開 開 開 開

0356

湖

호수 호

N2 총 12 획

음 こ 湖岸(こがん) 호안, 호숫가 | 湖面(こめん) 호면, 호수의 수면 | 湖畔(こはん) 호반, 호숫가 | 淡水湖(たんすいこ) 담수호

훈 みずうみ 湖(みずうみ) 호수

湖面(こめん)に月(つき)が映(うつ)っています。 호수의 수면에 달이 비칩니다.

琵琶湖(びわこ)は日本(にほん)で一番大(いちばんおお)きい湖(みずうみ)です。 비와코는 일본에서 가장 큰 호수입니다.

쓰는 순서 湖 湖 湖 湖 湖 湖 湖 湖 湖 湖 湖 湖

0357

언덕 안

N2 총 8 획

음 がん 岸壁(がんぺき) 안벽 | 沿岸(えんがん) 연안 | 海岸(かいがん) 해안 | 対岸(たいがん) 건너편 기슭

훈 きし 岸(きし) 물가 | 岸辺(きしべ) 강변, 물가 | 川岸(かわぎし) 강 기슭

毎朝(まいあさ)、海岸(かいがん)を散歩(さんぽ)します。 매일 아침에 해변을 산책합니다.

川岸(かわぎし)にきれいな花(はな)が咲(さ)いています。 강 기슭에 예쁜 꽃이 피어 있습니다.

쓰는 순서 岸 岸 岸 岸 岸 岸 岸 岸

0358

될 화

N3 총 4 획

음 か, け 化学(かがく) 화학 | 化石(かせき) 화석 | 進化(しんか) 진화 | 文化(ぶんか) 문화 | 変化(へんか) 변화 | 化粧(けしょう) 화장

훈 ば(ける), ば(かす) 化(ば)ける 둔갑하다 | お化(ば)け 도깨비, 요괴 | 化(ば)かす 호리다

化粧(けしょう)すれば、きれいになります。 화장하면 예뻐집니다.

ここはお化(ば)けが出(で)るそうです。 여기는 귀신이 나온다고 합니다.

쓰는 순서 化 化 化 化

0359

얼음 빙

N3 총 5 획

음 ひょう 氷河(ひょうが) 빙하 | 氷山(ひょうざん) 빙산 | 氷点(ひょうてん) 빙점 | 流氷(りゅうひょう) 유빙 | 結氷(けっぴょう) 결빙

훈 こおり, ひ 氷(こおり) 얼음 | かき氷(ごおり) 빙수 | 氷室(ひむろ) 빙실, 빙고

三浦綾子(みうらあやこ)の『氷点(ひょうてん)』という小説(しょうせつ)を知(し)っていますか。

미우라 아야코의 『빙점』이라는 소설을 아십니까?

夏(なつ)はかき氷(ごおり)がよく売(う)れます。 여름에는 빙수가 잘 팔립니다.

쓰는 순서 氷 氷 氷 氷 氷

0360

기름 유

N3 총 8 획

음 ゆ 油断(ゆだん) 방심, 부주의 | 油田(ゆでん) 유전 | 醤油(しょうゆ) 간장 | 石油(せきゆ) 석유

훈 あぶら 油(あぶら) 기름 | 油(あぶら)あげ 유부 | 油絵(あぶらえ) 유화, 서양화 | ごま油(あぶら) 참기름

油断(ゆだん)してはいけません。 방심하면 안 됩니다.

ごま油(あぶら)を入(い)れると、おいしくなります。 참기름을 넣으면 맛있어집니다.

쓰는 순서 油 油 油 油 油 油 油 油

0361

波

물결 파

N3 총 8 획

음 は 波及(はきゅう) 파급 | 波長(はちょう) 파장 | 波止場(はとば) 부두, 항구 | 音波(おんぱ) 음파 | 電波(でんぱ) 전파

훈 なみ 波(なみ) 파도 | 津波(つなみ) 해일 | 人波(ひとなみ) 인파

ここは電波(でんぱ)を受信(じゅしん)することができません。 여기는 전파를 수신할 수 없습니다.

今日(きょう)は波(なみ)が高(たか)いです。 오늘은 파도가 높습니다.

쓰는 순서 波 波 波 波 波 波 波 波

0362

庫

곳집 고

N2 총 10 획

음 こ, く 金庫(きんこ) 금고 | 車庫(しゃこ) 차고 | 倉庫(そうこ) 창고 | 冷蔵庫(れいぞうこ) 냉장고 | 庫裏(くり) 절의 부엌

車(くるま)を車庫(しゃこ)に入(い)れます。 차를 차고에 넣습니다.

冷蔵庫(れいぞうこ)でビールを冷(ひ)やします。 냉장고에서 맥주를 차갑게 합니다.

쓰는 순서 庫 庫 庫 庫 庫 庫 庫 庫 庫 庫

0363

荷

멜 하

N2 총 10 획

음 か 荷重(かじゅう) 하중 | 集荷(しゅうか) 집하 | 出荷(しゅっか) 출하 | 入荷(にゅうか) 입하

훈 に 荷造(にづく)り 짐을 꾸림, 포장 | 荷札(にふだ) 꼬리표, 짐표 | 荷物(にもつ) 짐

新(あたら)しい商品(しょうひん)が入荷(にゅうか)しました。 새로운 상품이 들어왔습니다.

旅行(りょこう)の荷造(にづく)りをします。 여행 짐을 꾸립니다.

쓰는 순서 荷 荷 荷 荷 荷 荷 荷 荷 荷 荷

0364

箱

상자 상

N3 총 15 획

훈 はこ 箱(はこ) 상자 | ごみ箱(ばこ) 쓰레기통 | 重箱(じゅうばこ) 찬합 | 筆箱(ふでばこ) 필통

ごみは、きちんとごみ箱(ばこ)に捨(す)ててください。
쓰레기는 제대로 쓰레기통에 버려 주세요.

この消(け)しゴムは大(おお)きくて、筆箱(ふでばこ)に入(はい)りません。
이 지우개는 커서 필통에 들어가지 않습니다.

쓰는 순서 箱 箱 箱 箱 箱 箱 箱 箱 箱 箱 箱 箱 箱 箱 箱

0365

굽을 곡

N3 총 6 획

음 きょく 曲線(きょくせん) 곡선 | 曲目(きょくもく) 곡목, 곡명 | 作曲(さっきょく) 작곡 | 名曲(めいきょく) 명곡

훈 ま(がる), ま(げる) 曲(ま)がる 구부러지다, (방향을) 돌다 | 曲(ま)げる 구부리다, 기울이다

ギターを使(つか)って作曲(さっきょく)をしました。 기타를 사용해서 작곡을 했습니다.

道(みち)が曲(ま)がっているので、注意(ちゅうい)してください。

길이 구부러져 있으니 주의하세요.

쓰는 순서 曲 曲 曲 曲 曲 曲

0366

버금 차

N3 총 6 획

음 じ, し 次回(じかい) 다음번 | 次男(じなん) 차남 | 目次(もくじ) 목차 | 次第(しだい) 순서, (명사 뒤에 붙어) ~나름

훈 つぎ, つ(ぐ) 次(つぎ) 다음 | 次(つ)ぐ 잇따르다, 버금가다

私(わたし)は次男(じなん)です。 저는 차남입니다.

次(つぎ)はだれの順番(じゅんばん)ですか。 다음은 누구 차례입니까?

쓰는 순서 次 次 次 次 次 次

0367

옮길 운

N4 총 12 획

음 うん 運営(うんえい) 운영 | 運送(うんそう) 운송 | 運転(うんてん) 운전 | 運動(うんどう) 운동 | 運命(うんめい) 운명 | 幸運(こううん) 행운

훈 はこ(ぶ) 運(はこ)ぶ 나르다, 옮기다

兄(あに)は運送会社(うんそうがいしゃ)で働(はたら)いています。 형은 운송 회사에서 일하고 있습니다.

荷物(にもつ)を運(はこ)ぶのを手伝(てつだ)ってください。 짐을 나르는 것을 도와주세요.

쓰는 순서 運 運 運 運 運 運 運 運 運 運 運 運

0368

役

부릴 역

N3 총 7 획

음 やく, えき 役員(やくいん) 임원 | 役者(やくしゃ) 배우 | 役(やく)に立(た)つ·役立(やくだ)つ 도움이 되다, 유용하다 | 役割(やくわり) 역할 | 市役所(しやくしょ) 시청 | 主役(しゅやく) 주역, 주연 | 兵役(へいえき) 병역

今度(こんど)、演劇(えんげき)で主役(しゅやく)をすることになりました。

이번에 연극에서 주연을 하게 되었습니다.

この本(ほん)は役(やく)に立(た)ちます。 이 책은 도움이 됩니다.

쓰는 순서 役 役 役 役 役 役 役

0369 □□

苦

쓸 고

N3 총 8 획

음 く 苦情(くじょう) 불평, 불만 | 苦戦(くせん) 고전 | 苦痛(くつう) 고통 | 苦悩(くのう) 고뇌 | 苦労(くろう) 고생, 수고

훈 くる(しい), くる(しむ), くる(しめる), にが(い)
苦(くる)しい 괴롭다, 고통스럽다, 난처하다 | 苦(くる)しむ 괴로워하다, 고민하다 |
苦(くる)しめる 괴롭히다, 걱정시키다 | 苦(にが)い (맛이) 쓰다 | 苦手(にがて) 서투름, 골칫거리

両親(りょうしん)は若(わか)い時(とき)、とても苦労(くろう)しました。 부모님은 젊었을 때 몹시 고생하셨습니다.

この薬(くすり)は、とても苦(にが)いので飲(の)めません。 이 약은 너무 써서 먹을 수 없습니다.

쓰는 순서 苦 苦 苦 苦 苦 苦 苦 苦

0370 □□

美

아름다울 미

N3 총 9 획

음 び 美術(びじゅつ) 미술 | 美女(びじょ) 미녀 | 美人(びじん) 미인 | 美容(びよう) 미용

훈 うつく(しい) 美(うつく)しい 아름답다

美容室(びようしつ)でパーマをかけました。 미용실에서 파마를 했습니다.

桜(さくら)はとても美(うつく)しいです。 벚꽃은 매우 아름답습니다.

쓰는 순서 美 美 美 美 美 美 美 美 美

0371 □□

想

생각 상

N2 총 13 획

음 そ, そう 愛想(あいそ) 상냥함, 붙임성 | 想像(そうぞう) 상상 | 空想(くうそう) 공상 | 思想(しそう) 사상 | 予想(よそう) 예상

その事故(じこ)はだれも予想(よそう)できませんでした。
그 사고는 아무도 예상하지 못했습니다.

彼(かれ)は想像力(そうぞうりょく)が豊(ゆた)かです。 그는 상상력이 풍부합니다.

쓰는 순서 想 想 想 想 想 想 想 想 想 想 想 想 想

0372 □□

숯 탄

N2 총 9 획

음 たん 炭鉱(たんこう) 탄광 | 炭素(たんそ) 탄소 | 石炭(せきたん) 석탄 | 練炭(れんたん) 연탄

훈 すみ 炭(すみ) 숯 | 炭火(すみび) 숯불

昔(むかし)は石炭(せきたん)をよく使(つか)いました。 옛날에는 석탄을 자주 사용했습니다.

炭(すみ)を使(つか)って、肉(にく)を焼(や)きました。 숯을 사용해서 고기를 구웠습니다.

쓰는 순서 炭 炭 炭 炭 炭 炭 炭 炭 炭

0373

畑

화전 전

N3 총 9 획

훈 はたけ, はた 畑(はたけ) 밭 | 畑仕事(はたけしごと) 밭일 | 麦畑(むぎばたけ) 보리밭 | 畑作(はたさく) 밭농사 | 田畑(たはた)・田畑(でんぱた) 논밭

畑(はたけ)でキャベツを育(そだ)てています。 밭에서 양배추를 기르고 있습니다.

畑仕事(はたけしごと)を終(お)えて、家(いえ)に帰(かえ)ります。 밭일을 끝내고 집으로 돌아갑니다.

쓰는순서 畑 畑 畑 畑 畑 畑 畑 畑 畑

0374

根

뿌리 근

N3 총 10 획

음 こん 根幹(こんかん) 근간 | 根拠(こんきょ) 근거 | 根性(こんじょう) 근성 | 根本(こんぽん) 근본 | 球根(きゅうこん) 구근 | 大根(だいこん) 무

훈 ね 根(ね) 뿌리 | 根元(ねもと) 근원, 근본 | 尾根(おね) 산등성이, 능선 | 屋根(やね) 지붕

大根(だいこん)でたくあんを作(つく)ります。 무로 단무지를 만듭니다.

最近(さいきん)、わらの屋根(やね)は見(み)かけません。 최근에 초가 지붕은 볼 수 없습니다.

쓰는순서 根 根 根 根 根 根 根 根 根 根

0375

深

깊을 심

N2 총 11 획

음 しん 深海(しんかい) 심해 | 深刻(しんこく) 심각함 | 深夜(しんや) 심야 | 水深(すいしん) 수심

훈 ふか(い), ふか(まる), ふか(める) 深(ふか)い 깊다 | 深(ふか)まる 깊어지다 | 深(ふか)める 깊게 하다

深夜(しんや)までお酒(さけ)を飲(の)んでしまいました。 심야까지 술을 마셨습니다.

深(ふか)い所(ところ)に行(い)かないでください。 깊은 곳에 가지 마세요.

쓰는순서 深 深 深 深 深 深 深 深 深 深 深

0376

植

심을 식

N2 총 12 획

음 しょく 植樹(しょくじゅ) 식수 | 植物(しょくぶつ) 식물 | 植民地(しょくみんち) 식민지 | 移植(いしょく) 이식

훈 う(える), う(わる) 植(う)える 심다 | 植木(うえき) 정원수 | 田植(たう)え 모내기 | 植(う)わる 심어지다

野原(のはら)にはたくさんの植物(しょくぶつ)が生(は)えています。 들판에는 많은 식물이 자라고 있습니다.

記念(きねん)に松(まつ)の木(き)を植(う)えました。 기념으로 소나무를 심었습니다.

쓰는순서 植 植 植 植 植 植 植 植 植 植 植 植

0377

陽

별 양

N2 총 12 획

음 よう 陽気(ようき) 명랑함 | 陽子(ようし) 양자 | 陽性(ようせい) 양성 | 陰陽(いんよう) 음양 | 太陽(たいよう) 태양

田中(たなか)さんは陽気(ようき)な性格(せいかく)です。 다나카 씨는 명랑한 성격입니다.

太陽(たいよう)の光(ひかり)がまぶしいです。 태양 빛이 눈부십니다.

쓰는 순서 陽 陽 陽 陽 陽 陽 陽 陽 陽 陽 陽 陽

0378

葉

잎 엽

N2 총 12 획

음 よう 紅葉(こうよう) 단풍 | 広葉樹(こうようじゅ) 활엽수 | 針葉樹(しんようじゅ) 침엽수 | 落葉(らくよう) 낙엽

훈 は 葉(は) 잎, 잎사귀 | 葉書(はが)き 엽서 | 落(お)ち葉(ば) 낙엽 | 言葉(ことば) 말, 언어, 단어

예외 紅葉(もみじ) 단풍이 듦, 단풍잎 | 紅葉狩(もみじが)り 단풍놀이

秋(あき)は紅葉(こうよう)が美(うつく)しいです。 가을은 단풍이 아름답습니다.

落(お)ち葉(ば)を拾(ひろ)って、しおりにします。 낙엽을 주워서 책갈피로 삼았습니다.

쓰는 순서 葉 葉 葉 葉 葉 葉 葉 葉 葉 葉 葉 葉

0379

農

농사 농

N2 총 13 획

음 のう 農家(のうか) 농가 | 農業(のうぎょう) 농업 | 農作物(のうさくぶつ) 농작물 | 農場(のうじょう) 농장 | 農村(のうそん) 농촌

おじいさんは広(ひろ)い農場(のうじょう)を持(も)っています。 할아버지는 넓은 농장을 갖고 있습니다.

今年(ことし)もたくさんの農作物(のうさくぶつ)がとれました。 올해도 많은 농작물을 수확했습니다.

쓰는 순서 農 農 農 農 農 農 農 農 農 農 農 農 農

0380

緑

푸를 록 (綠)

N3 총 14 획

음 りょく, ろく 緑地(りょくち) 녹지 | 緑茶(りょくちゃ) 녹차 | 緑化(りょっか) 녹화 | 新緑(しんりょく) 신록 | 緑青(ろくしょう) 녹청, 동록

훈 みどり 緑(みどり) 녹색, 초록

五月(ごがつ)を新緑(しんりょく)の季節(きせつ)と言(い)います。 5월은 신록의 계절이라고 합니다.

緑(みどり)の野菜(やさい)を充分(じゅうぶん)とってください。 푸른 채소를 충분히 섭취해 주세요.

쓰는 순서 緑 緑 緑 緑 緑 緑 緑 緑 緑 緑 緑 緑 緑 緑

0381

미리 예 (豫)

N3 총 4 획

음 よ 予算(よさん) 예산 | 予習(よしゅう) 예습 | 予想(よそう) 예상 | 予定(よてい) 예정 | 予約(よやく) 예약 | 猶予(ゆうよ) 유예

예외 予(あらかじ)め 미리, 사전에

ホテルの予約(よやく)をしました。 호텔 예약을 했습니다.

バスの時間(じかん)を予(あらかじ)め調(しら)べておきましょう。 버스 시간을 미리 조사해 둡시다.

쓰는 순서 予 予 予 予

0382

대신할 대

N4 총 5 획

음 たい, だい 交代(こうたい) 교대 | 代表(だいひょう) 대표 | 代理(だいり) 대리 | 近代(きんだい) 근대 | 現代(げんだい) 현대 | 時代(じだい) 시대

훈 か(わる), か(える), しろ, よ 代(か)わる 대신하다, 바뀌다 | 代(か)える 바꾸다, 교환하다 | 代物(しろもの) 물건, 상품 | 君(きみ)が代(よ) 기미가요(일본 국가)

木村(きむら)さんが代表(だいひょう)に決(き)まりました。 기무라 씨가 대표로 결정되었습니다.

社長(しゃちょう)に代(か)わって、部長(ぶちょう)があいさつをしました。

사장님을 대신하여 부장님이 인사를 했습니다.

쓰는 순서 代 代 代 代 代

0383

거듭 신

N3 총 5 획

음 しん 申告(しんこく) 신고 | 申請(しんせい) 신청 | 答申(とうしん) 답신 | 内申(ないしん) 내신, 남 모르게 상신함

훈 もう(す) 申(もう)す·申(もう)し上(あ)げる 말씀드리다, 여쭙다(겸사말) | 申(もう)し込(こ)む 신청하다

これは税関(ぜいかん)で申告(しんこく)しなければならない物(もの)です。

이것은 세관에서 신고해야 하는 물건입니다.

海外短期研修(かいがいたんきけんしゅう)に申(もう)し込(こ)みました。 해외 단기 연수를 신청했습니다.

쓰는 순서 申 申 申 申 申

0384

가운데 앙

N3 총 5 획

음 おう 中央(ちゅうおう) 중앙 | 中央区(ちゅうおうく) 주오구(지명)

広場(ひろば)の中央(ちゅうおう)に集(あつ)まってください。 광장 중앙에 모여 주세요.

中央区(ちゅうおうく)にある会社(かいしゃ)で働(はたら)いています。 주오구에 있는 회사에서 일하고 있습니다.

쓰는 순서 央 央 央 央 央

0385

注

부을 주

N4 총 8 획

음 ちゅう 注意(ちゅうい) 주의 | 注入(ちゅうにゅう) 주입 | 注目(ちゅうもく) 주목 | 注文(ちゅうもん) 주문 | 脚注(きゃくちゅう) 각주 | 発注(はっちゅう) 발주

훈 そそ(ぐ) 注ぐ(そそぐ) 붓다, 따르다, 정신을 쏟다

紅茶(こうちゃ)とホットケーキを注文(ちゅうもん)しました。 홍차와 핫케이크를 주문했습니다.

お湯(ゆ)を注(そそ)ぐだけで食(た)べられます。 뜨거운 물을 붓기만 해도 먹을 수 있습니다.

쓰는 순서 注 注 注 注 注 注 注 注

0386

柱

기둥 주

N3 총 9 획

음 ちゅう 円柱(えんちゅう) 원기둥 | 支柱(しちゅう) 지주 | 鉄柱(てっちゅう) 쇠기둥 | 電柱(でんちゅう) 전봇대

훈 はしら 柱(はしら) 기둥, 일의 중요한 부분 | 霜柱(しもばしら) 서릿발 | 電信柱(でんしんばしら) 전신주

大黒柱(だいこくばしら) 집의 중심에 세우는 굵은 기둥(일본식 목조건물), 집안의 기둥인 인물

電柱(でんちゅう)を登(のぼ)ってはいけません。 전봇대에 올라가면 안 됩니다.

父(ちち)は一家(いっか)の柱(はしら)です。 아버지는 한 집안의 기둥입니다.

쓰는 순서 柱 柱 柱 柱 柱 柱 柱 柱 柱

0387

결정할 결

N3 총 7 획

음 けつ 決意(けつい) 결의 | 決算(けっさん) 결산 | 決定(けってい) 결정 | 解決(かいけつ) 해결 | 対決(たいけつ) 대결 | 決(けっ)して 결코, 절대로

훈 き(める), き(まる) 決(き)める 결정하다 | 決(き)まる 결정되다 | 決(き)まり 결정, 규정

あしたは韓国(かんこく)と日本(にほん)のチームが対決(たいけつ)します。
내일은 한국 팀과 일본 팀이 대결합니다.

行(い)くか行(い)かないか決(き)めてください。 갈지 안 갈지 결정해 주세요.

쓰는 순서 決 決 決 決 決 決 決

0388

언덕 판

N3 총 7 획

음 はん 急坂(きゅうはん) 가파른 비탈 | 登坂(とうはん) 비탈길을 오름

훈 さか 坂(さか) 비탈, 경사지 | 坂道(さかみち) 고갯길, 비탈길 | 下(くだ)り坂(ざか) 내리막길, 쇠퇴기 | 上(のぼ)り坂(ざか) 오르막길, 상승세

登坂車線(とうはんしゃせん)は重(おも)いトラックなどが走(はし)る道(みち)です。
등판 차선은 무거운 트럭 등이 달리는 길입니다.

坂道(さかみち)で転(ころ)んでしまいました。 비탈길에서 넘어지고 말았습니다.

쓰는 순서 坂 坂 坂 坂 坂 坂 坂

0389

그릇 명

N3 총 5 획

훈 さら 皿(さら) 접시 | 皿洗い(さらあらい) 설거지 | 小皿(こざら) 작은 접시 | 灰皿(はいざら) 재떨이

母(はは)の皿洗い(さらあらい)を手伝(てつだ)いました。 엄마를 도와서 설거지를 했습니다.

料理(りょうり)を小皿(こざら)に分(わ)けます。 요리를 작은 접시에 나눕니다.

쓰는 순서 皿 皿 皿 皿 皿

0390

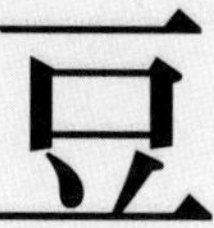

콩 두

N1 총 7 획

음 ず, とう 大豆(だいず) 대두, 콩 | 豆乳(とうにゅう) 두유 | 豆腐(とうふ) 두부 | 納豆(なっとう) 낫토

훈 まめ 豆(まめ) 콩 | 豆電球(まめでんきゅう) 꼬마 전구 | 枝豆(えだまめ) 가지째 꺾은 풋콩을 삶은 것

예외 小豆(あずき) 팥

健康(けんこう)のために毎日(まいにち)、豆乳(とうにゅう)を飲(の)んでいます。

건강을 위해 매일 두유를 마시고 있습니다.

ビールのおつまみに枝豆(えだまめ)を食(た)べました。 맥주 안주로 삶은 풋콩을 먹었습니다.

쓰는 순서 豆 豆 豆 豆 豆 豆 豆

0391

갖출 구 (具)

N3 총 8 획

음 ぐ 具合(ぐあい) 상태, 형편 | 具体的(ぐたいてき) 구체적 | 雨具(あまぐ) 우비, 비옷 | 家具(かぐ) 가구 | 道具(どうぐ) 도구

もう少(すこ)し具体的(ぐたいてき)に説明(せつめい)してください。 조금 더 구체적으로 설명해 주세요.

このキャンプ場(じょう)は調理道具(ちょうりどうぐ)がそなわっています。

이 캠프장은 조리 도구가 갖추어져 있습니다.

쓰는 순서 具 具 具 具 具 具 具 具

0392

차례 제

N3 총 11 획

음 だい 第一印象(だいいちいんしょう) 첫인상 | 及第(きゅうだい) 급제 | 次第(しだい) 순서 | 落第(らくだい) 낙제

小川(おがわ)さんの第一印象(だいいちいんしょう)はとてもよかったです。

오가와 씨의 첫인상은 매우 좋았습니다.

落第(らくだい)してしまいました。 낙제하고 말았습니다.

쓰는 순서 第 第 第 第 第 第 第 第 第 第 第

0393

洋

큰 바다 양

N4 총 9 획

음 よう 洋式(ようしき) 양식, 서양식 | 洋食(ようしょく) 양식 | 洋風(ようふう) 서양식 | 海洋(かいよう) 해양 | 太平洋(たいへいよう) 태평양

近所(きんじょ)に洋食(ようしょく)のお店(みせ)があります。 근처에 서양식 레스토랑이 있습니다.

台風(たいふう)が太平洋(たいへいよう)を北上(ほくじょう)しています。 태풍이 태평양을 북상하고 있습니다.

쓰는 순서 洋 洋 洋 洋 洋 洋 洋 洋 洋

0394

服

옷 복

N4 총 8 획

음 ふく 服装(ふくそう) 복장 | 服用(ふくよう) 복용 | 衣服(いふく) 의복 | 制服(せいふく) 제복 | 和服(わふく) 일본옷, 기모노

おばあさんはいつも和服(わふく)を着(き)ています。 할머니는 항상 기모노를 입습니다.

毎日(まいにち)、制服(せいふく)を着(き)て学校(がっこう)に行(い)きます。 매일 교복을 입고 학교에 갑니다.

쓰는 순서 服 服 服 服 服 服 服 服

0395

階

섬돌 계

N2 총 12 획

음 かい 階級(かいきゅう) 계급 | 階段(かいだん) 계단 | 一階(いっかい) 1층 | 段階(だんかい) 단계

トイレは階段(かいだん)を下(お)りて、右(みぎ)です。 화장실은 계단을 내려가서 오른쪽입니다.

本屋(ほんや)は五階(ごかい)にあります。 서점은 5층에 있습니다.

쓰는 순서 階 階 階 階 階 階 階 階 階 階 階 階

0396

童

아이 동

N2 총 12 획

음 どう 童顔(どうがん) 동안 | 童話(どうわ) 동화 | 児童(じどう) 아동 | 神童(しんどう) 신동

훈 わらべ 童(わらべ) 아이, 아동 | 童歌(わらべうた) 구전되어 내려온 아이들의 노래, 동요

子(こ)どものころに、グリム童話(どうわ)をよく読(よ)みました。
어렸을 적에 그림 동화를 자주 읽었습니다.

母(はは)が童歌(わらべうた)を教(おし)えてくれました。 엄마가 동요를 가르쳐 주었습니다.

쓰는 순서 童 童 童 童 童 童 童 童 童 童 童 童

0397

湯

끓일 탕

N2 총 12 획

음 とう 湯治(とうじ) 온천욕으로 병을 치료함, 온천 요양 | 銭湯(せんとう) 대중 목욕탕 | 熱湯(ねっとう) 열탕 | 薬湯(やくとう) 약탕

훈 ゆ 湯(ゆ) 뜨거운 물, 목욕물, 목욕탕 | 湯気(ゆげ) 김, 수증기 | 湯飲(ゆの)み 찻잔 | 湯船(ゆぶね) 욕조, 목욕통

最近(さいきん)、銭湯(せんとう)が少(すく)なくなりました。 최근에 대중 목욕탕이 줄어들었습니다.

湯船(ゆぶね)にお湯(ゆ)をためます。 욕조에 뜨거운 물을 받습니다.

쓰는 순서 湯 湯 湯 湯 湯 湯 湯 湯 湯 湯 湯 湯

0398

은 은

N4 총 14 획

음 ぎん 銀貨(ぎんか) 은화 | 銀河(ぎんが) 은하수 | 金銀(きんぎん) 금은 | 銀行(ぎんこう) 은행 | 水銀(すいぎん) 수은

예외 銀杏(いちょう) 은행나무

銀行(ぎんこう)は三時(さんじ)に閉(し)まります。 은행은 세 시에 닫습니다.

これは外国(がいこく)の銀貨(ぎんか)です。 이것은 외국의 은화입니다.

쓰는 순서 銀 銀 銀 銀 銀 銀 銀 銀 銀 銀 銀 銀 銀 銀

0399

양 양

N1 총 6 획

음 よう 羊羹(ようかん) 양갱 | 羊毛(ようもう) 양모, 양털 | 牧羊(ぼくよう) 목양, 양을 침 | 綿羊(めんよう) 면양

훈 ひつじ 羊(ひつじ) 양 | 羊飼(ひつじか)い 양치기 | 子羊(こひつじ) 어린 양, 새끼 양

羊毛(ようもう)でジャケットを作(つく)ります。 양털로 재킷을 만듭니다.

牧場(まきば)にはたくさんの羊(ひつじ)がいます。 목장에는 많은 양이 있습니다.

쓰는 순서 羊 羊 羊 羊 羊 羊

0400

死

죽을 사

N4 총 6 획

음 し 死体(したい) 시체 | 死亡(しぼう) 사망 | 安楽死(あんらくし) 안락사 | 惨死(ざんし) 참사 | 必死(ひっし) 필사 | 病死(びょうし) 병사

훈 し(ぬ) 死(し)ぬ 죽다

安楽死(あんらくし)はいいと思(おも)いますか。 안락사는 좋다고 생각합니까?

ペットの犬(いぬ)が死(し)んでしまいました。 반려견이 죽고 말았습니다.

쓰는 순서 死 死 死 死 死 死

0401

인간 세

N4 총 5 획

음 せい, せ 世紀(せいき) 세기 | 近世(きんせい) 근세 | 世間(せけん) 세간 | 世代(せだい) 세대 | 出世(しゅっせ) 출세

훈 よ 世(よ)の中(なか) 세상, 사회 | 世論(よろん)·世論(せろん) 여론

今(いま)は21世紀(せいき)です。 지금은 21세기입니다.

新聞社(しんぶんしゃ)が世論(よろん)を調査(ちょうさ)しました。 신문사가 여론을 조사했습니다.

쓰는 순서 世 世 世 世 世

0402

界

지경 계

N4 총 9 획

음 かい 境界(きょうかい) 경계 | 業界(ぎょうかい) 업계 | 限界(げんかい) 한계 | 世界(せかい) 세계 | 他界(たかい) 타계

山田(やまだ)さんは世界中(せかいじゅう)に友達(ともだち)がいます。 야마다 씨는 전 세계에 친구가 있습니다.

彼(かれ)は事故(じこ)で他界(たかい)しました。 그는 사고로 타계했습니다.

쓰는 순서 界 界 界 界 界 界 界 界 界

0403

両

두 량(兩)

N3 총 6 획

음 りょう 両替(りょうがえ) 환전 | 両親(りょうしん) 양친, 부모 | 両手(りょうて) 양손 | 両方(りょうほう) 양쪽, 쌍방

両親(りょうしん)は田舎(いなか)で暮(く)らしています。 부모님은 시골에서 살고 있습니다.

ウォンを円(えん)に両替(りょうがえ)してください。 원을 엔으로 환전해 주세요.

쓰는 순서 両 両 両 両 両 両

0404

말미암을 유

N3 총 5 획

음 ゆ, ゆう, ゆい 由来(ゆらい) 유래 | 経由(けいゆ) 경유 | 自由(じゆう) 자유 | 理由(りゆう) 이유 | 由緒(ゆいしょ) 유서

훈 よし 由(よし) 까닭, 원인

日本経由(にほんけいゆ)でアメリカに行(い)きました。 일본을 경유하여 미국에 갔습니다.

父(ちち)は由(よし)もなく結婚(けっこん)に反対(はんたい)しました。 아버지는 이유도 없이 결혼에 반대했습니다.

쓰는 순서 由 由 由 由 由

0405

널빤지 판
N3 총 8획

음 はん, ばん 板木(はんぎ) 판목, 인쇄를 위해 글씨 등을 새긴 목판 | 看板(かんばん) 간판 | 黒板(こくばん) 칠판 | 鉄板(てっぱん) 철판
훈 いた 板(いた) 판자, 널빤지 | 板前(いたまえ) 주방, 조리장, 요리사 | まな板(いた) 도마

駅前(えきまえ)に人気(にんき)の鉄板焼(てっぱんや)きのお店(みせ)があります。
역 앞에 인기 있는 철판구이 가게가 있습니다.

兄(あに)は板前(いたまえ)です。 형은 요리사입니다.

쓰는 순서 板 板 板 板 板 板 板 板

0406

등급 급
N2 총 9획

음 きゅう 階級(かいきゅう) 계급 | 学級(がっきゅう) 학급 | 高級(こうきゅう) 고급 | 上級(じょうきゅう) 상급 | 等級(とうきゅう) 등급 | 同級生(どうきゅうせい) 동급생

上級(じょうきゅう)のテストに合格(ごうかく)しました。 상급 시험에 합격했습니다.

彼(かれ)と私(わたし)は同級生(どうきゅうせい)です。 그와 나는 동급생입니다.

쓰는 순서 級 級 級 級 級 級 級 級 級

0407

겉 표
N3 총 8획

음 ひょう 表現(ひょうげん) 표현 | 表情(ひょうじょう) 표정 | 表面(ひょうめん) 표면 | 図表(ずひょう) 도표 | 代表(だいひょう) 대표 | 発表(はっぴょう) 발표
훈 おもて, あらわ(す), あらわ(れる) 表(おもて) 앞면, 표면, 바깥쪽 | 表(あらわ)す 나타내다 | 表(あらわ)れる 나타나다

みんなの前(まえ)で発表(はっぴょう)をしました。 모든 사람들 앞에서 발표를 했습니다.

家(いえ)の表(おもて)に車(くるま)がとまっています。 집 앞에 차가 세워져 있습니다.

쓰는 순서 表 表 表 表 表 表 表 表

0408

낯 면
N3 총 9획

음 めん 面会(めんかい) 면회 | 面倒(めんどう) 귀찮음, 돌봄 | 仮面(かめん) 가면 | 紙面(しめん) 지면 | 正面(しょうめん) 정면 | 前面(ぜんめん) 전면
훈 おも, おもて, つら 面影(おもかげ) 모습 | 面(おもて) 얼굴, 표면 | 泣(な)き面(つら) 우는 얼굴, 울상

弟(おとうと)の面倒(めんどう)を見(み)ます。 남동생을 돌봅니다.

佐藤(さとう)さんにはお父(とう)さんの面影(おもかげ)が残(のこ)っています。
사토 씨에게는 아버지의 모습이 남아 있습니다.

쓰는 순서 面 面 面 面 面 面 面 面 面

0409

丁

고무래 정

N1 총 2 획

음 ちょう, てい 一丁目(いっちょうめ) 1초메(일본의 행정 구역) | 落丁(らくちょう) 낙장, 책에서 책장이 일부 빠져 있는 일 | 丁寧(ていねい) 정중함, 공손함 | 装丁(そうてい) (책의) 장정, 인쇄물에 표지를 붙여 책의 모양을 만드는 일

一丁目(いっちょうめ)の交差点(こうさてん)に交番(こうばん)があります。 1초메 교차로에 파출소가 있습니다.

丁寧(ていねい)にあいさつしてください。 정중히 인사해 주세요.

쓰는 순서 丁 丁

0410

구역 구 (區)

N3 총 4 획

음 く 区域(くいき) 구역 | 区間(くかん) 구간 | 区分(くぶん) 구분 | 区別(くべつ) 구별 | 区役所(くやくしょ) 구청 | 地区(ちく) 지구

ここから工事区間(こうじくかん)です。 여기부터 공사 구간입니다.

双子(ふたご)の区別(くべつ)が難(むずか)しいです。 쌍둥이의 구별이 어렵습니다.

쓰는 순서 区 区 区 区

0411

州

고을 주

N2 총 6 획

음 しゅう 州知事(しゅうちじ) 주지사 | 州立(しゅうりつ) 주립 | 欧州(おうしゅう) 유럽 | 九州(きゅうしゅう) 규슈(지명)

훈 す 三角州(さんかくす) 삼각주

九州(きゅうしゅう)と韓国(かんこく)はとても近(ちか)いです。 규슈와 한국은 아주 가깝습니다.

川(かわ)の河口(かこう)に三角州(さんかくす)があります。 강의 하구에 삼각주가 있습니다.

쓰는 순서 州 州 州 州 州 州

0412

고을 현 (縣)

N3 총 9 획

음 けん 県(けん) 현(일본 지방 행정 구역) | 県知事(けんちじ) 현지사 | 県民(けんみん) 현민, 현의 주민 | 県立(けんりつ) 현립 | 都道府県(とどうふけん) 도도부현(일본 행정 구역의 총칭)

日本(にほん)には43の県(けん)があります。 일본에는 43개의 현이 있습니다.

青森県(あおもりけん)はりんごが有名(ゆうめい)です。 아오모리현은 사과가 유명합니다.

쓰는 순서 県 県 県 県 県 県 県 県 県

0413

都

도읍 도 (都)

N3 총 11 획

음 と, つ　都市(とし) 도시 | 都民(とみん) 도민, 도의 주민 | 首都(しゅと) 수도 | 東京都(とうきょうと) 도쿄도(지명) | 都合(つごう) 형편, 사정

훈 みやこ　都(みやこ) 수도, 도시

今日(きょう)は都合(つごう)が悪(わる)いです。 오늘은 사정이 안 좋습니다.

京都(きょうと)は昔(むかし)、日本(にほん)の都(みやこ)でした。 교토는 옛날에 일본의 수도였습니다.

쓰는 순서 都 都 都 都 都 都 都 都 都 都 都

0414

庭

뜰 정

N3 총 10 획

음 てい　庭園(ていえん) 정원 | 庭球(ていきゅう) 테니스 | 家庭(かてい) 가정 | 校庭(こうてい) 교정, 학교 마당

훈 にわ　庭(にわ) 마당, 정원 | 庭師(にわし) 정원사 | 裏庭(うらにわ) 뒷마당, 뒤뜰

校庭(こうてい)で子(こ)どもが遊(あそ)んでいます。 학교 마당에서 아이가 놀고 있습니다.

庭(にわ)ですずめが鳴(な)いています。 마당에서 참새가 지저귀고 있습니다.

쓰는 순서 庭 庭 庭 庭 庭 庭 庭 庭 庭 庭

0415

他

다를 타

N3 총 5 획

음 た　他界(たかい) 타계 | 他国(たこく) 타국, 타향 | 他殺(たさつ) 타살 | 他人(たにん) 타인, 남 | 自他(じた) 자타, 자신과 타인

훈 ほか　他(ほか) 그 밖, 이외

このことは他人(たにん)に言(い)わないでください。 이 일은 다른 사람에게 말하지 마세요.

他(ほか)のサイズはありませんか。 다른 사이즈는 없습니까?

쓰는 순서 他 他 他 他 他

0416

悲

슬플 비

N3 총 12 획

음 ひ　悲運(ひうん) 비운 | 悲劇(ひげき) 비극 | 悲鳴(ひめい) 비명 | 慈悲(じひ) 자비

훈 かな(しい), かな(しむ)　悲(かな)しい 슬프다 | 悲(かな)しむ 슬퍼하다

女(おんな)の人(ひと)の悲鳴(ひめい)が聞(き)こえました。 여자의 비명이 들렸습니다.

恋人(こいびと)にふられて、とても悲(かな)しいです。 애인에게 차여서 몹시 슬픕니다.

쓰는 순서 悲 悲 悲 悲 悲 悲 悲 悲 悲 悲 悲 悲

0417

勉

힘쓸 면

N4 총 10 획

음 べん 勉学(べんがく) 면학 | 勉強(べんきょう) 공부 | 勉励(べんれい) 면려, 열심히 노력함 | 勤勉(きんべん) 근면

テストがあるので、勉強(べんきょう)しました。 시험이 있어서 공부를 했습니다.

父(ちち)はとても勤勉(きんべん)に働(はたら)きます。 아버지는 매우 근면하게 일합니다.

쓰는 순서 勉 勉 勉 勉 勉 勉 勉 勉 勉 勉

0418

問

물을 문

N4 총 11 획

음 もん 問診(もんしん) 문진 | 問題(もんだい) 문제 | 疑問(ぎもん) 의문 | 質問(しつもん) 질문 | 設問(せつもん) 설문 | 訪問(ほうもん) 방문

훈 と(う), と(い), とん 問(と)う 묻다 | 問(と)い 질문, 문제 | 問(と)い合(あ)わせ 문의 | 問屋(とんや) 도매상

この問題(もんだい)はとても難(むずか)しいです。 이 문제는 매우 어렵습니다.

性別(せいべつ)・年齢(ねんれい)は問(と)いません。 성별·연령은 묻지 않습니다.

쓰는 순서 問 問 問 問 問 問 問 問 問 問 問

0419

章

글 장

N3 총 11 획

음 しょう 楽章(がくしょう) 악장 | 勲章(くんしょう) 훈장 | 憲章(けんしょう) 헌장 | 文章(ぶんしょう) 문장, 글 | 紋章(もんしょう) 문장

藤田(ふじた)さんは文章(ぶんしょう)を書(か)くのが上手(じょうず)です。 후지타 씨는 글을 잘 씁니다.

祖父(そふ)は昔(むかし)、勲章(くんしょう)をもらいました。 할아버지는 옛날에 훈장을 받았습니다.

쓰는 순서 章 章 章 章 章 章 章 章 章 章 章

0420

漢

한나라 한(漢)

N4 총 13 획

음 かん 漢字(かんじ) 한자 | 漢族(かんぞく) 한족 | 漢文(かんぶん) 한문 | 漢方薬(かんぽうやく) 한약

毎日(まいにち)、16字(じ)ずつ漢字(かんじ)を勉強(べんきょう)します。 매일 열여섯 자씩 한자를 공부합니다.

風邪(かぜ)には漢方薬(かんぽうやく)がいいです。 감기에는 한약이 좋습니다.

쓰는 순서 漢 漢 漢 漢 漢 漢 漢 漢 漢 漢 漢 漢 漢

0421

族

겨레 족

N4 총 11 획

음 ぞく　**一族**(いちぞく) 일족 | **家族**(かぞく) 가족 | **親族**(しんぞく) 친족 | **水族館**(すいぞくかん) 수족관 | **民族**(みんぞく) 민족

私(わたし)は五人(ごにん)家族(かぞく)です。우리 가족은 다섯 명입니다.

週末(しゅうまつ)、水族館(すいぞくかん)に行(い)きました。주말에 수족관에 갔습니다.

쓰는 순서 族 族 族 族 族 族 族 族 族 族 族

0422

지킬 수

N3 총 6 획

음 しゅ, す　**守衛**(しゅえい) 수위 | **守備**(しゅび) 수비 | **厳守**(げんしゅ) 엄수 | **保守**(ほしゅ) 보수 | **留守**(るす) 부재중

훈 まも(る), も(り)　**守る**(まもる) 지키다 | **子守り**(こもり) 아이를 봄

集合時間(しゅうごうじかん)を厳守(げんしゅ)してください。집합 시간을 엄수해 주세요.

提出期限(ていしゅつきげん)を必(かなら)ず守(まも)ってください。제출 기한을 반드시 지켜 주세요.

쓰는 순서 守 守 守 守 守 守

0423

옛 석

N3 총 8 획

음 せき, しゃく　**昔日**(せきじつ) 옛날 | **往昔**(おうせき) 옛날 | **今昔**(こんじゃく) 옛날과 지금

훈 むかし　**昔**(むかし) 옛날 | **昔話**(むかしばなし) 옛날이야기

『今昔物語集(こんじゃくものがたりしゅう)』という日本(にほん)の古典(こてん)を読(よ)みました。

『곤자쿠모노가타리슈』라는 일본의 고전을 읽었습니다.

この町(まち)は昔(むかし)から変(か)わりません。이 마을은 옛날부터 변하지 않습니다.

쓰는 순서 昔 昔 昔 昔 昔 昔 昔 昔

0424

제사 제

N2 총 11 획

음 さい　**祭祀**(さいし) 제사 | **祭日**(さいじつ) 신사 또는 궁중의 제사가 있는 날 | **学園祭**(がくえんさい) 학교 축제 | **祝祭**(しゅくさい) 축제 | **前夜祭**(ぜんやさい) 전야제

훈 まつ(る), まつ(り)　**祭る**(まつる) 제사 지내다 | **祭り**(まつり) 제사, 축제 | **夏祭り**(なつまつり) 여름 축제

前夜祭(ぜんやさい)には多(おお)くの人(ひと)が来(き)ました。전야제에는 많은 사람이 왔습니다.

夏祭(なつまつ)りの時期(じき)になりました。여름 축제철이 되었습니다.

쓰는 순서 祭 祭 祭 祭 祭 祭 祭 祭 祭 祭 祭

0425

和

화할 화

N3 총 8 획

음 わ, お 和解(わかい) 화해 | 穏和(おんわ) 온화함 | 柔和(にゅうわ) 유화, 온화함 | 平和(へいわ) 평화 | 和尚(おしょう) 스님, 주지

훈 なご(む), なご(やか), やわ(らぐ), やわ(らげる) 和む(なごむ) 온화해지다 | 和やか(なごやか) 온화함, 화기애애함 | 和らぐ(やわらぐ) 누그러지다 | 和らげる(やわらげる) 누그러뜨리다, 완화하다

世界(せかい)が平和(へいわ)になることを望(のぞ)んでいます。 세계가 평화로워지기를 바랍니다.

最後(さいご)まで和(なご)やかな雰囲気(ふんいき)でした。 마지막까지 화기애애한 분위기였습니다.

쓰는 순서 和 和 和 和 和 和 和 和

0426

맬 계

N3 총 9 획

음 けい 係数(けいすう) 계수 | 係争(けいそう) 계쟁, 소송의 당사자끼리 법률상으로 다툼 | 係留(けいりゅう) 계류, 붙들어 맴 | 関係(かんけい) 관계

훈 かか(る), かか(り) 係る(かかる) 관계되다 | 係り(かかり) 관계 | 係長(かかりちょう) 계장 | 受付係り(うけつけがかり) 접수 담당

そのことと私(わたし)は関係(かんけい)がありません。 그 일과 저는 관계가 없습니다.

仕事(しごと)を係長(かかりちょう)に相談(そうだん)しました。 일을 계장님과 상담했습니다.

쓰는 순서 係 係 係 係 係 係 係 係 係

0427

기를 육

N3 총 8 획

음 いく 育児(いくじ) 육아 | 育成(いくせい) 육성 | 教育(きょういく) 교육 | 体育(たいいく) 체육 | 発育(はついく) 발육

훈 そだ(つ), そだ(てる), はぐく(む) 育つ(そだつ) 자라다, 성장하다 | 育てる(そだてる) 기르다, 키우다 | 育む(はぐくむ) 품어 기르다, 소중히 기르다

来月(らいげつ)から教育実習(きょういくじっしゅう)が始(はじ)まります。 다음 달부터 교육 실습을 시작합니다.

母(はは)は花(はな)を育(そだ)てるのが好(す)きです。 엄마는 꽃을 기르는 것을 좋아합니다.

쓰는 순서 育 育 育 育 育 育 育 育

0428

정할 정

N3 총 8 획

음 てい, じょう 定員(ていいん) 정원 | 定期(ていき) 정기 | 安定(あんてい) 안정 | 決定(けってい) 결정 | 肯定(こうてい) 긍정 | 定規(じょうぎ) 정규, 자 | 案の定(あんのじょう) 예상했던 대로, 아니나 다를까

훈 さだ(める), さだ(まる), さだ(か) 定める(さだめる) 정하다, 결정하다 | 定まる(さだまる) 정해지다, 결정되다 | 定か(さだか) 확실함, 분명함

定員(ていいん)は何人(なんにん)ですか。 정원은 몇 명입니까?

日本(にほん)は1946年(ねん)に憲法(けんぽう)を定(さだ)めました。 일본은 1946년에 헌법을 정했습니다.

쓰는 순서 定 定 定 定 定 定 定 定

0429

昭

밝을 소

N1 총 9 획

음 しょう 昭和(しょうわ) 쇼와 일왕 때의 연호(1926년 12월 25일 ~ 1989년 1월 7일)

私(わたし)は昭和(しょうわ)56年(ねんうま)生れです。 나는 쇼와 56년(1981년)생입니다.

昭和(しょうわ)は1926年(ねん)から1989年(ねん)までです。 쇼와는 1926년부터 1989년까지입니다.

쓰는 순서 昭 昭 昭 昭 昭 昭 昭 昭 昭

0430

秒

분초 초

N3 총 9 획

음 びょう 秒針(びょうしん) 초침 | 秒速(びょうそく) 초속 | 一秒(いちびょう) 1초 | 毎秒(まいびょう) 매 초

秒針(びょうしん)が止(と)まってしまいました。 초침이 멈춰 버렸습니다.

一分一秒(いっぷんいちびょう)でも惜(お)しいです。 1분 1초라도 아깝습니다.

쓰는 순서 秒 秒 秒 秒 秒 秒 秒 秒 秒

0431

調

고를 조

N2 총 15 획

음 ちょう 調査(ちょうさ) 조사 | 調子(ちょうし) 상태 | 調節(ちょうせつ) 조절 | 調和(ちょうわ) 조화 | 快調(かいちょう) 쾌조, 호조 | 順調(じゅんちょう) 순조로움

훈 しら(べる), ととの(う), ととの(える) 調(しら)べる 조사하다 | 調(ととの)う 정돈되다, 구비되다, 성립되다 | 調(ととの)える 정돈하다, 조정하다, 갖추다

このボタンで温度(おんど)を調節(ちょうせつ)してください。 이 버튼으로 온도를 조절해 주세요.

図書館(としょかん)でソウルの歴史(れきし)を調(しら)べました。 도서관에서 서울의 역사를 조사했습니다.

쓰는 순서 調 調 調 調 調 調 調 調 調 調 調 調 調 調 調

0432

整

가지런할 정

N1 총 16 획

음 せい 整備(せいび) 정비 | 整理(せいり) 정리 | 均整(きんせい) (둘 이상의) 세력의 균형이 잡혀 있음 | 調整(ちょうせい) 조정

훈 ととの(う), ととの(える) 整(ととの)う 정돈되다, 구비되다, 성립되다 | 整(ととの)える 정돈하다, 조정하다

押入(おしい)れの中(なか)を整理(せいり)しました。 벽장 안을 정리했습니다.

準備(じゅんび)が整(ととの)いましたので、式(しき)を始(はじ)めます。 준비가 되었으니 식을 시작하겠습니다.

쓰는 순서 整 整 整 整 整 整 整 整 整 整 整 整 整 整 整 整

0433

様

모양 양 (樣)

N3 총 14 획

음 よう　様式(ようしき) 양식 | 様子(ようす) 모습, 상황 | 同様(どうよう) 같음, 마찬가지임 | 模様(もよう) 무늬, 상황, 형편

훈 さま　様(さま) 상태, 모습, 방법, ~님 | 様々(さまざま) 여러 가지 | 王様(おうさま) 임금님 | 奥様(おくさま) 남의 아내를 부르는 높임말, 부인 | 皆様(みなさま) 여러분

水玉模様(みずたまもよう)のワンピースを着(き)ています。 물방울 무늬의 원피스를 입고 있습니다.

皆様(みなさま)、こんにちは。 여러분, 안녕하세요.

쓰는 순서 様 様 様 様 様 様 様 様 様 様 様 様 様 様

0434

度

법도 도

N4 총 9 획

음 ど, と, たく　度胸(どきょう) 담력, 배짱 | 温度(おんど) 온도 | 今度(こんど) 이번, 다음 번 | 法度(はっと) 법도 | 支度(したく) 채비, 준비

훈 たび　度(たび) ~할 때마다 | 度々(たびたび) 번번이, 여러 번, 자주 | この度(たび) 이번, 금번

今度(こんど)の日曜日(にちようび)、海(うみ)に行(い)きませんか。 이번 일요일에 바다에 가지 않을래요?

この度(たび)は、大変(たいへん)お世話(せわ)になりました。 이번에는 많은 신세를 졌습니다.

쓰는 순서 度 度 度 度 度 度 度 度 度

0435

実

열매 실 (實)

N3 총 8 획

음 じつ　実験(じっけん) 실험 | 実現(じつげん) 실현 | 実力(じつりょく) 실력 | 現実(げんじつ) 현실 | 誠実(せいじつ) 성실함 | 真実(しんじつ) 진실

훈 み, みの(る)　実(み) 열매, 씨앗 | 実(みの)る 열매를 맺다, 결실하다

夢(ゆめ)が実現(じつげん)しました。 꿈이 실현되었습니다.

梅(うめ)の実(み)がたくさん実(みの)りました。 매실이 많이 열렸습니다.

쓰는 순서 実 実 実 実 実 実 実 実

0436

피리 적

N1 총 11 획

음 てき　汽笛(きてき) 기적, 고동 | 警笛(けいてき) 경적 | 鼓笛(こてき) 고적, 북과 피리

훈 ふえ　笛(ふえ) 피리, 호각 | 口笛(くちぶえ) 휘파람

電車(でんしゃ)が警笛(けいてき)を鳴(な)らしています。 전차가 경적을 울리고 있습니다.

祭(まつ)りの笛(ふえ)の音(おと)が聞(き)こえます。 축제의 피리 소리가 들립니다.

쓰는 순서 笛 笛 笛 笛 笛 笛 笛 笛 笛 笛 笛

0437

港

항구 항

N2 총 12 획

음 こう 港湾(こうわん) 항만 | 空港(くうこう) 공항 | 出港(しゅっこう) 출항 | 入港(にゅうこう) 입항

훈 みなと 港(みなと) 항구, 포구

空港(くうこう)からタクシーに乗(の)りました。 공항에서 택시를 탔습니다.

船(ふね)が港(みなと)を出(で)ます。 배가 항구를 나옵니다.

쓰는 순서 港 港 港 港 港 港 港 港 港 港 港 港

0438

横

가로 횡 (橫)

N2 총 15 획

음 おう 横断(おうだん) 횡단 | 横領(おうりょう) 횡령 | 縦横(じゅうおう) 종횡 | 専横(せんおう) 전횡, 제멋대로 휘두름

훈 よこ 横(よこ) 가로, 옆 | 横顔(よこがお) 옆얼굴 | 横道(よこみち) 옆길, 본 줄거리에서 벗어난 이야기, 그릇된 길

ここで道路(どうろ)を横断(おうだん)してはいけません。 여기에서 도로를 횡단하면 안 됩니다.

コンビニの横(よこ)に花屋(はなや)があります。 편의점 옆에 꽃가게가 있습니다.

쓰는 순서 横 横 横 横 横 横 横 横 横 横 横 横 横 横 横

0439

倍

곱 배

N3 총 10 획

음 ばい 倍加(ばいか) 배가 | 倍数(ばいすう) 배수 | 倍増(ばいぞう) 배증, 배가 | 倍率(ばいりつ) 배율 | 二倍(にばい) 두 배

売(う)り上(あ)げが倍増(ばいぞう)しました。 매출이 배로 늘었습니다.

価格(かかく)が二倍(にばい)になりました。 가격이 두 배가 되었습니다.

쓰는 순서 倍 倍 倍 倍 倍 倍 倍 倍 倍 倍

0440

휘장 장

N1 총 11 획

음 ちょう 帳簿(ちょうぼ) 장부 | 通帳(つうちょう) 통장 | 手帳(てちょう) 수첩 | 日記帳(にっきちょう) 일기장

通帳(つうちょう)を金庫(きんこ)にしまいます。 통장을 금고에 보관합니다.

今日(きょう)の出来事(できごと)を日記帳(にっきちょう)に書(か)きました。 오늘 일을 일기장에 적었습니다.

쓰는 순서 帳 帳 帳 帳 帳 帳 帳 帳 帳 帳 帳

연습 문제 ⑨

[　　/20]

■ 밑줄 친 한자를 바르게 읽은 것을 고르시오.

1　売り上げが倍増しました。

①ばいぞう　②ばいじょう　③ばんぞう　④ばんじょう

2　上司の指示に従って働きます。

①ちし　②ちじ　③しし　④しじ

3　遠くから汽笛が聞こえます。

①きってき　②きてき　③きっぷえ　④きふえ

4　木村さんはたくさんの車を所有しています。

①しょゆう　②しょうゆう　③しょうゆ　④しょゆ

5　一分一秒でも惜しいです。

①いっぴょ　②いちびょ　③いっぴょう　④いちびょう

6　過去の新聞記事を調べます。

①がこ　②かこ　③がご　④かご

7　パーティーは和やかな雰囲気でした。

①はでやかな　②つややかな　③なごやかな　④あでやかな

8　妹は化粧をして出かけました。

①かしょ　②かしょう　③けしょ　④けしょう

9　先生の話を聞いて疑問がわきました。

①きもん　②ぎもん　③きむん　④ぎむん

10　韓国には兵役の義務があります。

①へいえき　②ひょうえき　③へいやく　④ひょうやく

정답　1① 2④ 3② 4① 5④ 6② 7③ 8④ 9② 10①

11　他人に迷惑(めいわく)をかけてはいけません。

①だじん　②たじん　③だにん　④たにん

12　吉田(よしだ)さんはとても美人です。

①びじん　②みじん　③びにん　④みにん

13　一丁目の交差点(こうさてん)に交番(こうばん)があります。

①いっちょめ　②いっちょうめ　③ひとちょめ　④ひとちょうめ

14　野原(のはら)にはたくさんの植物が生(は)えています。

①しょくぶつ　②しょくもつ　③しきぶつ　④しきもつ

15　ここの地名(ちめい)の由来を調(しら)べています。

①ゆき　②ゆうき　③ゆらい　④ゆうらい

16　三人(さんにん)で交代して働(はたら)きます。

①こうだい　②こうたい　③きょうだい　④きょうたい

17　吸(す)いがらは灰皿に捨(す)てましょう。

①かいさら　②かいざら　③はいさら　④はいざら

18　子(こ)どもに童話の本(ほん)を買(か)ってあげました。

①とうわ　②どうわ　③とうご　④どうご

19　パーティーには、どんな服装をして行(い)けばいいでしょか。

①ふくそう　②ふくしょう　③ふっそう　④ふっしょう

20　アメリカから大豆を輸入(ゆにゅう)します。

①おおまめ　②おおず　③だいまめ　④だいず

3 한자

정답　11④　12①　13②　14①　15③　16②　17④　18②　19①　20④

연습 문제 ⑩

[　　/20]

■ 밑줄 친 히라가나를 한자로 바르게 적은 것을 고르시오.

1　そんな<u>ひにく</u>を言(い)わないでください。

① 皮内　② 皮肉　③ 度内　④ 度肉

2　木村(きむら)さんは<u>よこがお</u>がきれいです。

① 槽顔　② 槽順　③ 横順　④ 横顔

3　英単語(えいたんご)を<u>あんき</u>しています。

① 暗記　② 暗紀　③ 晴記　④ 晴紀

4　出(で)かける<u>したく</u>をします。

① 示度　② 示皮　③ 支度　④ 支皮

5　道(みち)で財布(さいふ)を<u>ひろい</u>ました。

① 拾い　② 捨い　③ 持い　④ 授い

6　私(わたし)は<u>しょうわ</u>56年(ねん)に生(う)まれました。

① 唱稚　② 昭稚　③ 唱和　④ 昭和

7　<u>みずうみ</u>でボートに乗(の)りました。

① 潮　② 湖　③ 灘　④ 激

8　<u>むかし</u>のことなので覚(おぼ)えていません。

① 昌　② 冒　③ 昔　④ 晋

9　スイカが大(おお)きくて<u>れいぞうこ</u>に入(い)れません。

① 冷蔵庫　② 伶蔵庫　③ 冷蔵車　④ 伶蔵車

10　奈良(なら)には古代日本(こだいにほん)の<u>みやこ</u>がありました。

① 郡　② 郊　③ 郁　④ 都

정답　1② 2④ 3① 4③ 5① 6④ 7② 8③ 9① 10④

11　じゅうばこにのり巻(ま)きを詰(つ)めます。

① 重箱　② 十箱　③ 重筋　④ 十筋

12　押(お)し入(い)れの中(なか)をせいりしました。

① 正利　② 正理　③ 整利　④ 整理

13　トウモロコシをはたけで作(つく)っています。

① 佃　② 鈿　③ 畑　④ 細

14　中学生(ちゅうがくせい)のときのどうきゅうせいに会(あ)いました。

① 等級生　② 同級生　③ 等終生　④ 同終生

15　のうぎょうをする人(ひと)が少(すく)なくなっています。

① 濃僕　② 濃業　③ 農僕　④ 農業

16　父(ちち)は一家(いっか)のはしらです。

① 主　② 注　③ 住　④ 柱

17　いつかせかいを一周(いっしゅう)したいです。

① 也界　② 世界　③ 也堺　④ 世堺

18　急(きゅう)なさかみちを登(のぼ)ります。

① 阪道　② 阪通　③ 坂道　④ 坂通

19　ねっとうが出(で)ますから、気(き)をつけてください。

① 熱湯　② 勢湯　③ 熱揚　④ 勢揚

20　試験(しけん)にらくだいしてしまいました。

① 楽第　② 楽大　③ 落第　④ 落大

정답　11 ①　12 ④　13 ③　14 ②　15 ④　16 ④　17 ②　18 ③　19 ①　20 ③

4
초등학교
학년 한자

초등학교 4학년 한자 ①

100 자

加	街	各	覚	岡	康	改	挙	建	健
더할 가	거리 가	각각 각	깨달을 각	언덕 강	편안할 강	고칠 개	들 거	세울 건	굳셀 건
欠	結	径	景	鏡	競	季	械	固	功
이지러질 결	맺을 결	지름길 경	볕 경	거울 경	다툴 경	계절 계	기계 계	굳을 고	공 공
共	果	課	官	管	関	観	求	軍	郡
한가지 공	실과 과	공부할 과	벼슬 관	대롱 관	관계할 관	볼 관	구할 구	군사 군	고을 군
群	極	給	岐	埼	崎	旗	器	機	奈
무리 군	극진할 극	줄 급	갈림길 기	갑 기	험할 기	기 기	그릇 기	베틀 기	어찌 나
念	努	単	達	帯	隊	徳	徒	働	灯
생각 념	힘쓸 노	홑 단	통달할 달	띠 대	무리 대	큰 덕	무리 도	일할 동	등불 등
冷	良	量	連	令	例	老	労	鹿	録
찰 랭	어질 량	헤아릴 량	잇닿을 련	하여금 령	법식 례	늙을 로	일할 로	사슴 록	기록할 록
料	類	陸	輪	利	梨	満	末	望	梅
헤아릴 료	무리 류	뭍 륙	바퀴 륜	이로울 리	배나무 리	찰 만	끝 말	바랄 망	매화 매
牧	無	未	民	博	飯	法	辺	変	別
칠 목	없을 무	아닐 미	백성 민	넓을 박	밥 반	법 법	가 변	변할 변	나눌 별
兵	夫	付	府	阜	副	富	不	飛	司
군사 병	지아비 부	줄 부	마을 부	언덕 부	버금 부	부유할 부	아닐 불(부)	날 비	맡을 사
辞	産	散	席	潟	選	説	成	省	城
말씀 사	낳을 산	흩을 산	자리 석	개펄 석	가릴 선	말씀 설/달랠 세	이룰 성	살필 성/덜 생	성 성

0441

加

더할 가

N3 총 5 획

음 か 加工(かこう) 가공 | 加入(かにゅう) 가입 | 参加(さんか) 참가 | 増加(ぞうか) 증가 | 追加(ついか) 추가 | 添加(てんか) 첨가

훈 くわ(わる), くわ(える) 加(くわ)わる 늘다, 추가되다, 참여하다 | 加(くわ)える 보태다, 더하다, 넣다, 첨가하다

ボランティアに参加(さんか)しました。 봉사 활동에 참가했습니다.

塩(しお)を加(くわ)えてください。 소금을 첨가해 주세요.

쓰는 순서 加 加 加 加 加

0442

街

거리 가

N1 총 12 획

음 がい, かい 街頭(がいとう) 가두, 길거리 | 街路樹(がいろじゅ) 가로수 | 商店街(しょうてんがい) 상점가 | 繁華街(はんかがい) 번화가

훈 まち 街(まち) 거리 | 街角(まちかど) 길모퉁이

デパートの地下(ちか)には商店街(しょうてんがい)があります。 백화점 지하에는 상점가가 있습니다.

食事(しょくじ)の後(あと)、街(まち)を散歩(さんぽ)しました。 식사 후 거리를 산책했습니다.

쓰는 순서 街 街 街 街 街 街 街 街 街 街 街 街

0443

각각 각

N3 총 6 획

음 かく 各自(かくじ) 각자 | 各種(かくしゅ) 각종 | 各地(かくち) 각지 | 各国(かっこく) 각국

훈 おのおの 各々(おのおの) 각자, 각각

あしたはお弁当(べんとう)を各自(かくじ)、持(も)ってきてください。
내일은 도시락을 각자 가지고 오세요.

子(こ)どもたちは各々(おのおの)、好(す)きな本(ほん)を読(よ)んでいます。
아이들은 제각각 좋아하는 책을 읽고 있습니다.

쓰는 순서 各 各 各 各 各 各

0444

깨달을 각 (覺)

N2 총 12 획

음 かく 覚悟(かくご) 각오 | 覚醒(かくせい) 각성 | 感覚(かんかく) 감각 | 視覚(しかく) 시각 | 聴覚(ちょうかく) 청각

훈 おぼ(える), さ(ます), さ(める) 覚(おぼ)える 기억하다, 익히다 | 覚(さ)ます 깨우다, 깨다 | 目覚(めざ)まし時計(どけい) 자명종 | 覚(さ)める 잠이 깨다, 눈이 뜨이다

とても寒(さむ)くて、手(て)の感覚(かんかく)がありません。 너무 추워서 손의 감각이 없습니다.

赤(あか)ちゃんが目(め)を覚(さ)ましました。 아기가 잠에서 깼습니다.

쓰는 순서 覚 覚 覚 覚 覚 覚 覚 覚 覚 覚 覚 覚

0445

岡

언덕 강

N1 총 8 획

훈 おか 岡持ち(おかもち) 요리 배달용 통 | 岡山県(おかやまけん) 오카야마현(지명)

岡持ち(おかもち)に入(い)れて、うどんの出前(でまえ)をします。
배달용 통에 넣어서 우동 배달을 합니다.

鈴木(すずき)さんは岡山県出身(おかやまけんしゅっしん)です。 스즈키 씨는 오카야마현 출신입니다.

쓰는 순서 岡 岡 岡 岡 岡 岡 岡 岡

0446

康

편안할 강

N1 총 11 획

음 こう 健康(けんこう) 건강 | 小康(しょうこう) 소강, 병세가 조금 좋아짐, 상태가 가라앉음

健康(けんこう)のため野菜(やさい)をたくさん食(た)べましょう。 건강을 위해 채소를 많이 먹읍시다.

雨(あめ)は小康状態(しょうこうじょうたい)です。 비는 소강 상태입니다.

쓰는 순서 康 康 康 康 康 康 康 康 康 康 康

0447

改

고칠 개

N2 총7 획

음 かい 改革(かいかく) 개혁 | 改札(かいさつ) 개찰 | 改正(かいせい) 개정 | 改造(かいぞう) 개조 | 改良(かいりょう) 개량

훈 あらた(める), あらた(まる) 改(あらた)める 고치다, 바꾸다 | 改(あらた)まる 새로워지다, 고쳐지다, 달라지다

改札口(かいさつぐち)で友達(ともだち)が待(ま)っていました。 개찰구에서 친구가 기다리고 있었습니다.

態度(たいど)を改(あらた)めました。 태도를 바꿨습니다.

쓰는 순서 改 改 改 改 改 改 改

0448

들 거 (擧)

N1 총 10 획

음 きょ 挙手(きょしゅ) 거수, 손을 듦 | 挙動(きょどう) 거동 | 快挙(かいきょ) 쾌거 | 選挙(せんきょ) 선거

훈 あ(げる), あ(がる) 挙(あ)げる (손을) 들다, (식을) 올리다 |
挙(あ)がる (범인이) 잡히다, 검거되다, (증거가) 드러나다

意見(いけん)がある人(ひと)は挙手(きょしゅ)してください。 의견이 있는 사람은 손을 들어 주세요.

姉(あね)は来月(らいげつ)、結婚式(けっこんしき)を挙(あ)げます。 언니는 다음 달에 결혼식을 올립니다.

쓰는 순서 挙 挙 挙 挙 挙 挙 挙 挙 挙 挙

0449

建

세울 건

N4 총 9 획

음 けん, こん **建設**(けんせつ) 건설 | **建築**(けんちく) 건축 | **再建**(さいけん) 재건 | **建立**(こんりゅう) 건립

훈 た(てる), た(つ) **建てる**(た) 짓다, 세우다 | **建物**(たてもの) 건물 | **建つ**(た) 서다

大(おお)きな橋(はし)を建設(けんせつ)しています。 큰 다리를 건설하고 있습니다.

新(あたら)しく家(いえ)を建(た)てました。 새롭게 집을 지었습니다.

쓰는 순서 建 建 建 建 建 建 建 建 建

0450

健

굳셀 건

N1 총 11 획

음 けん **健康**(けんこう) 건강 | **健全**(けんぜん) 건전함 | **健闘**(けんとう) 건투 | **保健**(ほけん) 보건

훈 すこ(やか) **健やか**(すこ) 몸이 튼튼함, 건강함

保健室(ほけんしつ)で休(やす)みました。 보건실에서 쉬었습니다.

子(こ)どもは健(すこ)やかに育(そだ)っています。 아이는 건강하게 자라고 있습니다.

쓰는 순서 健 健 健 健 健 健 健 健 健 健 健

0451

欠

이지러질 결 (缺)

N3 총 4 획

음 けつ **欠場**(けつじょう) 결장 | **欠席**(けっせき) 결석 | **欠点**(けってん) 결점 | **欠乏**(けつぼう) 결핍 | **不可欠**(ふかけつ) 불가결

훈 か(ける), か(く) **欠ける**(か) 깨져 떨어지다, 빠지다, 부족하다 | **欠く**(か) 빠뜨리다, 소홀히 하다, 부족하다

鈴木(すずき)さんは今日(きょう)、欠席(けっせき)です。 스즈키 씨는 오늘 결석입니다.

忙(いそが)しいときには食事(しょくじ)を欠(か)くこともあります。
바쁠 때는 식사를 거를 때도 있습니다.

쓰는 순서 欠 欠 欠 欠

0452

結

맺을 결

N3 총 12 획

음 けつ **結果**(けっか) 결과 | **結局**(けっきょく) 결국 | **結婚**(けっこん) 결혼 | **終結**(しゅうけつ) 종결 | **団結**(だんけつ) 단결 | **連結**(れんけつ) 연결

훈 むす(ぶ), ゆ(う), ゆ(わえる) **結ぶ**(むす) 매다, 잇다, 맺다 | **結う**(ゆ) 매다, 묶다, 엮다 | **結わえる**(ゆ) 매다, 묶다

検査(けんさ)の結果(けっか)が出(で)ました。 검사 결과가 나왔습니다.

靴(くつ)のひもを結(むす)んでください。 신발끈을 묶어 주세요.

쓰는 순서 結 結 結 結 結 結 結 結 結 結 結 結

0453

径

지름길 경 (徑)

N1 총 8 획

음 けい **径路**(けいろ) 경로 | **口径**(こうけい) 구경 | **直径**(ちょっけい) 직경, 지름 | **半径**(はんけい) 반경, 반지름

会場(かいじょう)までの径路(けいろ)を案内(あんない)します。 회장까지 가는 길을 안내하겠습니다.

直径(ちょっけい)を計(はか)ります。 지름을 잽니다.

쓰는 순서 径 径 径 径 径 径 径 径

0454

景

볕 경

N3 총 12 획

음 けい **景気**(けいき) 경기 | **景品**(けいひん) 경품 | **背景**(はいけい) 배경 | **風景**(ふうけい) 풍경 | **夜景**(やけい) 야경

예외 **景色**(けしき) 경치

最近(さいきん)、景気(けいき)が悪(わる)いです。 최근 경기가 좋지 않습니다.

ここから見(み)る夜景(やけい)はきれいです。 여기에서 보는 야경은 아름답습니다.

쓰는 순서 景 景 景 景 景 景 景 景 景 景 景 景

0455

鏡

거울 경

N1 총 19 획

음 きょう **鏡台**(きょうだい) 경대 | **顕微鏡**(けんびきょう) 현미경 | **三面鏡**(さんめんきょう) 삼면경 | **望遠鏡**(ぼうえんきょう) 망원경

훈 かがみ **鏡**(かがみ) 거울 | **鏡餅**(かがみもち) 새해에 신에게 올리는 동글납작한 찰떡 | **手鏡**(てかがみ) 손거울

예외 **眼鏡**(めがね) 안경

これは母(はは)が使(つか)っていた三面鏡(さんめんきょう)です。 이것은 엄마가 사용했던 삼면경입니다.

母(はは)が鏡(かがみ)の前(まえ)で化粧(けしょう)しています。 엄마가 거울 앞에서 화장을 하고 있습니다.

쓰는 순서 鏡 鏡 鏡 鏡 鏡 鏡 鏡 鏡 鏡 鏡 鏡 鏡 鏡 鏡 鏡 鏡 鏡 鏡 鏡

0456

競

다툴 경

N2 총 20 획

음 きょう, けい **競技**(きょうぎ) 경기 | **競争**(きょうそう) 경쟁 | **競売**(きょうばい) 경매 | **競馬**(けいば) 경마 | **競輪**(けいりん) 경륜

훈 きそ(う), せ(る) **競う**(きそう) 다투다, 겨루다, 경쟁하다 | **競る**(せる) 다투다, 겨루다, 경매하다

週末(しゅうまつ)は競馬場(けいばじょう)に行(い)きます。 주말은 경마장에 갑니다.

友達(ともだち)と競(きそ)いながら勉強(べんきょう)します。 친구와 경쟁하면서 공부합니다.

쓰는 순서 競

0457

季

계절 계

N3 총 8 획

음 き 季節(きせつ) 계절 | 雨季(うき) 우기 | 夏季(かき) 하계 | 四季(しき) 사계, 사계절 | 冬季(とうき) 동계

韓国(かんこく)も日本(にほん)も四季(しき)がはっきりしています。 한국도 일본도 사계절이 뚜렷합니다.

ここは冬季(とうき)オリンピックの予定地(よていち)です。 이곳은 동계올림픽 예정지입니다.

쓰는 순서 季 季 季 季 季 季 季 季

0458

械

기계 계

N2 총 11 획

음 かい 機械(きかい) 기계 | 器械(きかい) 기계

これは何(なん)の機械(きかい)ですか。 이것은 무슨 기계입니까?

妹(いもうと)は器械体操(きかいたいそう)の選手(せんしゅ)です。 여동생은 기계 체조 선수입니다.

쓰는 순서 械 械 械 械 械 械 械 械 械 械 械

0459

굳을 고

N3 총 8 획

음 こ 固体(こたい) 고체 | 固有(こゆう) 고유 | 頑固(がんこ) 완고함 | 強固(きょうこ) 강고함, 견고함 | 凝固(ぎょうこ) 응고 | 堅固(けんご) 견고함

훈 かた(める), かた(まる), かた(い) 固(かた)める 다지다, 굳히다 | 固(かた)まる 굳다, 확고해지다 | 固(かた)い 단단하고 튼튼하다, 견고하다

これは日本固有(にほんこゆう)の植物(しょくぶつ)です。 이것은 일본 고유의 식물입니다.

留学(りゅうがく)する決意(けつい)を固(かた)めました。 유학할 결의를 굳혔습니다.

쓰는 순서 固 固 固 固 固 固 固 固

0460

功

공 공

N1 총 5 획

음 こう, く 功績(こうせき) 공적 | 功労(こうろう) 공로 | 成功(せいこう) 성공 | 功徳(くどく) 공덕

父(ちち)はたくさんの功績(こうせき)を残(のこ)しました。 아버지는 많은 공적을 남겼습니다.

ダイエットに成功(せいこう)して、うれしいです。 다이어트에 성공해서 기쁩니다.

쓰는 순서 功 功 功 功 功

0461

한가지 공

N3 총 6 획

음 きょう **共存**(きょうそん) 공존 | **共通**(きょうつう) 공통 | **共同**(きょうどう) 공동 | **公共**(こうきょう) 공공

훈 とも **共に**(とも) 함께, 같이 | **共働き**(ともばたら) 맞벌이

最近(さいきん)は公共(こうきょう)の場所(ばしょ)でタバコが吸(す)えません。
요즘은 공공장소에서 담배를 필 수 없습니다.

両親(りょうしん)は共働(ともばたら)きで、昼間(ひるま)は家(いえ)にいません。 부모님은 맞벌이여서 낮엔 집에 없습니다.

쓰는 순서 共 共 共 共 共 共

0462

果

실과 과

N3 총 8 획

음 か **果実**(かじつ) 과실 | **果樹園**(かじゅえん) 과수원 | **効果**(こうか) 효과 | **成果**(せいか) 성과

훈 は(たす), は(てる), は(て) **果たす**(は) 다하다, 달성하다 | **果てる**(は) 끝나다, 다하다 | **果て**(は) 끝, 말로

예외 **果物**(くだもの) 과일

この薬(くすり)はどんな効果(こうか)がありますか。 이 약은 어떤 효과가 있습니까?

友達(ともだち)との約束(やくそく)を果(は)たすことができませんでした。
친구와의 약속을 지키지 못했습니다.

쓰는 순서 果 果 果 果 果 果 果 果

0463

課

공부할 과

N3 총 15 획

음 か **課税**(かぜい) 과세 | **課題**(かだい) 과제 | **課長**(かちょう) 과장 | **日課**(にっか) 일과 | **放課後**(ほうかご) 방과 후

毎日(まいにち)、公園(こうえん)を散歩(さんぽ)するのが日課(にっか)です。 매일 공원을 산책하는 것이 일과입니다.

放課後(ほうかご)、友達(ともだち)と遊(あそ)びました。 방과 후 친구와 놀았습니다.

쓰는 순서 課 課 課 課 課 課 課 課 課 課 課 課 課 課 課

0464

벼슬 관

N3 총 8 획

음 かん **官庁**(かんちょう) 관청 | **官僚**(かんりょう) 관료 | **外交官**(がいこうかん) 외교관 | **教官**(きょうかん) 교관 | **警察官**(けいさつかん) 경찰관

霞ヶ関(かすみがせき)は官庁街(かんちょうがい)です。 가스미가세키는 관청가입니다.

兄(あに)は警察官(けいさつかん)です。 형은 경찰관입니다.

쓰는 순서 官 官 官 官 官 官 官 官

0465

管

대롱 관

N2 총 14 획

음 かん 管楽器(かんがっき) 관악기 | 管理(かんり) 관리 | 血管(けっかん) 혈관 | 水道管(すいどうかん) 수도관

훈 くだ 管(くだ) 관, 대롱

お金(かね)の管理(かんり)は大切(たいせつ)です。 돈 관리는 중요합니다.

雨水(あまみず)を流(なが)す管(くだ)が詰(つ)まってしまいました。

빗물을 흘려 보내는 관이 막혀 버렸습니다.

쓰는 순서 管 管 管 管 管 管 管 管 管 管 管 管 管 管

0466

関

관계할 관 (關)

N3 총 14 획

음 かん 関係(かんけい) 관계 | 関心(かんしん) 관심 | 関(かん)する 관련되다, 관하다 | 機関(きかん) 기관 | 税関(ぜいかん) 세관

훈 せき, かか(わる) 関所(せきしょ) 관문 | 関(かか)わる 관계되다, 관련되다

私(わたし)は心理学(しんりがく)に関心(かんしん)があります。 나는 심리학에 관심이 있습니다.

福祉(ふくし)に関(かか)わる仕事(しごと)をしたいです。 복지에 관련된 일을 하고 싶습니다.

쓰는 순서 関 関 関 関 関 関 関 関 関 関 関 関 関 関

0467

観

볼 관 (觀)

N2 총 18 획

음 かん 観客(かんきゃく) 관객 | 観光(かんこう) 관광 | 観察(かんさつ) 관찰 | 悲観(ひかん) 비관 | 楽観(らっかん) 낙관

今日(きょう)はソウル市内(しない)を観光(かんこう)します。 오늘은 서울 시내를 관광합니다.

彼(かれ)はいつも悲観的(ひかんてき)に考(かんが)えます。 그는 항상 비관적으로 생각합니다.

쓰는 순서 観 観 観 観 観 観 観 観 観 観 観 観 観 観 観 観 観 観

0468

求

구할 구

N2 총 7 획

음 きゅう 求職(きゅうしょく) 구직 | 求人(きゅうじん) 구인 | 請求(せいきゅう) 청구 | 追求(ついきゅう) 추구 | 要求(ようきゅう) 요구

훈 もと(める) 求(もと)める 구하다, 요구하다

アルバイトの求人広告(きゅうじんこうこく)を見(み)て、電話(でんわ)をしました。

아르바이트 구인 광고를 보고 전화했습니다.

病院(びょういん)で面会(めんかい)を求(もと)めました。 병원에서 면회를 요청했습니다.

쓰는 순서 求 求 求 求 求 求 求

0469

軍

군사 군

N3 총 9 획

음 ぐん 軍人(ぐんじん) 군인 | 軍隊(ぐんたい) 군대 | アメリカ軍(ぐん) 미군 | 空軍(くうぐん) 공군

兄(あに)は今年(ことし)、軍隊(ぐんたい)に入(はい)ります。 형은 올해 군대에 갑니다.

空軍(くうぐん)に志願(しがん)しました。 공군에 지원했습니다.

쓰는 순서 軍 軍 軍 軍 軍 軍 軍 軍 軍

0470

郡

고을 군

N1 총 10 획

음 ぐん 郡(ぐん) 군, 고을, 행정 구획의 하나 | 郡内(ぐんない) 군의 구역 내 | 郡部(ぐんぶ) 군부, 군에 속하는 지역

日高郡(ひだかぐん)は北海道(ほっかいどう)にあります。 히다카군은 홋카이도에 있습니다.

郡内(ぐんない)に新(あたら)しい工場(こうじょう)ができました。 군 내에 새로운 공장이 생겼습니다.

쓰는 순서 郡 郡 郡 郡 郡 郡 郡 郡 郡 郡

0471

群

무리 군

N2 총 13 획

음 ぐん 群衆(ぐんしゅう) 군중 | 群集(ぐんしゅう) 군집 | 群生(ぐんせい) 군생 | 大群(たいぐん) 대군, 큰 무리 | 抜群(ばつぐん) 발군, 뛰어남, 출중함

훈 む(れる), む(れ), むら 群(む)れる 떼를 짓다, 군집하다 | 群(む)れ 떼, 무리, 동아리 | 群(むら)がる 떼 지어 모이다, 군집하다

橋本(はしもと)さんは運動神経(うんどうしんけい)が抜群(ばつぐん)です。 하시모토 씨는 운동 신경이 뛰어납니다.

カモの群(む)れが泳(およ)いでいます。 오리 떼가 헤엄치고 있습니다.

쓰는 순서 群 群 群 群 群 群 群 群 群 群 群 群 群

0472

極

극진할 극

N2 총 12 획

음 きょく, ごく 極限(きょくげん) 극한, 한계점 | 極東(きょくとう) 극동 | 北極(ほっきょく) 북극 | 極秘(ごくひ) 극비 | 至極(しごく) 지극히, 아주

훈 きわ(める), きわ(まる), きわ(み) 極(きわ)める 극하다, 더없이 ~하다 | 極(きわ)めて 극히, 더할 나위 없이 | 極(きわ)まる 극도에 이르다, ~하기 짝이 없다 | 極(きわ)み 극한, 끝

いつか北極(ほっきょく)に行(い)ってみたいです。 언젠간 북극에 가 보고 싶습니다.

手術(しゅじゅつ)の結果(けっか)は極(きわ)めて良好(りょうこう)です。 수술 결과는 더할 나위 없이 양호합니다.

쓰는 순서 極 極 極 極 極 極 極 極 極 極 極 極

0473

給

줄 급

N2 총 12 획

음 きゅう 給食 급식 | 給与 급여 | 給料 급료 | 供給 공급 | 支給 지급 | 時給 시급

給食時間は12時半からです。급식 시간은 열두 시 반부터입니다.

このアルバイトの時給は八百円です。이 아르바이트의 시급은 팔백 엔입니다.

쓰는 순서 給 給 給 給 給 給 給 給 給 給 給 給

0474

岐

갈림길 기

N1 총 7 획

음 き 岐路 기로, 갈림길 | 多岐 복잡 다단함 | 分岐 분기, 갈림 | 分岐点 분기점

この本は私が人生の岐路に立ったときに役に立ちました。

이 책은 내가 인생의 기로에 섰을 때 도움이 되었습니다.

道が分岐しています。길이 갈림으로 되어 있습니다.

쓰는 순서 岐 岐 岐 岐 岐 岐 岐

0475

埼

갑 기

N1 총 11 획

훈 さい 埼玉 사이타마(지명) | 埼玉県 사이타마현(지명)

埼玉県は東京の北側にあります。사이타마현은 도쿄 북쪽에 있습니다.

쓰는 순서 埼 埼 埼 埼 埼 埼 埼 埼 埼 埼 埼

0476

崎

험할 기

N1 총 11 획

훈 さき 川崎市 가와사키시(지명) | 宮崎県 미야자키현(지명) | 宮崎市 미야자키시(지명)

神奈川県の川崎市に住んでいます。가나가와현의 가와사키시에 살고 있습니다.

宮崎県は暖かいところです。미야자키현은 따뜻한 곳입니다.

쓰는 순서 崎 崎 崎 崎 崎 崎 崎 崎 崎 崎 崎

0477

旗

기 기

N1 총 14 획

음 き 旗手(きしゅ) 기수 | 校旗(こうき) 교기 | 国旗(こっき) 국기 | 星条旗(せいじょうき) 성조기

훈 はた 旗(はた) 기, 깃발 | 手旗信号(てばたしんごう) 수기 신호

世界(せかい)には色々(いろいろ)な国旗(こっき)があります。 세계에는 여러 가지 국기가 있습니다.

旗(はた)を持(も)った人(ひと)が横断歩道(おうだんほどう)にいます。 깃발을 든 사람이 횡단보도에 있습니다.

쓰는 순서 旗 旗 旗 旗 旗 旗 旗 旗 旗 旗 旗 旗 旗 旗

0478

器

그릇 기 (器)

N3 총 15 획

음 き 器具(きぐ) 기구 | 器用(きよう) 솜씨가 좋음, 손재주가 있음 | 楽器(がっき) 악기 | 食器(しょっき) 식기

훈 うつわ 器(うつわ) 그릇, 용기, 도구

何(なに)か楽器(がっき)が弾(ひ)けますか。 할 줄 아는 악기가 있습니까?

おかずを器(うつわ)に盛(も)ります。 반찬을 그릇에 담습니다.

쓰는 순서 器 器 器 器 器 器 器 器 器 器 器 器 器 器 器

0479

機

베틀 기

N2 총 16 획

음 き 機会(きかい) 기회 | 機関(きかん) 기관 | 危機(きき) 위기 | 動機(どうき) 동기 | 飛行機(ひこうき) 비행기

훈 はた 機(はた) 베틀 | 機織り(はたおり) 길쌈, 베짜기

機会(きかい)があったら、日本(にほん)に行(い)ってみたいです。
기회가 있다면 일본에 가 보고 싶습니다.

機織り(はたお)機(き)を使(つか)って、マフラーを編(あ)みました。
직조기를 사용해서 목도리를 짰습니다.

쓰는 순서 機 機 機 機 機 機 機 機 機 機 機 機 機 機 機 機

0480

어찌 나

N1 총 8 획

음 な 奈落(ならく) 나락, (무대) 밑바닥 | 奈良県(ならけん) 나라현(지명)

俳優(はいゆう)が足(あし)を踏(ふ)み外(はず)して奈落(ならく)に落(お)ちました。
배우가 발을 헛디뎌 무대 밑으로 떨어졌습니다.

夏休(なつやす)みに奈良(なら)を旅行(りょこう)しました。 여름 방학 때 나라를 여행했습니다.

쓰는 순서 奈 奈 奈 奈 奈 奈 奈 奈

0481

생각 념

N3 총8획

음 ねん 念願(ねんがん) 염원, 소원 | 念頭(ねんとう) 염두 | 記念(きねん) 기념 | 残念(ざんねん) 유감스러움 | 信念(しんねん) 신념

念願(ねんがん)の夢(ゆめ)が叶(かな)いました。 염원하던 꿈이 이루어졌습니다.

日本(にほん)で記念写真(きねんしゃしん)をたくさん撮(と)りました。 일본에서 기념 사진을 많이 찍었습니다.

쓰는 순서 念 念 念 念 念 念 念 念

0482

努

힘쓸 노

N2 총7획

음 ど 努力(どりょく) 노력, 힘씀

훈 つと(める) 努(つと)める 노력하다, 힘쓰다

試験(しけん)のために、努力(どりょく)して勉強(べんきょう)します。 시험을 위해 힘내서 공부합니다.

目標達成(もくひょうたっせい)に努(つと)めてください。 목표 달성에 힘써 주세요.

쓰는 순서 努 努 努 努 努 努 努

0483

홑 단 (單)

N3 총9획

음 たん 単語(たんご) 단어, 낱말 | 単純(たんじゅん) 단순함 | 単独(たんどく) 단독 | 簡単(かんたん) 간단함, 쉬움

単語(たんご)の意味(いみ)を辞書(じしょ)で調(しら)べます。 사전으로 단어 뜻을 조사합니다.

インスタントラーメンは簡単(かんたん)に作(つく)ることができます。
인스턴트 라면은 간단하게 만들 수 있습니다.

쓰는 순서 単 単 単 単 単 単 単 単 単

0484

통달할 달 (達)

N2 총12획

음 たつ 達人(たつじん) 달인 | 達成(たっせい) 달성 | 達筆(たっぴつ) 달필, 능필 | 速達(そくたつ) 속달, 빠른 우편 | 配達(はいたつ) 배달

예외 友達(ともだち) 친구

吉田(よしだ)さんは剣道(けんどう)の達人(たつじん)です。 요시다 씨는 검도의 달인입니다.

書類(しょるい)を速達(そくたつ)で送(おく)りました。 서류를 빠른 우편으로 보냈습니다.

쓰는 순서 達 達 達 達 達 達 達 達 達 達 達 達

4학년

0485

帯

띠 대 (帶)

N2 총 10 획

음 たい 帯電(たいでん) 대전(전기를 띰) | 一帯(いったい) 일대 | 携帯(けいたい) 휴대 | 地帯(ちたい) 지대 | 包帯(ほうたい) 붕대

훈 お(びる), おび 帯(お)びる 띠다, 차다 | 帯(おび) 오비(기모노의 허리띠), 띠, 허리띠

最近(さいきん)は色々(いろいろ)な携帯電話(けいたいでんわ)があります。 최근에는 다양한 휴대전화가 있습니다.

帯(おび)の結(むす)び方(かた)を知(し)っていますか。 오비를 매는 방법을 압니까?

쓰는 순서 帯 帯 帯 帯 帯 帯 帯 帯 帯 帯

0486

무리 대 (隊)

N1 총 12 획

음 たい 隊員(たいいん) 대원 | 隊列(たいれつ) 대열 | 音楽隊(おんがくたい) 음악대 | 軍楽隊(ぐんがくたい) 군악대 | 軍隊(ぐんたい) 군대 | 除隊(じょたい) 제대 | 部隊(ぶたい) 부대

韓国陸軍(かんこくりくぐん)の軍楽隊(ぐんがくたい)の演奏(えんそう)を聞(き)きました。 한국 육군의 군악대 연주를 들었습니다.

兄(あに)は去年(きょねん)、軍隊(ぐんたい)から除隊(じょたい)しました。 형은 작년에 군대에서 제대했습니다.

쓰는 순서 隊 隊 隊 隊 隊 隊 隊 隊 隊 隊 隊 隊

0487

徳

큰 덕 (德)

N1 총 14 획

음 とく 徳用(とくよう) 덕용, 쓰기 좋고 값이 쌈 | 悪徳(あくとく) 악덕 | 人徳(じんとく) 인덕 | 道徳(どうとく) 도덕

スーパーで徳用(とくよう)の洗剤(せんざい)を買(か)いました。 슈퍼에서 싸고 좋은 세제를 샀습니다.

悪徳商法(あくとくしょうほう)に気(き)をつけてください。 악덕 상술에 주의하세요.

쓰는 순서 徳 徳 徳 徳 徳 徳 徳 徳 徳 徳 徳 徳 徳 徳

0488

무리 도

N2 총 10 획

음 と 徒歩(とほ) 도보 | 徒労(とろう) 도로, 헛수고 | 信徒(しんと) 신도 | 生徒(せいと) 중·고등학생

駅(えき)まで徒歩五分(とほごふん)です。 역까지 도보로 5분입니다.

吉田先生(よしだせんせい)は生徒(せいと)から人気(にんき)があります。 요시다 선생님은 학생에게 인기가 있습니다.

쓰는 순서 徒 徒 徒 徒 徒 徒 徒 徒 徒 徒

0489

働

일할 동

N3 총 13 획

음 どう 稼働(かどう) 가동, 기계를 움직임 | 実働(じつどう) 실제로 노동함 | 労働(ろうどう) 노동

훈 はたら(く) 働(はたら)く 일하다 | 共働(ともばたら)き 맞벌이

世界各地(せかいかくち)で五月一日(ごがつついたち)は労働者(ろうどうしゃ)の日(ひ)です。

세계 각지에서 5월 1일은 근로자의 날입니다.

姉(あね)はデパートで働(はたら)いています。 언니는 백화점에서 일합니다.

쓰는 순서 働 働 働 働 働 働 働 働 働 働 働 働 働

0490

등불 등 (燈)

N2 총 6 획

음 とう 灯台(とうだい) 등대 | 灯油(とうゆ) 등유 | 街灯(がいとう) 가로등 | 電灯(でんとう) 전등

훈 ひ 灯(ひ) 불빛, 등불

ストーブに灯油(とうゆ)を入(い)れます。 난로에 등유를 넣습니다.

夕方(ゆうがた)になって家々(いえいえ)に灯(ひ)がともりました。 저녁이 되자 집집마다 불이 켜졌습니다.

쓰는 순서 灯 灯 灯 灯 灯 灯

0491

찰 랭

N3 총 7 획

음 れい 冷気(れいき) 냉기 | 冷静(れいせい) 냉정 | 冷蔵庫(れいぞうこ) 냉장고 | 冷凍(れいとう) 냉동 | 冷房(れいぼう) 냉방 | 寒冷(かんれい) 한랭

훈 つめ(たい), ひ(える), ひ(や), ひ(やす), ひ(やかす), さ(める), さ(ます)

冷(つめ)たい 차갑다 | 冷(ひ)える 식다, 차가워지다 | 冷(ひ)ややっこ 차가운 두부 요리 | 冷(ひ)やす 식히다, 차게 하다 | 冷(ひ)やかす 놀리다, 희롱하다 | 冷(さ)める 식다 | 冷(さ)ます 식히다

冷静(れいせい)に考(かんが)えてください。 침착하게 생각해 주세요.

冷(ひ)えたビールがとてもおいしいです。 차가워진 맥주가 무척 맛있습니다.

쓰는 순서 冷 冷 冷 冷 冷 冷 冷

0492

어질 량

N3 총 7 획

음 りょう 良好(りょうこう) 양호 | 良心(りょうしん) 양심 | 改良(かいりょう) 개량 | 不良(ふりょう) 불량 | 優良(ゆうりょう) 우량

훈 よ(い) 良(よ)い 좋다

この製品(せいひん)は不良品(ふりょうひん)です。 이 제품은 불량품입니다.

今日(きょう)は天気(てんき)が良(よ)くて、暖(あたた)かいです。 오늘은 날씨가 좋고 따뜻합니다.

쓰는 순서 良 良 良 良 良 良 良

0493 □□

量

헤아릴 량

N3 총 12 획

음 りょう 量産(りょうさん) 대량 생산, 양산 | 器量(きりょう) 기량 | 質量(しつりょう) 질량 | 測量(そくりょう) 측량 | 用量(ようりょう) 용량, 복용량

훈 はか(る) 量る(はかる) 재다, 달다

薬(くすり)を飲(の)むときは用量(ようりょう)を守(まも)ってください。 약을 먹을 때에는 용량을 지켜 주세요.

体重(たいじゅう)を量(はか)ってみました。 체중을 재 보았습니다.

쓰는 순서 量 量 量 量 量 量 量 量 量 量 量 量

0494 □□

連

잇닿을 련 (連)

N3 총 10 획

음 れん 連休(れんきゅう) 연휴 | 連続(れんぞく) 연속 | 連絡(れんらく) 연락 | 関連(かんれん) 관련 | 国連(こくれん) 국제 연합, UN

훈 つ(れる), つら(なる), つら(ねる) 連れる(つれる) 데리고 가다, 동반하다 | 子供連れ(こどもづれ) 아이 동반 | 連なる(つらなる) 나란히 늘어서 있다 | 連ねる(つらねる) 줄지어 세우다, 늘어놓다

あしたから三連休(さんれんきゅう)です。 내일부터 3일간 연휴입니다.

犬(いぬ)を連(つ)れて買(か)い物(もの)に行(い)きました。 개를 데리고 쇼핑하러 갔습니다.

쓰는 순서 連 連 連 連 連 連 連 連 連 連

0495 □□

하여금 령

N3 총 5 획

음 れい 令嬢(れいじょう) 따님 | 号令(ごうれい) 호령 | 指令(しれい) 지령 | 法令(ほうれい) 법령 | 命令(めいれい) 명령

学生(がくせい)たちが号令(ごうれい)で行進(こうしん)を始(はじ)めました。

학생들이 호령에 맞추어 행진을 시작했습니다.

上司(じょうし)の命令(めいれい)に従(したが)わなければなりません。 상사의 명령에 따라야 합니다.

쓰는 순서 令 令 令 令 令

0496 □□

법식 례

N3 총 8 획

음 れい 例外(れいがい) 예외 | 例示(れいじ) 예시 | 例年(れいねん) 예년 | 実例(じつれい) 실례 | 通例(つうれい) 통례, 관례 | 用例(ようれい) 용례

훈 たと(える) 例える(たとえる) 예를 들다, 비유하다 | 例えば(たとえば) 예를 들어

今年(ことし)は例年(れいねん)より寒(さむ)いです。 올해는 예년보다 춥습니다.

面接(めんせつ)の準備(じゅんび)は、例(たと)えば、どんなことをしますか。

예를 들어 면접 준비는 어떤 것을 합니까?

쓰는 순서 例 例 例 例 例 例 例 例

0497

老

늙을 로

N3 총 6 획

음 ろう 老後(ろうご) 노후 | 老人(ろうじん) 노인 | 敬老(けいろう) 경로 | 長老(ちょうろう) 장로

훈 お(いる), ふ(ける) 老(お)いる 늙다, 나이를 먹다 | 老(ふ)ける 늙다, 나이를 먹다

九月(くがつ)の第三月曜日(だいさんげつようび)は敬老(けいろう)の日(ひ)です。9월의 셋째 주 월요일은 경로의 날입니다.

池田(いけだ)さんは年(とし)より老(ふ)けて見(み)えます。이케다 씨는 나이보다 늙어 보입니다.

쓰는 순서 老 老 老 老 老 老

0498

労

일할 로 (勞)

N3 총 7 획

음 ろう 労働(ろうどう) 노동 | 労力(ろうりょく) 노력 | 過労(かろう) 과로 | 苦労(くろう) 고생, 애씀 | 疲労(ひろう) 피로

過労(かろう)で倒(たお)れてしまいました。과로로 쓰러져 버렸습니다.

疲労回復(ひろうかいふく)にはドリンクがいいです。피로 회복에는 드링크가 좋아요.

쓰는 순서 労 労 労 労 労 労 労

0499

鹿

사슴 록

N1 총 11 획

음 ろく 馴鹿(じゅんろく) 순록

훈 しか, か 鹿(しか) 사슴 | 馬鹿(ばか) 바보 | 鹿児島県(かごしまけん) 가고시마현(지명)

トナカイは漢語(かんご)で「馴鹿(じゅんろく)」といいます。
토나카이(순록)는 한자어로 '순록(馴鹿)'이라고 합니다.

鹿(しか)が草(くさ)を食(た)べています。사슴이 풀을 먹고 있습니다.

쓰는 순서 鹿 鹿 鹿 鹿 鹿 鹿 鹿 鹿 鹿 鹿 鹿

0500

기록할 록 (錄)

N2 총 16 획

음 ろく 録音(ろくおん) 녹음 | 録画(ろくが) 녹화 | 記録(きろく) 기록 | 付録(ふろく) 부록 | 目録(もくろく) 목록

オリンピックの競技(きょうぎ)を録画(ろくが)します。올림픽 경기를 녹화합니다.

会議(かいぎ)の内容(ないよう)を記録(きろく)します。회의 내용을 기록합니다.

쓰는 순서 録 録 録 録 録 録 録 録 録 録 録 録 録 録 録 録

0501

料

헤아릴 료

N4 총 10획

음 りょう 料金(りょうきん) 요금 | 料理(りょうり) 요리 | 飲料(いんりょう) 음료 | 材料(ざいりょう) 재료 | 食料(しょくりょう) 식량, 식료품 | 無料(むりょう) 무료

母(はは)は料理(りょうり)が上手(じょうず)です。 엄마는 요리를 잘합니다.

夕食(ゆうしょく)の材料(ざいりょう)を買(か)いに行(い)きます。 저녁밥 재료를 사러 갑니다.

쓰는 순서 料 料 料 料 料 料 料 料 料 料

0502

類

무리 류 (類)

N2 총 18획

음 るい 類型(るいけい) 유형 | 種類(しゅるい) 종류 | 書類(しょるい) 서류 | 人類(じんるい) 인류 | 分類(ぶんるい) 분류

훈 たぐい 類(たぐい) 같은 부류, 유례

大切(たいせつ)な書類(しょるい)ですから、なくさないでください。
중요한 서류니까 잃어버리지 마세요.

ゴミは分類(ぶんるい)して捨(す)てましょう。 쓰레기는 분류해서 버립시다.

쓰는 순서 類 類 類 類 類 類 類 類 類 類 類 類 類 類 類 類 類 類

0503

陸

뭍 륙

N2 총 11획

음 りく 陸上(りくじょう) 육상 | 陸地(りくち) 육지 | 大陸(たいりく) 대륙 | 着陸(ちゃくりく) 착륙

学生(がくせい)のとき、陸上選手(りくじょうせんしゅ)でした。 학생 때 육상 선수였습니다.

鉄道(てつどう)に乗(の)って、大陸(たいりく)を横断(おうだん)してみたいです。
철도를 타고 대륙을 횡단해 보고 싶습니다.

쓰는 순서 陸 陸 陸 陸 陸 陸 陸 陸 陸 陸 陸

0504

바퀴 륜

N2 총 15획

음 りん 輪郭(りんかく) 윤곽 | 輪唱(りんしょう) 돌림노래 | 競輪(けいりん) 경륜 | 車輪(しゃりん) 차바퀴, 수레바퀴

훈 わ 輪(わ) 원형, 고리, 차륜 | 輪切(わぎ)り 둥글게 자름 | 首輪(くびわ) 목걸이 | 指輪(ゆびわ) 반지

話(はなし)の輪郭(りんかく)が見(み)えてきました。 이야기의 윤곽이 보이기 시작했습니다.

玉(たま)ねぎを輪切(わぎ)りにします。 양파를 둥글게 썹니다.

쓰는 순서 輪 輪 輪 輪 輪 輪 輪 輪 輪 輪 輪 輪 輪 輪 輪

0505

利

이로울 리

N2 총 7 획

음 り　利益(りえき) 이익 | 利用(りよう) 이용 | 権利(けんり) 권리 | 勝利(しょうり) 승리 | 便利(べんり) 편리함 | 有利(ゆうり) 유리

훈 き(く)　利(き)く 효력이 있다, 듣다 | 左利(ひだりき)き 왼손잡이 | 右利(みぎき)き 오른손잡이

地下鉄(ちかてつ)ができて便利(べんり)になりました。 지하철이 생겨서 편리해졌습니다.

彼(かれ)は融通(ゆうずう)が利(き)きません。 그는 융통성이 없습니다.

쓰는 순서 利 利 利 利 利 利 利

0506

梨

배나무 리

N1 총 11 획

음 り　梨園(りえん) 가부키(歌舞伎)의 세계

훈 なし　梨(なし) 배 | 山梨県(やまなしけん) 야마나시현(지명)

歌舞伎(かぶき)の世界(せかい)を「梨園(りえん)」といいます。 가부키의 세계를 '이원'이라고 합니다.

山梨県(やまなしけん)はぶどうが有名(ゆうめい)です。 야마나시현은 포도가 유명합니다.

쓰는 순서 梨 梨 梨 梨 梨 梨 梨 梨 梨 梨 梨

0507

満

찰 만 (滿)

N2 총 12 획

음 まん　満員(まんいん) 만원 | 満足(まんぞく) 만족 | 円満(えんまん) 원만 | 不満(ふまん) 불만 | 未満(みまん) 미만

훈 み(ちる), み(たす)　満(み)ちる 차다, 가득하다 | 満(み)ち潮(しお) 만조, 밀물 | 満(み)たす 채우다, 만족시키다

不満(ふまん)があれば言(い)ってください。 불만이 있으면 말해 주세요.

潮(しお)が満(み)ちてきました。 밀물이 차 올랐습니다.

쓰는 순서 満 満 満 満 満 満 満 満 満 満 満 満

0508

끝 말

N3 총 5 획

음 まつ, ばつ　末日(まつじつ) 말일 | 結末(けつまつ) 결말 | 月末(げつまつ) 월말 | 週末(しゅうまつ) 주말

훈 すえ　末(すえ) 끝, 아래 | 末(すえ)っ子(こ) 막내

週末(しゅうまつ)は何(なに)をしますか。 주말에는 무엇을 합니까?

私(わたし)は三人兄弟(さんにんきょうだい)の末(すえ)っ子(こ)です。 나는 삼형제 중 막내입니다.

쓰는 순서 末 末 末 末 末

0509

望

바랄 망

N2 총 11 획

음 ぼう, もう　望遠鏡(ぼうえんきょう) 망원경 | 望郷(ぼうきょう) 망향 | 希望(きぼう) 희망 | 展望(てんぼう) 전망 | 本望(ほんもう) 본래의 희망, 숙원

훈 のぞ(む)　望む(のぞむ) 바라다, 원하다, 바라보다 | 望み(のぞみ) 소망, 소원, 전망

父(ちち)が望遠鏡(ぼうえんきょう)を買(か)ってくれました。아버지가 망원경을 사 주셨습니다.

いつか望(のぞ)みが叶(かな)えばいいと思(おも)います。

언젠가 소원이 이루어지면 좋겠다고 생각합니다.

쓰는 순서 望 望 望 望 望 望 望 望 望 望 望

0510

梅

매화 매 (梅)

N1 총 10 획

음 ばい　梅雨(ばいう)·梅雨(つゆ) 장마 | 梅林(ばいりん) 매림, 매화나무 숲 | 紅梅(こうばい) 홍매(붉은 빛깔의 매실), 자홍색 | 松竹梅(しょうちくばい) 송죽매(추위에 잘 견디는 소나무, 대나무, 매화나무를 일컬음)

훈 うめ　梅(うめ) 매실 | 梅酒(うめしゅ) 매실주 | 梅干(うめぼし) 매실 장아찌

梅雨(つゆ)が長(なが)くて困(こま)ります。장마가 길어서 힘듭니다.

梅酒(うめしゅ)を作(つく)りました。매실주를 담갔습니다.

쓰는 순서 梅 梅 梅 梅 梅 梅 梅 梅 梅 梅

0511

칠 목

N1 총 8 획

음 ぼく　牧師(ぼくし) 목사(개신교 성직자) | 牧場(ぼくじょう) 목장 | 放牧(ほうぼく) 방목 | 遊牧(ゆうぼく) 유목

훈 まき　牧場(まきば) 목장

モンゴルには遊牧民(ゆうぼくみん)がいます。몽골에는 유목민이 있습니다.

牧場(まきば)で馬(うま)に乗(の)りました。목장에서 말을 탔습니다.

쓰는 순서 牧 牧 牧 牧 牧 牧 牧 牧

0512

없을 무

N3 총 12 획

음 む, ぶ　無理(むり) 무리 | 無料(むりょう) 무료 | 有無(うむ) 유무 | 皆無(かいむ) 전무, 전혀 없음 | 無事(ぶじ) 무사함

훈 な(い)　無い(ない) 없다

小学生(しょうがくせい)は無料(むりょう)です。초등학생은 무료입니다.

免許(めんきょ)が無(な)いので、車(くるま)の運転(うんてん)ができません。

면허가 없어서 차를 운전하지 못합니다.

쓰는 순서 無 無 無 無 無 無 無 無 無 無 無 無

0513

아닐 미

N3 총5획

음 み 未熟(みじゅく) 미숙 | 未定(みてい) 미정 | 未満(みまん) 미만 | 未来(みらい) 미래

休暇(きゅうか)は、まだ未定(みてい)です。 휴가는 아직 미정입니다.

19歳未満(さいみまん)はお酒(さけ)を飲(の)んではいけません。 19세 미만은 술을 마시면 안 됩니다.

쓰는 순서 未 未 未 未 未

0514

백성 민

N3 총5획

음 みん 民主主義(みんしゅしゅぎ) 민주주의 | 民族(みんぞく) 민족 | 国民(こくみん) 국민 | 市民(しみん) 시민 | 住民(じゅうみん) 주민 | 農民(のうみん) 농민

훈 たみ 民(たみ) 국민, 백성

相撲(すもう)は日本国民(にほんこくみん)に人気(にんき)があります。 스모는 일본 국민에게 인기가 있습니다.

政治家(せいじか)は民(たみ)の声(こえ)を聞(き)かなければなりません。
정치가는 국민의 목소리를 들어야만 합니다.

쓰는 순서 民 民 民 民 民

0515

넓을 박 (博)

N1 총12획

음 はく, ばく 博識(はくしき) 박식 | 博物館(はくぶつかん) 박물관 | 博覧会(はくらんかい) 박람회 | 博労(ばくろう) 마소의 거간꾼

예외 博士(はかせ)·博士(はくし) 박사

週末(しゅうまつ)、博物館(はくぶつかん)に行(い)きました。 주말에 박물관에 갔습니다.

博士課程(はかせかてい)に進学(しんがく)することに決(き)めました。 박사 과정에 진학하기로 결정했습니다.

쓰는 순서 博 博 博 博 博 博 博 博 博 博 博 博

0516

밥 반 (飯)

N4 총12획

음 はん 飯盒(はんごう) 반합(군인이나 등산객이 사용하는 밥 그릇) | ご飯(はん) 밥 | 赤飯(せきはん) 팥밥 | 夕飯(ゆうはん) 저녁밥 | 残飯(ざんぱん) 잔반, 남은 밥

훈 めし 飯(めし) 밥 | 麦飯(むぎめし) 보리밥 | 焼(や)き飯(めし) 볶음밥

今日(きょう)の夕飯(ゆうはん)はカレーです。 오늘 저녁은 카레입니다.

食堂(しょくどう)で焼(や)き飯(めし)を食(た)べました。 식당에서 볶음밥을 먹었습니다.

쓰는 순서 飯 飯 飯 飯 飯 飯 飯 飯 飯 飯 飯 飯

4학년

0517

法

법 법

N3 총 8 획

음 ほう, はっ, ほっ 法則(ほうそく) 법칙 | 法律(ほうりつ) 법률 | 文法(ぶんぽう) 문법 | 方法(ほうほう) 방법 | 法度(はっと) 법도 | 法相宗(ほっそうしゅう) 법상종(불교 종파)

大学(だいがく)で法律(ほうりつ)を勉強(べんきょう)しています。 대학에서 법률을 공부하고 있습니다.

日本語(にほんご)の文法(ぶんぽう)を教(おし)えてください。 일본어 문법을 가르쳐 주세요.

쓰는 순서 法 法 法 法 法 法 法 法

0518

辺

가 변 (邊)

N2 총 5 획

음 へん 辺境(へんきょう) 변경 | 周辺(しゅうへん) 주변 | 身辺(しんぺん) 신변 | 底辺(ていへん) 저변, 밑변

훈 あた(り), べ 辺(あた)り 근처, 주위 | 海辺(うみべ) 해변, 바닷가 | 窓辺(まどべ) 창가

家(いえ)の周辺(しゅうへん)には畑(はたけ)があります。 집 주변에는 밭이 있습니다.

窓辺(まどべ)に花(はな)を飾(かざ)りましょう。 창가에 꽃을 장식합시다.

쓰는 순서 辺 辺 辺 辺 辺

0519

変

변할 변 (變)

N3 총 9 획

음 へん 変化(へんか) 변화 | 変更(へんこう) 변경 | 異変(いへん) 이변 | 大変(たいへん) 큰일, 대단함, 중요함

훈 か(わる), か(える) 変(か)わる 변하다, 바뀌다 | 変(か)える 바꾸다, 변화시키다

大変(たいへん)、お世話(せわ)になりました。 대단히 신세 많이 졌습니다.

あしたの予定(よてい)が変(か)わりました。 내일 예정이 바뀌었습니다.

쓰는 순서 変 変 変 変 変 変 変 変 変

0520

別

나눌 별

N4 총 7 획

음 べつ 別紙(べっし) 별지 | 別名(べつめい) 별명 | 区別(くべつ) 구별 | 差別(さべつ) 차별 | 送別(そうべつ) 송별 | 特別(とくべつ) 특별

훈 わか(れる) 別(わか)れる 헤어지다, 이별하다

詳(くわ)しい内容(ないよう)は別紙(べっし)を見(み)てください。 자세한 내용은 별지를 봐 주세요.

去年(きょねん)、彼氏(かれし)と別(わか)れました。 작년에 남자친구와 헤어졌습니다.

쓰는 순서 別 別 別 別 別 別 別

0521

군사 병

N2 총 7 획

음 へい, ひょう 兵役(へいえき) 병역 | 兵士(へいし) 병사 | 核兵器(かくへいき) 핵무기 | 歩兵(ほへい) 보병, 졸병 | 兵糧(ひょうろう) 병량, 군량

韓国(かんこく)には兵役(へいえき)の義務(ぎむ)があります。 한국에는 병역의 의무가 있습니다.

核兵器(かくへいき)がなくなればいいと思(おも)います。 핵무기가 없어지면 좋겠습니다.

쓰는 순서 兵 兵 兵 兵 兵 兵 兵

0522

지아비 부

N3 총 4 획

음 ふ, ふう 夫妻(ふさい) 부부 | 夫人(ふじん) 부인(남의 아내에 대한 높임말) | 農夫(のうふ) 농부 | 夫婦(ふうふ) 부부 | 工夫(くふう) 궁리

훈 おっと 夫(おっと) 남편

夫婦(ふうふ)で旅行(りょこう)に行(い)きました。 부부끼리 여행을 갔습니다.

夫(おっと)は銀行(ぎんこう)で働(はたら)いています。 남편은 은행에서 일합니다.

쓰는 순서 夫 夫 夫 夫

0523

줄 부

N3 총 5 획

음 ふ 付近(ふきん) 부근, 근처 | 付与(ふよ) 부여 | 寄付(きふ) 기부 | 交付(こうふ) 교부 | 添付(てんぷ) 첨부

훈 つ(く), つ(ける) 付(つ)く 붙다, 묻다 | 付(つ)ける 붙이다, 대다 | 受付(うけつけ) 접수

この付近(ふきん)に郵便局(ゆうびんきょく)はありませんか。 이 근처에 우체국은 없습니까?

店員(てんいん)が値札(ねふだ)を付(つ)けています。 점원이 가격표를 붙이고 있습니다.

쓰는 순서 付 付 付 付 付

0524

마을 부

N2 총 8 획

음 ふ 府庁(ふちょう) 부청 | 京都府(きょうとふ) 교토 부 | 政府(せいふ) 정부 | 内閣府(ないかくふ) 내각부 | 幕府(ばくふ) 막부

政府(せいふ)が政策方針(せいさくほうしん)を発表(はっぴょう)しました。 정부가 정책 방침을 발표했습니다.

大阪(おおさか)と京都(きょうと)には府庁(ふちょう)があります。 오사카와 교토에는 부청이 있습니다.

쓰는 순서 府 府 府 府 府 府 府 府

0525

언덕 부

N1 총 8 획

음 ふ 岐阜県(ぎふけん) 기후현(지명) | 岐阜市(ぎふし) 기후시(지명)

岐阜県(ぎふけん)は海(うみ)に面(めん)していません。 기후현은 바다에 면해 있지 않습니다.

쓰는 순서 阜 阜 阜 阜 阜 阜 阜 阜

0526

버금 부

N2 총 11 획

음 ふく 副会長(ふくかいちょう) 부회장 | 副業(ふくぎょう) 부업 | 副作用(ふくさよう) 부작용 | 副詞(ふくし) 부사

新(あたら)しい学生会(がくせいかい)の副会長(ふくかいちょう)が決(き)まりました。 새로운 학생회의 부회장이 결정됐습니다.

薬(くすり)の副作用(ふくさよう)に注意(ちゅうい)してください。 약의 부작용에 주의해 주세요.

쓰는 순서 副 副 副 副 副 副 副 副 副 副 副

0527

부유할 부

N2 총 12 획

음 ふ, ふう 富強(ふきょう) 부강 | 富豪(ふごう) 부호 | 富裕(ふゆう) 부유 | 貧富(ひんぷ) 빈부 | 豊富(ほうふ) 풍부 | 富貴(ふうき) 부귀

훈 と(む), とみ 富(と)む 넉넉해지다, 부자가 되다, 풍부하다 | 富(とみ) 부, 재산, 자원

貧富(ひんぷ)の差(さ)が激(はげ)しいです。 빈부 격차가 심합니다.

宮崎(みやざき)さんはいつもユーモアに富(と)んだ話(はなし)をします。
미야자키 씨는 늘 유머로 가득한 이야기를 합니다.

쓰는 순서 富 富 富 富 富 富 富 富 富 富 富 富

0528

아닐 불(부)

N4 총 4 획

음 ふ, ぶ 不安(ふあん) 불안 | 不幸(ふこう) 불행 | 不思議(ふしぎ) 불가사의함 | 不祥事(ふしょうじ) 불상사 | 不正(ふせい) 부정 | 不足(ふそく) 부족 | 不当(ふとう) 부당 | 不動産(ふどうさん) 부동산 | 不良(ふりょう) 불량 | 不用心(ぶようじん) 주의가 부족함

将来(しょうらい)のことが不安(ふあん)です。 장래가 불안합니다.

お金(かね)が不足(ふそく)しています。 돈이 부족합니다.

쓰는 순서 不 不 不 不

0529 □□

날 비

N2 총 9 획

음 ひ 飛行機(ひこうき) 비행기 | 飛車(ひしゃ) 차(일본 장기) | 飛躍(ひやく) 비약 | 突飛(とっぴ) 엉뚱함, 별남

훈 と(ぶ), と(ばす) 飛(と)ぶ 날다 | 飛(と)び魚(うお) 날치 | 飛(と)ばす 날리다

飛行機(ひこうき)は午後(ごご)一時(いちじ)に出発(しゅっぱつ)します。 비행기는 오후 한 시에 출발합니다.

ハチが飛(と)んでいます。 벌이 날고 있습니다.

쓰는 순서 飛 飛 飛 飛 飛 飛 飛 飛 飛

0530 □□

맡을 사

N1 총 5 획

음 し 司会(しかい) 사회 | 司法(しほう) 사법 | 上司(じょうし) 상사

今日(きょう)の司会(しかい)は山本(やまもと)さんです。 오늘의 사회는 야마모토 씨입니다.

上司(じょうし)の許可(きょか)を得(え)ました。 상사의 허가를 받았습니다.

쓰는 순서 司 司 司 司 司

0531 □□

말씀 사 (辭)

N2 총13 획

음 じ 辞書(じしょ) 사전 | 辞職(じしょく) 사직 | 辞典(じてん) 사전 | 辞令(じれい) 사령 | 祝辞(しゅくじ) 축사

훈 や(める) 辞(や)める 사직하다, 그만두다

試験(しけん)で辞書(じしょ)を使(つか)ってもいいです。 시험에서 사전을 사용해도 좋습니다.

兄(あに)が会社(かいしゃ)を辞(や)めてしまいました。 형이 회사를 그만두었습니다.

쓰는 순서 辞 辞 辞 辞 辞 辞 辞 辞 辞 辞 辞 辞 辞

0532 □□

낳을 산

N3 총 11 획

음 さん 産業(さんぎょう) 산업 | 産地(さんち) 산지 | 出産(しゅっさん) 출산 | 生産(せいさん) 생산 | 倒産(とうさん) 도산

훈 う(む), う(まれる), うぶ 産(う)む 낳다 | 産(う)まれる 태어나다 | 産声(うぶごえ) 갓난아기의 첫 울음소리

예외 お土産(みやげ) 기념품, 여행 선물

この工場(こうじょう)は車(くるま)の部品(ぶひん)を生産(せいさん)しています。
이 공장은 차의 부품을 생산하고 있습니다.

ニワトリが卵(たまご)を産(う)みました。 닭이 알을 낳았습니다.

쓰는 순서 産 産 産 産 産 産 産 産 産 産 産

0533

散

흩을 산

N2 총 12 획

음 さん 散文(さんぶん) 산문 | 散歩(さんぽ) 산책 | 解散(かいさん) 해산 | 発散(はっさん) 발산

훈 ち(る), ち(らす), ち(らかす), ち(らかる) 散(ち)る 흩어지다, 떨어지다 | 散(ち)らす 흩뜨리다, 분산시키다 | 散(ち)らかす 흩뜨리다, 어지르다 | 散(ち)らかる 흩어지다, 널브러지다

カラオケでストレスを発散(はっさん)しました。 노래방에서 스트레스를 발산했습니다.

桜(さくら)が散(ち)ってしまいました。 벚꽃이 떨어지고 말았습니다.

쓰는 순서 散 散 散 散 散 散 散 散 散 散 散 散

0534

席

자리 석

N3 총 10 획

음 せき 席次(せきじ) 석차, 자리 순서, 성적 순위 | 座席(ざせき) 좌석 | 主席(しゅせき) 주석 | 出席(しゅっせき) 출석 | 着席(ちゃくせき) 착석

講座(こうざ)に毎日(まいにち)、出席(しゅっせき)します。 매일 강좌에 출석합니다.

式(しき)が始(はじ)まりますので、着席(ちゃくせき)してください。 식이 시작되므로 착석해 주세요.

쓰는 순서 席 席 席 席 席 席 席 席 席 席

0535

潟

개펄 석

N1 총 15 획

훈 かた 干潟(ひがた) 갯벌 | 新潟県(にいがたけん) 니가타현(지명) | 新潟市(にいがたし) 니가타시(지명)

干潟(ひがた)であさりをとりました。 갯벌에서 바지락을 캤습니다.

新潟県(にいがたけん)は米(こめ)がおいしい所(ところ)です。 니가타현은 쌀이 맛있는 곳입니다.

쓰는 순서 潟 潟 潟 潟 潟 潟 潟 潟 潟 潟 潟 潟 潟 潟 潟

0536

選

가릴 선 (選)

N3 총 15 획

음 せん 選挙(せんきょ) 선거 | 選手(せんしゅ) 선수 | 選択(せんたく) 선택 | 当選(とうせん) 당선 | 予選(よせん) 예선

훈 えら(ぶ) 選(えら)ぶ 선택하다

あしたは予選試合(よせんしあい)があります。 내일은 예선 시합이 있습니다.

スタイルを選(えら)んでください。 스타일을 선택해 주세요.

쓰는 순서 選 選 選 選 選 選 選 選 選 選 選 選 選 選 選

0537 □□

説

말씀 설/달랠 세 (說)

N3 총 14 획

음 せつ, ぜい 説得(せっとく) 설득 | 説明(せつめい) 설명 | 演説(えんぜつ) 연설 | 解説(かいせつ) 해설 | 小説(しょうせつ) 소설 | 遊説(ゆうぜい) 유세

훈 と(く) 説(と)く 설명하다, 설득하다 | 口説(くど)く 설득하다, 호소하다, 부탁하다

木村先生(きむらせんせい)の説明(せつめい)はいつも分(わ)かりやすいです。
기무라 선생님의 설명은 언제나 이해하기 쉽습니다.

お坊(ぼう)さんが人(ひと)の道理(どうり)を説(と)きました。 스님이 사람의 도리를 설명했습니다.

쓰는 순서 説 説 説 説 説 説 説 説 説 説 説 説 説 説

0538 □□

成

이룰 성

N3 총 6 획

음 せい, じょう 成功(せいこう) 성공 | 成績(せいせき) 성적 | 作成(さくせい) 작성 | 賛成(さんせい) 찬성 | 成就(じょうじゅ) 성취

훈 な(る), な(す) 成(な)る 이루어지다, 되다 | 成(な)り行(ゆ)き 되어가는 과정, 경과, 추세 | 成(な)す 이루다, 달성하다

今学期(こんがっき)の成績(せいせき)はとてもよかったです。 이번 학기의 성적은 아주 좋았습니다.

今後(こんご)の成(な)り行(ゆ)きを見守(みまも)ってください。 앞으로의 경과를 지켜봐 주세요.

쓰는 순서 成 成 成 成 成 成

0539 □□

살필 성/덜 생

N2 총 9 획

음 せい, しょう 帰省(きせい) 귀성, 귀향 | 反省(はんせい) 반성 | 省略(しょうりゃく) 생략 | 法務省(ほうむしょう) 법무성

훈 はぶ(く), かえり(みる) 省(はぶ)く 생략하다, 간단히 하다 | 省(かえり)みる 돌이켜보다, 반성하다

細(こま)かい説明(せつめい)は省略(しょうりゃく)します。 자세한 설명은 생략하겠습니다.

自分(じぶん)のしたことを省(かえり)みてください。 자신이 한 일을 돌이켜보세요.

쓰는 순서 省 省 省 省 省 省 省 省 省

0540 □□

성 성

N2 총 9 획

음 じょう 城郭(じょうかく) 성곽 | 城壁(じょうへき) 성벽 | 城門(じょうもん) 성문 | 王城(おうじょう) 왕성 | 宮城(きゅうじょう) 궁궐 | 築城(ちくじょう) 축성

훈 しろ 城(しろ) 성 | 城跡(しろあと) 성지, 성터

大(おお)きい城門(じょうもん)があります。 큰 성문이 있습니다.

城(しろ)を見物(けんぶつ)しました。 성을 구경했습니다.

쓰는 순서 城 城 城 城 城 城 城 城 城

연습 문제 ⑪

[/20]

■ 밑줄 친 한자를 바르게 읽은 것을 고르시오.

1 デパートの地下(ちか)には商店街があります。

① さんてんが ② さんてんがい ③ しょうてんが ④ しょうてんがい

2 田村(たむら)さんは知識(ちしき)が豊富です。

① ほんふ ② ほんぷ ③ ほうふ ④ ほうぷ

3 来月(らいげつ)、大統領(だいとうりょう)選挙があります。

① せんきょ ② せんこ ③ そんきょ ④ そんこ

4 辞書を使(つか)って意味(いみ)を調(しら)べました。

① さしょ ② さそ ③ じしょ ④ じそ

5 ここから見(み)る景色はきれいです。

① けいしき ② けしき ③ けいしょく ④ けしょく

6 小説を読(よ)むのが好(す)きです。

① しょうせつ ② そせつ ③ しょうせい ④ そせい

7 これは日本(にほん)固有の植物(しょくぶつ)です。

① こう ② こうう ③ こゆう ④ こうゆう

8 薬(くすり)を飲(の)んだら副作用で眠(ねむ)くなりました。

① ふさよう ② ふくさよう ③ ふさくよう ④ ふくさくよう

9 友達(ともだち)との約束(やくそく)を果たして、うれしいです。

① はたして ② きたして ③ いたして ④ ひたして

10 韓国(かんこく)政府が日本(にほん)に大使(たいし)を送(おく)りました。

① じょうぶ ② じょうふ ③ せいぶ ④ せいふ

정답 1④ 2③ 3① 4③ 5② 6① 7③ 8② 9① 10④

11 福祉に関わる仕事がしたいです。

① かかわる　② こだわる　③ たずさわる　④ かんわる

12 これは残飯を土にする機械です。

① さんぱん　② さんはん　③ ざんぱん　④ ざんはん

13 このプロジェクトは極秘です。

① きょくひ　② きょくぴ　③ ごくひ　④ ごくぴ

14 無事に頂上まで登ることができました。

① むじ　② ぶじ　③ むさ　④ ぶさ

15 来年のことを念頭に置いて、仕事します。

① ねんず　② ねんとう　③ えんず　④ えんとう

16 望遠鏡で月を観察しました。

① まんおんきょう　② ぼうおんきょう

③ まんえんきょう　④ ぼうえんきょう

17 帯を結ぶのは難しいです。

① そで　② えり　③ おび　④ すそ

18 潮が満ちてきました。

① みちて　② おちて　③ くちて　④ まちて

19 田中さんの説明に納得がいきません。

① ぜちめい　② ぜつめい　③ せちめい　④ せつめい

20 敬老の日に、祖母に会いに行きました。

① きょうろう　② けいろう　③ きょうろ　④ けいろ

정답 11① 12③ 13③ 14② 15② 16④ 17③ 18① 19④ 20②

연습 문제 ⑫

[/ 20]

■ 밑줄 친 히라가나를 한자로 바르게 적은 것을 고르시오.

1 去年(きょねん)のことを<u>おぼえて</u>いますか。

① 党えて ② 覚えて ③ 冤えて ④ 冗えて

2 市内(しない)には<u>しろあと</u>があります。

① 域跳 ② 城跳 ③ 域跡 ④ 城跡

3 毎日(まいにち)、<u>けんこう</u>のために運動(うんどう)をしています。

① 健康 ② 健庚 ③ 建康 ④ 建庚

4 アイドルの前(まえ)に人(ひと)が<u>むらがって</u>います。

① 詳がって ② 郵がって ③ 群がって ④ 郡がって

5 <u>けいりん</u>の選手(せんしゅ)がトレーニングをしています。

① 鏡論 ② 鏡輪 ③ 競論 ④ 競輪

6 たくさんの韓国人(かんこくじん)が世界(せかい)に<u>ひやく</u>して、活動(かつどう)しています。

① 飛曜 ② 飛躍 ③ 舞曜 ④ 舞躍

7 円(えん)の<u>ちょっけい</u>は十(じゅう)センチです。

① 置経 ② 置径 ③ 直経 ④ 直径

8 テストでは<u>ふせい</u>をしてはいけません。

① 不正 ② 下正 ③ 不止 ④ 下止

9 トランペットは<u>かんがっき</u>です。

① 管楽機 ② 管楽器 ③ 官楽器 ④ 官楽機

10 <u>たいへん</u>、お世話(せわ)になりました。

① 犬変 ② 犬恋 ③ 大変 ④ 大恋

정답 1② 2④ 3① 4③ 5④ 6② 7④ 8① 9② 10③

11 本(ほん)を読(よ)んでどうとくを身(み)につけます。

① 同徳　② 同得　③ 道徳　④ 道得

12 今年(ことし)三月(さんがつ)にはかせ課程(かてい)を修了(しゅうりょう)しました。

① 専土　② 専士　③ 博土　④ 博士

13 ひんぷの差(さ)が問題(もんだい)になっています。

① 貧富　② 貧福　③ 資富　④ 資福

14 高速道路(こうそくどうろ)のぶんき点(てん)では注意(ちゅうい)してください。

① 分埼　② 分岐　③ 分崎　④ 分奇

15 世界(せかい)には色々(いろいろ)なこっきがあります。

① 図施　② 図旗　③ 国施　④ 国旗

16 宇宙船(うちゅうせん)が月(つき)にちゃくりくしました。

① 看陸　② 看睦　③ 着陸　④ 着睦

17 今年(ことし)12月(がつ)に弟(おとうと)がじょたいします。

① 除隊　② 徐隊　③ 除豚　④ 徐豚

18 かろうで倒(たお)れてしまいました。

① 過労　② 過栄　③ 週労　④ 週栄

19 夜道(よみち)にでんとうがともりました。

① 雷炒　② 電炒　③ 雷灯　④ 電灯

20 工場(こうじょう)では車(くるま)の部品(ぶひん)をりょうさんしています。

① 量産　② 良産　③ 量生　④ 良生

정답 11③ 12④ 13① 14② 15④ 16③ 17① 18① 19④ 20①

초등학교 4학년 한자 ②

102 자

笑	巣	焼	束	続	孫	松	刷	順	縄
웃을 소	새집 소	사를 소	묶을 속	이을 속	손자 손	소나무 송	인쇄할 쇄	순할 순	노끈 승
試	臣	信	失	氏	児	芽	案	愛	約
시험할 시	신하 신	믿을 신	잃을 실	성씨 씨	아이 아	싹 아	책상 안	사랑 애	맺을 약
養	漁	億	然	熱	塩	英	栄	芸	完
기를 양	고기 잡을 어	억 억	그럴 연	더울 열	소금 염	꽃부리 영	영화 영	재주 예	완전할 완
要	浴	勇	熊	媛	願	位	泣	衣	議
요긴할 요	목욕할 욕	날랠 용	곰 웅	미인 원	원할 원	자리 위	울 읍	옷 의	의논할 의
以	印	茨	滋	昨	残	材	争	低	底
써 이	도장 인	가시나무 자	불을 자	어제 작	남을 잔	재목 재	다툴 쟁	낮을 저	밑 저
的	積	伝	典	戦	折	節	井	静	兆
과녁 적	쌓을 적	전할 전	법 전	싸움 전	꺾을 절	마디 절	우물 정	고요할 정	조 조
照	卒	種	佐	周	仲	差	借	札	察
비칠 조	마칠 졸	씨 종	도울 좌	두루 주	버금 중	다를 차	빌릴 차	편지 찰	살필 찰
参	倉	唱	菜	浅	清	初	最	祝	沖
참여할 참	곳집 창	부를 창	나물 채	얕을 천	맑을 청	처음 초	가장 최	빌 축	화할 충
側	治	置	特	阪	敗	便	包	票	標
곁 측	다스릴 치	둘 치	특별할 특	언덕 판	패할 패	편할 편	쌀 포	표 표	표할 표
必	賀	害	香	験	協	好	貨	栃	候
반드시 필	하례할 하	해할 해	향기 향	시험 험	화합할 협	좋을 호	재물 화	상수리나무 회	기후 후
訓	希								
가르칠 훈	바랄 희								

0541

笑

웃을 소

N3 총 10 획

음 しょう 苦笑(くしょう) 고소, 쓴웃음 | 談笑(だんしょう) 담소 | 微笑(びしょう) 미소 | 冷笑(れいしょう) 냉소

훈 わら(う), え(む) 笑う(わらう) 웃다 | 笑む(えむ) 미소짓다, 생긋이 웃다 | 笑顔(えがお) 웃는 얼굴 | 微笑み(ほほえみ) 미소

会談(かいだん)は談笑(だんしょう)で始(はじ)まりました。 회담은 담소로 시작되었습니다.

赤(あか)ちゃんが笑(わら)っています。 아기가 웃고 있습니다.

쓰는 순서 笑 笑 笑 笑 笑 笑 笑 笑 笑 笑

0542

巣

새집 소 (巢)

N1 총 11 획

음 そう 巣窟(そうくつ) 소굴 | 病巣(びょうそう) 병소, 병원균이 있는 곳 | 卵巣(らんそう) 난소

훈 す 巣(す) 집, 둥지, 소굴 | 巣立つ(すだつ) 보금자리를 떠나다, 자립하다 | 巣箱(すばこ) 사람이 만들어서 달아두는 상자, 둥우리 상자 | 空き巣(あきす) 빈 둥지, 빈집

卵巣癌(らんそうがん)の検診(けんしん)を受(う)けました。 난소암 검진을 받았습니다.

木(き)の上(うえ)に鳥(とり)の巣(す)があります。 나무 위에 새 둥지가 있습니다.

쓰는 순서 巣 巣 巣 巣 巣 巣 巣 巣 巣 巣 巣

0543

焼

사를 소 (燒)

N2 총 12 획

음 しょう 焼却(しょうきゃく) 소각 | 焼酎(しょうちゅう) 소주 | 全焼(ぜんしょう) 전소 | 燃焼(ねんしょう) 연소

훈 や(く), や(ける) 焼く(やく) 태우다, 굽다 | 焼ける(やける) 타다, 구워지다 | 日焼け(ひやけ) 햇볕에 그을림 | お好み焼き(おこのみやき) 오코노미야키(밀가루에 기호에 따라 고기, 야채 등을 넣고 지진 요리)

韓国人(かんこくじん)は焼酎(しょうちゅう)をよく飲(の)みます。 한국인은 소주를 즐겨 마십니다.

夕食(ゆうしょく)は魚(さかな)を焼(や)いて食(た)べました。 저녁밥으로는 생선을 구워 먹었습니다.

쓰는 순서 焼 焼 焼 焼 焼 焼 焼 焼 焼 焼 焼 焼

0544

束

묶을 속

N2 총 7 획

음 そく 束縛(そくばく) 속박 | 結束(けっそく) 결속 | 拘束(こうそく) 구속, 얽맴 | 約束(やくそく) 약속

훈 たば 束(たば) 다발, 묶음 | 札束(さつたば) 지폐 다발, 돈뭉치 | 花束(はなたば) 꽃다발

三時(さんじ)に約束(やくそく)があります。 세 시에 약속이 있습니다.

卒業生(そつぎょうせい)に花束(はなたば)を贈(おく)りました。 졸업생에게 꽃다발을 주었습니다.

쓰는 순서 束 束 束 束 束 束 束

□ □

0545

続

이을 속 (續)

N2 총 13 획

음 ぞく 続出(ぞくしゅつ) 속출 | 続行(ぞっこう) 속행 | 継続(けいぞく) 계속 | 持続(じぞく) 지속 | 接続(せつぞく) 접속 | 連続(れんぞく) 연속

훈 つづ(く), つづ(ける) 続(つづ)く 계속되다, 잇따르다 | 手続(てつづ)き 절차, 수속 | 続(つづ)ける 계속하다, 잇다

インターネットの接続(せつぞく)ができません。 인터넷 접속이 되지 않습니다.

雨(あめ)が降(ふ)っても、マラソン大会(たいかい)は続(つづ)きました。

비가 내려도 마라톤 대회는 계속되었습니다.

쓰는 순서 続 続 続 続 続 続 続 続 続 続 続 続 続

□ □

0546

손자 손

N3 총 10 획

음 そん 外孫(がいそん) 외손 | 皇孫(こうそん) 황손 | 子孫(しそん) 자손 | 曾孫(そうそん) 증손

훈 まご 孫(まご) 손자, 손주 | 孫(まご)の手(て) 등긁이, 효자손

中村家(なかむらけ)は子孫(しそん)が多(おお)いです。 나카무라 집안은 자손이 많습니다.

両親(りょうしん)に初(はじ)めての孫(まご)ができました。 부모님께 첫 손주가 생겼습니다.

쓰는 순서 孫 孫 孫 孫 孫 孫 孫 孫 孫 孫

□ □

0547

소나무 송

N1 총 8 획

음 しょう 松竹梅(しょうちくばい) 송죽매(추위에 잘 견디는 소나무, 대나무, 매화나무를 일컬음)

훈 まつ 松(まつ) 소나무 | 松茸(まつたけ) 송이버섯 | 松葉杖(まつばづえ) 목발 | 門松(かどまつ) 가도마쓰(새해에 문 앞에 장식하는 소나무)

箱(はこ)に松竹梅(しょうちくばい)の飾(かざ)りがついています。 상자에 송죽매 장식이 붙어 있습니다.

日本(にほん)では松茸(まつたけ)がとても人気(にんき)があります。

일본에서는 송이버섯이 매우 인기가 있습니다.

쓰는 순서 松 松 松 松 松 松 松 松

□ □

0548

인쇄할 쇄

N2 총 8 획

음 さつ 刷新(さっしん) 쇄신 | 印刷(いんさつ) 인쇄 | 縮刷(しゅくさつ) 축쇄 | 増刷(ぞうさつ) 증쇄

훈 す(る) 刷(す)る 인쇄하다, 박다

この紙(かみ)に印刷(いんさつ)してください。 이 종이에 인쇄해 주세요.

チラシを千枚(せんまい)刷(す)りました。 광고지를 천 장 인쇄했습니다.

쓰는 순서 刷 刷 刷 刷 刷 刷 刷 刷

0549

順

순할 순

N3 총 12 획

음 じゅん 順位(じゅんい) 순위 | 順調(じゅんちょう) 순조로움 | 順番(じゅんばん) 순서 | 語順(ごじゅん) 어순

日本(にほん)チームの順位(じゅんい)は三位(さんい)でした。 일본 팀의 순위는 3위였습니다.

順番(じゅんばん)を守(まも)ってください。 순서를 지켜 주세요.

쓰는 순서 順 順 順 順 順 順 順 順 順 順 順 順

0550

縄

노끈 승

N1 총 15 획

음 じょう 縄文時代(じょうもんじだい) 조몬시대(일본의 신석기 시대) | 自縄自縛(じじょうじばく) 자승자박(자기가 한 말과 행동에 자기자신이 곤란해지는 일)

훈 なわ 縄(なわ) 새끼줄, 밧줄 | 縄跳び(なわとび) 줄넘기 | 沖縄県(おきなわけん) 오키나와현(지명)

縄文時代(じょうもんじだい)は約一万年続(やくいちまんねんつづ)きました。 조몬시대는 약 만 년 계속되었습니다.

健康(けんこう)のために毎朝(まいあさ)、縄跳(なわと)びをします。 건강을 위해서 매일 아침 줄넘기를 합니다.

쓰는 순서 縄 縄 縄 縄 縄 縄 縄 縄 縄 縄 縄 縄 縄 縄 縄

0551

試

시험할 시

N4 총 13 획

음 し 試合(しあい) 시합 | 試験(しけん) 시험 | 試着(しちゃく) 시착, 옷이 몸에 맞는지 입어 봄 | 試練(しれん) 시련 | 入試(にゅうし) 입시

훈 ため(す), こころ(みる) 試(ため)す 시험하다 | 試(こころ)みる 시도하다, 시험하다

あしたは英語(えいご)の試験(しけん)があります。 내일은 영어 시험이 있습니다.

この薬(くすり)を試(ため)してみてください。 이 약을 시험해 보세요.

쓰는 순서 試 試 試 試 試 試 試 試 試 試 試 試 試

0552

臣

신하 신

N3 총 7 획

음 しん, じん 臣下(しんか) 신하 | 君臣(くんしん) 군신 | 忠臣(ちゅうしん) 충신 | 大臣(だいじん) 대신

王様(おうさま)のそばに臣下(しんか)がいます。 임금님 곁에 신하가 있습니다.

日本(にほん)の外務大臣(がいむだいじん)が韓国(かんこく)へ来(き)ました。 일본의 외무대신이 한국에 왔습니다.

쓰는 순서 臣 臣 臣 臣 臣 臣 臣

0553 □□

信

믿을 신

N3 총 9 획

음 しん 信仰(しんこう) 신앙 | 信号(しんごう) 신호 | 信(しん)じる 믿다 | 信頼(しんらい) 신뢰 | 自信(じしん) 자신 | 通信(つうしん) 통신

信号(しんごう)をよく見(み)て、運転(うんてん)してください。신호를 잘 보고 운전해 주세요.

そのニュースは信(しん)じられません。그 뉴스는 믿을 수 없습니다.

쓰는 순서 信 信 信 信 信 信 信 信 信

0554 □□

잃을 실

N3 총 5 획

음 しつ 失敗(しっぱい) 실패 | 失恋(しつれん) 실연 | 過失(かしつ) 과실 | 消失(しょうしつ) 소실 | 損失(そんしつ) 손실

훈 うしな(う) 失(うしな)う 잃다, 상실하다 | 見失(みうしな)う 보고 있던 것을 놓치다, 잃다

友達(ともだち)が失恋(しつれん)しました。친구가 실연했습니다.

父(ちち)が気(き)を失(うしな)って、倒(たお)れました。아버지가 정신을 잃고 쓰러졌습니다.

쓰는 순서 失 失 失 失 失

0555 □□

성씨 씨

N1 총 4 획

음 し 氏族(しぞく) 씨족 | 氏名(しめい) 씨명, 성명 | 彼氏(かれし) 남자친구

훈 うじ 氏(うじ) 씨, 성, 씨족 | 氏神(うじがみ) 씨족 신, 그 고장의 수호신 | 氏子(うじこ) 같은 수호신을 받드는 사람들

私(わたし)の彼氏(かれし)はアメリカ人(じん)です。내 남자친구는 미국인입니다.

田舎(いなか)の町(まち)では氏神(うじがみ)を祭(まつ)っています。
시골 마을에서는 그 고장의 수호신을 신으로 받들어 모십니다.

쓰는 순서 氏 氏 氏 氏

0556 □□

아이 아 (兒)

N3 총 7 획

음 じ, に 児童(じどう) 아동 | 育児(いくじ) 육아 | 幼児(ようじ) 유아, 어린이 | 小児科(しょうにか) 소아과

育児(いくじ)に積極的(せっきょくてき)な男性(だんせい)が増(ふ)えました。육아에 적극적인 남성이 늘었습니다.

子(こ)どもを小児科(しょうにか)に連(つ)れて行(い)きました。아이를 소아과에 데리고 갔습니다.

쓰는 순서 児 児 児 児 児 児 児

0557

芽

싹 아

N1 총8획

음 が 麦芽(ばくが) 맥아, 엿기름 | 発芽(はつが) 발아 | 萌芽(ほうが) 새싹, 싹이 틈

훈 め 芽(め) 싹 | 芽生(めば)える 싹트다, 움트다 | 新芽(しんめ) 새싹, 새순

発芽(はつが)の様子(ようす)を観察(かんさつ)します。 발아되는 모습을 관찰합니다.

ひまわりが芽(め)を出(だ)しました。 해바라기가 싹을 냈습니다.

쓰는 순서 芽 芽 芽 芽 芽 芽 芽 芽

0558

책상 안

N1 총10획

음 あん 案外(あんがい) 예상 외, 의외 | 案(あん)じる 염려하다, 걱정하다 | 案内(あんない) 안내 | 提案(ていあん) 제안 | 答案(とうあん) 답안

案内所(あんないじょ)で道(みち)を聞(き)きました。 안내소에서 길을 물었습니다.

答案用紙(とうあんようし)はここに出(だ)してください。 답안 용지는 여기에 내 주세요.

쓰는 순서 案 案 案 案 案 案 案 案 案 案

0559

사랑 애

N3 총13획

음 あい 愛(あい)する 사랑하다 | 愛情(あいじょう) 애정 | 愛想(あいそ) 붙임성 | 愛着(あいちゃく) 애착 | 親愛(しんあい) 친애 | 恋愛(れんあい) 연애

金先生(キムせんせい)は愛情(あいじょう)あふれる先生(せんせい)です。 김 선생님은 애정이 넘치는 선생님입니다.

私(わたし)は加藤(かとう)さんを愛(あい)しています。 나는 가토 씨를 사랑합니다.

쓰는 순서 愛 愛 愛 愛 愛 愛 愛 愛 愛 愛 愛 愛 愛

0560

맺을 약

N3 총9획

음 やく 約束(やくそく) 약속 | 契約(けいやく) 계약 | 公約(こうやく) 공약 | 節約(せつやく) 절약 | 要約(ようやく) 요약 | 予約(よやく) 예약

会社(かいしゃ)と契約書(けいやくしょ)を交(か)わしました。 회사와 계약서를 교환했습니다.

レストランを予約(よやく)しておきましょう。 레스토랑을 예약해 둡시다.

쓰는 순서 約 約 約 約 約 約 約 約 約

0561

養

기를 양

N1 총 15 획

음 よう 養育(よういく) 양육 | 養殖(ようしょく) 양식 | 養成(ようせい) 양성 | 栄養(えいよう) 영양 | 教養(きょうよう) 교양

훈 やしな(う) 養う(やしなう) 양육하다, 기르다

目(め)にいい栄養(えいよう)の食(た)べ物(もの)は何(なん)ですか。 눈에 좋은 영양이 든 음식은 무엇입니까?

牧場(ぼくじょう)でブタを養(やしな)っています。 목장에서 돼지를 기르고 있습니다.

쓰는 순서 養 養 養 養 養 養 養 養 養 養 養 養 養 養 養

0562

漁

고기 잡을 어

N2 총 14 획

음 ぎょ, りょう 漁業(ぎょぎょう) 어업 | 漁場(ぎょじょう) 어장 | 漁船(ぎょせん) 어선 | 漁師(りょうし) 어부

港(みなと)に漁船(ぎょせん)がとまっています。 항구에 어선이 서 있습니다.

父(ちち)は漁師(りょうし)です。 아빠는 어부입니다.

쓰는 순서 漁 漁 漁 漁 漁 漁 漁 漁 漁 漁 漁 漁 漁 漁

0563

億

억 억

N2 총 15 획

음 おく 億万長者(おくまんちょうじゃ) 억만장자 | 一億(いちおく) 1억 | 数億(すうおく) 수억

日本(にほん)には約一億三千万人(やくいちおくさんぜんまんにん)の人(ひと)が住(す)んでいます。

일본에는 약 1억 3천만 명의 사람이 살고 있습니다.

都心(としん)で家(いえ)を建(た)てるには数億円(すうおくえん)かかります。

도심에서 집을 지으려면 수억 엔이 듭니다.

쓰는 순서 億 億 億 億 億 億 億 億 億 億 億 億 億 億 億

0564

그럴 연

N2 총 12 획

음 ぜん, ねん 自然(しぜん) 자연 | 全然(ぜんぜん) 전혀, 조금도 | 当然(とうぜん) 당연 | 突然(とつぜん) 돌연, 갑자기 | 天然(てんねん) 천연

大切(たいせつ)な自然(しぜん)を守(まも)りましょう。 소중한 자연을 지킵시다.

ツルは天然記念物(てんねんきねんぶつ)です。 학은 천연기념물입니다.

쓰는 순서 然 然 然 然 然 然 然 然 然 然 然 然

0565 □□

熱

더울 열

N3 총 15 획

음 ねつ 熱心(ねっしん) 열심 | 熱湯(ねっとう) 열탕 | 加熱(かねつ) 가열 | 解熱(げねつ) 해열 | 情熱(じょうねつ) 정열

훈 あつ(い) 熱(あつ)い 뜨겁다

解熱剤(げねつざい)をください。 해열제를 주세요.

熱(あつ)いので、気(き)をつけてください。 뜨거우니까 조심하세요.

쓰는 순서 熱 熱 熱 熱 熱 熱 熱 熱 熱 熱 熱 熱 熱 熱 熱

0566 □□

塩

소금 염

N2 총 13획

음 えん 塩田(えんでん) 염전 | 塩分(えんぶん) 염분 | 岩塩(がんえん) 돌소금 | 食塩(しょくえん) 식염

훈 しお 塩(しお) 소금 | 塩辛(しおから) 젓갈 | 塩辛(しおから)い 짜다

塩分(えんぶん)の取(と)りすぎはよくありません。 염분을 너무 많이 섭취하는 것은 좋지 않습니다.

おじいさんは塩辛(しおから)が大好(だいす)きです。 할아버지는 젓갈을 무척 좋아합니다.

쓰는 순서 塩 塩 塩 塩 塩 塩 塩 塩 塩 塩 塩 塩 塩

0567 □□

英

꽃부리 영

N4 총 8 획

음 えい 英会話(えいかいわ) 영어 회화 | 英国(えいこく) 영국 | 英語(えいご) 영어 | 英才(えいさい) 영재 | 英雄(えいゆう) 영웅

英語(えいご)の勉強(べんきょう)は大切(たいせつ)です。 영어 공부는 중요합니다.

ナポレオンはフランスの英雄(えいゆう)です。 나폴레옹은 프랑스의 영웅입니다.

쓰는 순서 英 英 英 英 英 英 英 英

0568 □□

栄

영화 영 (榮)

N2 총 9 획

음 えい 栄光(えいこう) 영광 | 栄誉(えいよ) 영예 | 栄養(えいよう) 영양 | 光栄(こうえい) 영광 | 繁栄(はんえい) 번영

훈 さか(える), は(え), は(える) 栄(さか)える 번영하다, 번창하다 | 栄(は)える 두드러지다 | 見栄(みば)え 볼품이 좋음, 돋보임

お会(あ)いできて、とても光栄(こうえい)です。 만나 뵙게 되어 매우 영광입니다.

ローマ文化(ぶんか)が栄(さか)えた時代(じだい)はいつですか。 로마 문화가 번창한 시대는 언제입니까?

쓰는 순서 栄 栄 栄 栄 栄 栄 栄 栄 栄

0569

芸

재주 예 (藝)

N3 총 7 획

음 げい 芸術(げいじゅつ) 예술 | 芸能(げいのう) 예능 | 演芸(えんげい) 연예 | 園芸(えんげい) 원예 | 工芸(こうげい) 공예 | 文芸(ぶんげい) 문예

芸能人(げいのうじん)が公演(こうえん)をしています。 예능인이 공연을 하고 있습니다.

工芸品(こうげいひん)の展示会(てんじかい)を見(み)に行(い)きました。 공예품 전시회를 보러 갔습니다.

쓰는 순서 芸 芸 芸 芸 芸 芸 芸

0570

完

완전할 완

N3 총 7 획

음 かん 完成(かんせい) 완성 | 完全(かんぜん) 완전 | 完璧(かんぺき) 완벽 | 補完(ほかん) 보완 | 未完(みかん) 미완

作品(さくひん)が完成(かんせい)しました。 작품이 완성됐습니다.

完璧(かんぺき)な人間(にんげん)はいません。 완벽한 인간은 없습니다.

쓰는 순서 完 完 完 完 完 完 完

0571

要

요긴할 요

N3 총 9 획

음 よう 要因(よういん) 요인 | 要求(ようきゅう) 요구 | 要点(ようてん) 요점 | 概要(がいよう) 개요 | 重要(じゅうよう) 중요함 | 必要(ひつよう) 필요함

훈 かなめ, い(る) 要(かなめ) 가장 중요한 점이나 부분 | 要(い)る 필요하다

今(いま)から概要(がいよう)を説明(せつめい)します。 지금부터 개요를 설명하겠습니다.

要(い)らない物(もの)は捨(す)ててください。 필요 없는 물건은 버려 주세요.

쓰는 순서 要 要 要 要 要 要 要 要 要

0572

목욕할 욕

N2 총 10 획

음 よく 浴室(よくしつ) 욕실 | 浴槽(よくそう) 욕조, 목욕통 | 海水浴(かいすいよく) 해수욕 | 入浴(にゅうよく) 입욕

훈 あ(びる), あ(びせる) 浴(あ)びる 끼얹다 | 水浴(みずあ)び 물을 끼얹음, 수영 | 浴(あ)びせる 끼얹다

예외 浴衣(ゆかた) 유카타, 두루마기 모양의 긴 무명 홑옷(목욕 후 또는 여름철에 평상복으로 입음)

夏休(なつやす)みに海水浴(かいすいよく)に行(い)きます。 여름 방학에 해수욕하러 갑니다.

汗(あせ)をかいたので、シャワーを浴(あ)びます。 땀을 흘렸기 때문에 샤워를 합니다.

쓰는 순서 浴 浴 浴 浴 浴 浴 浴 浴 浴 浴

0573

□ □

勇

날랠 용

N2 총 9 획

음 ゆう 勇敢(ゆうかん) 용감함 | 勇気(ゆうき) 용기 | 勇姿(ゆうし) 씩씩한 모습 | 勇者(ゆうしゃ) 용사

훈 いさ(む) 勇(いさ)む 용기가 솟아나다 | 勇(いさ)ましい 용감하다, 씩씩하다

プロポーズする勇気(ゆうき)がありません。 프러포즈할 용기가 없습니다.

軍隊(ぐんたい)に行(い)って勇(いさ)ましくなりました。 군대에 가서 씩씩해졌습니다.

쓰는 순서 勇 勇 勇 勇 勇 勇 勇 勇 勇

0574

□ □

熊

곰 웅

N1 총 14 획

훈 くま 熊(くま) 곰 | 熊手(くまで) 갈퀴 | 熊本県(くまもとけん) 구마모토현(지명)

この山(やま)には熊(くま)が出(で)ます。 이 산에는 곰이 나옵니다.

熊本県(くまもとけん)は忠清南道(チュンチョンナムド)と交流(こうりゅう)があります。 구마모토현은 충청남도와 교류가 있습니다.

쓰는 순서 熊 熊 熊 熊 熊 熊 熊 熊 熊 熊 熊 熊 熊 熊

0575

□ □

媛

미인 원

N1 총 12 획

음 えん 才媛(さいえん) 재원

훈 ひめ 愛媛県(えひめけん) 에히메현(지명)

彼女(かのじょ)は5ヶ国語(こくご)が話(はな)せる才媛(さいえん)です。 그녀는 5개 국어를 말할 수 있는 재원입니다.

愛媛県(えひめけん)はみかんの産地(さんち)です。 에히메현은 귤 산지입니다.

쓰는 순서 媛 媛 媛 媛 媛 媛 媛 媛 媛 媛 媛 媛

0576

□ □

願

원할 원

N2 총 19 획

음 がん 願書(がんしょ) 원서 | 願望(がんぼう) 원하고 바람, 소원 | 祈願(きがん) 기원 | 出願(しゅつがん) 출원 | 請願(せいがん) 청원

훈 ねが(う) 願(ねが)う 바라다, 기원하다 | お願(ねが)い 바람, 부탁

願書(がんしょ)を提出(ていしゅつ)しました。 원서를 제출했습니다.

実(じつ)はお願(ねが)いがあります。 실은 부탁이 있습니다.

쓰는 순서 願 願 願 願 願 願 願 願 願 願 願 願 願 願 願 願 願 願 願

4 학년

0577

位

자리 위

N3 총 7 획

음 い 位置(いち) 위치 | 学位(がくい) 학위 | 順位(じゅんい) 순위 | 単位(たんい) 단위

훈 くらい 位(くらい) 국왕의 지위, 지위, 계급, 자릿수

位(くらい)を間違(まちが)えて計算(けいさん)しました。 자릿수를 잘못 계산했습니다.

行(ゆ)き先(さき)の位置(いち)をカーナビで確(たし)かめました。

행선지의 위치를 내비게이션으로 확인했습니다.

쓰는 순서 位 位 位 位 位 位 位

0578

울 읍

N3 총 8 획

음 きゅう 感泣(かんきゅう) 감읍, 감격하여 울 | 号泣(ごうきゅう) 호읍, 통곡

훈 な(く) 泣(な)く 울다 | 泣(な)き声(ごえ) 우는 소리 | 泣(な)き虫(むし) 울보

父(ちち)が死(し)んで、号泣(ごうきゅう)しました。 아버지가 돌아가셔서 통곡했습니다.

映画(えいが)を見(み)て、泣(な)いてしまいました。 영화를 보고 울고 말았습니다.

쓰는 순서 泣 泣 泣 泣 泣 泣 泣 泣

0579

옷 의

N2 총 6 획

음 い 衣装(いしょう) 의상 | 衣服(いふく) 의복 | 衣類(いるい) 의류 | 更衣(こうい) 옷을 갈아입음, 탈의 | 白衣(はくい) 백의

훈 ころも 衣(ころも) 옷 | 衣替(ころもが)え 갈아입음, 새단장

예외 浴衣(ゆかた) 유카타, 두루마기 모양의 긴 무명 홑옷(목욕 후 또는 여름철에 평상복으로 입음)

女性(じょせい)の更衣室(こういしつ)はあちらです。 여성 탈의실은 저쪽입니다.

夏服(なつふく)に衣替(ころもが)えしました。 여름옷으로 갈아입었습니다.

쓰는 순서 衣 衣 衣 衣 衣 衣

0580

의논할 의

N2 총 20 획

음 ぎ 議員(ぎいん) 의원 | 議論(ぎろん) 의논 | 会議(かいぎ) 회의 | 協議(きょうぎ) 협의 | 抗議(こうぎ) 항의 | 審議(しんぎ) 심의

来週(らいしゅう)、国会議員(こっかいぎいん)の選挙(せんきょ)があります。 다음 주에 국회의원 선거가 있습니다.

十時(じゅうじ)から会議(かいぎ)があります。 열 시부터 회의가 있습니다.

쓰는 순서 議

0581

써 이

N4 총 5 획

음 い 以外(いがい) 이외, 그 밖 | 以後(いご) 이후 | 以上(いじょう) 이상 | 以前(いぜん) 이전 | 以来(いらい) 이래, 이후

これ以外(いがい)の商品(しょうひん)はありませんか。 이외의 상품은 없습니까?

以上(いじょう)で発表(はっぴょう)を終(お)わります。 이상으로 발표를 마치겠습니다.

쓰는 순서 以 以 以 以 以

0582

도장 인

N2 총 6 획

음 いん 印鑑(いんかん) 인감 | 印刷(いんさつ) 인쇄 | 印象(いんしょう) 인상 | 押印(おういん) 날인, 도장을 찍음

훈 しるし 印(しるし) 표, 기호, 상징 | 目印(めじるし) 표시, 표적 | 矢印(やじるし) 화살표

ここに押印(おういん)してください。 여기에 도장을 찍어 주세요.

訪問(ほうもん)の印(しるし)に判子(はんこ)を押(お)します。 방문 표시로 도장을 찍습니다.

쓰는 순서 印 印 印 印 印 印

0583

가시나무 자

N1 총 9 획

훈 いばら 茨(いばら) 가시나무 | 茨城県(いばらきけん) 이바라키현(지명)

人生(じんせい)は茨(いばら)の道(みち)と同(おな)じです。 인생은 가시밭길과 같습니다.

茨城県(いばらきけん)は納豆(なっとう)が有名(ゆうめい)です。 이바라키현은 낫토가 유명합니다.

쓰는 순서 茨 茨 茨 茨 茨 茨 茨 茨 茨

0584

불을 자

N1 총 12 획

음 じ 滋養(じよう) 자양 | 滋養強壮(じようきょうそう) 자양강장(몸의 영양을 좋게 하고 혈기를 왕성하게 함)

예외 滋賀県(しがけん) 시가현(지명)

日本(にほん)では夏(なつ)、滋養強壮(じようきょうそう)のためにうなぎを食(た)べます。

일본에서는 여름에 자양강장을 위해 장어를 먹습니다.

滋賀県(しがけん)には琵琶湖(びわこ)があります。 시가현에는 비와호가 있습니다.

쓰는 순서 滋 滋 滋 滋 滋 滋 滋 滋 滋 滋 滋 滋

□ □

0585

昨

어제 작

N3 총 9 획

음 さく 昨日(さくじつ)・昨日(きのう) 어제 | 昨年(さくねん) 작년 | 昨夜(さくや) 어젯밤 | 昨今(さっこん) 요즘, 근래

昨年(さくねん)、兄(あに)は引越(ひっこ)しました。 작년에 형은 이사를 했습니다.

昨夜(さくや)からずっと雨(あめ)が降(ふ)っています。 어젯밤부터 계속 비가 내리고 있습니다.

쓰는 순서 昨 昨 昨 昨 昨 昨 昨 昨 昨

□ □

0586

残

남을 잔 (殘)

N3 총 10 획

음 ざん 残酷(ざんこく) 잔혹 | 残業(ざんぎょう) 잔업, 야근 | 残高(ざんだか) 잔액 | 残念(ざんねん) 유감스러움, 아쉬움

훈 のこ(る), のこ(す) 残(のこ)る 남다 | 心残(こころのこ)り 미련, 유감 | 残(のこ)す 남기다

예외 名残(なごり) 여운, 흔적, 추억

毎日(まいにち)、残業(ざんぎょう)で大変(たいへん)です。 매일 야근하느라 힘듭니다.

ご飯(はん)を残(のこ)してはいけません。 밥을 남기면 안 됩니다.

쓰는 순서 残 残 残 残 残 残 残 残 残 残

□ □

0587

材

재목 재

N3 총 7 획

음 ざい 材質(ざいしつ) 재질 | 材料(ざいりょう) 재료 | 取材(しゅざい) 취재 | 人材(じんざい) 인재 | 素材(そざい) 소재 | 木材(もくざい) 목재

夕飯(ゆうはん)の材料(ざいりょう)がありません。 저녁밥 재료가 없습니다.

取材(しゅざい)の記者(きしゃ)がたくさん集(あつ)まっています。 취재 기자가 많이 모여 있습니다.

쓰는 순서 材 材 材 材 材 材 材

□ □

0588

다툴 쟁 (爭)

N3 총 6 획

음 そう 争奪(そうだつ) 쟁탈 | 争点(そうてん) 쟁점 | 競争(きょうそう) 경쟁 | 戦争(せんそう) 전쟁 | 紛争(ふんそう) 분쟁

훈 あらそ(う) 争(あらそ)う 다투다, 경쟁하다

1945年(ねん)に戦争(せんそう)が終(お)わりました。 1945년에 전쟁이 끝났습니다.

私(わたし)と吉田(よしだ)さんは成績(せいせき)の一位(いちい)を争(あらそ)っています。
나와 요시다 씨는 1위 성적을 두고 경쟁합니다.

쓰는 순서 争 争 争 争 争 争

□ □

낮을 저

N3 총 7 획

음 てい **低音**(ていおん) 저음 | **低下**(ていか) 저하 | **高低**(こうてい) 고저 | **最低**(さいてい) 최저

훈 ひく(い), ひく(める), ひく(まる) **低い**(ひく) 낮다 | **低める**(ひく) 낮추다, 낮게 하다 | **低まる**(ひく) 낮아지다

学生(がくせい)の就職率(しゅうしょくりつ)が低下(ていか)しています。 학생의 취업률이 떨어지고 있습니다.

私(わたし)は彼(かれ)より背(せ)が低(ひく)いです。 나는 그보다 키가 작습니다.

쓰는 순서 低 低 低 低 低 低 低

0590

□ □

밑 저

N2 총 8 획

음 てい **底辺**(ていへん) 저변, 밑변 | **海底**(かいてい) 해저 | **根底**(こんてい) 근저, 근본 | **徹底**(てってい) 철저

훈 そこ **底**(そこ) 바닥, 끝 | **川底**(かわぞこ) 강바닥, 냇바닥 | **谷底**(たにそこ) 골짜기의 밑바닥

海底(かいてい)から昔(むかし)の船(ふね)が出(で)ました。 해저에서 옛날 배가 나왔습니다.

川底(かわぞこ)にいる魚(さかな)が見(み)えます。 강바닥에 있는 물고기가 보입니다.

쓰는 순서 底 底 底 底 底 底 底 底

0591

□ □

과녁 적

N3 총 8 획

음 てき **的確**(てきかく) 적확함, 정확함 | **的中**(てきちゅう) 적중 | **具体的**(ぐたいてき) 구체적 | **目的**(もくてき) 목적

훈 まと **的**(まと) 과녁, 표적

木村(きむら)さんはいつも的確(てきかく)なアドバイスをします。

기무라 씨는 언제나 정확한 충고를 합니다.

危(あぶ)ないので、的(まと)の前(まえ)に立(た)たないでください。

위험하니까 과녁 앞에 서지 마세요.

쓰는 순서 的 的 的 的 的 的 的 的

0592

□ □

쌓을 적

N2 총 16 획

음 せき **積載**(せきさい) 적재 | **積雪**(せきせつ) 적설 | **積極的**(せっきょくてき) 적극적 | **体積**(たいせき) 체적, 부피 | **面積**(めんせき) 면적

훈 つ(む), つ(もる) **積む**(つ) 쌓다, 거듭하다 | **積もる**(つ) 쌓이다 | **見積書**(みつもりしょ) 견적서

この土地(とち)の面積(めんせき)を測(はか)ります。 이 토지의 면적을 측정합니다.

東北地方(とうほくちほう)はたくさんの雪(ゆき)が積(つ)もります。 도호쿠 지방에는 눈이 많이 쌓입니다.

쓰는 순서 積 積 積 積 積 積 積 積 積 積 積 積 積 積 積 積

4 학년

0593 □□

전할 전 (傳)
N3 총 6 획

음 でん 伝言(でんごん) 전언, 전갈 | 伝説(でんせつ) 전설 | 伝達(でんたつ) 전달 | 伝統(でんとう) 전통 | 遺伝(いでん) 유전 | 宣伝(せんでん) 선전

훈 つた(わる), つた(える), つた(う) 伝(つた)わる 전해지다, 전승되다 | 伝(つた)える 전하다, 알리다 | 伝(つた)う 어떤 것을 따라서 옮겨 가다, 타고 가다

中田(なかた)さんからの伝言(でんごん)があります。 나카타 씨에게서 전갈이 있습니다.

漢字(かんじ)は中国(ちゅうごく)から伝(つた)わりました。 한자는 중국에서 전해졌습니다.

쓰는 순서 伝 伝 伝 伝 伝 伝

0594 □□

법 전
N1 총 8 획

음 てん 典型(てんけい) 전형 | 古典(こてん) 고전 | 辞典(じてん) 사전 | 特典(とくてん) 특전

彼(かれ)は典型的(てんけいてき)な日本人(にほんじん)です。 그는 전형적인 일본인입니다.

日本(にほん)の古典(こてん)を勉強(べんきょう)してみたいです。 일본의 고전을 공부해 보고 싶습니다.

쓰는 순서 典 典 典 典 典 典 典 典

0595 □□

싸움 전 (戰)
N2 총 13 획

음 せん 戦争(せんそう) 전쟁 | 戦闘(せんとう) 전투 | 苦戦(くせん) 고전 | 作戦(さくせん) 작전 | 挑戦(ちょうせん) 도전

훈 いくさ, たたか(う) 戦(いくさ) 전쟁, 싸움, 전투 | 戦(たたか)う 싸우다, 전쟁하다

選手(せんしゅ)たちは作戦(さくせん)を練(ね)りました。 선수들은 작전을 짰습니다.

昔(むかし)、日本(にほん)はアメリカと戦(たたか)いました。 옛날에 일본은 미국과 전쟁을 했습니다.

쓰는 순서 戦 戦 戦 戦 戦 戦 戦 戦 戦 戦 戦 戦 戦

0596 □□

꺾을 절
N2 총 7 획

음 せつ 折衷(せっちゅう) 절충 | 折半(せっぱん) 절반 | 屈折(くっせつ) 굴절 | 骨折(こっせつ) 골절 | 挫折(ざせつ) 좌절

훈 お(る), お(れる), おり 折(お)る 접다, 굽히다 | 折(お)り紙(がみ) 종이접기 | 折(お)れる 접히다, 꺾이다, 부러지다 | 折(おり) 시기, 기회

転(ころ)んで腕(うで)を骨折(こっせつ)しました。 넘어져서 팔뼈가 부러졌습니다.

台風(たいふう)で枝(えだ)が折(お)れました。 태풍 때문에 가지가 부러졌습니다.

쓰는 순서 折 折 折 折 折 折 折

0597 □ □

節

마디 절 (節)

N1 총 13 획

음 せつ, せち 節電(せつでん) 절전 | 節約(せつやく) 절약 | 関節(かんせつ) 관절 | 調節(ちょうせつ) 조절 | お節料理(せちりょうり) 명절 때 먹는 조림 요리

훈 ふし 節(ふし) 마디, 관절 | 節穴(ふしあな) 옹이구멍 | 節々(ふしぶし) 마디마디

節電(せつでん)を心(こころ)がけましょう。절전에 유의합시다.

風邪(かぜ)を引(ひ)いて、体(からだ)の節々(ふしぶし)が痛(いた)いです。감기에 걸려서 몸 마디마디가 아픕니다.

쓰는 순서 節 節 節 節 節 節 節 節 節 節 節 節 節

0598 □ □

井

우물 정

N1 총 4 획

음 せい, しょう 市井(しせい) 시정, 거리 | 油井(ゆせい) 유정(지하의 천연 석유를 퍼 올리기 위해 판 우물) | 天井(てんじょう) 천장

훈 い 井戸(いど) 우물

彼(かれ)は背(せ)が高(たか)いので、天井(てんじょう)まで手(て)が届(とど)きます。
그는 키가 크기 때문에 천장까지 손이 닿습니다.

昔(むかし)、家(いえ)の前(まえ)には井戸(いど)がありました。옛날 집 앞에는 우물이 있었습니다.

쓰는 순서 井 井 井 井

0599 □ □

고요할 정 (靜)

N2 총 14 획

음 せい, じょう 静止(せいし) 정지 | 静粛(せいしゅく) 정숙 | 安静(あんせい) 안정 | 冷静(れいせい) 냉정 | 静脈(じょうみゃく) 정맥

훈 しず, しず(か), しず(まる), しず(める) 静か(しずか) 고요함 | 静まる(しずまる) 조용해지다 | 静める(しずめる) 가라앉히다, 진정시키다

手術(しゅじゅつ)の後(あと)は安静(あんせい)が必要(ひつよう)です。수술 후에는 안정이 필요합니다.

ちょっと静(しず)かにしてください。좀 조용히 해 주세요.

쓰는 순서 静 静 静 静 静 静 静 静 静 静 静 静 静 静

0600 □ □

兆

조 조

N2 총 6 획

음 ちょう 兆候(ちょうこう) 조후, 징조, 징후 | 一兆(いっちょう) 1조 | 吉兆(きっちょう) 길조 | 前兆(ぜんちょう) 전조, 징조, 조짐

훈 きざ(す), きざ(し) 兆す(きざす) 움트다, 싹트다, 징조가 보이다 | 兆し(きざし) 조짐, 징조, 전조

地震(じしん)は何(なん)の前兆(ぜんちょう)もなく起(お)きます。지진은 아무 전조도 없이 일어납니다.

病気(びょうき)が治(なお)る兆(きざ)しが見(み)えません。병이 나을 조짐이 보이지 않습니다.

쓰는 순서 兆 兆 兆 兆 兆 兆

0601

照

비칠 조

N2 총 13 획

음 しょう 照会(しょうかい) 조회 | 照明(しょうめい) 조명 | 参照(さんしょう) 참조 | 対照(たいしょう) 대조

훈 て(る), て(らす), て(れる) 照(て)る 밝게 빛나다, 비치다 | 日照(ひで)り 가뭄 | 照(て)らす 비추다 | 照(て)れる 쑥스러워하다, 수줍어하다 | 照(て)れ屋(や) 수줍음을 잘 타는 사람

良子(よしこ)さんと京子(きょうこ)さんは対照的(たいしょうてき)な性格(せいかく)です。
요시코 씨와 교코 씨는 대조적인 성격입니다.

暗(くら)いので、ちょっと手(て)もとを照(て)らしてください。
어두우니까 잠깐 주위를 비춰 주세요.

쓰는 순서 照 照 照 照 照 照 照 照 照 照 照 照 照

0602

卒

마칠 졸

N2 총 8 획

음 そつ 卒業(そつぎょう) 졸업 | 新卒(しんそつ) 그 해에 학교를 졸업함, 졸업자 | 大卒(だいそつ) 대학 졸업, 대졸 | 脳卒中(のうそっちゅう) 뇌졸중

あしたは卒業式(そつぎょうしき)です。 내일은 졸업식입니다.

新卒(しんそつ)の新入社員(しんにゅうしゃいん)が入(はい)りました。 갓 졸업한 신입 사원이 들어왔습니다.

쓰는 순서 卒 卒 卒 卒 卒 卒 卒 卒

0603

種

씨 종

N2 총 14 획

음 しゅ 種子(しゅし) 종자 | 種目(しゅもく) 종목 | 種類(しゅるい) 종류 | 人種(じんしゅ) 인종 | 品種(ひんしゅ) 품종

훈 たね 種(たね) 종자, 씨 | 種(たね)まき 파종, 씨뿌리기

お米(こめ)の品種(ひんしゅ)を改良(かいりょう)しました。 쌀의 품종을 개량했습니다.

春(はる)になって種(たね)まきの季節(きせつ)になりました。 봄이 되어 씨 뿌리는 계절이 되었습니다.

쓰는 순서 種 種 種 種 種 種 種 種 種 種 種 種 種 種

0604

佐

도울 좌

N1 총 7 획

음 さ 佐賀県(さがけん) 사가현(지명) | 少佐(しょうさ) 소좌, 소령 | 大佐(たいさ) 대좌, 대령 | 中佐(ちゅうさ) 중좌, 중령

少佐(しょうさ)に昇給(しょうきゅう)しました。 소령으로 진급했습니다.

大佐(たいさ)は中佐(ちゅうさ)より上位(じょうい)の階級(かいきゅう)です。 대령은 중령보다 상위 계급입니다.

쓰는 순서 佐 佐 佐 佐 佐 佐 佐

0605

周

두루 주

N3 총 8 획

음 しゅう 周囲(しゅうい) 주위 | 周期(しゅうき) 주기 | 周知(しゅうち) 주지 | 周辺(しゅうへん) 주변 | 一周(いっしゅう) 일주

훈 まわ(り) 周り(まわり) 주위, 주변

大学(だいがく)の周囲(しゅうい)には薬局(やっきょく)がありません。 대학 주위에는 약국이 없습니다.

池(いけ)の周(まわ)りにきれいな花(はな)が咲(さ)いています。 연못 주변에 예쁜 꽃이 피어 있습니다.

쓰는 순서 周 周 周 周 周 周 周 周

0606

仲

버금 중

N3 총 6 획

음 ちゅう 仲介(ちゅうかい) 중개 | 仲裁(ちゅうさい) 중재 | 仲秋(ちゅうしゅう) 중추, 추석 | 伯仲(はくちゅう) 백중

훈 なか 仲(なか) 사이, 관계 | 仲間(なかま) 동료, 한패 | 仲良し(なかよし) 사이가 좋음, 단짝

예외 仲人(なこうど) 중매인

田中(たなか)さんがけんかの仲裁(ちゅうさい)をしました。 다나카 씨가 싸움을 중재했습니다.

二人(ふたり)はとても仲(なか)がいいです。 둘은 매우 사이가 좋습니다.

쓰는 순서 仲 仲 仲 仲 仲 仲

0607

差

다를 차

N3 총 10 획

음 さ 差額(さがく) 차액 | 差別(さべつ) 차별 | 格差(かくさ) 격차 | 誤差(ごさ) 오차 | 時差(じさ) 시차

훈 さ(す) 差す(さす) 비치다, 나타내다, 꽂다, 쓰다

東京(とうきょう)とニューヨークは14時間(じかん)の時差(じさ)があります。
도쿄와 뉴욕은 열네 시간의 시차가 있습니다.

雨(あめ)が降(ふ)ってきたので傘(かさ)を差(さ)しました。 비가 내려서 우산을 썼습니다.

쓰는 순서 差 差 差 差 差 差 差 差 差 差

0608

借

빌릴 차

N4 총 10 획

음 しゃく 借用(しゃくよう) 차용 | 借金(しゃっきん) 차금, 빚 | 貸借(たいしゃく) 대차 | 賃借(ちんしゃく) 임차 | 拝借(はいしゃく) 빌려 씀(겸사말)

훈 か(りる) 借りる(かりる) 빌리다

借金(しゃっきん)を全部(ぜんぶ)、返(かえ)すことができました。 빚을 전부 갚을 수 있었습니다.

図書館(としょかん)で本(ほん)を借(か)ります。 도서관에서 책을 빌립니다.

쓰는 순서 借 借 借 借 借 借 借 借 借 借

0609

札

편지 찰

N3 총 5 획

음 さつ **札束** 지폐 다발, 돈뭉치 | **改札** 개찰 | **入札** 입찰 | **落札** 낙찰

훈 ふだ **札** 표, 팻말 | **名札** 명찰, 명패 | **花札** 화투

改札口が混んでいます。 개찰구가 붐빕니다.

名札を付けてください。 명찰을 달아 주세요.

쓰는 순서 札 札 札 札 札

0610

察

살필 찰

N2 총 14 획

음 さつ **察知** 살펴서 앎, 헤아려 앎 | **観察** 관찰 | **警察** 경찰 | **検察** 검찰 | **診察** 진찰

駅の近くに検察庁があります。 역 근처에 검찰청이 있습니다.

診察時間は午後二時からです。 진찰 시간은 오후 두 시부터입니다.

쓰는 순서 察 察 察 察 察 察 察 察 察 察 察 察 察 察

0611

참여할 참 (參)

N3 총 8 획

음 さん **参加** 참가 | **参考** 참고 | **降参** 항복, 굴복 | **持参** 지참

훈 まい(る) **参る** 가다, 오다(겸사말)

図書館で参考文献を探しました。 도서관에서 참고 문헌을 찾았습니다.

一時に先生のお宅へ参ります。 한 시에 선생님 댁으로 가겠습니다.

쓰는 순서 参 参 参 参 参 参 参 参

0612

곳집 창

N1 총 10 획

음 そう **倉庫** 창고 | **穀倉** 곡창, 곡식 저장 창고 | **船倉** 선창, 배 안에 짐을 싣는 곳

훈 くら **倉** 곳간, 창고 | **胸倉** 멱살

道具を倉庫にしまいます。 도구를 창고에 넣습니다.

倉の中はとても暗いです。 창고 안은 몹시 어둡습니다.

쓰는 순서 倉 倉 倉 倉 倉 倉 倉 倉 倉 倉

0613

唱

부를 창

N1 총 11 획

음 しょう 暗唱 암송 | 合唱 합창 | 提唱 제창 | 独唱 독창

훈 とな(える) 唱える 외다, 외치다, 주장하다

合唱団で歌を歌いました。 합창단에서 노래를 불렀습니다.

木村さんは会議で異議を唱えました。 기무라 씨는 회의에서 이의를 주장했습니다.

쓰는 순서 唱 唱 唱 唱 唱 唱 唱 唱 唱 唱 唱

0614

菜

나물 채 (菜)

N2 총 11 획

음 さい 菜食 채식 | 菜箸 긴 젓가락(요리를 만들거나 반찬을 각자의 접시에 덜 때 씀) | 白菜 배추 | 野菜채소

훈 な 菜の花 유채꽃 | 菜種油 유채 기름 | 青菜 푸른 채소

今年も白菜がたくさん取れました。 올해도 배추가 많이 수확되었습니다.

菜の花がとてもきれいです。 유채꽃이 아주 예쁩니다.

쓰는 순서 菜 菜 菜 菜 菜 菜 菜 菜 菜 菜 菜

0615

浅

얕을 천 (淺)

N2 총 9 획

음 せん 浅海 얕은 바다 | 浅学 학식이 얕음 | 浅薄 천박함 | 浅慮 얕은 생각

훈 あさ(い) 浅い 얕다 | 遠浅 물가에서 멀리까지 물이 얕음

浅学な私には分かりません。 학식이 얕은 저는 모르겠습니다.

浅いところで泳ぎましょう。 얕은 곳에서 헤엄칩시다.

쓰는 순서 浅 浅 浅 浅 浅 浅 浅 浅 浅

0616

清

맑을 청 (淸)

N2 총 11 획

음 せい, しょう 清潔 청결 | 清酒 청주 | 清掃 청소 | 清流 청류, 맑게 흐르는 물 | 六根清浄 육근 청정(진리를 깨달아 욕심과 집착이 없어지고 육근이 깨끗해짐)

훈 きよ(い), きよ(まる), きよ(める) 清い 깨끗하다, 맑다 | 清らか 맑음, 깨끗함 | 清まる 맑아지다, 깨끗해지다 | 清める 깨끗이 하다, 맑게 하다

いつも体を清潔にしましょう。 항상 몸을 청결히 합시다.

山には清らかな川が流れています。 산에는 맑은 냇물이 흐릅니다.

쓰는 순서 清 清 清 清 清 清 清 清 清 清 清

0617

初

처음 초

N3 총 7 획

음 しょ　初級(しょきゅう) 초급 | 初日(しょにち) 첫날 | 最初(さいしょ) 최초, 맨 처음 | 当初(とうしょ) 당초, 최초

훈 はじ(め), はじ(めて), はつ, うい, そ(める)　初め(はじ) 처음, 시초 | 初めて(はじ) 최초로, 처음으로 | 初恋(はつこい) 첫사랑 | 初雪(はつゆき) 첫눈 | 書初め(かきぞ) 신춘 휘호

初級(しょきゅう)クラスで韓国語(かんこくご)を勉強(べんきょう)します。 초급반에서 한국어를 공부합니다.

大阪(おおさか)に初(はじ)めて行(い)きました。 오사카에 처음 갔습니다.

쓰는 순서 初 初 初 初 初 初 初

0618

最

가장 최

N3 총 12 획

음 さい　最近(さいきん) 최근 | 最高(さいこう) 최고 | 最後(さいご) 마지막, 최후 | 最新(さいしん) 최신 | 最大(さいだい) 최대

훈 もっと(も)　最も(もっと) 가장, 제일

最新(さいしん)モデルの携帯(けいたい)がほしいです。 최신 모델의 휴대전화를 갖고 싶습니다.

富士山(ふじさん)は日本(にほん)で最(もっと)も高(たか)い山(やま)です。 후지산은 일본에서 가장 높은 산입니다.

쓰는 순서 最 最 最 最 最 最 最 最 最 最 最 最

0619

祝

빌 축 (祝)

N4 총 9 획

음 しゅく, しゅう　祝辞(しゅくじ) 축사 | 祝日(しゅくじつ) 축일, 국경일 | 祝電(しゅくでん) 축전 | 祝福(しゅくふく) 축복 | 祝言(しゅうげん) 축사, 혼례

훈 いわ(う)　祝う(いわ) 축하하다

五月五日(ごがついつか)の子(こ)どもの日(ひ)は祝日(しゅくじつ)です。 5월 5일 어린이날은 경축일입니다.

先輩(せんぱい)の入社(にゅうしゃ)を祝(いわ)いました。 선배의 입사를 축하했습니다.

쓰는 순서 祝 祝 祝 祝 祝 祝 祝 祝 祝

0620

화할 충

N1 총 7 획

음 ちゅう　沖積平野(ちゅうせきへいや) 충적평야(하천 주변에 모래·자갈 따위가 쌓여 생긴 평야)

훈 おき　沖(おき) 앞바다 | 沖合い(おきあ) 앞바다 부근 | 沖釣り(おきづ) 앞바다에서 하는 낚시 | 沖縄県(おきなわけん) 오키나와현(지명)

東京(とうきょう)は沖積平野(ちゅうせきへいや)にある都市(とし)です。 도쿄는 충적평야에 있는 도시입니다.

いるかの群(む)れが沖(おき)で泳(およ)いでいます。 돌고래 떼가 앞바다에서 헤엄치고 있습니다.

쓰는 순서 沖 沖 沖 沖 沖 沖 沖

0621

側

곁 측

N2 총 11 획

음 そく 側室(そくしつ) 측실 | 側面(そくめん) 측면 | 側近(そっきん) 측근

훈 がわ 片側(かたがわ) 한쪽 | 左側(ひだりがわ) 왼쪽 | 右側(みぎがわ) 오른쪽 | 両側(りょうがわ) 양측, 양쪽

佐藤(さとう)さんの意外(いがい)な側面(そくめん)を知(し)りました。 사토 씨의 의외의 측면을 알았습니다.

右側(みぎがわ)を歩(ある)いてください。 오른쪽으로 걸어 주세요.

쓰는 순서 側 側 側 側 側 側 側 側 側 側 側

0622

다스릴 치

N3 총 8 획

음 じ, ち 政治(せいじ) 정치 | 治安(ちあん) 치안 | 治療(ちりょう) 치료 | 自治(じち) 자치 | 統治(とうち) 통치

훈 おさ(める), おさ(まる), なお(る), なお(す) 治(おさ)める 진정시키다, 다스리다 | 治(おさ)まる 진정되다, 다스려지다 | 治(なお)る 낫다 | 治(なお)す 고치다

政治(せいじ)について考(かんが)えましょう。 정치에 대해서 생각합시다.

薬(くすり)を飲(の)んで風邪(かぜ)を治(なお)しました。 약을 먹어서 감기가 나았습니다.

쓰는 순서 治 治 治 治 治 治 治 治

0623

둘 치

N3 총 13 획

음 ち 置換(ちかん) 치환 | 位置(いち) 위치 | 処置(しょち) 처치 | 設置(せっち) 설치 | 配置(はいち) 배치 | 放置(ほうち) 방치

훈 お(く) 置(お)く 두다, 놓다 | 物置(ものおき) 광, 곳간

けがの処置(しょち)をしました。 부상의 처치를 했습니다.

ここに物(もの)を置(お)かないでください。 여기에 물건을 놓지 마세요.

쓰는 순서 置 置 置 置 置 置 置 置 置 置 置 置 置

0624

특별할 특

N4 총 10 획

음 とく 特色(とくしょく) 특색 | 特徴(とくちょう) 특징 | 特別(とくべつ) 특별 | 特許(とっきょ) 특허 | 特急(とっきゅう) 특급 | 独特(どくとく) 독특

日本語(にほんご)の特徴(とくちょう)は何(なん)ですか。 일본어의 특징은 무엇입니까?

由美(ゆみ)さんは私(わたし)にとって特別(とくべつ)な存在(そんざい)です。 유미 씨는 내게 특별한 존재입니다.

쓰는 순서 特 特 特 特 特 特 特 特 特 特

0625

阪

언덕 판

N1 총 7 획

음 はん 阪神(はんしん) 오사카와 고베(지명) | 京阪神(けいはんしん) 교토, 오사카, 고베(지명)

훈 さか 大阪(おおさか) 오사카(지명)

友達(ともだち)と阪神地方(はんしんちほう)を旅行(りょこう)しました。 친구와 한신 지방을 여행했습니다.

大阪(おおさか)は日本第二(にほんだいに)の都市(とし)です。 오사카는 일본 제2의 도시입니다.

쓰는 순서 阪 阪 阪 阪 阪 阪 阪

0626

敗

패할 패

N3 총 11 획

음 はい 敗因(はいいん) 패인 | 敗戦(はいせん) 패전 | 失敗(しっぱい) 실패 | 勝敗(しょうはい) 승패 | 腐敗(ふはい) 부패

훈 やぶ(れる) 敗(やぶ)れる 패하다, 지다

今日(きょう)の試合(しあい)の敗因(はいいん)を考(かんが)えました。 오늘 시합의 패인을 생각했습니다.

日本(にほん)チームはアメリカチームに敗(やぶ)れてしまいました。

일본 팀은 미국 팀에게 지고 말았습니다.

쓰는 순서 敗 敗 敗 敗 敗 敗 敗 敗 敗 敗 敗

0627

便

편할 편

N3 총 9 획

음 べん, びん 便宜(べんぎ) 편의 | 便利(べんり) 편리 | 不便(ふべん) 불편 | 便乗(びんじょう) 편승 | 船便(ふなびん) 배편 | 郵便(ゆうびん) 우편

훈 たよ(り) 便(たよ)り 소식, 편지

この町(まち)は交通(こうつう)が不便(ふべん)です。 이 마을은 교통이 불편합니다.

外国(がいこく)にいる友達(ともだち)から便(たよ)りがありました。

외국에 있는 친구에게 소식이 있었습니다.

쓰는 순서 便 便 便 便 便 便 便 便 便

0628

包

쌀 포(包)

N3 총 5 획

음 ほう 包囲(ほうい) 포위 | 包装(ほうそう) 포장 | 包丁(ほうちょう) 요리사, 식칼 | 内包(ないほう) 내포

훈 つつ(む) 包(つつ)む 싸다, 두르다, 에워싸다 | 包(つつ)み紙(がみ) 포장지 | 小包(こづつみ) 소포

かわいい包装紙(ほうそうし)を買(か)いました。 귀여운 포장지를 샀습니다.

プレゼントをきれいな紙(かみ)で包(つつ)みます。 선물을 예쁜 종이로 포장합니다.

쓰는 순서 包 包 包 包 包

0629 □□

票

표 표

N1 총 11 획

음 ひょう **票決**(ひょうけつ) 표결 | **開票**(かいひょう) 개표 | **投票**(とうひょう) 투표 | **得票**(とくひょう) 득표 | **伝票**(でんぴょう) 전표

開票(かいひょう)の結果(けっか)が出(で)ました。 개표 결과가 나왔습니다.

伝票(でんぴょう)の整理(せいり)をします。 전표 정리를 합니다.

쓰는 순서 票 票 票 票 票 票 票 票 票 票 票

0630 □□

標

표할 표

N2 총 15 획

음 ひょう **標識**(ひょうしき) 표지 | **標的**(ひょうてき) 표적, 과녁 | **商標**(しょうひょう) 상표 | **目標**(もくひょう) 목표

道路標識(どうろひょうしき)をよく見(み)てください。 도로 표지를 잘 보세요.

今月(こんげつ)の目標(もくひょう)を決(き)めましょう。 이번 달의 목표를 정합시다.

쓰는 순서 標 標 標 標 標 標 標 標 標 標 標 標 標 標 標

0631 □□

반드시 필

N3 총 5 획

음 ひつ **必死**(ひっし) 필사 | **必修**(ひっしゅう) 필수 | **必需品**(ひつじゅひん) 필수품 | **必然**(ひつぜん) 필연 | **必読**(ひつどく) 필독 | **必要**(ひつよう) 필요

훈 かなら(ず) **必ず**(かならず) 반드시, 꼭

外国(がいこく)に行(い)くときはパスポートが必要(ひつよう)です。 외국에 갈 때는 여권이 필요합니다.

約束(やくそく)は必(かなら)ず守(まも)ってください。 약속은 반드시 지켜 주세요.

쓰는 순서 必 必 必 必 必

0632 □□

하례할 하

N1 총 12 획

음 が **賀正**(がしょう) 새해를 축하함 | **謹賀**(きんが) 근하, 삼가 축하함 | **祝賀**(しゅくが) 축하 | **年賀状**(ねんがじょう) 연하장

知(し)り合(あ)いに年賀状(ねんがじょう)を書(か)きました。 지인에게 연하장을 썼습니다.

優勝(ゆうしょう)チームの祝賀(しゅくが)パーティーが開(ひら)かれました。

우승 팀의 축하 파티가 열렸습니다.

쓰는 순서 賀 賀 賀 賀 賀 賀 賀 賀 賀 賀 賀 賀

4 학년

0633

害

해할 해

N2 총 10획

음 がい 害虫(がいちゅう) 해충 | 災害(さいがい) 재해 | 障害(しょうがい) 장애 | 被害(ひがい) 피해 | 妨害(ぼうがい) 방해

みんなで災害対策(さいがいたいさく)を考(かんが)えました。 다 같이 재해 대책을 생각했습니다.

地震(じしん)で大(おお)きな被害(ひがい)が出(で)ました。 지진 때문에 큰 피해가 났습니다.

쓰는 순서 害 害 害 害 害 害 害 害 害 害

0634

香

향기 향

N2 총 9획

음 こう 香辛料(こうしんりょう) 향신료 | 香水(こうすい) 향수 | 蚊取(かと)り線香(せんこう) 모기향 | 芳香(ほうこう) 방향

훈 か, かお(り), かお(る) 移(うつ)り香(が) 어떤 물건에 옮아서 남아 있는 향기 | 香(かお)り 향기 | 香(かお)る 향기나다

友達(ともだち)にプレゼントで香水(こうすい)をあげました。 친구에게 선물로 향수를 주었습니다.

このせっけんはバラの香(かお)りがします。 이 비누는 장미향이 납니다.

쓰는 순서 香 香 香 香 香 香 香 香 香

0635

시험 험 (驗)

N4 총 18획

음 けん, げん 経験(けいけん) 경험 | 試験(しけん) 시험 | 実験(じっけん) 실험 | 受験(じゅけん) 수험 | 霊験(れいげん) 영험, 영검

経験(けいけん)のある人(ひと)を探(さが)しています。 경험이 있는 사람을 찾고 있습니다.

あしたは運転免許(うんてんめんきょ)の試験(しけん)があります。 내일은 운전 면허 시험이 있습니다.

쓰는 순서 験 験 験 験 験 験 験 験 験 験 験 験 験 験 験 験 験 験

0636

協

화합할 협

N2 총 8획

음 きょう 協議(きょうぎ) 협의 | 協定(きょうてい) 협정 | 協力(きょうりょく) 협력 | 妥協(だきょう) 타협

友達(ともだち)と協力(きょうりょく)して作品(さくひん)を作(つく)りました。 친구와 협력해서 작품을 만들었습니다.

彼(かれ)は妥協(だきょう)ができない性格(せいかく)です。 그는 타협을 못하는 성격입니다.

쓰는 순서 協 協 協 協 協 協 協 協

0637

好

좋을 호

N3 총 6 획

음 こう 好意(こうい) 호의 | 好感(こうかん) 호감 | 好調(こうちょう) 호조 | 愛好(あいこう) 애호, 좋아함 | 友好(ゆうこう) 우호

훈 この(む), す(く) 好(この)む 좋아하다, 즐기다 | 好(この)み 좋아함, 기호 | 好(す)きだ 좋아하다

父(ちち)は音楽(おんがく)を愛好(あいこう)しています。 아빠는 음악을 좋아합니다.

好(この)みのタイプはどんな人(ひと)ですか。 좋아하는 타입은 어떤 사람입니까?

쓰는 순서 好 好 好 好 好 好

0638

貨

재물 화

N2 총 11 획

음 か 貨幣(かへい) 화폐, 돈 | 貨物(かもつ) 화물 | 金貨(きんか) 금화 | 通貨(つうか) 통화 | 百貨店(ひゃっかてん) 백화점

貨物列車(かもつれっしゃ)が走(はし)っています。 화물 열차가 달리고 있습니다.

記念金貨(きねんきんか)を買(か)いました。 기념 금화를 샀습니다.

쓰는 순서 貨 貨 貨 貨 貨 貨 貨 貨 貨 貨 貨

0639

栃

상수리나무 회

N1 총 9 획

훈 とち 栃木県(とちぎけん) 도치기현(지명) | 栃(とち)の木(き) 상수리나무

栃木県(とちぎけん)は東京(とうきょう)から約(やく)100km離(はな)れています。
도치기현은 도쿄에서 100km 떨어져 있습니다.

쓰는 순서 栃 栃 栃 栃 栃 栃 栃 栃 栃

0640

候

기후 후

N2 총 10 획

음 こう 気候(きこう) 기후 | 症候(しょうこう) 징후, 증상 | 兆候(ちょうこう) 징후, 징조 | 天候(てんこう) 기후 | 立候補(りっこうほ) 입후보

훈 そうろう 居候(いそうろう) 식객, 더부살이

選挙(せんきょ)に立候補(りっこうほ)しました。 선거에 입후보했습니다.

学生(がくせい)のとき、親戚(しんせき)の家(いえ)に居候(いそうろう)しました。 학생 때 친척집에서 더부살이했습니다.

쓰는 순서 候 候 候 候 候 候 候 候 候 候

4 학년

0641

가르칠 훈

N2 총10획

음 くん 訓読(くんどく)·訓読(くんよ)み 훈독 | 訓練(くんれん) 훈련 | 家訓(かくん) 가훈 | 教訓(きょうくん) 교훈

この漢字(かんじ)の訓読(くんどく)は何(なん)ですか。 이 한자의 훈독은 무엇입니까?

軍隊(ぐんたい)の訓練(くんれん)は厳(きび)しいです。 군대 훈련은 혹독합니다.

쓰는 순서 訓 訓 訓 訓 訓 訓 訓 訓 訓 訓

0642

바랄 희

N2 총7획

음 き 希求(ききゅう) 희구, 강하게 바라고 구함 | 希少(きしょう) 희소, 드묾 | 希薄(きはく) 희박 | 希望(きぼう) 희망

これはとても希少(きしょう)な植物(しょくぶつ)です。 이것은 매우 희소한 식물입니다.

どんなことがあっても希望(きぼう)を捨(す)てないでください。
어떤 일이 있어도 희망을 버리지 마세요.

쓰는 순서 希 希 希 希 希 希 希

연습 문제 ⑬

[　　/20]

■ 밑줄 친 한자를 바르게 읽은 것을 고르시오.

1　子どもに希望を与える人になりたいです。

① ひぼう　② ひまん　③ きぼう　④ きまん

2　この薬を試してみてください。

① ふくして　② もどして　③ かえして　④ ためして

3　父は音楽を愛好しています。

① あいこ　② あいこう　③ えいこ　④ えいこう

4　吉田さんは笑顔がすてきです。

① しょうがお　② しょうがん　③ えがお　④ えがん

5　この授業は必修科目です。

① ひしゅ　② ひっしゅ　③ ひしゅう　④ ひっしゅう

6　国際結婚の手続きをします。

① てつずき　② てつづき　③ しゅつずき　④ しゅつづき

7　船便は時間がかかります。

① ふなびん　② ふねびん　③ ふなべん　④ ふねべん

8　外務大臣が国会に到着しました。

① たいじん　② たいしん　③ だいじん　④ だいしん

9　この電車は特急なので、次の駅には止まりません。

① とっきゅ　② とくきゅ　③ とっきゅう　④ とくきゅう

10　子どもを小児科につれて行きました。

① そじか　② そにか　③ しょうじか　④ しょうにか

정답　1③ 2④ 3② 4③ 5④ 6② 7① 8③ 9③ 10④

[　　/20]

11　酒屋(さかや)で清酒を買(か)いました。

①ちょうじゅ　②ちょうしゅ　③せいじゅ　④せいしゅ

12　漁師は朝早(あさはや)くから働(はたら)きます。

①りょうし　②ぎょうし　③りょうじ　④ぎょうじ

13　一時(いちじ)に先生(せんせい)のお宅(たく)へ参ります。

①まいり　②かえり　③より　④もどり

14　サークルの仲間とカラオケに行(い)きました。

①なかかん　②なかま　③ちゅうかん　④ちゅうま

15　勇気を出(だ)して彼女(かのじょ)にプロポーズしました。

①ゆんけ　②ゆうけ　③ゆんき　④ゆうき

16　地震(じしん)は何(なん)の前兆もなく起(お)きました。

①せんちょう　②せんちょ　③ぜんちょう　④ぜんちょ

17　20世紀(せいき)には大(おお)きな戦争がありました。

①ぜんしょう　②ぜんそう　③せんしょう　④せんそう

18　試合(しあい)の作戦を立(た)てました。

①さっせん　②さくせん　③さっせい　④さくせい

19　先生(せんせい)に年賀状を書(か)きます。

①ねんはじょう　②ねんがじょう　③れんはじょう　④れんがじょう

20　海底にあるサンゴがとてもきれいです。

①かいてい　②かいでい　③がいてい　④がいでい

정답　11④　12①　13①　14②　15④　16③　17④　18②　19②　20①

연습 문제 ⑭

[　　/20]

■ 밑줄 친 히라가나를 한자로 바르게 적은 것을 고르시오.

1　祖母にはまごが五人います。

① 孩　② 孤　③ 孔　④ 孫

2　韓国と日本のきこうは似ています。

① 気候　② 汽候　③ 気喉　④ 汽喉

3　つうしん技術がとても発達しました。

① 通便　② 通信　③ 道便　④ 道信

4　頑張って、じゅけん勉強をします。

① 受騒　② 愛騒　③ 受験　④ 愛験

5　しつれんして、とても悲しいです。

① 失恋　② 矢恋　③ 失変　④ 矢変

6　今月のもくひょうを決めましょう。

① 貝票　② 貝標　③ 目票　④ 目標

7　テストは、あんがい、簡単でした。

① 安外　② 安朴　③ 案外　④ 案朴

8　選手がスタートのいちにつきました。

① 位直　② 位置　③ 仕直　④ 仕置

9　午後からきょうよう科目の授業があります。

① 教養　② 数養　③ 教義　④ 数義

10　新しい道路がかんせいしました。

① 宗成　② 宗或　③ 完或　④ 完成

정답　1④ 2① 3② 4③ 5① 6④ 7③ 8② 9① 10④

11 神社(じんじゃ)へ合格(ごうかく)をきがんしに行(い)きました。

① 折願　② 祈願　③ 折顧　④ 祈顧

12 これはさいしんモデルのパソコンです。

① 撮新　② 撮親　③ 最新　④ 最親

13 おなかがいっぱいで、これいじょうは食(た)べられません。

① 以上　② 以状　③ 異上　④ 異状

14 きのうは何時(なんじ)に家(いえ)に帰(かえ)りましたか。

① 作旦　② 昨旦　③ 作日　④ 昨日

15 あさいところで泳(およ)ぎましょう。

① 銭い　② 賎い　③ 残い　④ 浅い

16 畑(はたけ)のめんせきを測(はか)りました。

① 面積　② 面績　③ 而積　④ 而績

17 実(じつ)は三百万円(さんびゃくまんえん)のしゃっきんがあります。

① 債金　② 債全　③ 借金　④ 借全

18 アメリカ人(じん)の友達(ともだち)におりがみを教(おし)えました。

① 折り紙　② 祈り紙　③ 折り紐　④ 祈り紐

19 この運動場(うんどうじょう)はいっしゅうが４００メートルあります。

① 一週　② 一周　③ 一彫　④ 一調

20 お金(かね)がないのでせつやくします。

① 筋紅　② 筋約　③ 節紅　④ 節約

정답 11② 12③ 13① 14④ 15④ 16① 17③ 18① 19② 20④

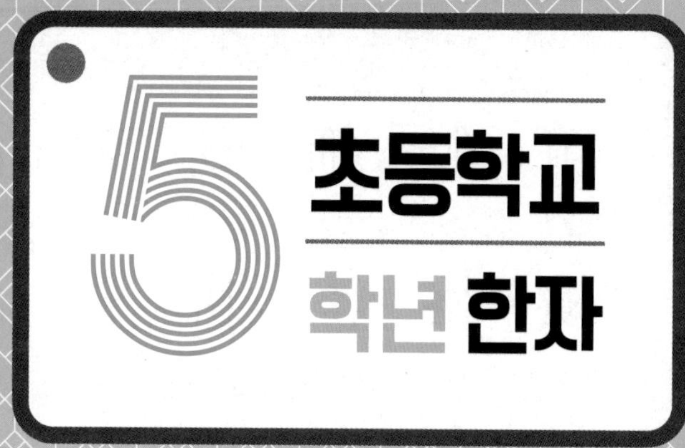
5
초등학교
학년 한자

초등학교 5학년 한자 1

100 자

可	仮	価	刊	幹	減	講	個	居	件
옳을 가	거짓 가	값 가	새길 간	줄기 간	덜 감	외울 강	낱 개	살 거	물건 건
検	格	潔	耕	経	境	告	故	過	慣
검사할 검	격식 격	깨끗할결	밭 갈 경	지날 경	지경 경	고할 고	연고 고	지날 과	익숙할 관
鉱	久	句	旧	救	構	規	均	禁	技
쇳돌 광	오랠 구	글귀 구	옛 구	구원할 구	얽을 구	법 규	고를 균	금할 금	재주 기
紀	寄	基	能	団	断	堂	貸	導	毒
벼리 기	부칠 기	터 기	능할 능	둥글 단	끊을 단	집 당	빌릴 대	인도할 도	독 독
独	銅	得	略	歴	領	留	脈	綿	夢
홀로 독	구리 동	얻을 득	간략할 략	지낼 력	거느릴 령	머무를 류	줄기 맥	솜 면	꿈 몽
墓	武	務	貿	迷	防	犯	弁	保	報
무덤 묘	호반 무	힘쓸 무	무역할 무	미혹할 미	막을 방	범할 범	고깔/말씀 변	지킬 보	갚을 보
復	複	婦	粉	仏	比	非	肥	備	費
회복할 복	겹칠 복	며느리 부	가루 분	부처 불	견줄 비	아닐 비	살찔 비	갖출 비	쓸 비
貧	士	史	似	舎	査	師	飼	謝	酸
가난할 빈	선비 사	사기 사	닮을 사	집 사	조사할 사	스승 사	기를 사	사례할 사	실 산
殺	状	常	象	像	賞	序	設	性	税
죽일 살/빠를 쇄	형상 상	항상 상	코끼리 상	모양 상	상줄 상	차례 서	베풀 설	성품 성	세금 세
勢	素	属	損	率	修	授	輸	述	術
형세 세	본디 소	무리 속	덜 손	거느릴 솔/비율 률	닦을 수	줄 수	보낼 수	펼 술	재주 술

0643

可

옳을 가

N3 총 5 획

음 か 可決(かけつ) 가결 | 可能(かのう) 가능 | 許可(きょか) 허가 | 不可(ふか) 불가

手話(しゅわ)が可能(かのう)な人(ひと)はいますか。수화가 가능한 사람 있습니까?

この部屋(へや)を使(つか)うには許可(きょか)が必要(ひつよう)です。이 방을 사용하려면 허가가 필요합니다.

쓰는 순서 可 可 可 可 可

0644

仮

거짓 가 (假)

N1 총 6 획

음 か, け 仮説(かせつ) 가설 | 仮想(かそう) 가상 | 仮定(かてい) 가정 | 仮面(かめん) 가면 | 仮病(けびょう) 꾀병

훈 かり 仮契約(かりけいやく) 가계약 | 仮払(かりばら)い 가불

仮説(かせつ)を立(た)てて、考察(こうさつ)します。가설을 세워서 고찰합니다.

出張旅費(しゅっちょうりょひ)を仮払(かりばら)いしました。출장비를 가불했습니다.

쓰는 순서 仮 仮 仮 仮 仮 仮

0645

価

값 가 (價)

N1 총 8 획

음 か 価格(かかく) 가격 | 価値(かち) 가치 | 株価(かぶか) 주가 | 定価(ていか) 정가 | 評価(ひょうか) 평가 | 物価(ぶっか) 물가

훈 あたい 価(あたい) 값, 가격, 가치

ガソリンの価格(かかく)が上(あ)がりました。기름값이 올랐습니다.

その映画(えいが)は一見(いっけん)に価(あたい)します。그 영화는 한번 볼 가치가 있습니다.

쓰는 순서 価 価 価 価 価 価 価 価

0646

刊

새길 간

N3 총 5 획

음 かん 刊行(かんこう) 간행 | 週刊誌(しゅうかんし) 주간지 | 新刊(しんかん) 신간 | 朝刊(ちょうかん) 조간 | 発刊(はっかん) 발간

売店(ばいてん)で週刊誌(しゅうかんし)を買(か)いました。매점에서 주간지를 샀습니다.

毎朝(まいあさ)、六時(ろくじ)に朝刊(ちょうかん)が届(とど)きます。매일 아침 여섯 시에 조간이 도착합니다.

쓰는 순서 刊 刊 刊 刊 刊

0647

줄기 간

N1 총 13획

음 かん 幹事(かんじ) 간사 | 幹線(かんせん) 간선 | 幹部(かんぶ) 간부 | 語幹(ごかん) 어간 | 根幹(こんかん) 근간, 근본

훈 みき 幹(みき) 나무 줄기, 사물의 주요 부분

午後(ごご)に幹部会議(かんぶかいぎ)があります。 오후에 간부 회의가 있습니다.

木(き)の幹(みき)にセミがいます。 나무 줄기에 매미가 있습니다.

쓰는 순서 幹 幹 幹 幹 幹 幹 幹 幹 幹 幹 幹 幹 幹

0648

減

덜 감

N2 총 12획

음 げん 減額(げんがく) 감액 | 減少(げんしょう) 감소 | 削減(さくげん) 삭감, 감축 | 増減(ぞうげん) 증감

훈 へ(る), へ(らす) 減る 줄다 | 減らす 줄이다

子(こ)どもの人口(じんこう)がだんだん減少(げんしょう)しています。 아동 인구가 점점 감소하고 있습니다.

ダイエットしているので、ご飯(はん)の量(りょう)を減(へ)らしました。
다이어트 중이라 밥량을 줄였습니다.

쓰는 순서 減 減 減 減 減 減 減 減 減 減 減 減

0649

講

외울 강

N2 총 17획

음 こう 講演(こうえん) 강연 | 講義(こうぎ) 강의 | 講師(こうし) 강사 | 開講(かいこう) 개강 | 休講(きゅうこう) 휴강

社会学(しゃかいがく)の講義(こうぎ)はおもしろいです。 사회학 강의는 재미있습니다.

台風(たいふう)で休講(きゅうこう)になりました。 태풍 때문에 휴강입니다.

쓰는 순서 講 講 講 講 講 講 講 講 講 講 講 講 講 講 講 講 講

0650

낱 개

N3 총 10획

음 こ 個人(こじん) 개인 | 個性(こせい) 개성 | 個体(こたい) 개체 | 個別(こべつ) 개별 | 別個(べっこ) 별개

個人展(こじんてん)を開(ひら)きました。 개인전을 열었습니다.

山崎(やまざき)さんのファッションは個性的(こせいてき)です。 야마자키 씨의 패션은 개성적입니다.

쓰는 순서 個 個 個 個 個 個 個 個 個 個

□□

居

살 거

N3 총 8 획

음 きょ 居住(きょじゅう) 거주 | 転居(てんきょ) 이사, 이전 | 同居(どうきょ) 동거 | 別居(べっきょ) 별거

훈 い(る) 居(い)る 있다, 앉다 | 居酒屋(いざかや) 선술집 | 居眠(いねむ)り 앉아서 졺 | 居間(いま) 거실 | 芝居(しばい) 연극

市役所(しやくしょ)に転居届(てんきょとどけ)を出(だ)しました。 시청에 전입 신고를 했습니다.

帰(かえ)りに居酒屋(いざかや)に寄(よ)りました。 집에 가는 길에 선술집에 들렀습니다.

쓰는 순서 居 居 居 居 居 居 居 居

0652 □□

件

물건 건

N3 총 6 획

음 けん 事件(じけん) 사건 | 条件(じょうけん) 조건 | 物件(ぶっけん) 물건 | 用件(ようけん) 용건

その事件(じけん)は昨夜(さくや)、起(お)こりました。 그 사건은 어젯밤 일어났습니다.

条件(じょうけん)がいいアルバイトを見(み)つけました。 조건이 좋은 아르바이트를 발견했습니다.

쓰는 순서 件 件 件 件 件 件

0653 □□

検

검사할 검

N2 총 12 획

음 けん 検査(けんさ) 검사 | 検察(けんさつ) 검찰 | 検討(けんとう) 검토 | 検問(けんもん) 검문 | 点検(てんけん) 점검

病院(びょういん)で検査(けんさ)を受(う)けました。 병원에서 검사를 받았습니다.

15日(にち)は定期点検(ていきてんけん)の日(ひ)です。 15일은 정기 점검을 하는 날입니다.

쓰는 순서 検 検 検 検 検 検 検 検 検 検 検 検

0654 □□

格

격식 격

N3 총 10 획

음 かく, こう 格差(かくさ) 격차 | 格好(かっこう) 모양, 모습 | 規格(きかく) 규격 | 合格(ごうかく) 합격 | 性格(せいかく) 성격 | 格子(こうし) 격자

試験(しけん)に合格(ごうかく)して、うれしいです。 시험에 합격해서 기쁩니다.

田中(たなか)さんは性格(せいかく)がいいです。 다나카 씨는 성격이 좋습니다.

쓰는 순서 格 格 格 格 格 格 格 格 格 格

0655

潔

깨끗할 결

N1 총 15 획

음 けつ **潔白**(けっぱく) 결백 | **潔癖**(けっぺき) 결벽 | **簡潔**(かんけつ) 간결함 | **清潔**(せいけつ) 청결

훈 いさぎよ(い) **潔い**(いさぎよい) 맑고 깨끗하다, 결백하다

犯人(はんにん)は潔白(けっぱく)を主張(しゅちょう)しました。 범인은 결백을 주장했습니다.

大臣(だいじん)は潔(いさぎよ)く辞(や)めました。 장관은 미련없이 그만두었습니다.

쓰는 순서 潔 潔 潔 潔 潔 潔 潔 潔 潔 潔 潔 潔 潔 潔 潔

0656

耕

밭 갈 경

N2 총 10 획

음 こう **耕運機**(こううんき) 경운기 | **耕作**(こうさく) 경작 | **耕地**(こうち) 경지 | **農耕**(のうこう) 농경

훈 たがや(す) **耕す**(たがやす) 갈다, 일구다, 경작하다

この村(むら)は耕作地(こうさくち)がありません。 이 마을은 경작지가 없습니다.

畑(はたけ)を耕(たがや)して暮(く)らしました。 밭을 일구며 살았습니다.

쓰는 순서 耕 耕 耕 耕 耕 耕 耕 耕 耕 耕

0657

経

지날 경 (經)

N2 총 11 획

음 けい, きょう **経営**(けいえい) 경영 | **経済**(けいざい) 경제 | **経歴**(けいれき) 경력 | **神経**(しんけい) 신경 | **経典**(きょうてん) 경전 | **読経**(どきょう) 독경(불교)

훈 へ(る) **経る**(へる) 흐르다, 경과하다, 지나다, 거치다

父(ちち)は会社(かいしゃ)を経営(けいえい)しています。 아빠는 회사를 경영하고 있습니다.

東京(とうきょう)を経(へ)て、シドニーに行(い)きました。 도쿄를 거쳐 시드니에 갔습니다.

쓰는 순서 経 経 経 経 経 経 経 経 経 経 経

0658

境

지경 경

N2 총 14 획

음 きょう, けい **境界**(きょうかい) 경계 | **境地**(きょうち) 경지 | **環境**(かんきょう) 환경 | **国境**(こっきょう) 국경 | **境内**(けいだい) 경내, 신사·사찰의 구내

훈 さかい **境**(さかい) 경계, 갈림길, 기로 | **県境**(けんざかい) 현과 현의 경계

環境問題(かんきょうもんだい)について考(かんが)えましょう。 환경문제에 대해서 생각합시다.

この川(かわ)は広島県(ひろしまけん)と山口県(やまぐちけん)の県境(けんざかい)です。

이 강은 히로시마현과 야마구치현의 경계입니다.

쓰는 순서 境 境 境 境 境 境 境 境 境 境 境 境 境 境

0659

告

고할 고

N2 총 7 획

음 こく 告知(こくち) 고지, 통지 | 告白(こくはく) 고백 | 勧告(かんこく) 권고 | 広告(こうこく) 광고 | 報告(ほうこく) 보고

훈 つ(げる) 告(つ)げる 고하다, 알리다

スーパーの広告(こうこく)を見(み)て、買(か)い物(もの)に行(い)きました。

슈퍼 광고를 보고 쇼핑하러 갔습니다.

彼(かれ)は別(わか)れを告(つ)げて、去(さ)って行(い)きました。 그는 이별을 고하고 떠나갔습니다.

쓰는 순서 告 告 告 告 告 告 告

0660

연고 고

N1 총 9 획

음 こ 故郷(こきょう) 고향 | 故障(こしょう) 고장 | 故人(こじん) 고인, 죽은 사람 | 事故(じこ) 사고

훈 ゆえ 故(ゆえ) 까닭, 이유 | 故(ゆえ)に 그러므로, 따라서

コピー機(き)が故障(こしょう)して使(つか)えません。 복사기가 고장나서 사용할 수 없습니다.

愛煙家(あいえんか)故(ゆえ)にタバコが止(や)められません。 애연가여서 담배를 끊지 못합니다.

쓰는 순서 故 故 故 故 故 故 故 故 故

0661

過

지날 과 (過)

N2 총 12 획

음 か 過去(かこ) 과거 | 過激(かげき) 과격 | 過程(かてい) 과정 | 過労(かろう) 과로 | 経過(けいか) 경과 | 通過(つうか) 통과

훈 す(ぎる), す(ごす), あやま(つ), あやま(ち) 過(す)ぎる 지나가다 | 過(す)ごす 보내다, 지내다 | 過(あやま)つ 잘못하다, 실수하다 | 過(あやま)ち 실수, 잘못, 실패

次(つぎ)の電車(でんしゃ)はこの駅(えき)を通過(つうか)するので、乗(の)れません。

다음 열차는 이 역을 통과하므로 탈 수 없습니다.

休日(きゅうじつ)は映画(えいが)を見(み)て過(す)ごしました。 휴일은 영화를 보면서 지냈습니다.

쓰는 순서 過 過 過 過 過 過 過 過 過 過 過 過

0662

익숙할 관

N2 총 14 획

음 かん 慣行(かんこう) 관행 | 慣習(かんしゅう) 관습 | 慣用句(かんようく) 관용구 | 慣例(かんれい) 관례 | 習慣(しゅうかん) 습관

훈 な(れる), な(らす) 慣(な)れる 습관이 되다, 익숙해지다 | 慣(な)らす 길들이다, 익숙하도록 하다

日本語(にほんご)の慣用句(かんようく)を覚(おぼ)えます。 일본어의 관용구를 외웁니다.

新(あたら)しい仕事(しごと)になかなか慣(な)れません。 새로운 일에 좀처럼 익숙해지지 않습니다.

쓰는 순서 慣 慣 慣 慣 慣 慣 慣 慣 慣 慣 慣 慣 慣 慣

0663

鉱

쇳돌 광 (鑛)

N2 총 13 획

음 こう 鉱山(こうざん) 광산 | 鉱物(こうぶつ) 광물 | 鉱脈(こうみゃく) 광맥 | 炭鉱(たんこう) 탄광 | 鉄鉱(てっこう) 철광

この町(まち)は炭鉱(たんこう)があります。 이 마을에는 탄광이 있습니다.

ここでは鉄鉱石(てっこうせき)がとれます。 여기에서는 철광석을 캘 수 있습니다.

쓰는 순서 鉱 鉱 鉱 鉱 鉱 鉱 鉱 鉱 鉱 鉱 鉱 鉱 鉱

0664

오랠 구

N3 총 3 획

음 きゅう, く 永久(えいきゅう) 영구, 영원 | 恒久(こうきゅう) 항구, 영구 | 持久(じきゅう) 지구, 오래 견딤 | 耐久(たいきゅう) 내구, 오래 버팀 | 久遠(くおん) 구원, 영원

훈 ひさ(しい) 久(ひさ)しい 오래되다, 오랜만이다 | 久(ひさ)しぶり 오래간만 | 久々(ひさびさ) 오래간만, 모처럼

マラソンは持久力(じきゅうりょく)が必要(ひつよう)です。 마라톤은 지구력이 필요합니다.

久(ひさ)しぶりに友達(ともだち)とお酒(さけ)を飲(の)みました。 오래간만에 친구와 술을 마셨습니다.

쓰는 순서 久 久 久

0665

글귀 구

N1 총 5 획

음 く 句点(くてん) 구점, 마침표, 종지부 | 句読(くとう) 구두, 구두점 | 語句(ごく) 어구 | 俳句(はいく) 하이쿠(5·7·5의 3구 17자로 이루어진 일본 고유의 단시) | 文句(もんく) 불평, 문구

祖父(そふ)は俳句(はいく)が好(す)きです。 할아버지는 하이쿠를 좋아합니다.

文句(もんく)を言(い)わないでください。 불평하지 마세요.

쓰는 순서 句 句 句 句 句

0666

옛 구 (舊)

N3 총 5 획

음 きゅう 旧式(きゅうしき) 구식 | 旧暦(きゅうれき) 음력 | 新旧(しんきゅう) 신구, 새 것과 낡은 것 | 復旧(ふっきゅう) 복구

旧暦(きゅうれき)の八月十五日(はちがつじゅうごにち)は韓国(かんこく)の秋夕(チュソク)です。 음력 8월 15일은 추석입니다.

電車(でんしゃ)が復旧(ふっきゅう)するまで時間(じかん)がかかります。 전철이 복구되기까지 시간이 걸립니다.

쓰는 순서 旧 旧 旧 旧 旧

0667

救

구원할 구

N2 총 11 획

음 きゅう **救援**(きゅうえん) 구원 | **救急車**(きゅうきゅうしゃ) 구급차 | **救出**(きゅうしゅつ) 구출 | **救助**(きゅうじょ) 구조

훈 すく(う) **救う**(すくう) 구하다

早(はや)く救急車(きゅうきゅうしゃ)を呼(よ)んでください。빨리 구급차를 불러 주세요.

消防士(しょうぼうし)が子(こ)どもを救(すく)いました。소방관이 아이를 구했습니다.

쓰는 순서 救 救 救 救 救 救 救 救 救 救 救

0668

構

얽을 구

N2 총 14 획

음 こう **構成**(こうせい) 구성 | **構造**(こうぞう) 구조 | **機構**(きこう) 기구 | **結構**(けっこう) 짜임새, 훌륭함, 좋음

훈 かま(える), かま(う) **構える**(かまえる) 차리다, 꾸미다, 자세를 취하다 | **心構え**(こころがまえ) 마음의 준비, 각오 | **構う**(かまう) 상관하다, 마음 쓰다

論文(ろんぶん)の構成(こうせい)を考(かんが)えます。논문의 구성을 생각합니다.

面接(めんせつ)の心構(こころがま)えを習(なら)いました。면접에 대한 마음가짐을 익혔습니다.

쓰는 순서 構 構 構 構 構 構 構 構 構 構 構 構 構 構

0669

規

법 규

N2 총 11 획

음 き **規格**(きかく) 규격 | **規則**(きそく) 규칙 | **規定**(きてい) 규정 | **正規**(せいき) 정규 | **定規**(じょうぎ) 정규, 자

規則(きそく)を守(まも)ってください。규칙을 지켜 주세요.

定規(じょうぎ)で線(せん)を引(ひ)きます。자로 선을 긋습니다.

쓰는 순서 規 規 規 規 規 規 規 規 規 規 規

0670

고를 균

N2 총 7 획

음 きん **均一**(きんいつ) 균일 | **均衡**(きんこう) 균형 | **均等**(きんとう) 균등 | **平均**(へいきん) 평균

ここは百円均一(ひゃくえんきんいつ)のお店(みせ)です。여기는 100엔 균일 가격의 가게입니다.

テストの平均点(へいきんてん)は85点(てん)です。시험의 평균점은 85점입니다.

쓰는 순서 均 均 均 均 均 均 均

5학년

0671

禁

금할 금

N2 총 13 획

음 きん 禁煙(きんえん) 금연 | 禁止(きんし) 금지 | 禁(きん)じる 금하다 | 解禁(かいきん) 해금, 금지령을 해제함 | 厳禁(げんきん) 엄금

会議室(かいぎしつ)は禁煙(きんえん)です。 회의실은 금연입니다.

ここは駐車禁止(ちゅうしゃきんし)です。 여기는 주차금지입니다.

쓰는 순서 禁 禁 禁 禁 禁 禁 禁 禁 禁 禁 禁 禁 禁

0672

技

재주 기

N2 총 7 획

음 ぎ 技術(ぎじゅつ) 기술 | 技能(ぎのう) 기능 | 演技(えんぎ) 연기 | 球技(きゅうぎ) 구기 | 競技(きょうぎ) 경기

훈 わざ 技(わざ) 기술

木村(きむら)さんの演技(えんぎ)はすばらしいです。 기무라 씨의 연기는 훌륭합니다.

柔道(じゅうどう)にはたくさんの技(わざ)があります。 유도에는 많은 기술이 있습니다.

쓰는 순서 技 技 技 技 技 技 技

0673

紀

벼리 기

N1 총 9 획

음 き 紀元(きげん) 기원 | 紀行(きこう) 기행 | 世紀(せいき) 세기 | 風紀(ふうき) 풍기

今年(ことし)は紀元(きげん)2012年(ねん)です。 올해는 기원 2012년입니다.

紀行文(きこうぶん)を読(よ)むのが好(す)きです。 기행문 읽는 것을 좋아합니다.

쓰는 순서 紀 紀 紀 紀 紀 紀 紀 紀 紀

0674

寄

부칠 기

N2 총 11 획

음 き 寄宿(きしゅく) 기숙 | 寄生(きせい) 기생 | 寄贈(きそう)・寄贈(きぞう) 기증, 증정 | 寄付(きふ) 기부 | 寄与(きよ) 기여

훈 よ(る), よ(せる) 寄(よ)る 다가가다, 모이다, 들르다 | 寄(よ)り道(みち) 가는 길에 들름 | 最寄(もよ)り 가장 가까움, 근처 | 寄(よ)せる 밀려오다, 접근하다, 다가오다

図書館(としょかん)に本(ほん)を寄贈(きぞう)します。 도서관에 책을 기증합니다.

スーパーに寄(よ)って、買(か)い物(もの)して帰(かえ)りました。
슈퍼에 들러 물건을 사고 집에 왔습니다.

쓰는 순서 寄 寄 寄 寄 寄 寄 寄 寄 寄 寄 寄

0675

基

터 기

N1 총 11 획

음 き　基準(きじゅん) 기준 | 基礎(きそ) 기초 | 基地(きち) 기지 | 基本(きほん) 기본

훈 もと, もとい　基(もと) 처음, 시작, 기원, 원인 | 基(もと)づく 의거하다, 바탕을 두다, 근거하다 | 基(もとい) 건물의 토대, 기초, 사물의 근본

フランス語(ご)を基礎(きそ)から勉強(べんきょう)します。 프랑스어를 기초부터 공부합니다.

これは事実(じじつ)に基(もと)づいたドラマです。 이것은 사실을 바탕으로 한 드라마입니다.

쓰는 순서 基 基 基 基 基 基 基 基 基 基 基

0676

能

능할 능

N3 총 10 획

음 のう　能率(のうりつ) 능률 | 能力(のうりょく) 능력 | 可能(かのう) 가능 | 芸能(げいのう) 예능 | 才能(さいのう) 재능 | 有能(ゆうのう) 유능

吉田(よしだ)さんは語学(ごがく)の才能(さいのう)があります。 요시다 씨는 어학에 재능이 있습니다.

金田(かねだ)さんは有能(ゆうのう)な社員(しゃいん)です。 가네다 씨는 유능한 사원입니다.

쓰는 순서 能 能 能 能 能 能 能 能 能 能

0677

둥글 단 (團)

N3 총 6 획

음 だん, とん　団結(だんけつ) 단결 | 団体(だんたい) 단체 | 劇団(げきだん) 극단 | 財団(ざいだん) 재단 | 集団(しゅうだん) 집단 | 布団(ふとん) 이불

ここは団体席(だんたいせき)の部屋(へや)です。 여기는 단체석을 위한 방입니다.

妹(いもうと)は劇団(げきだん)に所属(しょぞく)しています。 여동생은 극단에 소속해 있습니다.

쓰는 순서 団 団 団 団 団 団

0678

끊을 단 (斷)

N2 총 11 획

음 だん　断絶(だんぜつ) 단절 | 断定(だんてい) 단정 | 横断(おうだん) 횡단 | 遮断(しゃだん) 차단 | 中断(ちゅうだん) 중단 | 判断(はんだん) 판단

훈 た(つ), ことわ(る)　断(た)つ 끊다, 절단하다, 자르다 | 断(ことわ)る 거절하다, 사절하다 | 断(ことわ)り 거절, 사절

雨(あめ)で試合(しあい)が中断(ちゅうだん)しました。 비가 와서 시합이 중단되었습니다.

私(わたし)は吉田(よしだ)さんのプロポーズを断(ことわ)りました。

나는 요시다 씨의 프러포즈를 거절했습니다.

쓰는 순서 断 断 断 断 断 断 断 断 断 断 断

5 학년

0679

집 당

N4 총 11 획

음 どう 堂々(どうどう) 당당 | 講堂(こうどう) 강당 | 食堂(しょくどう) 식당 | 聖堂(せいどう) 성당

彼(かれ)はいつも堂々(どうどう)としています。 그는 항상 당당합니다.

学生(がくせい)が講堂(こうどう)に集(あつ)まりました。 학생이 강당에 모였습니다.

쓰는 순서 堂 堂 堂 堂 堂 堂 堂 堂 堂 堂 堂

0680

빌릴 대

N4 총 12 획

음 たい 貸借(たいしゃく) 대차 | 貸与(たいよ) 대여 | 賃貸(ちんたい) 임대, 세줌

훈 か(す) 貸(か)す 빌려주다 | 貸家(かしや) 셋집

賃貸(ちんたい)マンションに住(す)んでいます。 임대 아파트에 삽니다.

友達(ともだち)にマンガを貸(か)しました。 친구에게 만화를 빌려주었습니다.

쓰는 순서 貸 貸 貸 貸 貸 貸 貸 貸 貸 貸 貸 貸

0681

인도할 도

N2 총 15 획

음 どう 導入(どうにゅう) 도입 | 指導(しどう) 지도 | 半導体(はんどうたい) 반도체 | 誘導(ゆうどう) 유도

훈 みちび(く) 導(みちび)く 안내하다, 인도하다

木村先生(きむらせんせい)の指導(しどう)を受(う)けました。 기무라 선생님의 지도를 받았습니다.

先生(せんせい)が私(わたし)を正(ただ)しい道(みち)に導(みちび)いてくれました。
선생님이 나를 바른 길로 인도해 주었습니다.

쓰는 순서 導 導 導 導 導 導 導 導 導 導 導 導 導 導 導

0682

독 독

N2 총 8 획

음 どく 毒薬(どくやく) 독약 | 解毒(げどく) 해독 | 解毒剤(げどくざい) 해독제 | 消毒(しょうどく) 소독 | 中毒(ちゅうどく) 중독

けがをした部分(ぶぶん)を消毒(しょうどく)します。 다친 부분을 소독합니다.

夏(なつ)は食中毒(しょくちゅうどく)に気(き)をつけましょう。 여름에는 식중독을 조심합시다.

쓰는 순서 毒 毒 毒 毒 毒 毒 毒 毒

0683

홀로 독 (獨)

N2 총 9 획

음 どく **独身**(どくしん) 독신 | **独占**(どくせん) 독점 | **独特**(どくとく) 독특 | **独立**(どくりつ) 독립 | **孤独**(こどく) 고독 | **単独**(たんどく) 단독

훈 ひと(り) **独り**(ひと) 한 명, 혼자 | **独り言**(ひとりごと) 혼잣말

예외 **独楽**(こま) 팽이

孤独(こどく)な時間(じかん)はいつですか。 고독한 시간은 언제입니까?

独(ひと)りで旅行(りょこう)に行(い)きました。 혼자서 여행을 갔습니다.

쓰는 순서 独 独 独 独 独 独 独 独 独

0684

구리 동

N2 총 14 획

음 どう **銅貨**(どうか) 동화, 동전 | **銅像**(どうぞう) 동상 | **銅メダル**(どう) 동메달 | **青銅**(せいどう) 청동

設立者(せつりつしゃ)の銅像(どうぞう)ができました。 설립자의 동상이 완성되었습니다.

日本(にほん)の選手(せんしゅ)が銅(どう)メダルをとりました。 일본 선수가 동메달을 땄습니다.

쓰는 순서 銅 銅 銅 銅 銅 銅 銅 銅 銅 銅 銅 銅 銅 銅

0685

得

얻을 득

N2 총 11 획

음 とく **得意**(とくい) 잘함, 자신 있음 | **得点**(とくてん) 득점 | **取得**(しゅとく) 취득 | **所得**(しょとく) 소득 | **説得**(せっとく) 설득 | **納得**(なっとく) 납득

훈 え(る), う(る) **得る**(え) 얻다, 획득하다 | **得る**(う) 얻다

田中(たなか)さんの説明(せつめい)に納得(なっとく)がいきません。 다나카 씨의 설명에 납득이 가지 않습니다.

先生(せんせい)の許可(きょか)を得(え)て、実験室(じっけんしつ)を使(つか)います。

선생님의 허가를 얻어서 실험실을 사용합니다.

쓰는 순서 得 得 得 得 得 得 得 得 得 得 得

0686

간략할 략

N2 총 11 획

음 りゃく **略図**(りゃくず) 약도 | **略歴**(りゃくれき) 약력 | **計略**(けいりゃく) 계략 | **省略**(しょうりゃく) 생략 | **侵略**(しんりゃく) 침략 | **戦略**(せんりゃく) 전략

お店(みせ)まで略図(りゃくず)を書(か)いてくれますか。 가게까지 약도를 그려 주시겠습니까?

難(むずか)しい説明(せつめい)は省略(しょうりゃく)してください。 어려운 설명은 생략해 주세요.

쓰는 순서 略 略 略 略 略 略 略 略 略 略 略

0687

歴

지낼 력 (歷)

N2 총 14 획

음 れき 歴史(れきし) 역사 | 歴代(れきだい) 역대 | 学歴(がくれき) 학력 | 経歴(けいれき) 경력 | 履歴(りれき) 이력

この学校(がっこう)には深(ふか)い歴史(れきし)があります。이 학교에는 깊은 역사가 있습니다.

履歴書(りれきしょ)を持(も)って、面接(めんせつ)に行(い)きます。이력서를 가지고 면접에 갑니다.

쓰는 순서 歴 歴 歴 歴 歴 歴 歴 歴 歴 歴 歴 歴 歴 歴

0688

領

거느릴 령

N2 총 14 획

음 りょう 領収書(りょうしゅうしょ) 영수증 | 領土(りょうど) 영토 | 占領(せんりょう) 점령 | 大統領(だいとうりょう) 대통령 | 要領(ようりょう) 요령

領収書(りょうしゅうしょ)は必要(ひつよう)ですか。영수증은 필요합니까?

来月(らいげつ)、大統領選挙(だいとうりょうせんきょ)があります。다음 달에 대통령 선거가 있습니다.

쓰는 순서 領 領 領 領 領 領 領 領 領 領 領 領 領 領

0689

留

머무를 류

N2 총 10 획

음 りゅう, る 留意(りゅうい) 유의 | 留学(りゅうがく) 유학 | 残留(ざんりゅう) 잔류 | 保留(ほりゅう) 보류 | 留守(るす) 부재중

훈 と(める), と(まる) 留(と)める 만류하다, (마음에) 두다, 새기다 | 書留(かきとめ) 등기 우편 | 留(と)まる 머물다, 고정되다

留学(りゅうがく)を準備(じゅんび)しています。유학을 준비하고 있습니다.

返事(へんじ)がないから留守(るす)のようです。대답이 없으니 부재중인 듯합니다.

쓰는 순서 留 留 留 留 留 留 留 留 留 留

0690

줄기 맥 (脈)

N1 총 10 획

음 みゃく 脈拍(みゃくはく) 맥박 | 脈絡(みゃくらく) 맥락 | 山脈(さんみゃく) 산맥 | 動脈(どうみゃく) 동맥 | 文脈(ぶんみゃく) 문맥

運動(うんどう)すると脈拍(みゃくはく)が速(はや)くなります。운동을 하면 맥박이 빨라집니다.

この部分(ぶぶん)の文脈(ぶんみゃく)が分(わ)かりません。이 부분의 문맥을 모르겠습니다.

쓰는 순서 脈 脈 脈 脈 脈 脈 脈 脈 脈 脈

0691

綿

솜 면

N2 총 14 획

음 めん 綿花(めんか) 면화, 목화 | 綿密(めんみつ) 면밀 | 脱脂綿(だっしめん) 탈지면, 약솜 | 木綿(もめん) 목면, 솜

훈 わた 綿(わた) 목화, 솜 | 真綿(まわた) 풀솜, 설면자 | 綿菓子(わたがし) 솜사탕

綿密(めんみつ)に話(はな)し合(あ)って計画(けいかく)を立(た)てます。 면밀히 의논하고 계획을 세웁니다.

綿菓子(わたがし)を買(か)って、食(た)べました。 솜사탕을 사 먹었습니다.

쓰는 순서 綿 綿 綿 綿 綿 綿 綿 綿 綿 綿 綿 綿 綿 綿

0692

꿈 몽

N2 총 13 획

음 む 夢想(むそう) 몽상, 공상 | 夢中(むちゅう) 열중함, 몰두함 | 夢遊病(むゆうびょう) 몽유병 | 悪夢(あくむ) 악몽, 흉몽

훈 ゆめ 夢(ゆめ) 꿈 | 初夢(はつゆめ) 첫 꿈, 정월 초하루나 초이틀에 꾸는 꿈 | 正夢(まさゆめ) 꿈이 현실과 들어맞음

テレビドラマに夢中(むちゅう)です。 텔레비전 드라마에 빠졌습니다.

変(へん)な夢(ゆめ)を見(み)ました。 이상한 꿈을 꿨습니다.

쓰는 순서 夢 夢 夢 夢 夢 夢 夢 夢 夢 夢 夢 夢 夢

0693

墓

무덤 묘

N1 총 13 획

음 ぼ 墓前(ぼぜん) 무덤 앞 | 墓地(ぼち) 묘지 | 墓碑(ぼひ) 묘비 | 墳墓(ふんぼ) 분묘, 무덤

훈 はか 墓(はか) 묘, 무덤, 묘비 | 墓参り(はかまいり) 성묘

父(ちち)の墓前(ぼぜん)に花(はな)を供(そな)えました。 아버지의 무덤 앞에 꽃을 올렸습니다.

田舎(いなか)へ墓参り(はかまいり)に行(い)きます。 시골에 성묘하러 갑니다.

쓰는 순서 墓 墓 墓 墓 墓 墓 墓 墓 墓 墓 墓 墓 墓

0694

호반 무

N2 총 8 획

음 ぶ, む 武士(ぶし) 무사 | 武装(ぶそう) 무장 | 武力(ぶりょく) 무력 | 文武(ぶんぶ) 문무 | 武者(むしゃ) 무사

兵士(へいし)たちが武装(ぶそう)しています。 병사들이 무장하고 있습니다.

武力(ぶりょく)では何(なに)も解決(かいけつ)しません。 무력으로는 아무것도 해결할 수 없습니다.

쓰는 순서 武 武 武 武 武 武 武 武

0695

務

힘쓸 무

N2 총 11 획

음 む 義務(ぎむ) 의무 | 業務(ぎょうむ) 업무 | 勤務(きんむ) 근무 | 事務(じむ) 사무 | 職務(しょくむ) 직무

훈 つと(める), つと(まる) 務(つと)める 소임을 맡다, 역할을 하다 | 務(つと)まる 임무를 다하다

会社(かいしゃ)の業務(ぎょうむ)は九時(くじ)から五時(ごじ)までです。 회사 업무는 아홉 시부터 다섯 시까지입니다.

会議(かいぎ)の司会(しかい)を野田(のだ)さんが務(つと)めます。 회의의 사회를 노다 씨가 맡습니다.

쓰는 순서 務 務 務 務 務 務 務 務 務 務 務

0696

무역할 무

N2 총 12 획

음 ぼう 貿易(ぼうえき) 무역 | 貿易会社(ぼうえきがいしゃ) 무역회사 | 貿易商(ぼうえきしょう) 무역상 | 貿易風(ぼうえきふう) 무역풍, 열대 동풍

貿易会社(ぼうえきがいしゃ)に勤(つと)めたいです。 무역회사에 근무하고 싶습니다.

横浜(よこはま)には大(おお)きな貿易港(ぼうえきこう)があります。 요코하마에는 큰 무역항이 있습니다.

쓰는 순서 貿 貿 貿 貿 貿 貿 貿 貿 貿 貿 貿 貿

0697

迷

미혹할 미 (迷)

N2 총 9 획

음 めい 迷路(めいろ) 미로 | 迷惑(めいわく) 폐, 귀찮음, 성가심 | 混迷(こんめい) 혼미 | 低迷(ていめい) 침체

훈 まよ(う) 迷(まよ)う 길을 잃다, 헤매다

예외 迷子(まいご) 미아

迷惑(めいわく)をかけて、すみません。 폐를 끼쳐서 죄송합니다.

道(みち)に迷(まよ)ってしまいました。 길을 잃고 말았습니다.

쓰는 순서 迷 迷 迷 迷 迷 迷 迷 迷 迷

0698

막을 방

N2 총 7 획

음 ぼう 防疫(ぼうえき) 방역 | 防災(ぼうさい) 방재 | 防止(ぼうし) 방지 | 国防(こくぼう) 국방 | 堤防(ていぼう) 제방 | 予防(よぼう) 예방

훈 ふせ(ぐ) 防(ふせ)ぐ 막다, 방지하다

歯(は)を磨(みが)いて虫歯(むしば)を予防(よぼう)しましょう。 이를 닦아서 충치를 예방합시다.

これは汗(あせ)の臭(にお)いを防(ふせ)ぐものです。 이것은 땀 냄새를 방지하는 것입니다.

쓰는 순서 防 防 防 防 防 防 防

0699

犯

범할 범

N2 총 5 획

음 はん 犯罪(はんざい) 범죄 | 犯人(はんにん) 범인 | 共犯(きょうはん) 공범 | 侵犯(しんぱん) 침범

훈 おか(す) 犯す(おかす) 어기다, 범하다

外国人(がいこくじん)の犯罪(はんざい)が増(ふ)えています。 외국인 범죄가 늘고 있습니다.

犯(おか)した罪(つみ)を反省(はんせい)します。 저지른 죄를 반성합니다.

쓰는 순서 犯 犯 犯 犯 犯

0700

弁

고깔/말씀 변 (辯)

N1 총 5 획

음 べん 弁護(べんご) 변호 | 弁済(べんさい) 변제 | 弁論(べんろん) 변론 | 関西弁(かんさいべん) 간사이 사투리 | 代弁(だいべん) 대변, 대리

その事件(じけん)を弁護士(べんごし)に頼(たの)みました。 그 사건을 변호사에게 의뢰했습니다.

友達(ともだち)は関西弁(かんさいべん)を話(はな)します。 친구는 간사이 사투리로 말합니다.

쓰는 순서 弁 弁 弁 弁 弁

0701

保

지킬 보

N1 총 9 획

음 ほ 保育(ほいく) 보육 | 保健(ほけん) 보건 | 保険(ほけん) 보험 | 保存(ほぞん) 보존 | 確保(かくほ) 확보 | 担保(たんぽ) 담보

훈 たも(つ) 保つ(たもつ) 유지되다, 유지하다

海外旅行保険(かいがいりょこうほけん)に入(はい)りました。 해외 여행 보험에 들었습니다.

若(わか)さを保(たも)つ方法(ほうほう)は何(なん)ですか。 젊음을 유지하는 방법은 무엇입니까?

쓰는 순서 保 保 保 保 保 保 保 保 保

0702

報

갚을 보

N2 총 12 획

음 ほう 報告(ほうこく) 보고 | 報道(ほうどう) 보도 | 情報(じょうほう) 정보 | 予報(よほう) 예보

훈 むく(いる) 報いる(むくいる) 보답하다, 갚다, 보복하다

毎朝(まいあさ)、天気予報(てんきよほう)を見(み)ます。 매일 아침 일기 예보를 봅니다.

先生(せんせい)の恩(おん)に報(むく)いることができました。 선생님의 은혜에 보답할 수 있었습니다.

쓰는 순서 報 報 報 報 報 報 報 報 報 報 報 報

0703

復

회복할 복

N2 총 12 획

음 ふく **復学**(ふくがく) 복학 | **復習**(ふくしゅう) 복습 | **往復**(おうふく) 왕복 | **快復**(かいふく) 쾌복, 쾌차

外国語(がいこくご)の勉強(べんきょう)は復習(ふくしゅう)が大切(たいせつ)です。 외국어 공부는 복습이 중요합니다.

飛行機(ひこうき)の往復(おうふく)チケットを予約(よやく)しました。 비행기 왕복 티켓을 예약했습니다.

쓰는 순서 復 復 復 復 復 復 復 復 復 復 復 復

0704

複

겹칠 복

N2 총 14 획

음 ふく **複合**(ふくごう) 복합 | **複雑**(ふくざつ) 복잡함 | **複数**(ふくすう) 복수 | **複製**(ふくせい) 복제 | **重複・重複**(じゅうふく・ちょうふく) 중복

説明書(せつめいしょ)が複雑(ふくざつ)で分(わ)かりません。 설명서가 복잡해서 이해가 안 됩니다.

この絵(え)は複製品(ふくせいひん)です。 이 그림은 복제품입니다.

쓰는 순서 複 複 複 複 複 複 複 複 複 複 複 複 複 複

0705

婦

며느리 부

N2 총 11 획

음 ふ **婦人**(ふじん) 부인 | **主婦**(しゅふ) 주부 | **新婦**(しんぷ) 신부 | **妊婦**(にんぷ) 임부, 임산부 | **夫婦**(ふうふ) 부부

婦人服(ふじんふく)売(う)り場(ば)で働(はたら)いています。 여성복 매장에서 일하고 있습니다.

妊婦(にんぷ)に席(せき)を譲(ゆず)りました。 임산부에게 자리를 양보했습니다.

쓰는 순서 婦 婦 婦 婦 婦 婦 婦 婦 婦 婦 婦

0706

粉

가루 분

N2 총 10 획

음 ふん **粉砕**(ふんさい) 분쇄 | **粉末**(ふんまつ) 분말, 가루 | **花粉**(かふん) 꽃가루 | **澱粉**(でんぷん) 전분, 녹말

훈 こ, こな **小麦粉**(こむぎこ) 밀가루 | **そば粉**(こ) 메밀가루 | **粉**(こな) 가루, 분말 | **粉雪**(こなゆき) 가루눈

花粉症(かふんしょう)の人(ひと)が増(ふ)えています。 꽃가루 알레르기가 있는 사람이 늘고 있습니다.

小麦粉(こむぎこ)に卵(たまご)と牛乳(ぎゅうにゅう)を入(い)れてください。 밀가루에 달걀과 우유를 넣어 주세요.

쓰는 순서 粉 粉 粉 粉 粉 粉 粉 粉 粉 粉

0707

仏

부처 불 (佛)

N3 총 4 획

음 ぶつ **仏像**(ぶつぞう) 불상 | **仏教**(ぶっきょう) 불교 | **石仏**(せきぶつ) 석불, 돌부처 | **大仏**(だいぶつ) 대불, 큰 부처

훈 ほとけ **仏**(ほとけ) 부처, 석가 | **仏心**(ほとけごころ) 불심, 부처의 자비심 | **仏様**(ほとけさま) 부처님

奈良(なら)には有名(ゆうめい)な大仏(だいぶつ)があります。 나라에는 유명한 대불이 있습니다.

仏様(ほとけさま)に祈(いの)ります。 부처님에게 빕니다.

쓰는 순서 仏 仏 仏 仏

0708

比

견줄 비

N3 총 4 획

음 ひ **比較**(ひかく) 비교 | **比重**(ひじゅう) 비중 | **比率**(ひりつ) 비율 | **比例**(ひれい) 비례 | **対比**(たいひ) 대비, 대조

훈 くら(べる) **比べる**(くらべる) 비교하다, 견주다, 겨루다, 경쟁하다

文系(ぶんけい)は男性(だんせい)より女性(じょせい)の比率(ひりつ)が高(たか)いです。

문과는 남성보다 여성의 비율이 높습니다.

兄(あに)と弟(おとうと)が背(せ)を比(くら)べています。 오빠와 남동생이 키를 비교하고 있습니다.

쓰는 순서 比 比 比 比

0709

非

아닐 비

N3 총 8 획

음 ひ **非常**(ひじょう) 비상, 대단함 | **非常識**(ひじょうしき) 비상식 | **非難**(ひなん) 비난 | **非売品**(ひばいひん) 비매품 | **是非**(ぜひ) 시비, 제발, 꼭

非常口(ひじょうぐち)はどこですか。 비상구는 어디입니까?

非売品(ひばいひん)なので買(か)うことができません。 비매품이기 때문에 살 수 없습니다.

쓰는 순서 非 非 非 非 非 非 非 非

0710

肥

살찔 비

N1 총 8 획

음 ひ **肥大**(ひだい) 비대 | **肥満**(ひまん) 비만 | **肥沃**(ひよく) 비옥 | **肥料**(ひりょう) 비료

훈 こ(える), こえ, こ(やす), こ(やし) **肥える**(こえる) 살찌다, 비옥해지다 | **肥**(こえ) 거름, 비료 | **肥やす**(こやす) 살찌우다 | **肥やし**(こやし) 거름, 비료

運動(うんどう)して肥満(ひまん)を予防(よぼう)します。 운동을 해서 비만을 예방합니다.

土地(とち)が肥(こ)えているので、作物(さくもつ)がよく育(そだ)ちます。

토지가 비옥해서 작물이 잘 자랍니다.

쓰는 순서 肥 肥 肥 肥 肥 肥 肥 肥

0711

備

갖출 비

N2 총 12 획

음 び 備考(びこう) 비고 | 備品(びひん) 비품 | 軍備(ぐんび) 군비 | 準備(じゅんび) 준비 | 整備(せいび) 정비 | 設備(せつび) 설비

훈 そな(える), そな(わる) 備える(そなえる) 갖추다, 구비하다, 대비하다 | 備わる(そなわる) 갖추어지다, 구비되다

プレゼンの準備(じゅんび)で忙(いそが)しいです。 프리젠테이션 준비로 바쁩니다.

地震(じしん)に備(そな)えて、非常食(ひじょうしょく)を買(か)っておきます。

지진에 대비해서 비상 식량을 사 둡니다.

쓰는 순서 備 備 備 備 備 備 備 備 備 備 備 備

0712

費

쓸 비

N2 총 12 획

음 ひ 費用(ひよう) 비용 | 会費(かいひ) 회비 | 経費(けいひ) 경비 | 実費(じっぴ) 실비 | 消費(しょうひ) 소비 | 食費(しょくひ) 식비

훈 つい(やす), つい(える) 費やす(ついやす) 쓰다, 소비하다 | 費える(ついえる) 줄다, 적어지다

百万円(ひゃくまんえん)の費用(ひよう)がかかります。 백만 엔의 비용이 듭니다.

つまらないことで時間(じかん)を費(つい)やしました。

별거 아닌 일로 시간을 낭비했습니다.

쓰는 순서 費 費 費 費 費 費 費 費 費 費 費 費

0713

가난할 빈

N2 총 11 획

음 ひん, びん 貧血(ひんけつ) 빈혈 | 貧困(ひんこん) 빈곤 | 極貧(ごくひん) 극빈 | 清貧(せいひん) 청빈 | 貧乏(びんぼう) 가난함

훈 まず(しい) 貧しい(まずしい) 가난하다, 빈약하다

貧血(ひんけつ)で倒(たお)れました。 빈혈로 쓰러졌습니다.

私(わたし)は貧(まず)しい家庭(かてい)で育(そだ)ちました。 나는 가난한 가정에서 자랐습니다.

쓰는 순서 貧 貧 貧 貧 貧 貧 貧 貧 貧 貧 貧

0714

선비 사

N1 총 3 획

음 し 士官(しかん) 사관 | 消防士(しょうぼうし) 소방관 | 紳士(しんし) 신사 | 弁護士(べんごし) 변호사 | 武士(ぶし) 무사

弟(おとうと)は消防士(しょうぼうし)を目指(めざ)しています。 남동생은 소방관을 목표로 하고 있습니다.

田中(たなか)さんの紳士的(しんしてき)な態度(たいど)が好(す)きです。 다나카 씨의 신사적인 태도를 좋아합니다.

쓰는 순서 士 士 士

0715 □□

사기 사

N3 총 5 획

음 し 史学(しがく) 사학, 역사학 | 史料(しりょう) 사료 | 国史(こくし) 국사 | 世界史(せかいし) 세계사 | 歴史(れきし) 역사

私(わたし)は大学(だいがく)の史学科(しがくか)で勉強(べんきょう)しています。
저는 대학의 사학과에서 공부하고 있습니다.

世界史(せかいし)が一番(いちばん)おもしろいです。 세계사가 가장 재미있습니다.

쓰는 순서 史 史 史 史 史

0716 □□

닮을 사

N2 총 7 획

음 じ 疑似(ぎじ) 유사 | 近似(きんじ) 근사, 유사 | 酷似(こくじ) 흡사 | 類似(るいじ) 유사, 닮음

훈 に(る) 似(に)る 닮다, 비슷하다 | 似合(にあ)う 어울리다, 잘 맞다 | 似顔絵(にがおえ) 초상화

韓国語(かんこくご)と日本語(にほんご)は類似点(るいじてん)がたくさんあります。
한국어와 일본어는 비슷한 점이 많습니다.

妹(いもうと)は父(ちち)に似(に)ています。 여동생은 아버지를 닮았습니다.

쓰는 순서 似 似 似 似 似 似 似

0717 □□

집 사 (舎)

N1 총 8 획

음 しゃ 駅舎(えきしゃ) 역사 | 校舎(こうしゃ) 교사, 학교 건물 | 牛舎(ぎゅうしゃ) 외양간

예외 田舎(いなか) 시골, 고향

大学(だいがく)は新(あたら)しい校舎(こうしゃ)を建(た)てました。 대학은 새로운 건물을 지었습니다.

牛(うし)が牛舎(ぎゅうしゃ)に戻(もど)って行(い)きます。 소가 외양간으로 돌아갑니다.

쓰는 순서 舎 舎 舎 舎 舎 舎 舎 舎

0718 □□

조사할 사

N2 총 9 획

음 さ 査察(ささつ) 사찰 | 査証(さしょう) 사증, 조사하여 증명함, 비자 | 監査(かんさ) 감사 | 検査(けんさ) 검사 | 調査(ちょうさ) 조사

空港(くうこう)で荷物(にもつ)の検査(けんさ)を受(う)けました。 공항에서 짐 검사를 받았습니다.

道路(どうろ)の交通量(こうつうりょう)を調査(ちょうさ)します。 도로의 교통량을 조사합니다.

쓰는 순서 査 査 査 査 査 査 査 査 査

0719

師

스승 사

N2 총 10 획

음 し 師匠(ししょう) 스승, 선생 | 師弟(してい) 사제, 스승과 제자 | 恩師(おんし) 은사, 스승 | 教師(きょうし) 교사 | 漁師(りょうし) 어부

教師(きょうし)になるための勉強(べんきょう)をしています。 교사가 되기 위한 공부를 하고 있습니다.

中学生(ちゅうがくせい)のときの恩師(おんし)に花束(はなたば)を贈(おく)りました。

중학생 때의 은사에게 꽃다발을 보냈습니다.

쓰는 순서 師 師 師 師 師 師 師 師 師 師

0720

기를 사 (飼)

N1 총13 획

음 し 飼育(しいく) 사육 | 飼料(しりょう) 사료

훈 か(う) 飼(か)う 기르다, 사육하다

兄(あに)は動物園(どうぶつえん)の飼育員(しいくいん)です。 형은 동물원의 사육사입니다.

うちでは犬(いぬ)を飼(か)っています。 우리집에서는 개를 기릅니다.

쓰는 순서 飼 飼 飼 飼 飼 飼 飼 飼 飼 飼 飼 飼 飼

0721

謝

사례할 사

N1 총 17 획

음 しゃ 謝罪(しゃざい) 사죄 | 謝絶(しゃぜつ) 사절 | 謝礼(しゃれい) 사례 | 感謝(かんしゃ) 감사 | 陳謝(ちんしゃ) 까닭을 말하여 사과함

훈 あやま(る) 謝(あやま)る 용서를 빌다, 사과하다

これは、ほんの感謝(かんしゃ)の気持(きも)ちです。 이것은 보잘것없는 감사의 마음입니다.

子(こ)どもは母親(ははおや)に謝(あやま)りました。 아이는 엄마에게 용서를 빌었습니다.

쓰는 순서 謝 謝 謝 謝 謝 謝 謝 謝 謝 謝 謝 謝 謝 謝 謝 謝 謝

0722

실 산

N1 총 14 획

음 さん 酸性(さんせい) 산성 | 酸素(さんそ) 산소 | 酸味(さんみ) 산미, 신맛 | 塩酸(えんさん) 염산 | 炭酸(たんさん) 탄산

훈 す(い) 酸(す)い 시다 | 酸(す)っぱい 시다, 시큼하다

このりんごは酸味(さんみ)が強(つよ)いです。 이 사과는 신맛이 강합니다.

彼(かれ)は人生(じんせい)の酸(す)いも甘(あま)いも知(し)っています。

그는 인생의 쓴맛도 단맛도 다 압니다.

쓰는 순서 酸 酸 酸 酸 酸 酸 酸 酸 酸 酸 酸 酸 酸 酸

0723

殺

죽일 살/빠를 쇄

N2 총 10 획

음 さつ, さい, せつ　**殺害**(さつがい) 살해 | **殺人**(さつじん) 살인 | **暗殺**(あんさつ) 암살 | **自殺**(じさつ) 자살 | **相殺**(そうさい) 상쇄 | **殺生**(せっしょう) 살생

훈 ころ(す)　**殺す**(ころす) 죽이다

殺人犯(さつじんはん)が捕(つか)まりました。 살인범이 잡혔습니다.

生(い)き物(もの)を殺(ころ)してはいけません。 살아 있는 것을 죽이면 안 됩니다.

쓰는 순서 殺 殺 殺 殺 殺 殺 殺 殺 殺 殺

0724

형상 상 (狀)

N2 총 7 획

음 じょう　**状況**(じょうきょう) 상황 | **状態**(じょうたい) 상태 | **現状**(げんじょう) 현상, 현재 상황 | **実状**(じつじょう) 실상 | **症状**(しょうじょう) 증상

現状(げんじょう)を上司(じょうし)に報告(ほうこく)します。 현재 상황을 상사에게 보고하겠습니다.

風邪(かぜ)の症状(しょうじょう)が現(あらわ)れました。 감기 증상이 나타났습니다.

쓰는 순서 状 状 状 状 状 状 状

0725

항상 상

N2 총 11 획

음 じょう　**常温**(じょうおん) 상온 | **常識**(じょうしき) 상식 | **通常**(つうじょう) 통상, 보통 | **日常**(にちじょう) 일상, 평소 | **非常**(ひじょう) 비상, 대단함

훈 つね, とこ　**常に**(つねに) 늘, 항상, 평소에 | **常夏**(とこなつ) 상하, 늘 여름임

常温(じょうおん)で保管(ほかん)してください。 상온에서 보관해 주세요.

常(つね)に身分証(みぶんしょう)を持(も)っていてください。 항상 신분증을 가지고 있으세요.

쓰는 순서 常 常 常 常 常 常 常 常 常 常 常

0726

코끼리 상

N2 총 12 획

음 しょう, ぞう　**象徴**(しょうちょう) 상징 | **印象**(いんしょう) 인상 | **現象**(げんしょう) 현상 | **対象**(たいしょう) 대상 | **抽象**(ちゅうしょう) 추상 | **象牙**(ぞうげ) 상아

主婦(しゅふ)を対象(たいしょう)にしたアンケートです。 주부를 대상으로 한 설문 조사입니다.

それはとても印象的(いんしょうてき)な絵(え)です。 그것은 매우 인상적인 그림입니다.

쓰는 순서 象 象 象 象 象 象 象 象 象 象 象 象

□ □

0727

像

모양 상

N2 총 14 획

음 ぞう **映像**(えいぞう) 영상 | **画像**(がぞう) 화상 | **肖像**(しょうぞう) 초상 | **想像**(そうぞう) 상상 | **仏像**(ぶつぞう) 불상

これは父(ちち)の肖像画(しょうぞうが)です。 이것은 아버지의 초상화입니다.

未来(みらい)のことを想像(そうぞう)してみます。 미래의 일을 상상해 봅니다.

쓰는 순서 像 像 像 像 像 像 像 像 像 像 像 像 像 像

□ □

0728

賞

상줄 상

N2 총 15 획

음 しょう **賞状**(しょうじょう) 상장 | **賞品**(しょうひん) 상품 | **皆勤賞**(かいきんしょう) 개근상 | **鑑賞**(かんしょう) 감상

小学生(しょうがくせい)のとき、皆勤賞(かいきんしょう)をもらいました。 초등학생 때 개근상을 탔습니다.

音楽鑑賞(おんがくかんしょう)が趣味(しゅみ)です。 음악 감상이 취미입니다.

쓰는 순서 賞 賞 賞 賞 賞 賞 賞 賞 賞 賞 賞 賞 賞 賞 賞

□ □

0729

序

차례 서

N1 총 7 획

음 じょ **序章**(じょしょう) 서장 | **序文**(じょぶん) 서문 | **序論**(じょろん) 서론 | **順序**(じゅんじょ) 순서 | **秩序**(ちつじょ) 질서

序論(じょろん)から論文(ろんぶん)を書(か)き始(はじ)めます。 서론부터 논문을 쓰기 시작합니다.

秩序(ちつじょ)がある社会(しゃかい)を築(きず)きましょう。 질서가 있는 사회를 구축합시다.

쓰는 순서 序 序 序 序 序 序 序

□ □

0730

設

베풀 설

N2 총 11 획

음 せつ **設計**(せっけい) 설계 | **設備**(せつび) 설비 | **設立**(せつりつ) 설립 | **開設**(かいせつ) 개설 | **建設**(けんせつ) 건설 | **施設**(しせつ) 시설

훈 もう(ける) **設(もう)ける** 마련하다, 준비하다, 설치하다

来月(らいげつ)、事務所(じむしょ)を開設(かいせつ)します。 다음 달에 사무소를 개설합니다.

市役所(しやくしょ)は法律相談(ほうりつそうだん)コーナーを設(もう)けました。
시청은 법률 상담 창구를 마련했습니다.

쓰는 순서 設 設 設 設 設 設 設 設 設 設 設

0731

性

성품 성

N3 총 8 획

음 せい, しょう 性格(せいかく) 성격 | 性別(せいべつ) 성별 | 異性(いせい) 이성 | 個性(こせい) 개성 | 女性(じょせい) 여성 | 男性(だんせい) 남성 | 野性(やせい) 야성 | 性分(しょうぶん) 성분 | 相性(あいしょう) 궁합이 맞음, 성격이 서로 맞음

私(わたし)は短気(たんき)な性格(せいかく)です。 나는 성미가 급한 성격입니다.

彼(かれ)と私(わたし)は相性(あいしょう)がいいです。 그와 나는 궁합이 잘 맞습니다.

쓰는 순서 性 性 性 性 性 性 性 性

0732

税

세금 세 (稅)

N2 총 12 획

음 ぜい 税関(ぜいかん) 세관 | 税金(ぜいきん) 세금 | 税務(ぜいむ) 세무 | 消費税(しょうひぜい) 소비세 | 租税(そぜい) 조세 | 納税(のうぜい) 납세

カードで税金(ぜいきん)を納(おさ)めます。 카드로 세금을 납부합니다.

日本(にほん)は消費税(しょうひぜい)を出(だ)します。 일본은 소비세를 냅니다.

쓰는 순서 税 税 税 税 税 税 税 税 税 税 税 税

0733

勢

형세 세

N2 총 13 획

음 せい 勢力(せいりょく) 세력 | 運勢(うんせい) 운세 | 姿勢(しせい) 자세 | 情勢(じょうせい) 정세, 형세

훈 いきお(い) 勢(いきお)い 기세, 기운

運勢(うんせい)を占(うらな)います。 운세를 점칩니다.

水(みず)が勢(いきお)いよく流(なが)れています。 물이 기세 좋게 흐르고 있습니다.

쓰는 순서 勢 勢 勢 勢 勢 勢 勢 勢 勢 勢 勢 勢 勢

0734

素

본디 소

N1 총 10 획

음 そ, す 素朴(そぼく) 소박함 | 元素(げんそ) 원소 | 酸素(さんそ) 산소 | 素足(すあし) 맨발 | 素顔(すがお) 민낯 | 素肌(すはだ) 맨살, 피부

예외 素人(しろうと) 생무지, 풋내기, 아마추어

酸素(さんそ)はとても大切(たいせつ)です。 산소는 매우 소중합니다.

川村(かわむら)さんは素肌(すはだ)がきれいです。 가와무라 씨는 피부가 곱습니다.

쓰는 순서 素 素 素 素 素 素 素 素 素

0735

属

무리 속 (屬)

N1 총 12 획

음 ぞく **属性**(ぞくせい) 속성, 특성 | **金属**(きんぞく) 금속 | **従属**(じゅうぞく) 종속 | **所属**(しょぞく) 소속 | **附属**(ふぞく) 부속

所属(しょぞく)と名前(なまえ)を言(い)ってください。소속과 이름을 말해 주세요.

大学(だいがく)の附属学校(ふぞくがっこう)を卒業(そつぎょう)しました。대학의 부속 학교를 졸업했습니다.

쓰는 순서 属 属 属 属 属 属 属 属 属 属 属 属

0736

損

덜 손

N2 총 13 획

음 そん **損害**(そんがい) 손해 | **損失**(そんしつ) 손실 | **欠損**(けっそん) 결손 | **破損**(はそん) 파손

훈 そこ(なう), そこ(ねる) **損なう**(そこなう) 파손하다, 부수다, 상하게 하다 | **損ねる**(そこねる) 상하게 하다, 해치다

台風(たいふう)で大(おお)きい損害(そんがい)が出(で)ました。태풍 때문에 큰 손해가 났습니다.

私(わたし)は田中(たなか)さんの機嫌(きげん)を損(そこ)ねました。나는 다나카 씨의 기분을 상하게 했습니다.

쓰는 순서 損 損 損 損 損 損 損 損 損 損 損 損 損

0737

率

거느릴 솔/비율 률

N2 총 11 획

음 りつ, そつ **確率**(かくりつ) 확률 | **倍率**(ばいりつ) 배율 | **比率**(ひりつ) 비율 | **率先**(そっせん) 솔선 | **率直**(そっちょく) 솔직함 | **軽率**(けいそつ) 경솔함

훈 ひき(いる) **率いる**(ひきいる) 거느리다, 인솔하다, 통솔하다

率直(そっちょく)に言(い)って、この料理(りょうり)はおいしくないです。
솔직히 말해서 이 요리는 맛이 없습니다.

子(こ)どもたちを率(ひき)いて、遠足(えんそく)に行(い)きました。아이들을 인솔하여 소풍을 갔습니다.

쓰는 순서 率 率 率 率 率 率 率 率 率 率 率

0738

닦을 수

N1 총 10 획

음 しゅう, しゅ **修正**(しゅうせい) 수정 | **修理**(しゅうり) 수리 | **修了**(しゅうりょう) 수료 | **改修**(かいしゅう) 개수, 수리 | **必修**(ひっしゅう) 필수 | **修業**(しゅぎょう) 수업, 학술이나 기예 등을 배우고 익힘

훈 おさ(める), おさ(まる) **修める**(おさめる) 닦다, 수양하다, 익히다 | **修まる**(おさまる) 닦아지다, 좋아지다

今年(ことし)、博士課程(はかせかてい)を修了(しゅうりょう)しました。올해 박사 과정을 수료했습니다.

大学(だいがく)で医学(いがく)を修(おさ)めました。대학에서 의학을 수학했습니다.

쓰는 순서 修 修 修 修 修 修 修 修 修 修

0739

授

줄 수

N1 총 11 획

음 じゅ 授業(じゅぎょう) 수업 | 授乳(じゅにゅう) 수유 | 授与(じゅよ) 수여 | 教授(きょうじゅ) 교수 | 伝授(でんじゅ) 전수

음 さず(ける), さず(かる) 授(さず)ける 내리다, 하사하다, 전수하다 | 授(さず)かる 내려주시다

授業(じゅぎょう)は三時(さんじ)からです。 수업은 세 시부터입니다.

妹(いもうと)が赤(あか)ちゃんを授(さず)かりました。 여동생이 아기를 가졌습니다.

쓰는 순서 授 授 授 授 授 授 授 授 授 授 授

0740

輸

보낼 수(輸)

N2 총 16 획

음 ゆ 輸出(ゆしゅつ) 수출 | 輸入(ゆにゅう) 수입 | 運輸(うんゆ) 운수, 수송 | 空輸(くうゆ) 공수

日本(にほん)はたくさんの石油(せきゆ)を輸入(ゆにゅう)しています。

일본은 많은 석유를 수입하고 있습니다.

物資(ぶっし)を空輸(くうゆ)しました。 물자를 공수했습니다.

쓰는 순서 輸 輸 輸 輸 輸 輸 輸 輸 輸 輸 輸 輸 輸 輸 輸 輸

0741

述

펼 술(述)

N2 총 8 획

음 じゅつ 述語(じゅつご) 술어 | 記述(きじゅつ) 기술 | 口述(こうじゅつ) 구술 | 詳述(しょうじゅつ) 상술 | 陳述(ちんじゅつ) 진술

훈 の(べる) 述(の)べる 말하다, 진술하다, 기술하다

週刊誌(しゅうかんし)にその事件(じけん)の詳(くわ)しい記述(きじゅつ)があります。

주간지에 그 사건에 대한 상세한 기술이 있습니다.

意見(いけん)を自由(じゆう)に述(の)べてください。 의견을 자유롭게 말해 주세요.

쓰는 순서 述 述 述 述 述 述 述 述

0742

術

재주 술

N2 총 11 획

음 じゅつ 術後(じゅつご) 수술 후 | 学術(がくじゅつ) 학술 | 技術(ぎじゅつ) 기술 | 芸術(げいじゅつ) 예술 | 手術(しゅじゅつ) 수술 | 美術(びじゅつ) 미술

秋(あき)は芸術(げいじゅつ)の季節(きせつ)です。 가을은 예술의 계절입니다.

手術(しゅじゅつ)は四時間(よじかん)かかりました。 수술은 네 시간 걸렸습니다.

쓰는 순서 術 術 術 術 術 術 術 術 術 術 術

5 학년

연습 문제 ⑮

[　　/20]

■ 밑줄 친 한자를 바르게 읽은 것을 고르시오.

1　新聞社(しんぶんしゃ)ごとに記事(きじ)の記述は違(ちが)います。

① ぎじゅち　② きじゅち　③ ぎじゅつ　④ きじゅつ

2　仮病を使(つか)って、学校(がっこう)を休(やす)みました。

① かびょう　② けびょう　③ かやまい　④ けやまい

3　レントゲンを撮(と)るときは、金属類(るい)を外(はず)してください。

① きんぞく　② きんそく　③ こんぞく　④ こんそく

4　犯人(はんにん)は潔白を主張(しゅちょう)しました。

① けんぺき　② けんぱく　③ けっぺき　④ けっぱく

5　市役所(しやくしょ)は相談窓口(そうだんまどぐち)を設けました。

① あけ　② もうけ　③ ひらけ　④ つけ

6　医師(いし)の許可をもらって外出(がいしゅつ)しました。

① きょうか　② きょうが　③ きょか　④ きょが

7　最近(さいきん)、肥満の子(こ)どもが増(ふ)えています。

① びまん　② ひまん　③ びばん　④ ひばん

8　畑(はたけ)を耕して、種(たね)をまきました。

① たがやして　② おこして　③ さらして　④ かきまわして

9　年(とし)をとったら田舎で暮(く)らしたいです。

① とうげ　② いなか　③ ふもと　④ とかい

10　家族(かぞく)の問題(もんだい)を弁護士に相談(そうだん)しました。

① へんごし　② へんごうし　③ べんごし　④ べんごうし

정답　1④ 2② 3① 4④ 5② 6③ 7② 8① 9② 10③

11 犯人(はんにん)はナイフで男性(だんせい)を殺害しました。

① せつがい　② せつかい　③ さつがい　④ さつかい

12 会議(かいぎ)で今(いま)までの調査結果(ちょうさけっか)を報告します。

① ほこく　② ほうこく　③ ほごく　④ ほうごく

13 貿易会社(がいしゃ)に勤(つと)めたいです。

① もうえい　② もうえき　③ ぼうえい　④ ぼうえき

14 布団を敷(し)いて寝(ね)ました。

① ふとん　② ふだん　③ ぷとん　④ ぷだん

15 工場(こうじょう)に新(あたら)しい機械(きかい)を導入しました。

① どにゅ　② どうにゅ　③ どにゅう　④ どうにゅう

16 ラジオで交通(こうつう)情報を聞(き)きます。

① じょほう　② じょほ　③ じょうほう　④ じょうほ

17 綿菓子を買(か)って食(た)べました。

① めんかし　② めんがし　③ わたかし　④ わたがし

18 政治家(せいじか)が領土問題(もんだい)を話(はな)し合(あ)いました。

① りょうど　② りょうと　③ りょど　④ りょと

19 お坊(ぼう)さんが読経しています。

① どきょう　② どっきょう　③ どきょ　④ どっきょ

20 返事(へんじ)がないから留守のようです。

① るしゅ　② るす　③ りゅしゅ　④ りゅす

정답 11③ 12② 13④ 14① 15④ 16③ 17④ 18① 19① 20②

연습 문제 ⑯

[　　/20]

■ 밑줄 친 히라가나를 한자로 바르게 적은 것을 고르시오.

1　母は大学きょうじゅです。

① 数授　② 数受　③ 教授　④ 教受

2　健康のために塩分の量をへらします。

① 減らし　② 滅らし　③ 派らし　④ 浅らし

3　台風で大きいそんがいが出ました。

① 捐宣　② 捐害　③ 損宣　④ 損害

4　けんもんじょで車を止めます。

① 倹門所　② 倹問所　③ 検門所　④ 検問所

5　宇宙はどんな所かそうぞうしてみてください。

① 想象　② 想像　③ 相象　④ 相像

6　これぐらいの事はじょうしきです。

① 常識　② 常職　③ 営識　④ 営職

7　この服はとても工藤さんににあっています。

① 似会って　② 似合って　③ 以会って　④ 以合って

8　消防士が火事の家から子どもをきゅうじょしました。

① 救肋　② 救助　③ 求肋　④ 求助

9　仕事の帰りに薬局によって、薬を買いました。

① 埼って　② 崎って　③ 奇って　④ 寄って

10　学生は先生にあやまりました。

① 謝り　② 譲り　③ 誤り　④ 語り

정답　1③ 2① 3④ 4④ 5② 6① 7② 8② 9④ 10①

11 じょうぎで長(なが)さを測(はか)ります。

① 正規　② 定規　③ 正視　④ 定視

12 子(こ)どもの頃(ころ)は、まずしかったけど、楽(たの)しかったです。

① 貪しかった　② 賀しかった　③ 貧しかった　④ 貸しかった

13 医者になって、人をすくいたいです。

① 球い　② 赦い　③ 教い　④ 救い

14 どっちが安(やす)いか、よくくらべて買(か)います。

① 此べて　② 比べて　③ 北べて　④ 化べて

15 普通(ふつう)の人(ひと)にプロレスのわざをしてはいけません。

① 株　② 抜　③ 枝　④ 技

16 海外旅行(かいがいりょこう)ほけんに入(はい)りました。

① 侶倹　② 侶険　③ 保倹　④ 保険

17 木村(きむら)さんはこどくな人(ひと)です。

① 孤狆　② 孤独　③ 孫狆　④ 孫独

18 まいごが母親(ははおや)をさがしています。

① 送子　② 逃子　③ 迷子　④ 逆子

19 かきとめの郵便(ゆうびん)が届(とど)きました。

① 書留　② 書貿　③ 署留　④ 署貿

20 このはかには父(ちち)が眠(ねむ)っています。

① 幕　② 墓　③ 暮　④ 慕

정답 11 ② 12 ③ 13 ④ 14 ② 15 ④ 16 ④ 17 ② 18 ③ 19 ① 20 ②

초등학교 5학년 한자 ②

93 자

示	識	眼	圧	液	額	桜	余	易	逆
보일 시	알 식	눈 안	누를 압	진 액	이마 액	앵두 앵	남을 여	바꿀 역/쉬울 이	거스릴 역
演	燃	永	営	往	容	囲	衛	応	義
펼 연	탈 연	길 영	경영할 영	갈 왕	얼굴 용	에워쌀 위	지킬 위	응할 응	옳을 의
移	益	因	任	資	雑	張	再	在	災
옮길 이	더할 익	인할 인	맡길 임	재물 자	섞일 잡	베풀 장	두 재	있을 재	재앙 재
財	貯	適	績	絶	接	政	情	停	程
재물 재	쌓을 저	맞을 적	길쌈할 적	끊을 절	이을 접	정사 정	뜻 정	머무를 정	한도 정
精	制	提	製	際	条	祖	造	罪	準
정할 정	절제할 제	끌 제	지을 제	즈음 제	가지 조	할아버지 조	지을 조	허물 죄	준할 준
証	増	支	志	枝	職	織	質	賛	採
증거 증	더할 증	지탱할 지	뜻 지	가지 지	직분 직	짤 직	바탕 질	도울 찬	캘 채
責	妻	招	総	築	測	則	快	態	統
꾸짖을 책	아내 처	부를 초	다 총	쌓을 축	헤아릴 측	법칙 칙	쾌할 쾌	모습 태	거느릴 통
破	判	版	編	評	布	暴	豊	河	限
깨뜨릴 파	판단할 판	판목 판	엮을 편	평할 평	베/펼 포	사나울 폭	풍년 풍	물 하	한할 한
航	解	許	険	現	型	護	混	確	効
배 항	풀 해	허락할 허	험할 험	나타날 현	모형 형	도울 호	섞을 혼	굳을 확	본받을 효
厚	興	喜							
두터울 후	일 흥	기쁠 희							

0743

示

보일 시

N3 총5획

음 じ, し 示威(じい) 시위 | 示談(じだん) 시담, 당사자끼리의 화해, 합의 | 掲示板(けいじばん) 게시판 | 指示(しじ) 지시 | 展示(てんじ) 전시 | 表示(ひょうじ) 표시 | 示唆(しさ) 시사, 암시

훈 しめ(す) 示す(しめす) 보이다, 가리키다

上司(じょうし)の指示(しじ)に従(したが)って、働(はたら)きます。 상사의 지시에 따라 일합니다.

反対(はんたい)の意思(いし)を示(しめ)しました。 반대 의사를 나타냈습니다.

쓰는 순서 示 示 示 示 示

0744

識

알 식

N2 총19획

음 しき 識者(しきしゃ) 지식인 | 識別(しきべつ) 식별 | 意識(いしき) 의식 | 常識(じょうしき) 상식 | 知識(ちしき) 지식

意識(いしき)を失(うしな)って、倒(たお)れました。 의식을 잃고 쓰러졌습니다.

法律(ほうりつ)については知識(ちしき)がありません。 법률에 대해서는 지식이 없습니다.

쓰는 순서 識 識 識 識 識 識 識 識 識 識 識 識 識 識 識 識 識 識 識

0745

眼

눈 안

N1 총11획

음 がん, げん 眼科(がんか) 안과 | 眼球(がんきゅう) 안구 | 近眼(きんがん) 근시 | 老眼(ろうがん) 노안 | 開眼(かいげん) 개안, 보이지 않던 눈이 보이게 됨

훈 まなこ 眼(まなこ) 눈, 눈동자 | 血眼(ちまなこ) 혈안, 핏발 선 눈

예외 眼鏡(めがね) 안경

目(め)がとても痒(かゆ)いので眼科(がんか)に行(い)きました。 눈이 너무 가려워서 안과에 갔습니다.

警察(けいさつ)は血眼(ちまなこ)になって犯人(はんにん)をさがしています。
경찰은 혈안이 되어 범인을 찾고 있습니다.

쓰는 순서 眼 眼 眼 眼 眼 眼 眼 眼 眼 眼 眼

0746

圧

누를 압(壓)

N3 총5획

음 あつ 圧縮(あっしゅく) 압축 | 圧迫(あっぱく) 압박 | 圧力(あつりょく) 압력 | 血圧(けつあつ) 혈압 | 高気圧(こうきあつ) 고기압 | 抑圧(よくあつ) 억압

圧力鍋(あつりょくなべ)でジャガイモを蒸(む)しました。 압력솥으로 감자를 쪘습니다.

血圧(けつあつ)を測(はか)りました。 혈압을 쟀습니다.

쓰는 순서 圧 圧 圧 圧 圧

0747

液

진 액

N2 총 11 획

음 えき 液状(えきじょう) 액상, 액체 상태 | 液体(えきたい) 액체 | 血液(けつえき) 혈액 | 粘液(ねんえき) 점액 | 溶液(ようえき) 용액

液体(えきたい)は飛行機(ひこうき)に持(も)ち込(こ)めません。액체는 비행기에 반입할 수 없습니다.

血液型(けつえきがた)は何型(なにがた)ですか。혈액형은 무슨 형입니까?

쓰는순서 液 液 液 液 液 液 液 液 液 液 液

0748

額

이마 액

N2 총 18 획

음 がく 額縁(がくぶち) 액자 | 額面(がくめん) 액면 | 金額(きんがく) 금액 | 差額(さがく) 차액 | 残額(ざんがく) 잔액

훈 ひたい 額(ひたい) 이마

賞状(しょうじょう)を額縁(がくぶち)に入(い)れて、飾(かざ)りました。상장을 액자에 넣어 걸었습니다.

運動(うんどう)をして額(ひたい)から汗(あせ)が流(なが)れてきました。
운동을 해서 이마에서 땀이 흘러내렸습니다.

쓰는순서 額 額 額 額 額 額 額 額 額 額 額 額 額 額 額 額 額 額

0749

桜

앵두 앵 (櫻)

N1 총 10 획

음 おう 桜花(おうか) 벚꽃 | 桜桃(おうとう) 버찌, 앵두

훈 さくら 桜(さくら) 벚나무, 벚꽃 | 桜色(さくらいろ) 연분홍색

「さくらんぼ」を漢語(かんご)で「桜桃(おうとう)」と言(い)います。'버찌'를 한자어로 '앵두'라고 합니다.

桜(さくら)が満開(まんかい)になりました。벚꽃이 만개했습니다.

쓰는순서 桜 桜 桜 桜 桜 桜 桜 桜 桜 桜

0750

余

남을 여 (餘)

N3 총 7 획

음 よ 余暇(よか) 여가 | 余白(よはく) 여백 | 余命(よめい) 여명, 여생 | 余裕(よゆう) 여유 | 残余(ざんよ) 잔여, 나머지

훈 あま(る), あま(す) 余(あま)る 남다, 넘다, 이상이다 | 余(あま)す 남기다, 남겨 두다

時間(じかん)の余裕(よゆう)がありません。시간의 여유가 없습니다.

余(あま)ったお金(かね)は貯金(ちょきん)しました。남은 돈은 저금했습니다.

쓰는순서 余 余 余 余 余 余 余

0751

易

바꿀 역/쉬울 이

N3 총 8 획

음 えき, い 易者(えきしゃ) 점쟁이 | 交易(こうえき) 교역, 무역 | 貿易(ぼうえき) 무역 | 難易(なんい) 난이, 어려움과 쉬움 | 容易(ようい) 용이, 손쉬움

훈 やさ(しい) 易(やさ)しい 쉽다, 용이하다

教師(きょうし)になるのは容易(ようい)ではありません。 교사가 되는 것은 쉽지 않습니다.

試験問題(しけんもんだい)はとても易(やさ)しかったです。 시험 문제는 매우 쉬웠습니다.

쓰는 순서 易 易 易 易 易 易 易 易

0752

逆

거스릴 역 (逆)

N2 총 9 획

음 ぎゃく 逆効果(ぎゃくこうか) 역효과 | 逆転(ぎゃくてん) 역전 | 逆転勝(ぎゃくてんが)ち 역전승 | 逆流(ぎゃくりゅう) 역류 | 反逆(はんぎゃく) 반역

훈 さか, さか(らう) 逆立(さかだ)ち 물구나무서기 | 逆(さか)らう 거역하다, 거스르다, 반항하다

試合(しあい)で逆転勝(ぎゃくてんが)ちしました。 시합에서 역전승했습니다.

上司(じょうし)に逆(さか)らうことができません。 상사를 거역할 수가 없습니다.

쓰는 순서 逆 逆 逆 逆 逆 逆 逆 逆 逆

0753

펼 연

N2 총 14 획

음 えん 演技(えんぎ) 연기 | 演(えん)じる 연기하다 | 演説(えんぜつ) 연설 | 演奏(えんそう) 연주 | 講演(こうえん) 강연 | 公演(こうえん) 공연

悪役(あくやく)を演(えん)じるのは難(むずか)しいです。 악역을 연기하는 것은 어렵습니다.

公演(こうえん)は午後七時(ごごしちじ)からです。 공연은 오후 일곱 시부터입니다.

쓰는 순서 演 演 演 演 演 演 演 演 演 演 演 演 演 演

0754

탈 연

N2 총 16 획

음 ねん 燃焼(ねんしょう) 연소 | 燃料(ねんりょう) 연료 | 可燃性(かねんせい) 가연성 | 不燃(ふねん) 타지 않음

훈 も(える), も(やす), も(す) 燃(も)える 타다, 피어오르다 | 燃(も)やす 불태우다, 연소시키다 | 燃(も)す 태우다, 타게 하다

残(のこ)りの燃料(ねんりょう)があまりありません。 남은 연료가 별로 없습니다.

燃(も)えないゴミはここに捨(す)ててください。 타지 않는 쓰레기는 여기에 버려 주세요.

쓰는 순서 燃 燃 燃 燃 燃 燃 燃 燃 燃 燃 燃 燃 燃 燃 燃 燃

5학년

0755

길 영

N3 총5획

음 えい 永遠(えいえん) 영원 | 永久(えいきゅう) 영구, 영원 | 永住(えいじゅう) 영주 | 永眠(えいみん) 영면, 죽음

훈 なが(い) 永い(ながい) 영원하다, (세월·시간이) 아주 오래다

日本(にほん)での思(おも)い出(で)は永遠(えいえん)に忘(わす)れることができません。
일본에서의 추억은 영원히 잊을 수 없습니다.

この学校(がっこう)は永(なが)い歴史(れきし)があります。 이 학교에는 아주 오랜 역사가 있습니다.

쓰는 순서 永 永 永 永 永

0756

경영할 영 (營)

N3 총12획

음 えい 営業(えいぎょう) 영업 | 営利(えいり) 영리 | 運営(うんえい) 운영 | 経営(けいえい) 경영 | 自営(じえい) 자영

훈 いとな(む) 営む(いとなむ) 일하다, 경영하다

学生会(がくせいかい)の運営(うんえい)は大変(たいへん)です。 학생회 운영은 힘듭니다.

父(ちち)はパン屋(や)を営(いとな)んでいます。 아버지는 빵집을 운영합니다.

쓰는 순서 営 営 営 営 営 営 営 営 営 営 営 営

0757

갈 왕

N1 총8획

음 おう 往診(おうしん) 왕진 | 往復(おうふく) 왕복 | 右往左往(うおうさおう) 우왕좌왕 | 既往(きおう) 기왕, 지나간 일

往復(おうふく)で何時間(なんじかん)かかりますか。 왕복으로 몇 시간 걸립니까?

どうすればいいか分(わ)からなくて、右往左往(うおうさおう)しました。
어떻게 해야 좋을지 몰라서 우왕좌왕했습니다.

쓰는 순서 往 往 往 往 往 往 往 往

0758

얼굴 용

N3 총10획

음 よう 容器(ようき) 용기, 그릇 | 容積(ようせき) 용적, 용량 | 容認(ようにん) 용인 | 形容(けいよう) 형용 | 内容(ないよう) 내용 | 美容(びよう) 미용

卵(たまご)を容器(ようき)に割(わ)っておきます。 달걀을 그릇에 깨 놓습니다.

野菜(やさい)は美容(びよう)にいいです。 채소는 미용에 좋습니다.

쓰는 순서 容 容 容 容 容 容 容 容 容 容

0759

에워쌀 위 (圍)

N2 총 7 획

음 い 囲碁(いご) 바둑 | 周囲(しゅうい) 주위 | 範囲(はんい) 범위 | 雰囲気(ふんいき) 분위기 | 包囲(ほうい) 포위

훈 かこ(む), かこ(う) 囲む(かこむ) 둘러싸다, 에워싸다 | 囲う(かこう) 둘러싸다, 에워싸다, 감춰두다

囲碁大会(いごたいかい)が開(ひら)かれました。 바둑 대회가 열렸습니다.

その公園(こうえん)はビルに囲(かこ)まれています。 그 공원은 빌딩에 둘러싸여 있습니다.

쓰는 순서 囲 囲 囲 囲 囲 囲 囲

0760

지킬 위 (衛)

N1 총 16 획

음 えい 衛生(えいせい) 위생 | 衛星(えいせい) 위성 | 護衛(ごえい) 호위 | 守衛(しゅえい) 수위 | 防衛(ぼうえい) 방위, 방어

衛星放送(えいせいほうそう)で海外(かいがい)のドラマを見(み)ます。 위성 방송으로 해외 드라마를 봅니다.

タイトルを防衛(ぼうえい)しました。 타이틀을 방어했습니다.

쓰는 순서 衛 衛 衛 衛 衛 衛 衛 衛 衛 衛 衛 衛 衛 衛 衛 衛

0761

응할 응 (應)

N1 총 7 획

음 おう 応援(おうえん) 응원 | 応じる(おうじる) 응하다 | 応答(おうとう) 응답 | 応用(おうよう) 응용 | 呼応(こおう) 호응 | 反応(はんのう) 반응

훈 こた(える) 応える(こたえる) 대답하다, 응답하다

韓国(かんこく)チームを応援(おうえん)しました。 한국 팀을 응원했습니다.

お客(きゃく)さまの要望(ようぼう)に応(こた)えなければなりません。 손님의 요구에 응해야 합니다.

쓰는 순서 応 応 応 応 応 応 応

0762

옳을 의

N1 총 13 획

음 ぎ 義務(ぎむ) 의무 | 義理(ぎり) 의리 | 意義(いぎ) 의의 | 講義(こうぎ) 강의 | 主義(しゅぎ) 주의 | 正義(せいぎ) 정의

中学(ちゅうがく)まで義務教育(ぎむきょういく)です。 중학교까지 의무 교육입니다.

日本(にほん)も韓国(かんこく)も民主主義(みんしゅしゅぎ)の国(くに)です。 한국도 일본도 민주주의 국가입니다.

쓰는 순서 義 義 義 義 義 義 義 義 義 義 義 義 義

0763

移

옮길 이

N2 총11획

음 い 移住(いじゅう) 이주 | 移転(いてん) 이전 | 移動(いどう) 이동 | 移民(いみん) 이민 | 推移(すいい) 추이 | 転移(てんい) 전이

훈 うつ(る), うつ(す) 移る(うつる) 바뀌다, 옮기다, 이동하다 | 移す(うつす) 옮기다

ブラジルには日本人(にほんじん)の移住民(いじゅうみん)が多(おお)いです。
브라질에는 일본인 이주민이 많습니다.

季節(きせつ)が夏(なつ)から秋(あき)へ移(うつ)りました。 계절이 여름에서 가을로 바뀌었습니다.

쓰는 순서 移 移 移 移 移 移 移 移 移 移 移

0764

더할 익 (益)

N1 총10획

음 えき, やく 益鳥(えきちょう) 익조 | 収益(しゅうえき) 수익 | 有益(ゆうえき) 유익 | 利益(りえき) 이익 | 御利益(ごりやく) 덕택, 혜택, 은혜

有益(ゆうえき)な忠告(ちゅうこく)を聞(き)きました。 유익한 충고를 들었습니다.

今期(こんき)はたくさんの利益(りえき)を上(あ)げました。 이번 시즌은 많은 이익을 올렸습니다.

쓰는 순서 益 益 益 益 益 益 益 益 益 益

0765

인할 인

N3 총6획

음 いん 因果(いんが) 인과, 원인과 결과 | 因縁(いんねん) 인연 | 起因(きいん) 기인 | 原因(げんいん) 원인 | 要因(よういん) 요인

훈 よ(る) 因る(よる) 의거하다, 준하다, 따르다

この病気(びょうき)の原因(げんいん)はまだ分(わ)かりません。 이 병의 원인은 아직 모릅니다.

飲酒運転(いんしゅうんてん)に因(よ)る事故(じこ)が増(ふ)えています。 음주운전으로 인한 사고가 늘고 있습니다.

쓰는 순서 因 因 因 因 因 因

0766

맡길 임

N3 총6획

음 にん 任務(にんむ) 임무 | 任命(にんめい) 임명 | 委任(いにん) 위임 | 兼任(けんにん) 겸임 | 責任(せきにん) 책임 | 赴任(ふにん) 부임

훈 まか(せる), まか(す) 任せる(まかせる) 맡기다 | 任す(まかす) 맡기다

彼(かれ)は責任感(せきにんかん)が強(つよ)い人(ひと)です。 그는 책임감이 강한 사람입니다.

部下(ぶか)に仕事(しごと)を任(まか)せました。 부하에게 일을 맡겼습니다.

쓰는 순서 任 任 任 任 任 任

0767

資

재물 자

N2 총 13 획

음 し 資格(しかく) 자격 | 資金(しきん) 자금 | 資源(しげん) 자원 | 資料(しりょう) 자료 | 投資(とうし) 투자 | 融資(ゆうし) 융자

お店(みせ)を開(ひら)く資金(しきん)が足(た)りません。 가게를 열 자금이 부족합니다.

資料(しりょう)をコピーしておきます。 자료를 복사해 둡니다.

쓰는 순서 資 資 資 資 資 資 資 資 資 資 資 資 資

0768

雑

섞일 잡 (雜)

N2 총 14 획

음 ざつ, ぞう 雑誌(ざっし) 잡지 | 雑草(ざっそう) 잡초 | 混雑(こんざつ) 혼잡 | 複雑(ふくざつ) 복잡 | 雑巾(ぞうきん) 걸레 | 雑煮(ぞうに) 신년 축하 요리의 하나, 떡국

本屋(ほんや)で雑誌(ざっし)を買(か)いました。 서점에서 잡지를 샀습니다.

庭(にわ)の雑草(ざっそう)をとりました。 정원에 난 잡초를 뽑았습니다.

쓰는 순서 雑 雑 雑 雑 雑 雑 雑 雑 雑 雑 雑 雑 雑 雑

0769

베풀 장

N1 총 11 획

음 ちょう 張本人(ちょうほんにん) 장본인 | 拡張(かくちょう) 확장 | 緊張(きんちょう) 긴장 | 誇張(こちょう) 과장 | 主張(しゅちょう) 주장 | 膨張(ぼうちょう) 팽창

훈 は(る) 張(は)る 덮이다, 뻗다, 펼치다 | 張(は)り紙(がみ) 붙인 종이, 벽보 | 欲張(よくば)り 욕심쟁이

あしたは面接試験(めんせつしけん)があるので緊張(きんちょう)します。
내일은 면접 시험이 있어서 긴장됩니다.

テントを張(は)って、キャンプをしました。 텐트를 치고 캠프를 했습니다.

쓰는 순서 張 張 張 張 張 張 張 張 張 張 張

0770

두 재

N3 총 6 획

음 さい, さ 再会(さいかい) 재회 | 再現(さいげん) 재현 | 再婚(さいこん) 재혼 | 再生(さいせい) 재생 | 再選(さいせん) 재선 | 再来年(さらいねん) 내후년

훈 ふたた(び) 再(ふたた)び 두 번, 다시, 재차

十年(じゅうねん)ぶりに友達(ともだち)に再会(さいかい)しました。 10년만에 친구와 재회했습니다.

円安(えんやす)だったのに、再(ふたた)び円高(えんだか)になりました。
엔화가 약세였다가 다시 강세가 되었습니다.

쓰는 순서 再 再 再 再 再 再

0771

在

있을 재

N3 총 6 획

음 ざい 在学(ざいがく) 재학 | 在職(ざいしょく) 재직 | 現在(げんざい) 현재 | 所在(しょざい) 소재 | 存在(そんざい) 존재

훈 あ(る) 在る(あ) 있다, 사물이 존재하다

彼(かれ)は私(わたし)にとって大切(たいせつ)な存在(そんざい)です。 그는 내게 소중한 존재입니다.

シドニーに在(あ)るオペラハウスに行(い)きました。

시드니에 있는 오페라 하우스에 갔습니다.

쓰는 순서 在 在 在 在 在 在

0772

재앙 재

N1 총 7 획

음 さい 災害(さいがい) 재해 | 災難(さいなん) 재난 | 火災(かさい) 화재 | 震災(しんさい) 지진으로 인한 재해 | 防災(ぼうさい) 방재

훈 わざわ(い) 災い(わざわ) 화, 불행, 재난

工場(こうじょう)で火災(かさい)が発生(はっせい)しました。 공장에서 화재가 발생했습니다.

災(わざわ)いが起(お)きないことを祈(いの)りました。 재난이 일어나지 않기를 빌었습니다.

쓰는 순서 災 災 災 災 災 災 災

0773

財

재물 재

N3 총 10 획

음 ざい, さい 財産(ざいさん) 재산 | 財政(ざいせい) 재정 | 私財(しざい) 사재, 개인 재산 | 文化財(ぶんかざい) 문화재 | 財布(さいふ) 지갑

私(わたし)には何(なん)の財産(ざいさん)もありません。 내게는 아무 재산도 없습니다.

財布(さいふ)をなくしてしまいました。 지갑을 잃어버렸습니다.

쓰는 순서 財 財 財 財 財 財 財 財 財 財

0774

쌓을 저

N2 총 12 획

음 ちょ 貯金(ちょきん) 저금 | 貯水池(ちょすいち) 저수지 | 貯蔵(ちょぞう) 저장 | 貯蓄(ちょちく) 저축

百万円(ひゃくまんえん)を貯金(ちょきん)します。 백만 엔을 저금합니다.

貯水池(ちょすいち)で釣(つ)りをしてはいけません。 저수지에서 낚시를 하면 안 됩니다.

쓰는 순서 貯 貯 貯 貯 貯 貯 貯 貯 貯 貯 貯 貯

0775

適

맞을 적 (適)

N2 총 14 획

음 てき 適応(てきおう) 적응 | 適切(てきせつ) 적절함 | 適当(てきとう) 적당함 | 快適(かいてき) 쾌적함 | 最適(さいてき) 최적

飛行機(ひこうき)のビジネスクラスは広(ひろ)くて快適(かいてき)です。
비행기의 비즈니스석은 넓고 쾌적합니다.

これは私(わたし)に最適(さいてき)な仕事(しごと)ではありません。 이것은 내게 최적의 일이 아닙니다.

쓰는 순서 適 適 適 適 適 適 適 適 適 適 適 適 適 適

0776

績

길쌈할 적

N2 총 17 획

음 せき 業績(ぎょうせき) 업적, 실적 | 功績(こうせき) 공적 | 実績(じっせき) 실적 | 成績(せいせき) 성적 | 紡績(ぼうせき) 방적

会社(かいしゃ)の業績(ぎょうせき)が上(あ)がりました。 회사 실적이 올랐습니다.

今学期(こんがっき)は成績(せいせき)がよかったです。 이번 학기는 성적이 좋았습니다.

쓰는 순서 績 績 績 績 績 績 績 績 績 績 績 績 績 績 績 績 績

0777

絶

끊을 절

N2 총 12 획

음 ぜつ 絶対(ぜったい) 절대 | 絶滅(ぜつめつ) 멸종, 근절 | 気絶(きぜつ) 기절 | 拒絶(きょぜつ) 거절 | 謝絶(しゃぜつ) 사절 | 壮絶(そうぜつ) 장절, 장렬

훈 た(える), た(やす), た(つ) 絶(た)える 끊어지다, 없어지다 | 絶(た)やす 끊어지게 하다, 없애다, 끊다 | 絶(た)つ 끊다, 자르다, 절단하다

約束(やくそく)を絶対(ぜったい)に忘(わす)れないでください。 약속을 절대로 잊지 마세요.

外国(がいこく)にいる友達(ともだち)の消息(しょうそく)が絶(た)えました。 외국에 있는 친구의 소식이 끊겼습니다.

쓰는 순서 絶 絶 絶 絶 絶 絶 絶 絶 絶 絶 絶 絶

0778

接

이을 접

N2 총 11 획

음 せつ 接近(せっきん) 접근 | 接触(せっしょく) 접촉 | 接続(せつぞく) 접속 | 接待(せったい) 접대 | 直接(ちょくせつ) 직접 | 面接(めんせつ) 면접

훈 つ(ぐ) 接(つ)ぐ 잇다 | 接(つ)ぎ木(き) 접목

面接(めんせつ)のためのスーツを買(か)いました。 면접을 위한 정장을 샀습니다.

ギブスをして骨(ほね)を接(つ)ぎました。 깁스를 해서 뼈를 붙였습니다.

쓰는 순서 接 接 接 接 接 接 接 接 接 接 接

0779

정사 정

N3 총 9 획

음 せい, しょう 政策 정책 | 政治 정치 | 政党 정당 | 国政 국정 | 行政 행정 | 摂政 섭정

훈 まつりごと 政 정사, 영토와 국민을 다스림

毎朝、テレビで政治のニュースを見ます。

매일 아침 텔레비전으로 정치 뉴스를 봅니다.

世界史の本に昔のローマの 政 が書いてあります。

세계사 책에 옛날 로마의 정치가 적혀 있습니다.

쓰는 순서 政 政 政 政 政 政 政 政 政

0780

情

뜻 정 (情)

N3 총 11 획

음 じょう, せい 情勢 정세 | 情緒 정서, 정조, 정취 | 愛情 애정 | 感情 감정 | 風情 운치, 정취

훈 なさ(け) 情け 정, 인정, 동정

愛情あふれる料理です。 애정이 넘치는 요리입니다.

吉田さんはとても情け深い人です。 요시다 씨는 정이 넘치는 사람입니다.

쓰는 순서 情 情 情 情 情 情 情 情 情 情 情

0781

停

머무를 정

N2 총 11 획

음 てい 停止 정지 | 停戦 정전(전투를 중단함) | 停電 정전 | 停留所 정류소 | 調停 조정

雷が落ちて停電しました。 천둥이 쳐서 정전되었습니다.

市民センターは次の停留所で降りてください。

시민 센터는 다음 정류소에서 내리세요.

쓰는 순서 停 停 停 停 停 停 停 停 停 停 停

0782

한도 정

N2 총 12 획

음 てい 程度 정도 | 過程 과정 | 課程 과정 | 日程 일정 | 旅程 여정

훈 ほど 程 사물, 동작, 상태의 정도나 한도, 알맞은 정도 | 程々 적당, 알맞은 정도 | 身の程 분수

来年、修士課程に進学します。 내년에 석사 과정에 진학합니다.

お酒も程々に飲みましょう。 술도 적당히 마십시다.

쓰는 순서 程 程 程 程 程 程 程 程 程 程 程 程

0783

精

정할 정 (精)

N2 총 14 획

음 せい, しょう 精巧(せいこう) 정교함 | 精神(せいしん) 정신 | 精密(せいみつ) 정밀 | 丹精(たんせい) 정성을 들임 | 妖精(ようせい) 요정 | 精進(しょうじん) 정진 | 不精(ぶしょう) 게을러서 하기 귀찮아함, 싫어함

これは精密機械(せいみつきかい)ですから、壊(こわ)れやすいです。

이것은 정밀 기계라서 망가지기 쉽습니다.

出不精(でぶしょう)なので、休日(きゅうじつ)は家(いえ)にずっといます。

외출하기 귀찮아서 휴일엔 줄곧 집에 있습니다.

쓰는 순서 精 精 精 精 精 精 精 精 精 精 精 精 精 精

0784

制

절제할 제

N3 총 8 획

음 せい 制御(せいぎょ) 제어 | 制限(せいげん) 제한 | 制度(せいど) 제도 | 官制(かんせい) 관제 | 規制(きせい) 규제 | 統制(とうせい) 통제

年齢制限(ねんれいせいげん)があって、映画(えいが)が見(み)られません。

연령 제한이 있어서 영화를 볼 수 없습니다.

今(いま)の年金制度(ねんきんせいど)には問題(もんだい)があります。 지금의 연금 제도에는 문제가 있습니다.

쓰는 순서 制 制 制 制 制 制 制 制

0785

提

끌 제

N1 총 12 획

음 てい 提案(ていあん) 제안 | 提供(ていきょう) 제공 | 提携(ていけい) 제휴 | 提出(ていしゅつ) 제출 | 提示(ていじ) 제시 | 前提(ぜんてい) 전제

훈 さ(げる) 提(さ)げる 들다

宿題(しゅくだい)を提出(ていしゅつ)してください。 숙제를 제출해 주세요.

女(おんな)の子(こ)がかばんを提(さ)げています。 여자아이가 가방을 들고 있습니다.

쓰는 순서 提 提 提 提 提 提 提 提 提 提 提 提

0786

製

지을 제

N2 총 14 획

음 せい 製作(せいさく) 제작 | 製造(せいぞう) 제조 | 製品(せいひん) 제품 | 製本(せいほん) 제본 | 製薬(せいやく) 제약 | 外国製(がいこくせい) 외제, 외국산 | 日本製(にほんせい) 일제, 일본산 | 木製(もくせい) 목제

兄(あに)は製薬会社(せいやくがいしゃ)の研究員(けんきゅういん)です。 형은 제약 회사의 연구원입니다.

外国製(がいこくせい)の品物(しなもの)は高(たか)いです。 외제 물건은 비쌉니다.

쓰는 순서 製 製 製 製 製 製 製 製 製 製 製 製 製 製

0787

際

즈음 제

N2 총 14 획

음 さい 際限(さいげん) 제한 | 交際(こうさい) 교제 | 国際(こくさい) 국제 | 実際(じっさい) 실제

훈 きわ 際(きわ) 가장자리, 옆, 때, 경우 | 窓際(まどぎわ) 창가

空港(くうこう)に新(あたら)しい国際(こくさい)ターミナルができました。

공항에 새로운 국제 터미널이 생겼습니다.

木村(きむら)さんが窓際(まどぎわ)に座(すわ)っています。 기무라 씨가 창가에 앉아 있습니다.

쓰는 순서 際 際 際 際 際 際 際 際 際 際 際 際 際 際

0788

가지 조 (條)

N1 총 7 획

음 じょう 条件(じょうけん) 조건 | 条約(じょうやく) 조약 | 条例(じょうれい) 조례 | 信条(しんじょう) 신조

入学(にゅうがく)する条件(じょうけん)が難(むずか)しいです。 입학하는 조건이 까다롭습니다.

外国(がいこく)と条約(じょうやく)を結(むす)びました。 외국과 조약을 맺었습니다.

쓰는 순서 条 条 条 条 条 条 条

0789

할아버지 조 (祖)

N3 총 9 획

음 そ 祖国(そこく) 조국 | 祖父(そふ) 할아버지 | 祖母(そぼ) 할머니 | 開祖(かいそ) 개조 | 教祖(きょうそ) 교조, 교주 | 先祖(せんぞ) 선조

祖父(そふ)は今年(ことし)、90歳(さい)になります。 할아버지는 올해 아흔 살입니다.

祖国(そこく)を離(はな)れて、外国(がいこく)に行(い)きます。 조국을 떠나 외국에 갑니다.

쓰는 순서 祖 祖 祖 祖 祖 祖 祖 祖 祖

0790

지을 조 (造)

N3 총 10 획

음 ぞう 造形(ぞうけい) 조형 | 造船(ぞうせん) 조선 | 改造(かいぞう) 개조 | 構造(こうぞう) 구조 | 創造(そうぞう) 창조 | 木造(もくぞう) 목조

훈 つく(る) 造(つく)る 만들다, 제작하다

日本(にほん)には木造(もくぞう)の家(いえ)が多(おお)いです。 일본에는 나무로 만든 집이 많습니다.

米(こめ)で酒(さけ)を造(つく)ります。 쌀로 술을 만듭니다.

쓰는 순서 造 造 造 造 造 造 造 造 造 造

0791

罪

허물 죄

N2 총 13 획

음 ざい 罪悪(ざいあく) 죄악 | 罪状(ざいじょう) 죄상 | 罪名(ざいめい) 죄명 | 犯罪(はんざい) 범죄 | 無罪(むざい) 무죄 | 有罪(ゆうざい) 유죄

훈 つみ 罪(つみ) 죄, 벌, 형벌

有罪(ゆうざい)の判決(はんけつ)が下(くだ)りました。 유죄 판결이 내려졌습니다.

『罪(つみ)と罰(ばつ)』という小説(しょうせつ)を読(よ)みました。『죄와 벌』이라는 소설을 읽었습니다.

쓰는 순서 罪 罪 罪 罪 罪 罪 罪 罪 罪 罪 罪 罪 罪

0792

準

준할 준

N2 총 13 획

음 じゅん 準備(じゅんび) 준비 | 準優勝(じゅんゆうしょう) 준우승 | 基準(きじゅん) 기준 | 水準(すいじゅん) 수준 | 標準(ひょうじゅん) 표준

日本(にほん)チームが準優勝(じゅんゆうしょう)しました。 일본 팀이 준우승했습니다.

評価(ひょうか)の基準(きじゅん)が高(たか)いです。 평가 기준이 높습니다.

쓰는 순서 準 準 準 準 準 準 準 準 準 準 準 準 準

0793

증거 증 (證)

N1 총 12 획

음 しょう 証拠(しょうこ) 증거 | 証明(しょうめい) 증명 | 確証(かくしょう) 확증 | 許可証(きょかしょう) 허가증 | 認証(にんしょう) 인증 | 保証(ほしょう) 보증

証拠(しょうこ)を見(み)せてください。 증거를 보여 주세요.

難(むずか)しい数学(すうがく)の問題(もんだい)が証明(しょうめい)されました。 난해한 수학 문제가 증명되었습니다.

쓰는 순서 証 証 証 証 証 証 証 証 証 証 証 証

0794

더할 증 (增)

N2 총 14 획

음 ぞう 増加(ぞうか) 증가 | 増減(ぞうげん) 증감 | 激増(げきぞう) 격증, 급증 | 倍増(ばいぞう) 배증, 배가

훈 ま(す), ふ(える), ふ(やす) 増(ま)す 많아지다, 늘다 | 増(ふ)える 늘다, 늘어나다 | 増(ふ)やす 늘리다, 불리다

結婚(けっこん)しない人(ひと)が増加(ぞうか)しています。 결혼하지 않는 사람이 증가하고 있습니다.

韓国語(かんこくご)を勉強(べんきょう)する人(ひと)が増(ふ)えました。 한국어를 공부하는 사람이 늘었습니다.

쓰는 순서 増 増 増 増 増 増 増 増 増 増 増 増 増 増

0795

支

지탱할 지

N2 총 4 획

음 し 支援(しえん) 지원 | 支給(しきゅう) 지급 | 支持(しじ) 지지, 버팀 | 支度(したく) 준비 | 支店(してん) 지점 | 収支(しゅうし) 수지

훈 ささ(える) 支える(ささえる) 받치다, 버티다, 지탱하다, 유지하다

私(わたし)は木村(きむら)さんの考(かんが)え方(かた)を支持(しじ)します。 나는 기무라 씨의 생각을 지지합니다.

大(おお)きな柱(はしら)が屋根(やね)を支(ささ)えています。 큰 기둥이 지붕을 지탱하고 있습니다.

쓰는 순서 支 支 支 支

0796

志

뜻 지

N1 총 7 획

음 し 志願(しがん) 지원 | 志望(しぼう) 지망 | 意志(いし) 의지 | 闘志(とうし) 투지 | 同志(どうし) 동지

훈 こころざ(す), こころざし 志す(こころざす) 뜻을 세우다, 지향하다 | 志(こころざし) 뜻, 후의

海兵隊(かいへいたい)に志願(しがん)しました。 해병대에 지원했습니다.

医師(いし)を志(こころざ)して、勉強(べんきょう)しています。 의사를 목표로 공부하고 있습니다.

쓰는 순서 志 志 志 志 志 志 志

0797

枝

가지 지

N3 총 8 획

음 し 枝葉末節(しようまっせつ) 지엽 말절(주요하지 않은 사항, 하찮고 자질구레한 부분) | 楊枝(ようじ) 이쑤시개

훈 えだ 枝(えだ) 가지 | 枝豆(えだまめ) 가지째 꺾은 풋콩을 삶은 것 | 枝道(えだみち) 샛길

「枝葉末節(しようまっせつ)」はささいなことを言(い)います。 '지엽 말절'은 사소한 것을 말합니다.

木(き)の枝(えだ)を折(お)ってしまいました。 나뭇가지를 꺾어 버렸습니다.

쓰는 순서 枝 枝 枝 枝 枝 枝 枝 枝

0798

職

직분 직

N2 총 18 획

음 しょく 職業(しょくぎょう) 직업 | 職種(しょくしゅ) 직종 | 職務(しょくむ) 직무 | 求職(きゅうしょく) 구직 | 就職(しゅうしょく) 취업 | 退職(たいしょく) 퇴직, 사직

職業(しょくぎょう)は何(なん)ですか。 직업은 무엇입니까?

父(ちち)は去年(きょねん)、会社(かいしゃ)を退職(たいしょく)しました。 아버지는 지난해에 회사를 퇴직했습니다.

쓰는 순서 職 職 職 職 職 職 職 職 職 職 職 職 職 職 職 職 職 職

□ □

0799

織

짤 직

N1 총 18 획

음 しょく, しき　織機(しょっき) 직기, 베틀 | 染織(せんしょく) 염직, 피륙의 염색과 직조 | 紡織(ぼうしょく) 방직 | 組織(そしき) 조직

훈 お(る)　織(お)る 짜다, 짜서 만들다 | 織物(おりもの) 직물

これは会社(かいしゃ)の組織図(そしきず)です。 이것은 회사의 조직도입니다.

京都(きょうと)の織物(おりもの)は有名(ゆうめい)です。 교토의 직물은 유명합니다.

쓰는 순서 織 織 織 織 織 織 織 織 織 織 織 織 織 織 織 織 織 織

□ □

0800

質

바탕 질

N4 총 15 획

음 しつ, しち, ち　質問(しつもん) 질문 | 質量(しつりょう) 질량 | 性質(せいしつ) 성질 | 品質(ひんしつ) 품질 | 質屋(しちや) 전당포 | 人質(ひとじち) 인질, 볼모 | 言質(げんち) 언질

先生(せんせい)に質問(しつもん)をしました。 선생님에게 질문을 했습니다.

品質管理(ひんしつかんり)の仕事(しごと)をしています。 품질 관리 업무를 합니다.

쓰는 순서 質 質 質 質 質 質 質 質 質 質 質 質 質 質 質

□ □

0801

賛

도울 찬 (贊)

N2 총 15 획

음 さん　賛成(さんせい) 찬성 | 賛辞(さんじ) 찬사 | 賛美(さんび) 찬미 | 自賛(じさん) 자찬 | 絶賛(ぜっさん) 절찬, 극찬

みんなの意見(いけん)に賛成(さんせい)です。 모두의 의견에 찬성입니다.

彼(かれ)は世界(せかい)が絶賛(ぜっさん)する人(ひと)です。 그는 세계가 극찬하는 사람입니다.

쓰는 순서 賛 賛 賛 賛 賛 賛 賛 賛 賛 賛 賛 賛 賛 賛 賛

□ □

0802

캘 채 (採)

N2 총 11 획

음 さい　採血(さいけつ) 채혈 | 採取(さいしゅ) 채취 | 採集(さいしゅう) 채집 | 採点(さいてん) 채점 | 採用(さいよう) 채용

採血(さいけつ)をして検査(けんさ)をしました。 채혈을 해서 검사했습니다.

採点結果(さいてんけっか)が出(で)ました。 채점 결과가 나왔습니다.

쓰는 순서 採 採 採 採 採 採 採 採 採 採 採

5 학년

0803

꾸짖을 책

N2 총 11 획

음 せき 責任(せきにん) 책임 | 責務(せきむ) 책무 | 自責(じせき) 자책 | 重責(じゅうせき) 중책 | 問責(もんせき) 문책

훈 せ(める) 責(せ)める 꾸짖다, 채근하다, 나무라다

責任(せきにん)を持(も)って仕事(しごと)をします。 책임을 가지고 일을 합니다.

先輩(せんぱい)が後輩(こうはい)の失敗(しっぱい)を責(せ)めています。 선배가 후배의 실패를 나무라고 있습니다.

쓰는 순서 責 責 責 責 責 責 責 責 責 責 責

0804

아내 처

N3 총 8 획

음 さい 妻子(さいし) 처자 | 妻帯(さいたい) 아내를 둠 | 夫妻(ふさい) 부부 | 良妻(りょうさい) 양처, 좋은 아내

훈 つま 妻(つま) 아내 | 新妻(にいづま) 새댁 | 人妻(ひとづま) 남의 아내, 유부녀

大統領(だいとうりょう)夫妻(ふさい)が来日(らいにち)しました。 대통령 부부가 일본에 왔습니다.

妻(つま)とは三年前(さんねんまえ)に結婚(けっこん)しました。 아내와는 3년 전에 결혼했습니다.

쓰는 순서 妻 妻 妻 妻 妻 妻 妻 妻

0805

招

부를 초

N2 총 8 획

음 しょう 招集(しょうしゅう) 소집 | 招請(しょうせい) 초청 | 招待(しょうたい) 초대 | 招来(しょうらい) 초래, 불러옴

훈 まね(く) 招(まね)く 부르다, 초대하다

日本(にほん)の結婚式(けっこんしき)は招待状(しょうたいじょう)がないと行(い)けません。

일본의 결혼식은 초대장이 없으면 갈 수 없습니다.

留学生(りゅうがくせい)を招(まね)いてパーティーをしました。 유학생을 초대해서 파티를 했습니다.

쓰는 순서 招 招 招 招 招 招 招 招

0806

다 총 (總)

N2 총 14 획

음 そう 総会(そうかい) 총회 | 総合(そうごう) 종합 | 総長(そうちょう) 총장 | 総務(そうむ) 총무 | 総理(そうり) 총리

総会(そうかい)で会長(かいちょう)を選(えら)びます。 총회에서 회장을 선출합니다.

今(いま)の総理大臣(そうりだいじん)はだれですか。 지금의 총리대신은 누구입니까?

쓰는 순서 総 総 総 総 総 総 総 総 総 総 総 総 総 総

0807

築

쌓을 축

N2 총 16 획

음 ちく **築造**(ちくぞう) 축조 | **改築**(かいちく) 개축 | **建築**(けんちく) 건축 | **新築**(しんちく) 신축 | **増築**(ぞうちく) 증축

훈 きず(く) **築く**(きずく) 쌓다, 축조하다

家族(かぞく)が増(ふ)えたので家(いえ)を増築(ぞうちく)します。 가족이 늘어서 집을 증축합니다.

川(かわ)に橋(はし)を築(きず)きました。 강에 다리를 축조했습니다.

쓰는 순서 築 築 築 築 築 築 築 築 築 築 築 築 築 築 築 築

0808

測

헤아릴 측

N2 총 12 획

음 そく **測定**(そくてい) 측정 | **測量**(そくりょう) 측량 | **観測**(かんそく) 관측 | **計測**(けいそく) 계측 | **推測**(すいそく) 추측

훈 はか(る) **測る**(はかる) 재다, 측정하다

百(ひゃく)メートル走(そう)の速(はや)さを測定(そくてい)します。 100m 달리기 속도를 측정합니다.

畑(はたけ)の面積(めんせき)を測(はか)りました。 밭의 면적을 측정했습니다.

쓰는 순서 測 測 測 測 測 測 測 測 測 測 測 測

0809

則

법칙 칙

N2 총 9 획

음 そく **規則**(きそく) 규칙 | **原則**(げんそく) 원칙 | **校則**(こうそく) 교칙 | **反則**(はんそく) 반칙 | **法則**(ほうそく) 법칙

校則(こうそく)が変(か)わりました。 교칙이 바뀌었습니다.

反則(はんそく)をしたアメリカチームが負(ま)けました。 반칙을 한 미국 팀이 졌습니다.

쓰는 순서 則 則 則 則 則 則 則 則 則

0810

快

쾌할 쾌

N2 총 7 획

음 かい **快感**(かいかん) 쾌감 | **快晴**(かいせい) 쾌청 | **快適**(かいてき) 쾌적함 | **軽快**(けいかい) 경쾌함 | **爽快**(そうかい) 상쾌함

훈 こころよ(い) **快い**(こころよい) 기분이 좋다, 상쾌하다

今日(きょう)は快晴(かいせい)です。 오늘은 쾌청합니다.

田中(たなか)さんが快(こころよ)く引(ひ)き受(う)けてくれました。 다나카 씨가 기분 좋게 맡아 주었습니다.

쓰는 순서 快 快 快 快 快 快 快

5 학년

0811

態

모습 태

N1 총 14 획

음 たい 態勢(たいせい) 태세 | 態度(たいど) 태도 | 形態(けいたい) 형태 | 実態(じったい) 실태 | 状態(じょうたい) 상태

彼(かれ)の生意気(なまいき)な態度(たいど)が嫌(きら)いです。 그의 건방진 태도를 싫어합니다.

会社(かいしゃ)の経営状態(けいえいじょうたい)がよくありません。 회사의 경영 상태가 좋지 않습니다.

쓰는 순서 態 態 態 態 態 態 態 態 態 態 態 態 態 態

0812

統

거느릴 통

N1 총 12 획

음 とう 統一(とういつ) 통일 | 統計(とうけい) 통계 | 統治(とうち) 통치 | 系統(けいとう) 계통 | 大統領(だいとうりょう) 대통령 | 伝統(でんとう) 전통

훈 す(べる) 統(す)べる 통합하다, 통치하다, 지배하다

これは日本(にほん)の伝統料理(でんとうりょうり)です。 이것은 일본의 전통 요리입니다.

昔(むかし)は王様(おうさま)が天下(てんか)を統(す)べました。 옛날은 임금님이 천하를 다스렸습니다.

쓰는 순서 統 統 統 統 統 統 統 統 統 統 統 統

0813

破

깨뜨릴 파

N2 총 10 획

음 は 破壊(はかい) 파괴 | 破産(はさん) 파산 | 破損(はそん) 파손 | 破片(はへん) 파편 | 撃破(げきは) 격파 | 突破(とっぱ) 돌파

훈 やぶ(る), やぶ(れる) 破(やぶ)る 찢다, 깨다, 부수다 | 破(やぶ)れる 깨지다, 부서지다, 찢어지다

ガラスの破片(はへん)があるので、注意(ちゅうい)してください。
유리 파편이 있으니 주의해 주세요.

手紙(てがみ)を見(み)て、すぐ破(やぶ)りました。 편지를 보고 바로 찢었습니다.

쓰는 순서 破 破 破 破 破 破 破 破 破 破

0814

판단할 판 (判)

N2 총 7 획

음 はん, ばん 判断(はんだん) 판단 | 判定(はんてい) 판정 | 審判(しんぱん) 심판 | 批判(ひはん) 비판 | 裁判(さいばん) 재판

その判断(はんだん)は君(きみ)に任(まか)せます。 그 판단은 당신에게 맡기겠습니다.

彼(かれ)の意見(いけん)は批判(ひはん)を受(う)けました。 그의 의견은 비판을 받았습니다.

쓰는 순서 判 判 判 判 判 判 判

0815

版

판목 판

N2 총 8 획

음 はん 版画(はんが) 판화 | 版木(はんぎ) 판목 | 版権(はんけん) 판권 | 改版(かいはん) 개정판 | 限定版(げんていばん) 한정판 | 出版(しゅっぱん) 출판

この商品(しょうひん)は限定版(げんていばん)です。 이 상품은 한정판입니다.

出版社(しゅっぱんしゃ)で働(はたら)いてみたいです。 출판사에서 일해 보고 싶습니다.

쓰는 순서 版 版 版 版 版 版 版 版

0816

編

엮을 편

N2 총 15 획

음 へん 編集(へんしゅう) 편집 | 編入(へんにゅう) 편입 | 前編(ぜんぺん) 전편 | 短編(たんぺん) 단편 | 長編(ちょうへん) 장편

훈 あ(む) 編(あ)む 엮다, 뜨다 | 編(あ)み物(もの) 뜨개질

大学三年生(だいがくさんねんせい)に編入(へんにゅう)しました。 대학교 3학년에 편입했습니다.

毛糸(けいと)でマフラーを編(あ)んでいます。 털실로 목도리를 뜨고 있습니다.

쓰는 순서 編 編 編 編 編 編 編 編 編 編 編 編 編 編 編

0817

評

평할 평

N1 총 12 획

음 ひょう 評価(ひょうか) 평가 | 評議(ひょうぎ) 평의 | 評判(ひょうばん) 평판 | 講評(こうひょう) 강평 | 批評(ひひょう) 비평 | 論評(ろんぴょう) 논평

近所(きんじょ)に評判(ひょうばん)のいい店(みせ)があります。 근처에 평판이 좋은 가게가 있습니다.

先生(せんせい)の講評(こうひょう)を聞(き)きました。 선생님의 강평을 들었습니다.

쓰는 순서 評 評 評 評 評 評 評 評 評 評 評 評

0818

布

베/펼 포

N3 총 5 획

음 ふ 布教(ふきょう) 포교 | 布団(ふとん) 이불 | 公布(こうふ) 공포 | 財布(さいふ) 지갑 | 綿布(めんぷ) 면포, 무명 | 毛布(もうふ) 모포, 담요

훈 ぬの 布(ぬの) 피륙, 직물, 무명

寒(さむ)かったら毛布(もうふ)を使(つか)ってください。 추우면 담요를 사용하세요.

大(おお)きな布(ぬの)がほしいです。 큰 직물을 원합니다.

쓰는 순서 布 布 布 布 布

□ □

0819

사나울 폭

N2 총 15획

음 ぼう, ばく 暴風(ぼうふう) 폭풍 | 暴力(ぼうりょく) 폭력 | 凶暴(きょうぼう) 흉폭함 | 乱暴(らんぼう) 난폭함 | 暴露(ばくろ) 폭로

훈 あば(れる), あば(く) 暴(あば)れる 날뛰다, 난폭하게 굴다, 대담하게 행동하다 | 暴(あば)く 폭로하다, 들추어내다, 파내다

暴力(ぼうりょく)は絶対(ぜったい)にいけません。 폭력은 절대로 안 됩니다.

馬(うま)が暴(あば)れ始(はじ)めました。 말이 날뛰기 시작했습니다.

쓰는 순서 暴 暴 暴 暴 暴 暴 暴 暴 暴 暴 暴 暴 暴 暴 暴

□ □

0820

풍년 풍

N2 총 13획

음 ほう 豊作(ほうさく) 풍작 | 豊年(ほうねん) 풍년 | 豊富(ほうふ) 풍부 | 豊漁(ほうりょう) 풍어, 물고기가 많이 잡힘

훈 ゆた(か) 豊(ゆた)か 풍부함, 풍족함

レモンはビタミンが豊富(ほうふ)です。 레몬은 비타민이 풍부합니다.

クリが豊(ゆた)かに実(みの)りました。 밤이 잔뜩 열렸습니다.

쓰는 순서 豊 豊 豊 豊 豊 豊 豊 豊 豊 豊 豊 豊 豊

□ □

0821

물 하

N3 총 8획

음 か, が 河口(かこう) 하구, 강어귀 | 河川(かせん) 하천 | 運河(うんが) 운하 | 銀河(ぎんが) 은하수

훈 かわ 河(かわ) 강, 하천

河口(かこう)の近(ちか)くで釣(つ)りをしました。 강어귀 근처에서 낚시를 했습니다.

洪水(こうずい)で河(かわ)があふれました。 홍수로 하천이 넘쳤습니다.

쓰는 순서 河 河 河 河 河 河 河 河

□ □

0822

한할 한

N2 총 9획

음 げん 限界(げんかい) 한계 | 限定(げんてい) 한정 | 期限(きげん) 기한 | 極限(きょくげん) 극한 | 制限(せいげん) 제한

훈 かぎ(る) 限(かぎ)る 한정하다, 한하다

制限速度(せいげんそくど)を守(まも)ってください。 제한 속도를 지켜 주세요.

入場(にゅうじょう)は未成年(みせいねん)に限(かぎ)ります。 입장은 미성년자에 한합니다.

쓰는 순서 限 限 限 限 限 限 限 限 限

0823 航

배 항
N2 총 10 획

음 こう 航空(こうくう) 항공 | 航路(こうろ) 항로 | 運航(うんこう) 운항 | 欠航(けっこう) 결항 | 就航(しゅうこう) 취항

姉(あね)は航空会社(こうくうがいしゃ)で働(はたら)いています。 누나는 항공사에서 일합니다.

台風(たいふう)で飛行機(ひこうき)が欠航(けっこう)しました。 태풍으로 비행기가 결항되었습니다.

쓰는 순서 航 航 航 航 航 航 航 航 航 航

0824 解

풀 해
N2 총 13 획

음 かい, げ 解説(かいせつ) 해설 | 解答(かいとう) 해답 | 読解(どっかい) 독해 | 理解(りかい) 이해 | 解熱(げねつ) 해열 | 解毒(げどく) 해독

훈 と(く), と(かす), と(ける), ほど(く), ほど(ける) 解(と)く 풀다 | 解(と)かす 빗다 | 解(と)ける 풀리다 | 解(ほど)く 풀다 | 解(ほど)ける 풀어지다

解説書(かいせつしょ)を読(よ)んでも分(わ)かりません。 해설서를 읽어도 모르겠습니다.

数学(すうがく)の問題(もんだい)を解(と)きます。 수학 문제를 풉니다.

쓰는 순서 解 解 解 解 解 解 解 解 解 解 解 解 解

0825 許

허락할 허
N3 총 11 획

음 きょ 許可(きょか) 허가 | 許諾(きょだく) 허락 | 特許(とっきょ) 특허 | 免許(めんきょ) 면허

훈 ゆる(す) 許(ゆる)す 허락하다, 용서하다

車(くるま)の免許(めんきょ)は持(も)っていますか。 자동차 면허는 가지고 있습니까?

部長(ぶちょう)が私(わたし)の失敗(しっぱい)を許(ゆる)してくれました。 부장님이 내 실패를 용서해 주었습니다.

쓰는 순서 許 許 許 許 許 許 許 許 許 許 許

0826 険

험할 험 (險)
N2 총 11 획

음 けん 険悪(けんあく) 험악 | 危険(きけん) 위험 | 保険(ほけん) 보험 | 冒険(ぼうけん) 모험

훈 けわ(しい) 険(けわ)しい 험하다

危険(きけん)ですから、中(なか)に入(はい)らないでください。 위험하니까 안에 들어가지 마세요.

この山(やま)の登山道(とざんどう)は険(けわ)しいです。 이 산의 등산로는 험합니다.

쓰는 순서 険 険 険 険 険 険 険 険 険 険 険

0827

現

나타날 현

N3 총 11획

음 げん 現在(げんざい) 현재 | 現象(げんしょう) 현상 | 現代(げんだい) 현대 | 再現(さいげん) 재현 | 実現(じつげん) 실현 | 表現(ひょうげん) 표현

훈 あらわ(れる), あらわ(す) 現(あらわ)れる 나타나다, 출현하다 | 現(あらわ)す 나타내다, 드러내다

彼(かれ)は現在(げんざい)、病院(びょういん)にいます。그는 현재 병원에 있습니다.

空(そら)ににじが現(あらわ)れました。하늘에 무지개가 나타났습니다.

쓰는 순서 現 現 現 現 現 現 現 現 現 現 現

0828

型

모형 형

N2 총9획

음 けい 原型(げんけい) 원형 | 体型(たいけい) 체형 | 典型(てんけい) 전형 | 模型(もけい) 모형

훈 かた 大型(おおがた) 대형 | 血液型(けつえきがた) 혈액형 | 小型(こがた) 소형 | 新型(しんがた) 신형

飛行機(ひこうき)の模型(もけい)を作(つく)るのが好(す)きです。비행기 모형을 만드는 것을 좋아합니다.

血液型(けつえきがた)はA型(がた)です。혈액형은 A형입니다.

쓰는 순서 型 型 型 型 型 型 型 型 型

0829

護

도울 호

N1 총20획

음 ご 護衛(ごえい) 호위 | 看護(かんご) 간호 | 救護(きゅうご) 구호 | 警護(けいご) 경호 | 保護(ほご) 보호 | 弁護(べんご) 변호

迷子(まいご)を保護(ほご)しています。미아를 보호하고 있습니다.

彼(かれ)の夢(ゆめ)は弁護士(べんごし)です。그의 꿈은 변호사입니다.

쓰는 순서 護

0830

混

섞을 혼

N2 총11획

음 こん 混合(こんごう) 혼합 | 混雑(こんざつ) 혼잡 | 混同(こんどう) 혼동 | 混乱(こんらん) 혼란

훈 ま(じる), ま(ざる), ま(ぜる) 混(ま)じる 섞이다 | 混(ま)ざる 섞이다 | 混(ま)ぜる 섞다, 뒤섞다

デパートは混雑(こんざつ)していました。백화점은 혼잡했습니다.

お湯(ゆ)を入(い)れて、よく混(ま)ぜてください。뜨거운 물을 넣고 잘 섞어 주세요.

쓰는 순서 混 混 混 混 混 混 混 混 混 混 混

0831 □□

確

굳을 확

N2 총 15획

음 かく 確実(かくじつ) 확실 | 確認(かくにん) 확인 | 確率(かくりつ) 확률 | 正確(せいかく) 정확 | 的確(てきかく) 적확, 정확함

훈 たし(か), たし(かめる) 確(たし)か 확실함, 정확함 | 確(たし)かめる 확인하다

武田(たけだ)さんはいつも時間(じかん)を正確(せいかく)に守(まも)ります。
다케다 씨는 항상 시간을 정확하게 지킵니다.

地図(ちず)を見(み)て確(たし)かめましょう。 지도를 보고 확인합시다.

쓰는 순서 確 確 確 確 確 確 確 確 確 確 確 確 確 確 確

0832 □□

본받을 효 (效)

N2 총 8획

음 こう 効果(こうか) 효과 | 効率(こうりつ) 효율 | 効力(こうりょく) 효력 | 即効(そっこう) 즉효 | 有効(ゆうこう) 유효

훈 き(く) 効(き)く 듣다, 효과가 있다 | 効(き)き目(め) 효과, 효능

仕事(しごと)の効率(こうりつ)が悪(わる)いです。 일의 효율이 나쁩니다.

この薬(くすり)は効(き)き目(め)がありますか。 이 약은 효과가 있습니까?

쓰는 순서 効 効 効 効 効 効 効 効

0833 □□

두터울 후

N2 총 9획

음 こう 厚意(こうい) 후의 | 厚生(こうせい) 후생, 생활을 넉넉하고 윤택하게 함 | 温厚(おんこう) 온후함 | 濃厚(のうこう) 농후함

훈 あつ(い) 厚(あつ)い 두껍다

中村(なかむら)さんは温厚(おんこう)な性格(せいかく)です。 나카무라 씨는 온후한 성격입니다.

この本(ほん)は厚(あつ)くて重(おも)いです。 이 책은 두껍고 무겁습니다.

쓰는 순서 厚 厚 厚 厚 厚 厚 厚 厚 厚

0834 □□

일 흥

N1 총 16획

음 こう, きょう 興行(こうぎょう) 흥행 | 興奮(こうふん) 흥분 | 再興(さいこう) 다시 일어남 | 復興(ふっこう) 부흥 | 興味(きょうみ) 흥미 | 即興(そっきょう) 즉흥 | 余興(よきょう) 여흥

훈 おこ(る), おこ(す) 興(おこ)る 일어나다, 번성하다, 발생하다 | 興(おこ)す 일으키다, 흥하게 하다

日本(にほん)のドラマに興味(きょうみ)があります。 일본의 드라마에 흥미가 있습니다.

新(あたら)しい会社(かいしゃ)を興(おこ)しました。 새로운 회사를 일으켰습니다.

쓰는 순서 興 興 興 興 興 興 興 興 興 興 興 興 興 興 興 興

기쁠 희

N2 총 12 획

음 き 喜劇(きげき) 희극, 코미디 | 喜寿(きじゅ) 희수, 77세 | 歓喜(かんき) 환희 | 狂喜(きょうき) 미친 듯이 기뻐함

훈 よろこ(ぶ) 喜ぶ(よろこぶ) 기뻐하다

おもしろい喜劇(きげき)を見(み)ました。 재미있는 희극을 봤습니다.

その知(し)らせを聞(き)いて母(はは)は喜(よろこ)びました。 그 소식을 듣고 어머니는 기뻐했습니다.

쓰는 순서 喜 喜 喜 喜 喜 喜 喜 喜 喜 喜 喜 喜

연습 문제 ⑰

[　　/20]

■ 밑줄 친 한자를 바르게 읽은 것을 고르시오.

1　私の家の周囲には何もありません。

①しゅい　②しゅうじょう　③しゅうい　④しゅじょう

2　即興でピアノを演奏(えんそう)しました。

①そっきょう　②そっこう　③そくきょう　④そくこう

3　新(あたら)しい眼鏡を買(か)いました。

①すがたみ　②てかがみ　③はがね　④めがね

4　大統領(だいとうりょう)を警護します。

①けいご　②けいこ　③けんご　④けんこ

5　暑(あつ)くて額から汗(あせ)が流(なが)れます。

①わき　②もも　③あたま　④ひたい

6　高熱(こうねつ)が出(で)たので、解熱剤を飲(の)んで寝(ね)ました。

①かいねつざい　②げねつざい　③かいねんざい　④げねんざい

7　この問題(もんだい)を解決(かいけつ)するのは容易ではありません。

①よんい　②よんえき　③ようい　④ようえき

8　今年(ことし)は米(こめ)が豊作です。

①ほうさく　②ほうさ　③ぽうさく　④ぽうさ

9　韓国(かんこく)チームが逆転して勝(か)ちました。

①きゃくてん　②ぎゃくてん　③きゃくでん　④ぎゃくでん

10　この映画(えいが)には前編と後編(こうへん)があります。

①せんぺん　②せんへん　③ぜんぺん　④ぜんへん

정답　1③ 2① 3④ 4① 5④ 6② 7③ 8① 9② 10③

5 학년

[　　/20]

11　アメリカは人工衛星を打ち上げました。

① えせん　② えせい　③ えいせん　④ えいせい

12　有名なカメラマンが写真集を出版しました。

① しゅつぽん　② しゅつぱん　③ しゅっぽん　④ しゅっぱん

13　留学の期間は再来年までです。

① さいらいねん　② さらいねん　③ さいきねん　④ さきねん

14　学生の要望に応えて、学校のパソコンが新しくなりました。

① なぞらえて　② ふまえて　③ ととのえて　④ こたえて

15　手紙を見て、すぐ破りました。

① やぶり　② きり　③ ちぎり　④ かえり

16　雑巾で床をふきます。

① ざつきん　② ざつぎん　③ ぞうきん　④ ぞうぎん

17　工藤さんは私のお願いを快く聞いてくれました。

① あいそよく　② こころよく　③ うんよく　④ ここちよく

18　道で財布を拾いました。

① さいぷ　② ざいぷ　③ さいふ　④ ざいふ

19　先生はテストの採点をしています。

① さいてん　② さいでん　③ ざいてん　④ ざいでん

20　いいアイディアがあれば提示してください。

① だいじ　② ていし　③ でいじ　④ ていじ

정답　11④ 12④ 13② 14④ 15① 16③ 17② 18③ 19① 20④

연습 문제 ⑱

[/20]

■ 밑줄 친 히라가나를 한자로 바르게 적은 것을 고르시오.

1 父(ちち)がペットを飼(か)うのをゆるしてくれました。

① 評して ② 許して ③ 訂して ④ 詐して

2 被告(ひこく)と原告(げんこく)の間(あいだ)でじだんが成立(せいりつ)しました。

① 宗淡 ② 宗談 ③ 示淡 ④ 示談

3 毛糸(けいと)でマフラーをあんでいます。

① 編んで ② 偏んで ③ 篇んで ④ 遍んで

4 倒(たお)れた人(ひと)はいしきがありませんでした。

① 竟識 ② 竟織 ③ 意識 ④ 意織

5 台風(たいふう)が来(き)て、ぼうふうが吹(ふ)いています。

① 爆風 ② 暴風 ③ 爆凧 ④ 暴凧

6 彼(かれ)の生意気(なまいき)なたいどが嫌(きら)いです。

① 態底 ② 能底 ③ 態度 ④ 能度

7 日本(にほん)にえいじゅうすることを決(き)めました。

① 永住 ② 氷住 ③ 永往 ④ 氷往

8 そんなに他人(たにん)の失敗(しっぱい)をせめてはいけません。

① 債めて ② 漬めて ③ 請めて ④ 責めて

9 医者(いしゃ)が脈拍(みゃくはく)をはかります。

① 側り ② 則り ③ 即り ④ 測り

10 世(よ)の中(なか)には色々(いろいろ)なしょくぎょうがあります。

① 職僕 ② 職業 ③ 織僕 ④ 織業

정답 1② 2④ 3① 4③ 5② 6③ 7① 8④ 9④ 10②

11　三時(さんじ)から森先生(もりせんせい)のこうぎがあります。

① 構議　② 構義　③ 講議　④ 講義

12　最近(さいきん)、体重(たいじゅう)がふえました。

① 僧え　② 増え　③ 曽え　④ 層え

13　事故(じこ)のげんいんを調(しら)べています。

① 源囚　② 源因　③ 原囚　④ 原因

14　犯人(はんにん)はつみを反省(はんせい)しました。

① 罫　② 罠　③ 罪　④ 罰

15　会議(かいぎ)のしりょうを作成(さくせい)します。

① 資料　② 資科　③ 貸料　④ 貸科

16　つまの手料理(てりょうり)はおいしいです。

① 委　② 妾　③ 妻　④ 差

17　今学期(こんがっき)のせいせきは全(すべ)てA＋でした。

① 成積　② 成績　③ 戒積　④ 戒績

18　そふは今年(ことし)、90歳(さい)になります。

① 組父　② 組夫　③ 祖父　④ 祖夫

19　政府(せいふ)は牛肉(ぎゅうにく)の輸入(ゆにゅう)をきせいしました。

① 則制　② 則製　③ 規製　④ 規制

20　人間(にんげん)のせいしんは複雑(ふくざつ)です。

① 精神　② 請神　③ 精伸　④ 請伸

정답　11④　12②　13④　14③　15①　16③　17②　18③　19④　20①

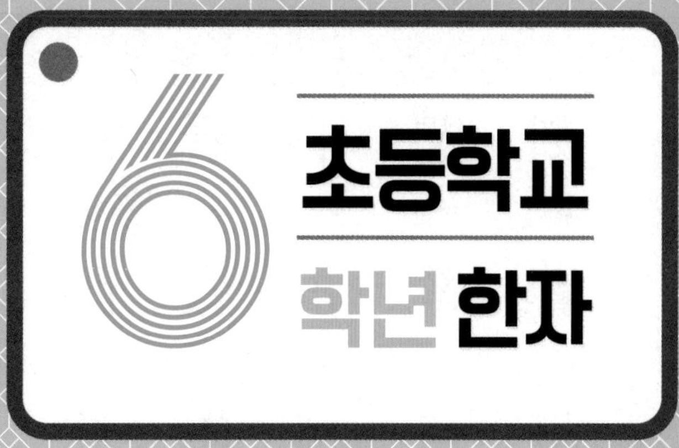
6
초등학교
학년 한자

초등학교 6학년 한자 ①

93 자

刻	閣	干	看	簡	鋼	降	激	絹	敬
새길 각	집 각	방패 간	볼 간	대쪽 간	강철 강	내릴 강/항복할 항	격할 격	비단 견	공경 경
警	系	届	穀	困	骨	供	券	巻	権
경계할 경	맬 계	이를 계	곡식 곡	곤할 곤	뼈 골	이바지할 공	문서 권	책 권	권세 권
机	貴	劇	勤	筋	己	暖	難	納	脳
책상 궤	귀할 귀	심할 극	부지런할 근	힘줄 근	몸 기	따뜻할 난	어려울 난	들일 납	골 뇌
段	担	党	糖	乱	卵	覧	朗	論	律
층계 단	멜 담	무리 당	엿 당	어지러울 란	알 란	볼 람	밝을 랑	논할 론	법칙 률
裏	臨	幕	晩	亡	忘	枚	盟	暮	模
속 리	임할 림	장막 막	늦을 만	망할 망	잊을 망	낱 매	맹세 맹	저물 모	본뜰 모
密	班	訪	拝	背	俳	並	宝	補	腹
빽빽할 밀	나눌 반	찾을 방	절 배	등/배반할 배	배우 배	나란히 병	보배 보	기울 보	배 복
棒	否	奮	秘	批	私	砂	射	捨	詞
막대 봉	아닐 부	떨칠 분	숨길 비	비평할 비	사사 사	모래 사	쏠 사	버릴 사	말 사
傷	署	宣	善	舌	盛	聖	誠	洗	収
다칠 상	마을 서	베풀 선	착할 선	혀 설	성할 성	성인 성	정성 성	씻을 세	거둘 수
垂	樹	熟	純	承	視	我	若	厳	域
드리울 수	나무 수	익을 숙	순수할 순	이을 승	볼 시	나 아	같을 약	엄할 엄	지경 역
訳	延	沿							
번역할 역	늘일 연	물 따라갈 연							

0836 □ □

刻

새길 각

N2 총 8 획

음 こく 刻印(こくいん) 각인 | 時刻(じこく) 시각 | 深刻(しんこく) 심각 | 遅刻(ちこく) 지각 | 彫刻(ちょうこく) 조각 | 定刻(ていこく) 정각

훈 きざ(む) 刻む(きざむ) 잘게 썰다, 조각하다, 새기다

あしたは遅刻(ちこく)してはいけません。 내일은 지각하면 안 됩니다.

ねぎを刻(きざ)んでください。 파를 잘게 썰어 주세요.

쓰는 순서 刻 刻 刻 刻 刻 刻 刻 刻

0837 □ □

집 각

N1 총 14 획

음 かく 閣議(かくぎ) 각의 | 閣僚(かくりょう) 각료 | 内閣(ないかく) 내각 | 入閣(にゅうかく) 입각

閣僚会議(かくりょうかいぎ)があります。 각료 회의가 있습니다.

日本(にほん)は議員内閣制(ぎいんないかくせい)です。 일본은 의원내각제입니다.

쓰는 순서 閣 閣 閣 閣 閣 閣 閣 閣 閣 閣 閣 閣 閣 閣

0838 □ □

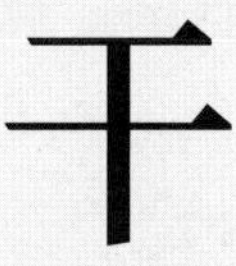

방패 간

N3 총 3 획

음 かん 干渉(かんしょう) 간섭 | 干拓(かんたく) 간척 | 干潮(かんちょう) 간조, 썰물 | 若干(じゃっかん) 약간

훈 ほ(す), ひ(る) 干す(ほす) 말리다 | 干し柿(ほしがき) 곶감 | 干菓子(ひがし) 말린 과자 | 干物(ひもの) 건어물

私(わたし)たちの問題(もんだい)に干渉(かんしょう)しないでください。 우리 문제에 간섭하지 마세요.

干(ほ)し柿(がき)が食(た)べたいです。 곶감이 먹고 싶습니다.

쓰는 순서 干 干 干

0839 □ □

볼 간

N1 총 9 획

음 かん 看過(かんか) 간과 | 看護(かんご) 간호 | 看守(かんしゅ) 간수 | 看破(かんぱ) 간파 | 看板(かんばん) 간판 | 看病(かんびょう) 간병

姉(あね)は看護師(かんごし)です。 언니는 간호사입니다.

母(はは)を看病(かんびょう)しなければなりません。 어머니를 간병해야 합니다.

쓰는 순서 看 看 看 看 看 看 看 看 看

0840

簡

대쪽 간

N2 총 18 획

음 かん 簡潔(かんけつ) 간결 | 簡単(かんたん) 간단 | 簡略(かんりゃく) 간략 | 書簡(しょかん) 서간, 편지

この問題(もんだい)はとても簡単(かんたん)です。이 문제는 매우 간단합니다.

意見(いけん)を簡潔(かんけつ)に言(い)ってください。의견을 간결하게 말해 주세요.

쓰는 순서 簡 簡 簡 簡 簡 簡 簡 簡 簡 簡 簡 簡 簡 簡 簡 簡 簡 簡

0841

鋼

강철 강

N1 총 16 획

음 こう 鋼材(こうざい) 강재 | 鋼鉄(こうてつ) 강철 | 製鋼(せいこう) 제강 | 鉄鋼(てっこう) 철강

훈 はがね 鋼(はがね) 강철

鋼鉄(こうてつ)を輸出(ゆしゅつ)します。강철을 수출합니다.

鋼(はがね)を打(う)って、包丁(ほうちょう)を作(つく)ります。강철을 두드려 식칼을 만듭니다.

쓰는 순서 鋼 鋼 鋼 鋼 鋼 鋼 鋼 鋼 鋼 鋼 鋼 鋼 鋼 鋼 鋼 鋼

0842

降

내릴 강/항복할 항

N2 총 10 획

음 こう 降雨(こうう) 강우 | 降水(こうすい) 강수 | 降伏(こうふく) 항복 | 下降(かこう) 하강 | 滑降(かっこう) 활강 | 投降(とうこう) 투항

훈 お(りる), お(ろす), ふ(る) 降(お)りる (전철 등에서) 내리다 | 降(お)ろす 내리게 하다 | 降(ふ)る (비나 눈 등이) 내리다

1945年(ねん)に日本(にほん)は降伏(こうふく)しました。1945년에 일본은 항복했습니다.

次(つぎ)の駅(えき)で降(お)りましょう。다음 역에서 내립시다.

쓰는 순서 降 降 降 降 降 降 降 降 降 降

0843

격할 격

N1 총 16 획

음 げき 激増(げきぞう) 격증, 급증 | 激励(げきれい) 격려 | 過激(かげき) 과격 | 感激(かんげき) 감격 | 刺激(しげき) 자극

훈 はげ(しい) 激(はげ)しい 심하다, 격렬하다

彼(かれ)の話(はなし)に感激(かんげき)しました。그의 이야기에 감격했습니다.

雨(あめ)が激(はげ)しく降(ふ)っています。비가 세차게 내리고 있습니다.

쓰는 순서 激 激 激 激 激 激 激 激 激 激 激 激 激 激 激 激

0844

絹

비단 견

N1 총 13 획

음 けん 絹糸(けんし)・絹糸(きぬいと) 견사, 비단실 | 絹布(けんぷ) 견직물 | 純絹(じゅんけん) 순견, 본견 | 人絹(じんけん) 인조견, 레이온

훈 きぬ 絹(きぬ) 비단실, 견직물, 실크 | 絹織物(きぬおりもの) 견직물, 비단, 명주

「人絹(じんけん)」とはレーヨンのことです。 '인조견'은 레이온을 말합니다.

絹(きぬ)のスカーフを買(か)いました。 실크 스카프를 샀습니다.

쓰는 순서 絹 絹 絹 絹 絹 絹 絹 絹 絹 絹 絹 絹 絹

0845

敬

공경 경

N2 총 12 획

음 けい 敬意(けいい) 경의 | 敬語(けいご) 경어 | 敬礼(けいれい) 경례 | 敬老(けいろう) 경로 | 畏敬(いけい) 경외 | 尊敬(そんけい) 존경

훈 うやま(う) 敬(うやま)う 존경하다, 공경하다

私(わたし)は父(ちち)を尊敬(そんけい)しています。 나는 아버지를 존경합니다.

「敬老(けいろう)の日(ひ)」はお年寄(としよ)りを敬(うやま)う日(ひ)です。

'경로의 날'은 나이 드신 분을 공경하는 날입니다.

쓰는 순서 敬 敬 敬 敬 敬 敬 敬 敬 敬 敬 敬 敬

0846

경계할 경

N2 총 19 획

음 けい 警戒(けいかい) 경계 | 警告(けいこく) 경고 | 警察(けいさつ) 경찰 | 警備(けいび) 경비 | 警報(けいほう) 경보

警察(けいさつ)が取(と)り締(し)まりをしています。 경찰이 단속을 하고 있습니다.

ガス警報機(けいほうき)が鳴(な)っています。 가스 경보기가 울리고 있습니다.

쓰는 순서 警 警 警 警 警 警 警 警 警 警 警 警 警 警 警 警 警 警 警

0847

맬 계

N1 총 7 획

음 けい 系統(けいとう) 계통 | 系譜(けいふ) 계보 | 系列(けいれつ) 계열 | 家系(かけい) 가계 | 体系(たいけい) 체계 | 直系(ちょっけい) 직계

系列会社(けいれつがいしゃ)に異動(いどう)しました。 계열사로 이동했습니다.

私(わたし)の家系(かけい)には太(ふと)った人(ひと)が多(おお)いです。 우리 집안에는 살찐 사람이 많습니다.

쓰는 순서 系 系 系 系 系 系 系

0848

届

이를 계 (屆)

N2 총 8 획

훈 とど(ける), とど(く) 届ける(とどける) 보내다, 신고하다 | 届く(とどく) 배달되다, 도착하다 | 婚姻届け(こんいんとどけ) 혼인 신고

先生(せんせい)にお祝(いわ)いの花束(はなたば)を届(とど)けます。 선생님에게 축하의 꽃다발을 보냅니다.

年賀状(ねんがじょう)が届(とど)きました。 연하장이 도착했습니다.

쓰는 순서 届 届 届 届 届 届 届 届

0849

穀

곡식 곡 (穀)

N1 총 14 획

음 こく 穀倉(こくそう) 곡창, 곡식 저장 창고 | 穀物(こくもつ) 곡물 | 雑穀(ざっこく) 잡곡 | 脱穀(だっこく) 탈곡

穀物(こくもつ)を倉庫(そうこ)に入(い)れます。 곡물을 창고에 넣습니다.

米(こめ)を脱穀(だっこく)しています。 쌀을 탈곡하고 있습니다.

쓰는 순서 穀 穀 穀 穀 穀 穀 穀 穀 穀 穀 穀 穀 穀 穀

0850

곤할 곤

N2 총 7 획

음 こん 困窮(こんきゅう) 곤궁함 | 困難(こんなん) 곤란함 | 困惑(こんわく) 곤혹 | 貧困(ひんこん) 빈곤

훈 こま(る) 困る(こまる) 곤란하다

困難(こんなん)な問題(もんだい)が生(しょう)じました。 곤란한 문제가 생겼습니다.

困(こま)ったことがあったら言(い)ってください。 곤란한 일이 있으면 말하세요.

쓰는 순서 困 困 困 困 困 困 困

0851

뼈 골

N3 총 10 획

음 こつ 骨格(こっかく) 골격 | 骨髄(こつずい) 골수 | 骨折(こっせつ) 골절 | 筋骨(きんこつ) 근골, 체격 | 鉄骨(てっこつ) 철골 | 納骨(のうこつ) 납골

훈 ほね 骨(ほね) 뼈

足(あし)を骨折(こっせつ)して病院(びょういん)に行(い)きました。 다리뼈가 부러져서 병원에 갔습니다.

カルシウムは骨(ほね)にいいです。 칼슘은 뼈에 좋습니다.

쓰는 순서 骨 骨 骨 骨 骨 骨 骨 骨 骨 骨

0852

供

이바지할 공
N2 총8획

음 きょう, く 供給(きょうきゅう) 공급 | 供述(きょうじゅつ) 진술 | 自供(じきょう) 자백 | 提供(ていきょう) 제공 | 供物(くもつ) 공물 | 供養(くよう) 공양

훈 そな(える), とも 供(そな)える 바치다, 올리다 | お供(とも) 모시고 따라감, 또는 사람

多(おお)くのスポンサーの提供(ていきょう)があります。 많은 스폰서의 제공이 있습니다.

お墓(はか)に花(はな)を供(そな)えました。 묘지에 꽃을 바쳤습니다.

쓰는 순서 供 供 供 供 供 供 供 供

0853

券

문서 권 (劵)
N2 총8획

음 けん 債券(さいけん) 채권 | 乗車券(じょうしゃけん) 승차권 | 定期券(ていきけん) 정기권 | 入場券(にゅうじょうけん) 입장권

乗車券(じょうしゃけん)を見(み)せてください。 승차권을 보여 주세요.

定期券(ていきけん)を買(か)いました。 정기권을 샀습니다.

쓰는 순서 券 券 券 券 券 券 券 券

0854

巻

책 권 (卷)
N2 총9획

음 かん 巻頭(かんとう) 권두, 책의 첫머리 | 巻末(かんまつ) 권말 | 圧巻(あっかん) 압권 | 上巻(じょうかん) 상권

훈 ま(く), まき 巻(ま)く 감다, 소용돌이치다 | 巻紙(まきがみ) 두루마리 | のり巻(まき) 김밥, 김초밥

巻頭(かんとう)に目次(もくじ)があります。 권두에 목차가 있습니다.

のり巻(まき)が好(す)きです。 김초밥을 좋아합니다.

쓰는 순서 巻 巻 巻 巻 巻 巻 巻 巻 巻

0855

権

권세 권 (權)
N2 총15획

음 けん, ごん 権限(けんげん) 권한 | 権利(けんり) 권리 | 権力(けんりょく) 권력 | 人権(じんけん) 인권 | 政権(せいけん) 정권 | 選挙権(せんきょけん) 선거권 | 特権(とっけん) 특권 | 権化(ごんげ) 권화, 화신(불교)

権力(けんりょく)を握(にぎ)っている人(ひと)はだれですか。 권력을 잡고 있는 사람은 누구입니까?

人権(じんけん)はもっとも大切(たいせつ)です。 인권은 가장 중요합니다.

쓰는 순서 権 権 権 権 権 権 権 権 権 権 権 権 権 権 権

0856

机

책상 궤

N3 총 6 획

음 き **机上** 탁상

훈 つくえ **机** 책상 | **勉強机** 공부하는 책상

それは机上の空論です。 그것은 탁상공론입니다.

かばんは机の上にあります。 가방은 책상 위에 있습니다.

쓰는 순서 机 机 机 机 机 机

0857

貴

귀할 귀

N1 총 12 획

음 き **貴金属** 귀금속 | **貴重** 귀중 | **兄貴** 형님 | **高貴** 고귀

훈 とうと(い), とうと(ぶ), たっと(い), たっと(ぶ) **貴い** 존귀하다 | **貴ぶ** 존경하다 | **貴い** 소중하다 | **貴ぶ** 공경하다

貴重品を金庫に入れます。 귀중품을 금고에 넣습니다.

生き物の命を貴びます。 생명체의 생명을 존중합니다.

쓰는 순서 貴 貴 貴 貴 貴 貴 貴 貴 貴 貴 貴 貴

0858

劇

심할 극

N2 총 15 획

음 げき **劇場** 극장 | **劇団** 극단 | **演劇** 연극 | **喜劇** 희극 | **悲劇** 비극

劇場は禁煙です。 극장은 금연입니다.

大学で演劇サークルに入りました。 대학에서 연극 동아리에 들어갔습니다.

쓰는 순서 劇 劇 劇 劇 劇 劇 劇 劇 劇 劇 劇 劇 劇 劇 劇

0859

勤

부지런할 근 (勤)

N2 총 12 획

음 きん, ごん **勤勉** 근면 | **勤務** 근무 | **出勤** 출근 | **常勤** 상근 | **通勤** 통근 | **夜勤** 야근

훈 つと(める), つと(まる) **勤める** 근무하다 | **勤め先** 근무처 | **勤まる** 감당해 내다, 잘 수행할 수 있다

彼は勤勉に働きます。 그는 근면하게 일합니다.

勤め先はどこですか。 어디에서 근무하나요?

쓰는 순서 勤 勤 勤 勤 勤 勤 勤 勤 勤 勤 勤 勤

0860

筋

힘줄 근

N1 총 12 획

음 きん 筋骨(きんこつ) 근골, 체격 | 筋肉(きんにく) 근육 | 鉄筋(てっきん) 철근 | 腹筋(ふっきん) 복근

훈 すじ 筋(すじ) 힘줄, 줄거리 | 筋道(すじみち) 사리, 조리, 절차 | 粗筋(あらすじ) 개요 | 一筋(ひとすじ) 한 줄기, 외곬

走(はし)りすぎて筋肉痛(きんにくつう)になりました。 너무 많이 뛰어서 근육통이 생겼습니다.

話(はなし)の筋道(すじみち)が見(み)えません。 이야기의 앞뒤를 모르겠습니다.

쓰는 순서 筋 筋 筋 筋 筋 筋 筋 筋 筋 筋 筋 筋

0861

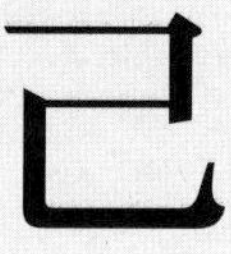

몸 기

N1 총 3 획

음 こ, き 自己(じこ) 자기 | 利己(りこ) 이기 | 克己(こっき) 극기 | 知己(ちき) 지기

훈 おのれ 己(おのれ) 자기 자신

彼(かれ)は利己主義(りこしゅぎ)です。 그는 이기주의입니다.

旅(たび)をすれば己(おのれ)を知(し)ると言(い)います。 여행을 하면 자기 자신을 알게 된다고 합니다.

쓰는 순서 己 己 己

0862

따뜻할 난

N2 총 13 획

음 だん 暖房(だんぼう) 난방 | 暖流(だんりゅう) 난류 | 暖炉(だんろ) 난로 | 温暖(おんだん) 온난 | 寒暖(かんだん) 한란

훈 あたた(か), あたた(かい), あたた(まる), あたた(める) 暖(あたた)か 따뜻함, 훈훈함 | 暖(あたた)かい 따뜻하다 | 暖(あたた)まる 따뜻해지다 | 暖(あたた)める 따뜻하게 하다

暖房(だんぼう)のスイッチを入(い)れました。 난방 스위치를 작동시켰습니다.

春(はる)になって暖(あたた)かくなりました。 봄이 되어 따뜻해졌습니다.

쓰는 순서 暖 暖 暖 暖 暖 暖 暖 暖 暖 暖 暖 暖 暖

0863

어려울 난 (難)

N2 총 18 획

음 なん 難関(なんかん) 난관 | 難題(なんだい) 난제 | 苦難(くなん) 고난 | 困難(こんなん) 곤란 | 盗難(とうなん) 도난 | 避難(ひなん) 피난

훈 むずか(しい), かた(い) 難(むずか)しい 어렵다 | 難(かた)い 어렵다, 힘들다

苦難(くなん)の人生(じんせい)を生(い)きてきました。 고난의 인생을 살아왔습니다.

レベルが上(あ)がって難(むずか)しくなりました。 수준이 올라 어려워졌습니다.

쓰는 순서 難 難 難 難 難 難 難 難 難 難 難 難 難 難 難 難 難 難

0864

納

들일 납 (納)

N1 총 10 획

음 のう, なっ, な, なん, とう **納税**(のうぜい) 납세 | **収納**(しゅうのう) 수납 | **納豆**(なっとう) 낫토 | **納得**(なっとく) 납득 | **納屋**(なや) 헛간 | **納戸**(なんど) 헛방 | **出納**(すいとう) 출납

훈 おさ(める), おさ(まる) **納める**(おさめる) 넣어두다, 받아들이다, 납입하다 | **納まる**(おさまる) 들어가다, 정리되다, 납입되다

彼(かれ)の説明(せつめい)に納得(なっとく)がいきません。 그의 설명에 납득이 가지 않습니다.

月末(げつまつ)までに会費(かいひ)を納(おさ)めてください。 월말까지 회비를 내 주세요.

쓰는 순서 納 納 納 納 納 納 納 納 納 納

0865

脳

골 뇌 (腦)

N2 총 11 획

음 のう **脳**(のう) 뇌 | **脳出血**(のうしゅっけつ) 뇌출혈 | **脳波**(のうは) 뇌파 | **首脳**(しゅのう) 수뇌, 정상 | **頭脳**(ずのう) 두뇌

病院(びょういん)で脳波(のうは)を検査(けんさ)しました。 병원에서 뇌파를 검사했습니다.

ソウルで首脳会談(しゅのうかいだん)がありました。 서울에서 정상 회담이 있었습니다.

쓰는 순서 脳 脳 脳 脳 脳 脳 脳 脳 脳 脳 脳

0866

段

층계 단

N2 총 9 획

음 だん **段階**(だんかい) 단계 | **段差**(だんさ) 단의 차이 | **階段**(かいだん) 계단 | **手段**(しゅだん) 수단 | **値段**(ねだん) 가격

トイレは階段(かいだん)を下(お)りて、右(みぎ)です。 화장실은 계단을 내려가서 오른쪽입니다.

あらゆる手段(しゅだん)を使(つか)います。 모든 수단을 사용합니다.

쓰는 순서 段 段 段 段 段 段 段 段 段

0867

멜 담 (擔)

N2 총 8 획

음 たん **担架**(たんか) 담가, 들것 | **担当**(たんとう) 담당 | **担任**(たんにん) 담임 | **担保**(たんぽ) 담보 | **負担**(ふたん) 부담 | **分担**(ぶんたん) 분담

훈 かつ(ぐ), にな(う) **担ぐ**(かつぐ) 메다, 짊어지다, 속이다 | **担う**(になう) 짊어지다, 떠맡다, 담당하다

分担(ぶんたん)して仕事(しごと)をしました。 분담해서 일을 했습니다.

荷物(にもつ)を担(かつ)いで山(やま)に登(のぼ)ります。 짐을 짊어지고 산을 오릅니다.

쓰는 순서 担 担 担 担 担 担 担 担

0868

党

무리 당(黨)

N2 총 10획

음 とう 党首(とうしゅ) 당수, 당 대표 | 党派(とうは) 당파 | 政党(せいとう) 정당 | 野党(やとう) 야당 | 与党(よとう) 여당

支持(しじ)する政党(せいとう)はありますか。 지지하는 정당은 있습니까?

投票(とうひょう)で野党(やとう)が勝(か)ちました。 투표로 야당이 이겼습니다.

쓰는 순서 党 党 党 党 党 党 党 党 党 党

0869

糖

엿 당

N1 총 16획

음 とう 糖尿病(とうにょうびょう) 당뇨병 | 糖分(とうぶん) 당분 | 砂糖(さとう) 설탕 | 製糖(せいとう) 제당

糖分(とうぶん)の取(と)りすぎはよくありません。 당분의 과다 섭취는 좋지 않습니다.

コーヒーに砂糖(さとう)を入(い)れます。 커피에 설탕을 넣습니다.

쓰는 순서 糖 糖 糖 糖 糖 糖 糖 糖 糖 糖 糖 糖 糖 糖 糖 糖

0870

乱

어지러울 란

N2 총 7획

음 らん 乱射(らんしゃ) 난사 | 乱暴(らんぼう) 난폭함 | 乱立(らんりつ) 난립 | 混乱(こんらん) 혼란 | 反乱(はんらん) 반란

음 みだ(れる), みだ(す) 乱(みだ)れる 흐트러지다 | 乱(みだ)す 어지럽히다

忙(いそが)しくて頭(あたま)が混乱(こんらん)しています。 바빠서 머리가 혼란스럽습니다.

風(かぜ)で髪(かみ)が乱(みだ)れました。 바람 때문에 머리카락이 흐트러졌습니다.

쓰는 순서 乱 乱 乱 乱 乱 乱 乱

0871

알 란

N3 총 7획

음 らん 卵黄(らんおう) 노른자 | 卵子(らんし) 난자 | 卵巣(らんそう) 난소 | 卵白(らんぱく) 흰자 | 鶏卵(けいらん) 계란 | 産卵(さんらん) 산란

훈 たまご 卵(たまご) 알, 계란 | 生卵(なまたまご) 날달걀

卵白(らんぱく)をあわ立(だ)てます。 흰자를 거품냅니다.

小麦粉(こむぎこ)に卵(たまご)を入(い)れます。 밀가루에 달걀을 넣습니다.

쓰는 순서 卵 卵 卵 卵 卵 卵 卵

0872

覧

볼 람(覽)

N1 총 17 획

음 らん 閲覧(えつらん) 열람 | 観覧(かんらん) 관람 | 展覧会(てんらんかい) 전람회 | 博覧会(はくらんかい) 박람회

観覧車(かんらんしゃ)に乗(の)りましょう。관람차에 탑시다.

週末(しゅうまつ)、展覧会(てんらんかい)に行(い)きました。주말에 전람회에 갔습니다.

쓰는 순서 覧 覧 覧 覧 覧 覧 覧 覧 覧 覧 覧 覧 覧 覧 覧 覧 覧

0873

朗

밝을 랑(朗)

N1 총 10 획

음 ろう 朗読(ろうどく) 낭독 | 朗報(ろうほう) 낭보, 좋은 소식 | 明朗(めいろう) 명랑 | 朗朗(ろうろう) 낭랑, 목소리가 맑고 명랑함

훈 ほが(らか) 朗(ほが)らか 명랑함

朗報(ろうほう)が届(とど)きました。좋은 소식이 도착했습니다.

朗(ほが)らかな性格(せいかく)の人(ひと)が好(す)きです。명랑한 성격의 사람을 좋아합니다.

쓰는 순서 朗 朗 朗 朗 朗 朗 朗 朗 朗 朗

0874

論

논할 론

N3 총 15 획

음 ろん 論述(ろんじゅつ) 논술 | 論文(ろんぶん) 논문 | 論理(ろんり) 논리 | 議論(ぎろん) 의논 | 結論(けつろん) 결론 | 反論(はんろん) 반론

論文(ろんぶん)を書(か)かなければなりません。논문을 써야 합니다.

結論(けつろん)の部分(ぶぶん)があいまいです。결론 부분이 애매합니다.

쓰는 순서 論 論 論 論 論 論 論 論 論 論 論 論 論 論 論

0875

律

법칙 률

N2 총 9 획

음 りつ, りち 律令(りつりょう) 율령 | 一律(いちりつ) 일률 | 規律(きりつ) 규율 | 調律(ちょうりつ) 조율 | 律儀(りちぎ) 성실하고 의리가 두터움

ここにある商品(しょうひん)は一律千円(いちりつせんえん)です。여기에 있는 상품은 전부 천 엔입니다.

兄(あに)はピアノの調律師(ちょうりつし)です。형은 피아노 조율사입니다.

쓰는 순서 律 律 律 律 律 律 律 律 律

□ □

0876

裏

속 리

N2 총 13 획

음 り　裏面(りめん) 이면, 뒷면 | 内裏(だいり) 일왕이 사는 대궐 | 脳裏(のうり) 뇌리 | 表裏(ひょうり) 표리

훈 うら　裏(うら) 뒤 | 裏表(うらおもて) 안팎, 표리 | 裏側(うらがわ) 이면, 뒷면 | 裏口(うらぐち) 뒷문 | 裏地(うらじ) 안감

アイディアが脳裏(のうり)にひらめきました。 아이디어가 뇌리에 번뜩였습니다.

裏口(うらぐち)から入(はい)ってください。 뒷문으로 들어오세요.

쓰는 순서 裏 裏 裏 裏 裏 裏 裏 裏 裏 裏 裏 裏 裏

□ □

0877

臨

임할 림

N1 총 18 획

음 りん　臨海(りんかい) 임해 | 臨時(りんじ) 임시 | 臨床(りんしょう) 임상 | 臨席(りんせき) 임석 | 君臨(くんりん) 군림

훈 のぞ(む)　臨(のぞ)む 면하다, 임하다

コンサート会場(かいじょう)まで臨時(りんじ)バスが出(で)ています。

콘서트장까지 임시 버스가 다닙니다.

海(うみ)に臨(のぞ)む町(まち)で暮(く)らしています。 바다에 면한 마을에서 삽니다.

쓰는 순서 臨 臨 臨 臨 臨 臨 臨 臨 臨 臨 臨 臨 臨 臨 臨 臨 臨 臨

□ □

0878

幕

장막 막

N1 총 13 획

음 まく, ばく　暗幕(あんまく) 암막 | 開幕(かいまく) 개막 | 序幕(じょまく) 서막 | 閉幕(へいまく) 폐막 | 幕府(ばくふ) 막부 | 幕僚(ばくりょう) 막료

世界陸上大会(せかいりくじょうたいかい)が開幕(かいまく)しました。 세계 육상 대회가 개막했습니다.

夏(なつ)のオリンピックが閉幕(へいまく)しました。 하계올림픽이 폐막했습니다.

쓰는 순서 幕 幕 幕 幕 幕 幕 幕 幕 幕 幕 幕 幕 幕

□ □

0879

晩

늦을 만

N3 총 12 획

음 ばん　晩学(ばんがく) 만학 | 晩秋(ばんしゅう) 만추 | 晩年(ばんねん) 만년, 늘그막 | 今晩(こんばん) 오늘 밤 | 毎晩(まいばん) 매일 밤

彼(かれ)は晩年(ばんねん)をここで過(す)ごしました。 그는 만년을 이곳에서 보냈습니다.

毎晩(まいばん)、寝(ね)る前(まえ)に本(ほん)を読(よ)みます。 매일 밤 자기 전에 책을 읽습니다.

쓰는 순서 晩 晩 晩 晩 晩 晩 晩 晩 晩 晩 晩 晩

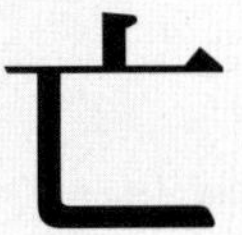

망할 망

N3 총 3 획

음 ぼう, もう 亡命(ぼうめい) 망명 | 亡霊(ぼうれい) 망령 | 死亡(しぼう) 사망 | 逃亡(とうぼう) 도망 | 未亡人(みぼうじん) 미망인 | 亡者(もうじゃ) 망자

훈 な(い) 亡(な)くなる 죽다, 돌아가시다

犯人(はんにん)は逃亡(とうぼう)してしまいました。범인은 도망쳐 버렸습니다.

父(ちち)は事故(じこ)で亡(な)くなりました。아버지는 사고로 돌아가셨습니다.

쓰는 순서 亡 亡 亡

0881

忘

잊을 망

N3 총 7 획

음 ぼう 忘却(ぼうきゃく) 망각 | 忘年会(ぼうねんかい) 송년회 | 健忘症(けんぼうしょう) 건망증 | 備忘録(びぼうろく) 비망록

훈 わす(れる) 忘(わす)れる 잊다 | 忘(わす)れ物(もの) 유실물 | 物忘(ものわす)れ 건망증

忘年会(ぼうねんかい)に参加(さんか)しました。송년회에 참가했습니다.

宿題(しゅくだい)を家(いえ)に忘(わす)れてしまいました。숙제를 집에 두고 왔습니다.

쓰는 순서 忘 忘 忘 忘 忘 忘 忘

0882

枚

낱 매

N3 총 8 획

음 まい 枚挙(まいきょ) 하나하나 셈 | 枚数(まいすう) 매수 | 一枚(いちまい) 한 장 | 何枚(なんまい) 몇 장 | 二枚舌(にまいじた) 일구이언

写真(しゃしん)の枚数(まいすう)を数(かぞ)えてください。사진 매수를 세어 주세요.

切手(きって)を一枚(いちまい)ください。우표를 한 장 주세요.

쓰는 순서 枚 枚 枚 枚 枚 枚 枚 枚

0883

盟

맹세 맹

N1 총 13 획

음 めい 盟主(めいしゅ) 맹주 | 盟友(めいゆう) 맹우, 동지 | 加盟(かめい) 가맹 | 同盟(どうめい) 동맹 | 連盟(れんめい) 연맹

日本(にほん)はアメリカと同盟(どうめい)を結(むす)びました。일본은 미국과 동맹을 맺었습니다.

加盟店(かめいてん)で買(か)った方(ほう)が安(やす)いです。가맹점에서 사는 편이 쌉니다.

쓰는 순서 盟 盟 盟 盟 盟 盟 盟 盟 盟 盟 盟 盟 盟

0884

暮

저물 모

N2 총 14 획

음 ぼ　暮色(ぼしょく) 날이 저물어 가는 어스레한 빛 | 歳暮(せいぼ) 연말 | お歳暮(せいぼ) 연말 선물

훈 く(れる), く(らす)　暮(く)れる 해가 저물다 | 夕暮(ゆうぐ)れ 해질녘, 황혼 | 暮(く)らす 살다, 지내다

遠(とお)くに住(す)む友人(ゆうじん)にお歳暮(せいぼ)を贈(おく)りました。
멀리 사는 친구에게 연말 선물을 보냈습니다.

日(ひ)が暮(く)れる前(まえ)に帰(かえ)りましょう。 해가 지기 전에 돌아갑시다.

쓰는 순서 暮 暮 暮 暮 暮 暮 暮 暮 暮 暮 暮 暮 暮 暮

0885

模

본뜰 모

N1 총 14 획

음 も, ぼ　模擬(もぎ) 모의 | 模型(もけい) 모형 | 模範(もはん) 모범 | 模倣(もほう) 모방 | 模様(もよう) 무늬, 모양 | 規模(きぼ) 규모

後輩(こうはい)に模範(もはん)を示(しめ)しました。 후배에게 모범을 보였습니다.

かわいい模様(もよう)の服(ふく)を買(か)いました。 귀여운 무늬의 옷을 샀습니다.

쓰는 순서 模 模 模 模 模 模 模 模 模 模 模 模 模 模

0886

密

빽빽할 밀

N1 총 11 획

음 みつ　密約(みつやく) 밀약 | 密猟(みつりょう) 밀렵 | 過密(かみつ) 과밀 | 緊密(きんみつ) 긴밀함 | 精密(せいみつ) 정밀함 | 秘密(ひみつ) 비밀

密猟(みつりょう)は禁止(きんし)です。 밀렵은 금지입니다.

これは二人(ふたり)だけの秘密(ひみつ)です。 이것은 둘만의 비밀입니다.

쓰는 순서 密 密 密 密 密 密 密 密 密 密 密

0887

班

나눌 반

N1 총 10 획

음 はん　班員(はんいん) 반 인원 | 班長(はんちょう) 반장 | 救護班(きゅうごはん) 구호반 | 取材班(しゅざいはん) 취재반

班員(はんいん)は十人(じゅうにん)います。 반 인원은 열 명입니다.

田中(たなか)くんが班長(はんちょう)になりました。 다나카 군이 반장이 되었습니다.

쓰는 순서 班 班 班 班 班 班 班 班 班 班

0888

訪

찾을 방

N2 총11획

음 ほう 訪日(ほうにち) 방일 | 訪問(ほうもん) 방문 | 探訪(たんぼう) 탐방 | 来訪(らいほう) 내방

훈 おとず(れる), たず(ねる) 訪(おとず)れる 방문하다 | 訪(たず)ねる 찾다, 방문하다

先生(せんせい)が私(わたし)の家(いえ)を訪問(ほうもん)しに来(き)ました。 선생님이 우리 집을 방문하러 왔습니다.

長(なが)い冬(ふゆ)が訪(おとず)れました。 기나긴 겨울이 찾아왔습니다.

쓰는 순서 訪 訪 訪 訪 訪 訪 訪 訪 訪 訪 訪

0889

拝

절 배 (拜)

N2 총8획

음 はい 拝啓(はいけい) 배계 | 拝見(はいけん) 배견, 봄(겸사말) | 拝借(はいしゃく) 빌려 씀(겸사말) | 参拝(さんぱい) 참배 | 崇拝(すうはい) 숭배

훈 おが(む) 拝(おが)む 두손 모아 빌다, 절하다

アルバムを拝見(はいけん)してもいいですか。 앨범을 봐도 될까요?

手(て)を合(あ)わせて拝(おが)んでいます。 손을 모아 빌고 있습니다.

쓰는 순서 拝 拝 拝 拝 拝 拝 拝 拝

0890

背

등/배반할 배

N3 총9획

음 はい 背景(はいけい) 배경 | 背後(はいご) 배후 | 背信(はいしん) 배신 | 背任(はいにん) 배임, 임무를 저버림

훈 せ, せい, そむ(く), そむ(ける) 背(せ) 키 | 背中(せなか) 등 | 背広(せびろ) 양복 | 背比(せいくら)べ 키 비교 | 背(そむ)く 등지다, 위반하다 | 背(そむ)ける 돌리다

湖(みずうみ)を背景(はいけい)にして写真(しゃしん)を撮(と)りました。 호수를 배경으로 사진을 찍었습니다.

背広(せびろ)を着(き)て、会社(かいしゃ)に出勤(しゅっきん)しました。 양복을 입고 회사에 출근했습니다.

쓰는 순서 背 背 背 背 背 背 背 背 背

0891

俳

배우 배

N1 총 10획

음 はい 俳人(はいじん) 하이쿠를 짓는 사람 | 俳優(はいゆう) 배우 | 俳句(はいく) 하이쿠(5·7·5의 3구 17자로 이루어진 일본 고유의 단시)

俳優(はいゆう)を目指(めざ)しています。 배우를 목표로 하고 있습니다.

俳句教室(はいくきょうしつ)に通(かよ)っています。 하이쿠 교실에 다니고 있습니다.

쓰는 순서 俳 俳 俳 俳 俳 俳 俳 俳 俳 俳

0892

나란히 병 (竝)

N3 총 8 획

음 へい 並行(へいこう) 병행 | 並立(へいりつ) 병립 | 並列(へいれつ) 병렬

훈 なみ, なら(べる), なら(ぶ) 並(なみ) 보통, 같은 정도 | 並木道(なみきみち) 가로수 길 | 並べる(なら) 늘어놓다 | 並ぶ(なら) 늘어서다

二(ふた)つの作業(さぎょう)を並行(へいこう)して進(すす)めます。두 작업을 병행해서 진행합니다.

並木道(なみきみち)を歩(ある)きました。가로수 길을 걸었습니다.

쓰는 순서 並 並 並 並 並 並 並 並

0893

宝

보배 보 (寶)

N3 총 8 획

음 ほう 宝石(ほうせき) 보석 | 宝物(ほうもつ) 보물 | 家宝(かほう) 가보 | 国宝(こくほう) 국보

훈 たから 宝(たから) 보물 | 宝くじ(たから) 복권 | 宝船(たからぶね) 보물선 | 宝物(たからもの) 보물

この城(しろ)は国宝(こくほう)です。이 성은 국보입니다.

宝(たから)くじが当(あ)たりました。복권이 당첨되었습니다.

쓰는 순서 宝 宝 宝 宝 宝 宝 宝 宝

0894

기울 보

N2 총 12 획

음 ほ 補強(ほきょう) 보강 | 補欠(ほけつ) 보결, 보궐 | 補充(ほじゅう) 보충 | 補助(ほじょ) 보조 | 補足(ほそく) 보충 | 候補(こうほ) 후보

훈 おぎな(う) 補う(おぎな) 보충하다, 변상하다

説明(せつめい)の補足(ほそく)をしました。보충 설명을 했습니다.

ビタミンCを補(おぎな)います。비타민C를 보충합니다.

쓰는 순서 補 補 補 補 補 補 補 補 補 補 補 補

0895

腹

배 복

N2 총 13 획

음 ふく 腹案(ふくあん) 복안 | 腹痛(ふくつう) 복통 | 腹部(ふくぶ) 복부 | 空腹(くうふく) 공복 | 満腹(まんぷく) 배부름

훈 はら 腹(はら) 배, 복부 | 腹が立つ(はらがたつ)・腹立つ(はらだつ) 화가 나다 | 腹黒い(はらぐろ) 속이 검다, 엉큼하다

色々(いろいろ)な料理(りょうり)を食(た)べて満腹(まんぷく)です。여러 가지 요리를 먹어 배가 부릅니다.

けんかして腹(はら)が立(た)ちました。싸워서 화가 났습니다.

쓰는 순서 腹 腹 腹 腹 腹 腹 腹 腹 腹 腹 腹 腹 腹

6학년

0896

棒

막대 봉

N2 총 12 획

음 ぼう **棒**(ぼう) 막대기, 몽둥이 | **警棒**(けいぼう) 경찰봉 | **鉄棒**(てつぼう) 철봉 | **泥棒**(どろぼう) 도둑 | **綿棒**(めんぼう) 면봉

売上(うりあげ)を棒(ぼう)グラフで示(しめ)します。매출을 막대 그래프로 나타냅니다.

薬局(やっきょく)で綿棒(めんぼう)を買(か)いました。약국에서 면봉을 샀습니다.

쓰는 순서 棒 棒 棒 棒 棒 棒 棒 棒 棒 棒 棒 棒

0897

아닐 부

N2 총 7 획

음 ひ **否定**(ひてい) 부정 | **否認**(ひにん) 부인 | **安否**(あんぴ) 안부 | **可否**(かひ) 가부 | **拒否**(きょひ) 거부

훈 いな **否**(いな) 아니, 아니오 | **～や否**(いな)**や** ~하자마자

会議(かいぎ)で否定的(ひていてき)な意見(いけん)が出(で)ました。회의에서 부정적인 의견이 나왔습니다.

出(で)かけるや否(いな)や雨(あめ)が降(ふ)り出(だ)しました。나가자마자 비가 내리기 시작했습니다.

쓰는 순서 否 否 否 否 否 否 否

0898

奮

떨칠 분

N1 총 16 획

음 ふん **奮起**(ふんき) 분기 | **奮闘**(ふんとう) 분투 | **奮発**(ふんぱつ) 분발 | **興奮**(こうふん) 흥분

훈 ふる(う) **奮**(ふる)**う** 떨치다

日本(にほん)チームは奮闘(ふんとう)しましたが、負(ま)けました。일본 팀은 분투했지만 졌습니다.

勇気(ゆうき)を奮(ふる)ってプロポーズしました。용기를 내 프러포즈를 했습니다.

쓰는 순서 奮 奮 奮 奮 奮 奮 奮 奮 奮 奮 奮 奮 奮 奮 奮 奮

0899

숨길 비

N1 총 10 획

음 ひ **秘書**(ひしょ) 비서 | **秘密**(ひみつ) 비밀 | **極秘**(ごくひ) 극비 | **神秘**(しんぴ) 신비

훈 ひ(める) **秘**(ひ)**める** 숨기다, 감추다, 간직하다

秘書(ひしょ)に頼(たの)んでおきました。비서에게 부탁해 두었습니다.

子(こ)どもは色々(いろいろ)な可能性(かのうせい)を秘(ひ)めています。

아이는 여러 가지 가능성을 가지고 있습니다.

쓰는 순서 秘 秘 秘 秘 秘 秘 秘 秘 秘 秘

0900

批

비평할 비

N1 총 7획

음 ひ 批准(ひじゅん) 비준 | 批難(ひなん) 비난 | 批判(ひはん) 비판 | 批評(ひひょう) 비평

アメリカが条約(じょうやく)に批准(ひじゅん)しました。 미국이 조약에 비준했습니다.

批評家(ひひょうか)に好評(こうひょう)を受(う)けました。 비평가에게 호평을 받았습니다.

쓰는 순서 批 批 批 批 批 批 批

0901

私

사사 사

N4 총 7획

음 し 私財(しざい) 사재 | 私費(しひ) 사비 | 私利(しり) 사리 | 私立(しりつ) 사립 | 公私(こうし) 공사

훈 わたくし, わたし 私(わたくし) 나, 저, 사사로운 것 | 私(わたし) 나

私立大学(しりつだいがく)に通(かよ)っています。 사립 대학에 다니고 있습니다.

私(わたし)の名前(なまえ)は山田太郎(やまだたろう)です。 내 이름은 야마다 타로입니다.

쓰는 순서 私 私 私 私 私 私 私

0902

砂

모래 사

N2 총 9획

음 さ, しゃ 砂糖(さとう) 설탕 | 砂漠(さばく) 사막 | 黄砂(こうさ) 황사 | 砂利(じゃり) 사리, 자갈 | 土砂(どしゃ) 토사

훈 すな 砂(すな) 모래 | 砂時計(すなどけい) 모래 시계 | 砂場(すなば) 모래밭 | 砂浜(すなはま) 모래로 된 해변, 모래톱

今年(ことし)の春(はる)は黄砂(こうさ)がひどいです。 올해 봄은 황사가 심합니다.

砂浜(すなはま)で遊(あそ)びました。 모래톱에서 놀았습니다.

쓰는 순서 砂 砂 砂 砂 砂 砂 砂 砂 砂

0903

射

쏠 사

N1 총 10획

음 しゃ 射撃(しゃげき) 사격 | 射程(しゃてい) 사정 | 発射(はっしゃ) 발사 | 注射(ちゅうしゃ) 주사

훈 い(る) 射(い)る 쏘다, 맞히다

病院(びょういん)で注射(ちゅうしゃ)を打(う)ちました。 병원에서 주사를 맞았습니다.

矢(や)を射(い)るのは難(むずか)しいです。 화살을 쏘는 것은 어렵습니다.

쓰는 순서 射 射 射 射 射 射 射 射 射 射

0904

捨

버릴 사

N2 총 11 획

음 しゃ **喜捨** 희사, 기부 | **四捨五入** 반올림 | **取捨** 취사

훈 す(てる) **捨てる** 버리다

四捨五入して計算します。반올림해서 계산합니다.

タバコの吸いがらを捨てないでください。담배꽁초를 버리지 마세요.

쓰는 순서 捨 捨 捨 捨 捨 捨 捨 捨 捨 捨 捨

0905

詞

말 사

N3 총 12획

음 し **歌詞** 가사 | **作詞** 작사 | **動詞** 동사 | **品詞** 품사 | **名詞** 명사

とても歌詞がいい歌です。가사가 무척 좋은 노래입니다.

動詞の活用を覚えました。동사의 활용을 외웠습니다.

쓰는 순서 詞 詞 詞 詞 詞 詞 詞 詞 詞 詞 詞 詞

0906

傷

다칠 상

N1 총 13 획

음 しょう **傷害** 상해 | **傷心** 상심 | **重傷** 중상 | **負傷** 부상

훈 きず, いた(む), いた(める) **傷** 상처, 흉터 | **傷跡** 상처 자국 | **傷口** 상처, 흠집 | **傷む** 아프다, 고통스럽다 | **傷める** 아프게 하다, 다치다, 고통을 주다

事故で負傷しました。사고로 부상당했습니다.

傷口に薬を塗ってください。상처에 약을 발라 주세요.

쓰는 순서 傷 傷 傷 傷 傷 傷 傷 傷 傷 傷 傷 傷 傷

0907

署

마을 서 (署)

N2 총 13 획

음 しょ **署長** 서장 | **署名** 서명 | **警察署** 경찰서 | **消防署** 소방서

市民の署名を集めています。시민의 서명을 모으고 있습니다.

市役所の横に消防署があります。시청 옆에 소방서가 있습니다.

쓰는 순서 署 署 署 署 署 署 署 署 署 署 署 署 署

0908

베풀 선

N1 총 9 획

음 せん 宣言(せんげん) 선언 | 宣告(せんこく) 선고 | 宣誓(せんせい) 선서 | 宣伝(せんでん) 선전

宣伝(せんでん)の効果(こうか)がいいです。 선전 효과가 좋습니다.

運動会(うんどうかい)で選手(せんしゅ)宣誓(せんせい)をしました。 운동회에서 선수 선서를 했습니다.

쓰는 순서 宣 宣 宣 宣 宣 宣 宣 宣 宣

0909

善

착할 선

N1 총 12 획

음 ぜん 善悪(ぜんあく) 선악 | 善処(ぜんしょ) 선처 | 善人(ぜんにん) 선인 | 改善(かいぜん) 개선 | 偽善(ぎぜん) 위선 | 最善(さいぜん) 최선

훈 よ(い) 善(よ)い 좋다 | 善(よ)し悪(あ)し 좋고 나쁨

最善(さいぜん)を尽(つ)くして、頑張(がんば)りました。 최선을 다해 노력했습니다.

子(こ)どもなので善(よ)し悪(あ)しが分(わ)かりません。

어린애라서 좋고 나쁨을 분간하지 못합니다.

쓰는 순서 善 善 善 善 善 善 善 善 善 善 善 善

0910

혀 설

N1 총 6 획

음 ぜつ 舌戦(ぜっせん) 설전, 말다툼, 언쟁 | 毒舌(どくぜつ) 독설 | 筆舌(ひつぜつ) 필설, 글과 말 | 弁舌(べんぜつ) 언변, 말재주

훈 した 舌(した) 혀 | 猫舌(ねこじた) 뜨거운 것을 못 먹는 혀, 또는 사람

昨日(きのう)の国会(こっかい)では激(はげ)しい舌戦(ぜっせん)がありました。

어제의 국회에서는 심한 언쟁이 있었습니다.

私(わたし)は猫舌(ねこじた)なので熱(あつ)いものが食(た)べられません。

나는 고양이 혀라서 뜨거운 것을 못 먹습니다.

쓰는 순서 舌 舌 舌 舌 舌 舌

0911

성할 성

N1 총 11 획

음 せい, じょう 盛況(せいきょう) 성황 | 盛大(せいだい) 성대 | 全盛(ぜんせい) 전성 | 隆盛(りゅうせい) 융성 | 繁盛(はんじょう) 번성

훈 も(る), さか(る), さか(ん) 盛(も)る 쌓아 올리다, 담아서 채우다 | 盛(さか)る 번창하다, 유행하다 | 盛(さか)ん 번성함, 번창함

チームの優勝(ゆうしょう)を盛大(せいだい)に祝(いわ)いました。 팀의 우승을 성대하게 축하했습니다.

ヨーロッパはサッカーが盛(さか)んです。 유럽은 축구가 한창입니다.

쓰는 순서 盛 盛 盛 盛 盛 盛 盛 盛 盛 盛 盛

0912

聖

성인 성

N1 총 13 획

음 せい 聖域 성역 | 聖火 성화 | 聖書 성서, 성경 | 聖堂 성당 | 神聖 신성함

聖火ランナーが走っています。 성화 주자가 달리고 있습니다.

毎晩、聖書を読みます。 매일 밤 성경을 읽습니다.

쓰는 순서 聖 聖 聖 聖 聖 聖 聖 聖 聖 聖 聖 聖 聖

0913

誠

정성 성

N1 총 13 획

음 せい 誠意 성의 | 誠実 성실 | 誠心 성심 | 忠誠 충성

훈 まこと 誠 참, 진실, 진심 | 誠に 참으로, 정말로

誠実な人が好きです。 성실한 사람을 좋아합니다.

本日は誠にありがとうございます。 오늘은 진심으로 감사드립니다.

쓰는 순서 誠 誠 誠 誠 誠 誠 誠 誠 誠 誠 誠 誠 誠

0914

洗

씻을 세

N3 총 9 획

음 せん 洗顔 세안 | 洗剤 세제 | 洗浄 세정 | 洗濯 세탁, 빨래

훈 あら(う) 洗う 씻다, 닦다 | お手洗い 화장실 | 皿洗い 설거지

洗濯をすると、気持ちがいいです。 빨래를 하면 기분이 좋습니다.

ちょっと、お手洗いに行ってきます。 잠시 화장실에 다녀오겠습니다.

쓰는 순서 洗 洗 洗 洗 洗 洗 洗 洗 洗

0915

거둘 수

N2 총 4 획

음 しゅう 収穫 수확 | 収拾 수집 | 収納 수납 | 回収 회수 | 吸収 흡수 | 領収証 영수증

훈 おさ(まる), おさ(める) 収まる 수습되다, 원만해지다 | 収める 거두다, 얻다, 성과를 올리다

領収証が必要ですか。 영수증이 필요합니까?

論文はA4・20枚で収めてください。 논문은 A4 20장 내로 써 주시기 바랍니다.

쓰는 순서 収 収 収 収

0916

垂

드리울 수

N1 총8획

음 すい 垂線(すいせん) 수직선 | 垂直(すいちょく) 수직 | 胃下垂(いかすい) 위 처짐 | 懸垂(けんすい) 매달림, 턱걸이

훈 た(れる), た(らす) 垂(た)れる 드리워지다, 늘어지다, 떨어지다 | 垂(た)らす 늘어뜨리다, 드리우다, 흘리다

力(ちから)がないので懸垂(けんすい)ができません。 힘이 없어서 턱걸이를 할 수 없습니다.

醤油(しょうゆ)を少(すこ)し垂(た)らして食(た)べてください。 간장을 조금 넣어 드세요.

쓰는 순서 垂 垂 垂 垂 垂 垂 垂 垂

0917

樹

나무 수

N1 총16획

음 じゅ 樹木(じゅもく) 나무 | 樹立(じゅりつ) 수립 | 街路樹(がいろじゅ) 가로수 | 果樹(かじゅ) 과수 | 植樹(しょくじゅ) 식수, 식목

陸上選手(りくじょうせんしゅ)が新記録(しんきろく)を樹立(じゅりつ)しました。 육상 선수가 신기록을 수립했습니다.

ここはりんごの果樹園(かじゅえん)です。 여기는 사과 과수원입니다.

쓰는 순서 樹 樹 樹 樹 樹 樹 樹 樹 樹 樹 樹 樹 樹 樹 樹 樹

0918

熟

익을 숙

N1 총15획

음 じゅく 熟語(じゅくご) 숙어 | 熟成(じゅくせい) 숙성 | 熟練(じゅくれん) 숙련 | 成熟(せいじゅく) 성숙 | 未熟(みじゅく) 미숙

훈 う(れる) 熟(う)れる 익다, 여물다

英語(えいご)の熟語(じゅくご)を覚(おぼ)えてください。 영어 숙어를 외우세요.

柿(かき)がよく熟(う)れています。 감이 잘 익었습니다.

쓰는 순서 熟 熟 熟 熟 熟 熟 熟 熟 熟 熟 熟 熟 熟 熟 熟

0919

純

순수할 순

N2 총10획

음 じゅん 純粋(じゅんすい) 순수 | 純白(じゅんぱく) 순백 | 清純(せいじゅん) 청순 | 単純(たんじゅん) 단순

とてもきれいな純白(じゅんぱく)のドレスです。 매우 아름다운 순백색 드레스입니다.

この作業(さぎょう)はわりと単純(たんじゅん)です。 이 작업은 비교적 단순합니다.

쓰는 순서 純 純 純 純 純 純 純 純 純 純

0920

이을 승

N2 총 8 획

음 しょう 承諾(しょうだく) 승낙 | 承知(しょうち) 알아들음 | 承認(しょうにん) 승인 | 継承(けいしょう) 계승 | 伝承(でんしょう) 전승 | 了承(りょうしょう) 승낙

훈 うけたまわ(る) 承(うけたまわ)る 삼가 받다, 삼가 듣다(겸사말)

了承(りょうしょう)してください。 승낙해 주세요.

ご予約(よやく)、承(うけたまわ)りました。 예약, 받았습니다.

쓰는 순서 承 承 承 承 承 承 承 承

0921

視

볼 시 (視)

N1 총 11 획

음 し 視野(しや) 시야 | 視力(しりょく) 시력 | 監視(かんし) 감시 | 近視(きんし) 근시 | 重視(じゅうし) 중시 | 注視(ちゅうし) 주시, 주목

視力(しりょく)を測(はか)ります。 시력을 측정합니다.

この会社(かいしゃ)は学歴(がくれき)を重視(じゅうし)しません。 이 회사는 학력을 중시하지 않습니다.

쓰는 순서 視 視 視 視 視 視 視 視 視 視 視

0922

我

나 아

N1 총 7 획

음 が 我慢(がまん) 인내, 참음, 용서함 | 我流(がりゅう) 아류 | 自我(じが) 자아 | 無我(むが) 무아

훈 われ, わ 我(われ) 자기 | 我々(われわれ) 우리들 | 我(わ)が国(くに) 우리나라 | 我(わ)が家(や) 우리집

歯(は)が痛(いた)くて我慢(がまん)できません。 이가 아파 못 견디겠습니다.

我(わ)が家(や)は暖(あたた)かな家庭(かてい)です。 우리집은 따뜻한 가정입니다.

쓰는 순서 我 我 我 我 我 我 我

0923

若

같을 약

N3 총 8 획

음 じゃく, にゃく 若年(じゃくねん) 나이가 젊음 | 若干(じゃっかん) 약간 | 老若男女(ろうにゃくなんにょ) 남녀노소

훈 わか(い), も(しくは) 若(わか)い 젊다, 어리다 | 若者(わかもの) 젊은이 | 若々(わかわか)しい 젊디 젊다, 아주 젊어 보이다 | 若(も)しくは 혹은, 또는, 그렇지 않으면

老若男女(ろうにゃくなんにょ)の意見(いけん)を聞(き)きます。 남녀노소의 의견을 듣습니다.

原宿(はらじゅく)は若者(わかもの)の街(まち)です。 하라주쿠는 젊은이의 거리입니다.

쓰는 순서 若 若 若 若 若 若 若 若

0924

厳

엄할 엄 (嚴)

N1 총 17 획

음 げん, ごん 厳格(げんかく) 엄격 | 厳禁(げんきん) 엄금 | 厳重(げんじゅう) 엄중 | 威厳(いげん) 위엄 | 戒厳(かいげん) 계엄 | 荘厳(そうごん) 장엄

훈 おごそ(か), きび(しい) 厳か(おごそ) 엄숙함 | 厳しい(きび) 엄하다, 엄격하다

病気(びょうき)のときのお酒(さけ)は厳禁(げんきん)です。 병에 걸렸을 때 술은 엄금입니다.

今年(ことし)の冬(ふゆ)は寒(さむ)さが厳(きび)しいです。 올겨울은 추위가 혹독합니다.

쓰는 순서 厳 厳 厳 厳 厳 厳 厳 厳 厳 厳 厳 厳 厳 厳 厳 厳 厳

0925

域

지경 역

N2 총 11 획

음 いき 海域(かいいき) 해역 | 区域(くいき) 구역 | 全域(ぜんいき) 전역 | 地域(ちいき) 지역 | 領域(りょういき) 영역 | 流域(りゅういき) 유역

韓国全域(かんこくぜんいき)で雪(ゆき)が降(ふ)っています。 한국 전 지역에서 눈이 내리고 있습니다.

「アリラン」は地域(ちいき)によって違(ちが)います。 '아리랑'은 지역에 따라 다릅니다.

쓰는 순서 域 域 域 域 域 域 域 域 域 域 域

0926

訳

번역할 역 (譯)

N1 총 11 획

음 やく 訳本(やくほん) 번역본, 역서 | 直訳(ちょくやく) 직역 | 通訳(つうやく) 통역 | 翻訳(ほんやく) 번역

훈 わけ 訳(わけ) 까닭, 이유, 도리, 이치 | 言い訳(いいわけ) 변명, 해명 | 内訳(うちわけ) 내역, 명세

今(いま)、通訳(つうやく)の仕事(しごと)をしています。 지금은 통역 일을 하고 있습니다.

遅(おく)れた訳(わけ)を話(はな)してください。 늦은 이유를 말해 주세요.

쓰는 순서 訳 訳 訳 訳 訳 訳 訳 訳 訳 訳 訳

0927

늘일 연

N2 총 8 획

음 えん 延期(えんき) 연기 | 延滞(えんたい) 연체 | 延長(えんちょう) 연장 | 遅延(ちえん) 지연

훈 の(びる), の(べる), の(ばす) 延びる(の) 연장되다, 연기되다, 늘어나다 | 延べる(の) 펴다, 뻗치다 | 延ばす(の) 연장하다, 연기하다

運動会(うんどうかい)は延期(えんき)になりました。 운동회는 연기되었습니다.

出発(しゅっぱつ)の日(ひ)が延(の)びました。 출발일이 연기되었습니다.

쓰는 순서 延 延 延 延 延 延 延 延

□□

물 따라갈 연 (沿)

N1 총8획

음 えん 沿海(えんかい) 연해 | 沿革(えんかく) 연혁 | 沿岸(えんがん) 연안 | 沿線(えんせん) 노선 주변 | 沿道(えんどう) 길가, 연도, 연로

훈 そ(う) 沿う(そ) 따르다, ~주위에 있다 | 川沿い(かわぞ) 강을 낌, 강가 | 山沿い(やまぞ) 산 주변

沿道(えんどう)でマラソンの応援(おうえん)をしました。 길가에서 마라톤을 응원했습니다.

川(かわ)に沿(そ)って散歩道(さんぽみち)があります。 강을 따라 산책로가 있습니다.

쓰는 순서 沿 沿 沿 沿 沿 沿 沿 沿

연습 문제 ⑲

【　　/20】

■ 밑줄 친 한자를 바르게 읽은 것을 고르시오.

1　大統領(だいとうりょう)のまわりの警備(けいび)は厳重です。

① ごんちょう　② げんちょう　③ ごんじゅう　④ げんじゅう

2　部屋(へや)に閣僚たちが集(あつ)まりました。

① かくりょう　② かくりょ　③ がくりょ　④ がくりょう

3　このりんごは未熟で、おいしくないです。

① びじゅく　② びじゅう　③ みじゅく　④ みじゅう

4　穀物を倉庫(そうこ)に入(い)れます。

① こくぶつ　② こくもつ　③ ごくぶつ　④ ごくもつ

5　このお店(みせ)はとても繁盛しています。

① はんじょ　② はんじょう　③ ぱんじょ　④ ぱんじょう

6　突然(とつぜん)、電気(でんき)の供給が止(と)まりました。

① きょきゅ　② きょうきゅ　③ きょきゅう　④ きょうきゅう

7　黄砂は中国(ちゅうごく)から飛(と)んできます。

① おうさ　② おうしゃ　③ こうさ　④ こうしゃ

8　フロントに貴重品を預(あず)けます。

① ぎじゅうひん　② ぎちょうひん　③ きじゅうひん　④ きちょうひん

9　勇気(ゆうき)を奮ってプロポーズしました。

① ふるって　② しぼって　③ ふんばって　④ てらって

10　新宿(しんじゅく)に行(い)って演劇を見(み)ます。

① えんけき　② えんげき　③ えいけき　④ えいげき

정답　1④ 2① 3③ 4② 5② 6④ 7③ 8④ 9① 10②

11　吉田(よしだ)さんが森(もり)さんの説明(せつめい)を補いました。

①そこない　②うしない　③ととのい　④おぎない

12　母(はは)は毎朝(まいあさ)、朝食(ちょうしょく)に納豆を出(だ)します。

①のうとう　②のうず　③なっとう　④なっず

13　合格(ごうかく)するのがとても難関なテストです。

①なんかん　②なんがん　③らんかん　④らんがん

14　兄(あに)は背広を着(き)て、会社(かいしゃ)に行(い)きます。

①せひろ　②せびろ　③せいひろ　④せいびろ

15　コーラには糖分がたくさん含(ふく)まれています。

①だんぷん　②だんぶん　③とうぷん　④とうぶん

16　このハンカチにはハートの模様があります。

①もうよ　②もよ　③もよう　④もうよう

17　暖房のスイッチを切(き)ってください。

①なんぼう　②なんぽう　③だんぼう　④だんぽう

18　労働組合(ろうどうくみあい)に加盟しました。

①かめん　②かめい　③がめん　④がめい

19　田中(たなか)さんは朗らかな性格(せいかく)の人(ひと)です。

①ほがらかな　②あきらなか　③きよらかな　④うららかな

20　友達(ともだち)と今晩、飲(の)み会(かい)をします。

①きんぱん　②きんばん　③こんぱん　④こんばん

정답　11④　12③　13①　14②　15④　16③　17③　18②　19①　20④

연습 문제 ⑳

[　　/20]

■ 밑줄 친 히라가나를 한자로 바르게 적은 것을 고르시오.

1　こうてつを輸出します。

① 鋼鉄　② 銅鉄　③ 鋼銑　④ 銅銑

2　あれこれいいわけを言わないでください。

① 良い訳　② 良い訣　③ 言い訣　④ 言い訳

3　母の誕生日にきぬのスカーフを贈りました。

① 編　② 綱　③ 絹　④ 組

4　わがやには三人の子どもがいます。

① 我が家　② 哉が家　③ 我が屋　④ 哉が屋

5　けいれつ会社に異動しました。

① 糸列　② 系列　③ 糸例　④ 系例

6　じゃっかん、人数が足りません。

① 若千　② 苦千　③ 若干　④ 苦干

7　事故をけいさつが調べています。

① 驚祭　② 警祭　③ 驚察　④ 警察

8　醤油を少したらして食べてください。

① 乗らして　② 垂らして　③ 唾らして　④ 郵らして

9　どんなあらすじのドラマですか。

① 粗筋　② 粗節　③ 粕筋　④ 粕節

10　両親が結婚をりょうしょうしました。

① 子承　② 了承　③ 子羊　④ 了羊

정답　1① 2④ 3③ 4① 5② 6③ 7④ 8② 9① 10②

11 だんさがありますから、気を付けてください。

① 股差　② 股着　③ 段差　④ 段着

12 質問にせいじつに答えてください。

① 試美　② 試実　③ 誠美　④ 誠実

13 家のうらがわには川があります。

① 裏側　② 裏測　③ 表側　④ 表測

14 転んできずができました。

① 傷　② 復　③ 侵　④ 得

15 コンサート会場までりんじバスが出ています。

① 臥時　② 臥詩　③ 臨時　④ 臨詩

16 要らない物をすてました。

① 捨て　② 拾て　③ 捻て　④ 扮て

17 12月はぼうねんかいが多いです。

① 志午会　② 忘午会　③ 志年会　④ 忘年会

18 その政治家は市民からひなんを浴びました。

① 批灘　② 批難　③ 比灘　④ 比難

19 先生の家をほうもんしました。

① 訪門　② 訪問　③ 託門　④ 託問

20 売上をぼうグラフで示します。

① 椿　② 棒　③ 樸　④ 榛

정답 11 ③ 12 ④ 13 ① 14 ① 15 ③ 16 ① 17 ④ 18 ② 19 ② 20 ②

초등학교 6학년 한자 ②

98 자

染	映	預	誤	欲	宇	郵	優	源	危
물들 염	비칠 영	맡길/미리 예	그르칠 오	하고자 할 욕	집 우	우편 우	넉넉할 우	근원 원	위태할 위
胃	幼	乳	遺	恩	疑	異	翌	仁	認
밥통 위	어릴 유	젖 유	남길 유	은혜 은	의심할 의	다를 이	다음날 익	어질 인	알 인
賃	姿	磁	蚕	将	装	腸	障	蔵	臓
품삯 임	모양 자	자석 자	누에 잠	장수 장	꾸밀 장	창자 장	막을 장	감출 장	오장 장
裁	著	敵	専	展	銭	頂	除	済	諸
마를 재	나타날 저	대적할 적	오로지 전	펼 전	돈 전	정수리 정	덜 제	건널 제	모두 제
潮	操	存	尊	宗	従	縦	座	宙	奏
밀물 조	잡을 조	있을 존	높을 존	마루 종	좇을 종	세로 종	자리 좌	집 주	아뢸 주
株	衆	蒸	至	誌	窓	創	冊	策	処
그루 주	무리 중	찔 증	이를 지	기록할 지	창 창	비롯할 창	책 책	꾀 책	곳 처
尺	泉	庁	寸	推	縮	忠	就	層	値
자 척	샘 천	관청 청	마디 촌	밀 추	줄일 축	충성 충	나아갈 취	층 층	값 치
針	誕	探	宅	討	痛	退	派	片	肺
바늘 침	낳을 탄	찾을 탐	집 택/댁 댁	칠 토	아플 통	물러날 퇴	갈래 파	조각 편	허파 폐
陛	閉	俵	割	郷	憲	革	穴	呼	紅
대궐 섬돌 폐	닫을 폐	나누어줄 표	벨 할	시골 향	법 헌	가죽 혁	구멍 혈	부를 호	붉을 홍
拡	皇	灰	孝	后	揮	胸	吸		
넓힐 확	임금 황	재 회	효도 효	임금 후	휘두를 휘	가슴 흉	마실 흡		

0929

染

물들 염

N1 총 9 획

음 せん 染色(せんしょく) 염색 | 染料(せんりょう) 염료, 물감 | 汚染(おせん) 오염 | 感染(かんせん) 감염 | 伝染(でんせん) 전염

훈 そ(める), そ(まる), し(みる), し(み) 染める(そめる) 물들이다, 염색하다 | 染まる(そまる) 물들다, 염색되다 | 染みる(しみる) 배다, 번지다, 물들다 | 染み(しみ) 얼룩, 검버섯

パソコンがウィルスに感染(かんせん)しました。 컴퓨터가 바이러스에 감염되었습니다.

髪(かみ)を黄色(きいろ)に染(そ)めました。 머리카락을 노란색으로 염색했습니다.

쓰는 순서 染 染 染 染 染 染 染 染 染

0930

映

비칠 영

N4 총 9 획

음 えい 映画(えいが) 영화 | 映像(えいぞう) 영상 | 上映(じょうえい) 상영 | 反映(はんえい) 반영

훈 うつ(る), うつ(す), は(える) 映る(うつる) 비치다, 조화되다 | 映す(うつす) 비추다, 투영하다, 상영하다 | 映える(はえる) 빛나다, 비치다, 잘 어울리다

週末(しゅうまつ)、映画(えいが)を見(み)に行(い)きました。 주말에 영화를 보러 갔습니다.

湖(みずうみ)に山(やま)が映(うつ)っています。 호수에 산이 비칩니다.

쓰는 순서 映 映 映 映 映 映 映 映 映

0931

맡길/미리 예

N2 총 13 획

음 よ 預金(よきん) 예금 | 預託(よたく) 예탁

훈 あず(ける), あず(かる) 預ける(あずける) 맡기다, 위임하다 | 預かる(あずかる) 맡다, 보관하다

預金通帳(よきんつうちょう)を失(うしな)いました。 예금 통장을 잃어버렸습니다.

貴重品(きちょうひん)をフロントに預(あず)けました。 귀중품을 프런트에 맡겼습니다.

쓰는 순서 預 預 預 預 預 預 預 預 預 預 預 預 預

0932

그르칠 오 (誤)

N2 총 14 획

음 ご 誤解(ごかい) 오해 | 誤算(ごさん) 오산, 착오 | 誤字(ごじ) 오자, 오타 | 誤読(ごどく) 잘못 읽음 | 錯誤(さくご) 착오

훈 あやま(る) 誤る(あやまる) 실패하다, 실수하다, 잘못하다

中島(なかしま)さんは私(わたし)の話(はなし)を誤解(ごかい)しました。 나카시마 씨는 내 말을 오해했습니다.

運転(うんてん)を誤(あやま)って、事故(じこ)を起(お)こしました。 운전을 잘못해서 사고를 냈습니다.

쓰는 순서 誤 誤 誤 誤 誤 誤 誤 誤 誤 誤 誤 誤 誤 誤

0933

欲

하고자 할 욕

N2 총 11 획

음 よく 欲張り(よくばり) 욕심꾸러기 | 欲望(よくぼう) 욕망 | 欲求(よっきゅう) 욕구 | 意欲(いよく) 의욕 | 食欲(しょくよく) 식욕

훈 ほっ(する), ほ(しい) 欲する(ほっする) 바라다, 원하다 | 欲しい(ほしい) 갖고 싶다, 바라다

暑(あつ)くて食欲(しょくよく)がありません。 더워서 식욕이 없습니다.

新(あたら)しい車(くるま)が欲(ほ)しいです。 새 차를 갖고 싶습니다.

쓰는 순서 欲 欲 欲 欲 欲 欲 欲 欲 欲 欲 欲

0934

宇

집 우

N3 총 6 획

음 う 宇宙(うちゅう) 우주 | 宇宙人(うちゅうじん) 우주인, 외계인 | 宇宙船(うちゅうせん) 우주선 | 気宇(きう) 기우, 기개와 도량

宇宙(うちゅう)に行(い)ってみたいです。 우주에 가 보고 싶습니다.

宇宙船(うちゅうせん)が月(つき)に着(つ)きました。 우주선이 달에 도착했습니다.

쓰는 순서 宇 宇 宇 宇 宇 宇

0935

郵

우편 우

N2 총 11 획

음 ゆう 郵政(ゆうせい) 우정 | 郵送(ゆうそう) 우송, 발송 | 郵便(ゆうびん) 우편

書類(しょるい)は郵送(ゆうそう)してください。 서류는 우송해 주세요.

郵便局(ゆうびんきょく)で荷物(にもつ)を送(おく)りました。 우체국에서 짐을 보냈습니다.

쓰는 순서 郵 郵 郵 郵 郵 郵 郵 郵 郵 郵 郵

0936

優

넉넉할 우

N2 총 17 획

음 ゆう 優秀(ゆうしゅう) 우수 | 優勝(ゆうしょう) 우승 | 優先(ゆうせん) 우선 | 優劣(ゆうれつ) 우열 | 俳優(はいゆう) 배우

훈 やさ(しい), すぐ(れる) 優しい(やさしい) 상냥하다, 우아하다 | 優れる(すぐれる) 우수하다, 훌륭하다

お年寄(としよ)りは優先席(ゆうせんせき)に座(すわ)ってください。 어르신은 교통약자석에 앉아 주세요.

小林(こばやし)さんは優(やさ)しくて親切(しんせつ)です。 고바야시 씨는 상냥하고 친절합니다.

쓰는 순서 優 優 優 優 優 優 優 優 優 優 優 優 優 優 優 優 優

0937

源

근원 원

N1 총 13 획

음 げん 源流(げんりゅう) 원류 | 起源(きげん) 기원 | 資源(しげん) 자원 | 電源(でんげん) 전원

훈 みなもと 源(みなもと) 수원, 근원

日本(にほん)は資源(しげん)が少(すく)ない国(くに)です。 일본은 자원이 적은 나라입니다.

「食(しょく)」は健康(けんこう)の源(みなもと)です。 '식사'는 건강의 근원입니다.

쓰는 순서 源 源 源 源 源 源 源 源 源 源 源 源 源

0938

危

위태할 위

N2 총 6 획

음 き 危害(きがい) 위해 | 危機(きき) 위기 | 危険(きけん) 위험 | 危篤(きとく) 위독

훈 あぶ(ない), あや(うい), あや(ぶむ) 危(あぶ)ない 위험하다, 불안하다 | 危(あや)うい 위태롭다, 위험하다 | 危(あや)ぶむ 걱정하다, 의심하다

経済危機(けいざいきき)を乗(の)り越(こ)えました。 경제 위기를 극복했습니다.

この道路(どうろ)は車(くるま)が多(おお)くて危(あぶ)ないです。 이 도로는 차가 많아서 위험합니다.

쓰는 순서 危 危 危 危 危 危

0939

胃

밥통 위

N3 총 9 획

음 い 胃(い) 위 | 胃癌(いがん) 위암 | 胃薬(いぐすり) 위장약 | 胃腸(いちょう) 위장

山田(やまだ)さんは胃腸(いちょう)が弱(よわ)いです。 야마다 씨는 위장이 약합니다.

旅行(りょこう)のときは胃薬(いぐすり)を持(も)って行(い)きます。 여행할 때는 위장약을 가지고 갑니다.

쓰는 순서 胃 胃 胃 胃 胃 胃 胃 胃 胃

0940

어릴 유

N2 총 5 획

음 よう 幼児(ようじ) 유아 | 幼稚園(ようちえん) 유치원 | 幼虫(ようちゅう) 유충 | 幼年(ようねん) 유년

훈 おさな(い) 幼(おさな)い 어리다, 유치하다 | 幼(おさな)なじみ 소꿉친구, 죽마고우

子(こ)どもを幼稚園(ようちえん)に迎(むか)えに行(い)きます。 유치원으로 아이를 데리러 갑니다.

幼(おさな)いとき、よく人形(にんぎょう)で遊(あそ)びました。 어릴 때 곧잘 인형을 가지고 놀았습니다.

쓰는 순서 幼 幼 幼 幼 幼

0941

乳

젖 유

N2 총 8 획

음 にゅう 乳児(にゅうじ) 젖먹이, 유아 | 乳製品(にゅうせいひん) 유제품 | 牛乳(ぎゅうにゅう) 우유 | 母乳(ぼにゅう) 모유 | 哺乳類(ほにゅうるい) 포유류

훈 ちち, ち 乳(ちち) 젖 | 乳搾り(ちちしぼり) 젖 짜기, 착유 | 乳飲み子(ちのみご) 젖먹이, 유아

毎日(まいにち)、牛乳(ぎゅうにゅう)を飲(の)みましょう。매일 우유를 마십시다.

牧場(まきば)で牛(うし)の乳搾(ちちしぼ)りを体験(たいけん)しました。목장에서 소젖 짜기 체험을 했습니다.

쓰는 순서 乳 乳 乳 乳 乳 乳 乳 乳

0942

遺

남길 유

N1 총 15 획

음 い, ゆい 遺産(いさん) 유산 | 遺跡(いせき) 유적 | 遺族(いぞく) 유족 | 遺伝(いでん) 유전 | 遺品(いひん) 유품 | 遺言(ゆいごん) 유언

ギリシアで遺跡(いせき)をめぐりました。그리스에서 유적을 돌아보았습니다.

この時計(とけい)は父(ちち)の遺品(いひん)です。이 시계는 아버지의 유품입니다.

쓰는 순서 遺 遺 遺 遺 遺 遺 遺 遺 遺 遺 遺 遺 遺 遺 遺

0943

恩

은혜 은

N1 총 10 획

음 おん 恩恵(おんけい) 은혜 | 恩師(おんし) 은사, 스승 | 恩人(おんじん) 은인 | 謝恩(しゃおん) 사은

学生時代(がくせいじだい)の恩師(おんし)に会(あ)いました。학창 시절의 은사를 만났습니다.

デパートで20周年謝恩(しゅうねんしゃおん)セールをやっています。
백화점에서 20주년 사은 세일을 하고 있습니다.

쓰는 순서 恩 恩 恩 恩 恩 恩 恩 恩 恩 恩

0944

疑

의심할 의

N2 총 14 획

음 ぎ 疑問(ぎもん) 의문 | 疑惑(ぎわく) 의혹 | 質疑(しつぎ) 질의 | 容疑(ようぎ) 용의

훈 うたが(う) 疑(うたが)う 의심하다

本(ほん)を読(よ)んで、ますます疑問(ぎもん)がわきました。책을 읽고 더욱 의문이 생겼습니다.

人(ひと)を疑(うたが)うのはよくありません。타인을 의심하는 것은 좋지 않습니다.

쓰는 순서 疑 疑 疑 疑 疑 疑 疑 疑 疑 疑 疑 疑 疑 疑

0945

異

다를 이

N1 총 11 획

음 い 異議(いぎ) 이의 | 異国(いこく) 이국 | 異常(いじょう) 이상 | 差異(さい) 차이 | 変異(へんい) 변이, 이변

훈 こと(なる) 異(こと)なる 다르다

異常(いじょう)な天気(てんき)が続(つづ)いています。 이상한 날씨가 계속되고 있습니다.

私(わたし)と兄(あに)は性格(せいかく)が異(こと)なります。 나와 형은 성격이 다릅니다.

쓰는 순서 異 異 異 異 異 異 異 異 異 異 異

0946

翌

다음날 익 (翌)

N2 총 11 획

음 よく 翌朝(よくあさ) 이튿날 아침 | 翌月(よくげつ) 다음 달 | 翌日(よくじつ) 이튿날 | 翌年(よくねん) 이듬해

お酒(さけ)を飲(の)んだ翌朝(よくあさ)は頭(あたま)が痛(いた)いです。 술을 마신 이튿날 아침에는 머리가 아픕니다.

山火事(やまかじ)は翌日(よくじつ)まで続(つづ)きました。 산불은 이튿날까지 계속되었습니다.

쓰는 순서 翌 翌 翌 翌 翌 翌 翌 翌 翌 翌 翌

0947

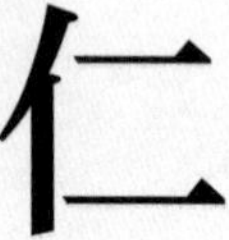

어질 인

N1 총 4 획

음 じん, に 仁愛(じんあい) 인애 | 仁義(じんぎ) 인의, 의리 | 仁術(じんじゅつ) 인술 | 仁王(におう) 인왕, 금강신(불교) | 仁王立(におうだ)ち 인왕처럼 무섭고 억센 모습으로 버티고 서 있음

『仁義(じんぎ)なき戦(たたか)い』という映画(えいが)を知(し)っていますか。

『의리 없는 전쟁』이라는 영화를 압니까?

これは有名(ゆうめい)な仁王像(におうぞう)です。 이것은 유명한 인왕상입니다.

쓰는 순서 仁 仁 仁 仁

0948

알 인 (認)

N2 총 14 획

음 にん 認証(にんしょう) 인증 | 認知(にんち) 인지 | 認定(にんてい) 인정 | 確認(かくにん) 확인 | 誤認(ごにん) 오인 | 視認(しにん) 시인(보고 확인함)

훈 みと(める) 認(みと)める 인정하다, 인지하다

人数(にんずう)を確認(かくにん)します。 인원수를 확인합니다.

両親(りょうしん)が結婚(けっこん)を認(みと)めてくれました。 부모님이 결혼을 허락해 주셨습니다.

쓰는 순서 認 認 認 認 認 認 認 認 認 認 認 認 認 認

0949

賃

품삯 임

N1 총 13 획

음 ちん 賃借(ちんしゃく) 임차 | 賃貸(ちんたい) 임대 | 運賃(うんちん) 운임 | 家賃(やちん) 집세

運賃(うんちん)はいくらですか。 운임은 얼마입니까?

家賃(やちん)の安(やす)い部屋(へや)がいいです。 집세가 싼 방이 좋습니다.

쓰는 순서 賃 賃 賃 賃 賃 賃 賃 賃 賃 賃 賃 賃 賃

0950

姿

모양 자

N1 총 9 획

음 し 姿勢(しせい) 자세 | 姿態(したい) 자태 | 雄姿(ゆうし) 용감한 모습 | 容姿(ようし) 얼굴 모양이나 자태

훈 すがた 姿(すがた) 모습, 상태 | 後ろ姿(うしろすがた) 뒷모습

正(ただ)しい姿勢(しせい)で本(ほん)を読(よ)みましょう。 올바른 자세로 책을 읽읍시다.

後(うし)ろ姿(すがた)がきれいな人(ひと)です。 뒷모습이 예쁜 사람입니다.

쓰는 순서 姿 姿 姿 姿 姿 姿 姿 姿 姿

0951

磁

자석 자

N1 총 14 획

음 じ 磁気(じき) 자기 | 磁石(じしゃく) 자석 | 磁力(じりょく) 자력 | 青磁(せいじ) 청자 | 陶磁器(とうじき) 도자기

高麗(こうらい)の青磁(せいじ)は有名(ゆうめい)です。 고려 청자는 유명합니다.

有田(ありた)には陶磁器(とうじき)の村(むら)があります。 아리타에는 도자기 마을이 있습니다.

쓰는 순서 磁 磁 磁 磁 磁 磁 磁 磁 磁 磁 磁 磁 磁 磁

0952

蚕

누에 잠 (蠶)

N1 총 10 획

음 さん 蚕業(さんぎょう) 양잠업 | 蚕室(さんしつ) 누에치는 방 | 蚕食(さんしょく) 잠식 | 養蚕(ようさん) 양잠, 누에치기

훈 かいこ 蚕(かいこ) 누에

今(いま)は養蚕(ようさん)をする人(ひと)が少(すく)ないです。 지금은 누에를 치는 사람이 적습니다.

蚕(かいこ)は桑(くわ)を食(た)べます。 누에는 뽕나무를 먹습니다.

쓰는 순서 蚕 蚕 蚕 蚕 蚕 蚕 蚕 蚕 蚕 蚕

0953

将

장수 장

N2 총 10 획

음 しょう 将棋(しょうぎ) 장기 | 将軍(しょうぐん) 장군 | 将来(しょうらい) 장래 | 主将(しゅしょう) 주장 | 名将(めいしょう) 명장

将来(しょうらい)の夢(ゆめ)はパイロットです。 장래 희망은 파일럿입니다.

彼(かれ)は剣道部(けんどうぶ)の主将(しゅしょう)です。 그는 검도부 주장입니다.

쓰는 순서 将 将 将 将 将 将 将 将 将 将

装

꾸밀 장 (裝)

N2 총 12 획

음 そう, しょう 装飾(そうしょく) 장식 | 装置(そうち) 장치 | 装備(そうび) 장비 | 改装(かいそう) 개장 | 包装(ほうそう) 포장 | 衣装(いしょう) 의상

훈 よそお(う) 装(よそお)う 치장하다, 가장하다

お店(みせ)を改装(かいそう)しました。 가게를 개장했습니다.

もみじが山(やま)を装(よそお)っています。 산이 단풍으로 물들었습니다.

쓰는 순서 装 装 装 装 装 装 装 装 装 装 装 装

0955

腸

창자 장

N1 총 13 획

음 ちょう 腸(ちょう) 장 | 腸炎(ちょうえん) 장염 | 胃腸(いちょう) 위장 | 大腸(だいちょう) 대장 | 盲腸(もうちょう) 맹장

大腸(だいちょう)の検査(けんさ)を受(う)けました。 대장 검사를 받았습니다.

学生(がくせい)のとき、盲腸(もうちょう)の手術(しゅじゅつ)をしました。 학생 때 맹장 수술을 했습니다.

쓰는 순서 腸 腸 腸 腸 腸 腸 腸 腸 腸 腸 腸 腸 腸

0956

障

막을 장

N1 총 14 획

음 しょう 障害(しょうがい) 장애 | 障子(しょうじ) 장지, 미닫이 | 障壁(しょうへき) 장벽 | 故障(こしょう) 고장 | 保障(ほしょう) 보장

훈 さわ(る) 障(さわ)る 해가 되다, 지장을 초래하다 | 目障(めざわ)り 방해물, 눈에 거슬림

デジカメが故障(こしょう)しました。 디지털카메라가 고장났습니다.

無理(むり)に働(はたら)くことは体(からだ)に障(さわ)ります。 무리하게 일하는 것은 몸에 해가 됩니다.

쓰는 순서 障 障 障 障 障 障 障 障 障 障 障 障 障 障

0957

蔵

감출 장 (藏)

N2 총 15 획

음 ぞう 蔵書(ぞうしょ) 장서 | 所蔵(しょぞう) 소장 | 貯蔵(ちょぞう) 저장 | 埋蔵(まいぞう) 매장 | 冷蔵(れいぞう) 냉장

훈 くら 蔵(くら) 창고 | 酒蔵(さかぐら) 술 창고 | ワイン蔵(ぐら) 와인 창고

冷蔵庫(れいぞうこ)にケーキが入(はい)っています。 냉장고에 케이크가 들어 있습니다.

ワイン蔵(ぐら)にワインがいっぱいあります。 와인 창고에 와인이 가득 있습니다.

쓰는 순서 蔵 蔵 蔵 蔵 蔵 蔵 蔵 蔵 蔵 蔵 蔵 蔵 蔵 蔵 蔵

0958

臓

오장 장 (臟)

N2 총 19 획

음 ぞう 臓器(ぞうき) 장기 | 肝臓(かんぞう) 간 | 心臓(しんぞう) 심장 | 内臓(ないぞう) 내장

お酒(さけ)の飲(の)みすぎは肝臓(かんぞう)によくないです。 과음은 간에 좋지 않습니다.

心臓(しんぞう)の音(おと)を聞(き)きます。 심장 소리를 듣습니다.

쓰는 순서 臓 臓 臓 臓 臓 臓 臓 臓 臓 臓 臓 臓 臓 臓 臓 臓 臓 臓 臓

0959

마를 재

N1 총 12 획

음 さい 裁判(さいばん) 재판 | 裁縫(さいほう) 재봉 | 決裁(けっさい) 결재 | 仲裁(ちゅうさい) 중재 | 体裁(ていさい) 외관, 체면

훈 た(つ), さば(く) 裁(た)つ 재단하다 | 裁(さば)く 심판하다, 재판하다

裁判(さいばん)が十時(じゅうじ)から開(ひら)かれます。 재판이 열 시부터 열립니다.

はさみで布(ぬの)を裁(た)ちます。 가위로 천을 재단합니다.

쓰는 순서 裁 裁 裁 裁 裁 裁 裁 裁 裁 裁 裁 裁

0960

나타날 저 (著)

N2 총 11 획

음 ちょ 著者(ちょしゃ) 저자 | 著述(ちょじゅつ) 저술 | 著名(ちょめい) 저명, 유명함 | 共著(きょうちょ) 공저 | 顕著(けんちょ) 현저

훈 あらわ(す), いちじる(しい) 著(あらわ)す 저술하다 | 著(いちじる)しい 현저하다, 명백하다

本(ほん)に著者(ちょしゃ)のサインをもらいました。 책에 저자의 사인을 받았습니다.

人口(じんこう)が著(いちじる)しく減(へ)りました。 인구가 현저하게 줄었습니다.

쓰는 순서 著 著 著 著 著 著 著 著 著 著 著

0961

敵

대적할 적

N1 총 15 획

음 てき 敵意(てきい) 적의 | 敵国(てきこく) 적국 | 敵視(てきし) 적시, 적대시 | 強敵(きょうてき) 강적 | 匹敵(ひってき) 필적 | 無敵(むてき) 무적

훈 かたき 敵(かたき) 원수, 상대, 적수 | 敵討ち(かたきうち) 원수를 갚음, 복수 | 敵役(かたきやく) 악역

ブラジルチームは強敵(きょうてき)です。 브라질 팀은 강적입니다.

今日(きょう)の試合(しあい)は、この前(まえ)の試合(しあい)の敵討(かたきう)ちです。

오늘 시합은 요전번 시합의 복수입니다.

쓰는 순서 敵 敵 敵 敵 敵 敵 敵 敵 敵 敵 敵 敵 敵 敵 敵

0962

오로지 전 (專)

N2 총 9 획

음 せん 専業(せんぎょう) 전업 | 専攻(せんこう) 전공 | 専属(せんぞく) 전속 | 専門(せんもん) 전문 | 専用(せんよう) 전용

훈 もっぱ(ら) 専ら(もっぱら) 오로지, 한결같이, 전적으로

専攻(せんこう)は何(なん)ですか。 전공은 무엇입니까?

本(ほん)は専(もっぱ)らマンガしか読(よ)みません。 책은 오로지 만화밖에 읽지 않습니다.

쓰는 순서 専 専 専 専 専 専 専 専 専

0963

펼 전

N1 총 10 획

음 てん 展開(てんかい) 전개 | 展示(てんじ) 전시 | 展覧(てんらん) 전람 | 進展(しんてん) 진전 | 発展(はってん) 발전

蘭(らん)の展示会(てんじかい)に行(い)きました。 난초 전시회에 갔습니다.

事件(じけん)に進展(しんてん)がありません。 사건에 진전이 없습니다.

쓰는 순서 展 展 展 展 展 展 展 展 展 展

0964

돈 전 (錢)

N1 총 14 획

음 せん 銭湯(せんとう) 대중 목욕탕 | 金銭(きんせん) 금전 | 古銭(こせん) 옛날 돈 | 銅銭(どうせん) 동전

훈 ぜに 銭(ぜに) 돈, 금속제 화폐 | 小銭(こぜに) 잔돈

毎週(まいしゅう)、銭湯(せんとう)に行(い)きます。 매주 대중 목욕탕에 갑니다.

財布(さいふ)には小銭(こぜに)しかありません。 지갑에는 잔돈밖에 없습니다.

쓰는 순서 銭 銭 銭 銭 銭 銭 銭 銭 銭 銭 銭 銭 銭 銭

□ □

頂

정수리 정

N2 총 11 획

음 ちょう 頂上(ちょうじょう) 정상 | 頂点(ちょうてん) 정점 | 山頂(さんちょう) 정상 | 絶頂(ぜっちょう) 절정 | 登頂(とうちょう) 등정

훈 いただ(く), いただき 頂(いただ)く 받다, 얻다, 마시다, 먹다(겸사말) | 頂(いただき) 꼭대기, 정상

山(やま)の頂上(ちょうじょう)には湖(みずうみ)があります。 산 정상에는 호수가 있습니다.

先生(せんせい)から手紙(てがみ)を頂(いただ)きました。 선생님에게 편지를 받았습니다.

쓰는 순서 頂 頂 頂 頂 頂 頂 頂 頂 頂 頂 頂

0966 □ □

덜 제

N2 총 10 획

음 じょ, じ 除去(じょきょ) 제거 | 除草(じょそう) 제초 | 解除(かいじょ) 해제 | 削除(さくじょ) 삭제 | 免除(めんじょ) 면제 | 掃除(そうじ) 청소

훈 のぞ(く) 除(のぞ)く 없애다, 제외하다

ファイルを削除(さくじょ)しました。 파일을 삭제했습니다.

九州(きゅうしゅう)を除(のぞ)いて、あしたは晴(は)れるでしょう。

규슈를 제외하고 내일은 맑겠습니다.

쓰는 순서 除 除 除 除 除 除 除 除 除 除

0967 □ □

건널 제 (濟)

N2 총 11 획

음 さい 返済(へんさい) 꾸어 쓴 돈이나 빌려 쓴 물건을 갚음 | 救済(きゅうさい) 구제 | 共済(きょうさい) 공제 | 経済(けいざい) 경제

훈 す(む), す(ます) 済(す)む 끝나다, 해결되다 | 済(す)ます 끝내다, 해결하다

毎月(まいげつ)、十万円(じゅうまんえん)ずつ返済(へんさい)します。 매월 10만 엔씩 갚습니다.

七時(しちじ)に仕事(しごと)が済(す)みました。 일곱 시에 일이 끝났습니다.

쓰는 순서 済 済 済 済 済 済 済 済 済 済 済

0968 □ □

모두 제 (諸)

N2 총 15 획

음 しょ 諸君(しょくん) 여러분 | 諸国(しょこく) 여러 나라 | 諸説(しょせつ) 여러 가지 설, 소문, 의견 | 諸島(しょとう) 여러 섬

諸国(しょこく)の代表(だいひょう)が集(あつ)まりました。 여러 나라의 대표가 모였습니다.

ハワイ諸島(しょとう)をめぐります。 하와이의 여러 섬을 돌아봅니다.

쓰는 순서 諸 諸 諸 諸 諸 諸 諸 諸 諸 諸 諸 諸 諸 諸 諸

0969

潮

밀물 조

N1 총 15 획

음 ちょう 潮流(ちょうりゅう) 조류 | 干潮(かんちょう) 간조, 썰물 | 風潮(ふうちょう) 풍조 | 満潮(まんちょう) 만조, 밀물

훈 しお 潮(しお) 바닷물, 조수 | 潮風(しおかぜ) 바닷바람, 갯바람

今(いま)は満潮(まんちょう)の時間(じかん)です。 지금은 만조 시간입니다.

潮風(しおかぜ)が気持(きも)ちいいです。 바닷바람이 기분 좋습니다.

쓰는 순서 潮 潮 潮 潮 潮 潮 潮 潮 潮 潮 潮 潮 潮 潮 潮

0970

操

잡을 조

N1 총 16 획

음 そう 操作(そうさ) 조작 | 操縦(そうじゅう) 조종 | 体操(たいそう) 체조 | 貞操(ていそう) 정조

훈 みさお, あやつ(る) 操(みさお) 지조, 절개, 정조 | 操(あやつ)る 놀리다, 조종하다 | 操(あやつ)り人形(にんぎょう) 꼭두각시

毎朝(まいあさ)、体操(たいそう)をしています。 매일 아침 체조를 합니다.

操(あやつ)り人形(にんぎょう)の劇(げき)を見(み)ました。 인형극을 봤습니다.

쓰는 순서 操 操 操 操 操 操 操 操 操 操 操 操 操 操 操 操

0971

있을 존

N3 총 6 획

음 そん, ぞん 存在(そんざい) 존재 | 存続(そんぞく) 존속 | 既存(きそん) 기존 | 存(ぞん)じる 알다, 생각하다(겸사말) | 存命(ぞんめい) 존명 | 保存(ほぞん) 보존, 저장

その話(はなし)は存(ぞん)じません。 그 이야기는 모릅니다.

データをコンピューターに保存(ほぞん)します。 데이터를 컴퓨터에 저장합니다.

쓰는 순서 存 存 存 存 存 存

0972

높을 존 (尊)

N2 총 12 획

음 そん 尊敬(そんけい) 존경 | 尊厳(そんげん) 존엄 | 尊重(そんちょう) 존중 | 自尊(じそん) 자존

훈 とうと(い), とうと(ぶ), たっと(い), たっと(ぶ) 尊(とうと)い 소중하다 | 尊(とうと)ぶ 공경하다 | 尊(たっと)い 고귀하다 | 尊(たっと)ぶ 숭상하다, 존중하다

私(わたし)は米田(よねだ)さんの判断(はんだん)を尊重(そんちょう)します。 나는 요네다 씨의 판단을 존중합니다.

命(いのち)はとても尊(とうと)いものです。 목숨은 매우 소중합니다.

쓰는 순서 尊 尊 尊 尊 尊 尊 尊 尊 尊 尊 尊 尊

0973

宗

마루 종

N1 총 8 획

음 しゅう, そう 宗教(しゅうきょう) 종교 | 宗徒(しゅうと) 신도 | 宗派(しゅうは) 종파 | 改宗(かいしゅう) 개종 | 宗家(そうけ) 종가

日本(にほん)は宗教(しゅうきょう)の自由(じゆう)があります。 일본은 종교의 자유가 있습니다.

イスラム教(きょう)からキリスト教(きょう)に改宗(かいしゅう)しました。

이슬람교에서 기독교로 개종했습니다.

쓰는 순서 宗 宗 宗 宗 宗 宗 宗 宗

0974

従

좇을 종 (從)

N1 총 10 획

음 じゅう, しょう, じゅ 従業員(じゅうぎょういん) 종업원 | 従順(じゅうじゅん) 순종 | 主従(しゅじゅう) 주종 | 服従(ふくじゅう) 복종 | 従容(しょうよう) 태연하고 침착한 모양

훈 したが(う), したが(える) 従(したが)う 따르다 | 従(したが)える 따르게 하다, 데리고 가다

会社(かいしゃ)に従業員(じゅうぎょういん)が五百人(ごひゃくにん)います。 회사에 종업원이 오백 명 있습니다.

父(ちち)の考(かんが)えに従(したが)いました。 아버지의 생각에 따랐습니다.

쓰는 순서 従 従 従 従 従 従 従 従 従 従

0975

縦

세로 종 (縱)

N1 총 16 획

음 じゅう 縦横(じゅうおう) 종횡 | 縦走(じゅうそう) 종주 | 縦断(じゅうだん) 종단 | 操縦(そうじゅう) 조종

훈 たて 縦(たて) 세로 | 縦書(たてが)き 세로쓰기

日本列島(にほんれっとう)を縦断(じゅうだん)しました。 일본 열도를 종단했습니다.

縦書(たてが)きで書(か)きました。 세로로 썼습니다.

쓰는 순서 縦 縦 縦 縦 縦 縦 縦 縦 縦 縦 縦 縦 縦 縦 縦 縦

0976

자리 좌

N3 총 10 획

음 ざ 座席(ざせき) 좌석 | 座談(ざだん) 좌담 | 座布団(ざぶとん) 방석 | 上座(かみざ) 상좌, 상석, 윗자리 | 星座(せいざ) 별자리

훈 すわ(る) 座(すわ)る 앉다

前(まえ)の座席(ざせき)が空(あ)いています。 앞 좌석이 비어 있습니다.

どうぞ、座(すわ)ってください。 여기 앉아 주세요.

쓰는 순서 座 座 座 座 座 座 座 座 座 座

6학년

0977

집 주

N2 총 8 획

음 ちゅう 宙返り(ちゅうがえ) 공중제비, 비행기의 공중회전 | 宙吊り(ちゅうづ) 공중에 매달림 | 宇宙(うちゅう) 우주

彼(かれ)は宙返り(ちゅうがえ)が得意(とくい)です。 그는 공중제비를 잘합니다.

ゴンドラが宙吊り(ちゅうづ)になりました。 곤돌라가 공중에 매달렸습니다.

쓰는 순서 宙 宙 宙 宙 宙 宙 宙 宙

0978

아뢸 주

N1 총 9 획

음 そう 演奏(えんそう) 연주 | 合奏(がっそう) 합주 | 独奏(どくそう) 독주 | 伴奏(ばんそう) 반주

훈 かな(でる) 奏でる(かな) 악기를 켜다, 연주하다

伴奏(ばんそう)に合(あ)わせて、歌(うた)ってください。 반주에 맞춰서 노래를 불러 주세요.

ヴァイオリンが美(うつく)しいメロディを奏(かな)でています。

바이올린이 아름다운 멜로디를 연주하고 있습니다.

쓰는 순서 奏 奏 奏 奏 奏 奏 奏 奏 奏

0979

그루 주

N1 총 10 획

훈 かぶ 株(かぶ) 그루터기, 그루, 주식 | 株価(かぶか) 주가 | 株式(かぶしき) 주식 | 株主(かぶぬし) 주주

会社(かいしゃ)の株(かぶ)を買(か)いました。 회사의 주식을 샀습니다.

株価(かぶか)が上(あ)がりました。 주가가 올랐습니다.

쓰는 순서 株 株 株 株 株 株 株 株 株 株

0980

무리 중

N1 총 12 획

음 しゅう, しゅ 衆議院(しゅうぎいん) 중의원 | 観衆(かんしゅう) 관중 | 群衆(ぐんしゅう) 군중 | 公衆(こうしゅう) 공중 | 民衆(みんしゅう) 민중 | 衆生(しゅじょう) 중생

衆議院(しゅうぎいん)の選挙(せんきょ)があります。 중의원 선거가 있습니다.

公衆電話(こうしゅうでんわ)で連絡(れんらく)をしました。 공중전화로 연락을 했습니다.

쓰는 순서 衆 衆 衆 衆 衆 衆 衆 衆 衆 衆 衆 衆

□□

蒸

찔 증

N2 총 13 획

음 じょう 蒸気(じょうき) 증기 | 蒸発(じょうはつ) 증발 | 蒸留(じょうりゅう) 증류 | 水蒸気(すいじょうき) 수증기

훈 む(す), む(れる), む(らす) 蒸(む)す 찌다 | 蒸(む)れる 뜸들다 | 蒸(む)らす 뜸들이다

やかんから蒸気(じょうき)が出(で)ています。 주전자에서 증기가 나오고 있습니다.

トウモロコシを蒸(む)して食(た)べました。 옥수수를 쪄서 먹었습니다.

쓰는 순서 蒸 蒸 蒸 蒸 蒸 蒸 蒸 蒸 蒸 蒸 蒸 蒸 蒸

0982 □□

至

이를 지

N1 총 6 획

음 し 至急(しきゅう) 지급, 시급히 | 至極(しごく) 지극 | 夏至(げし) 하지 | 冬至(とうじ) 동지 | 必至(ひっし) 필연, 불가피

훈 いた(る) 至(いた)る 다다르다, 도달하다, 되다 | 至(いた)る所(ところ) 도처, 가는 곳마다

至急(しきゅう)、連絡(れんらく)をください。 급히 연락을 주세요.

至(いた)る所(ところ)にゴミがあって、汚(きたな)いです。 도처에 쓰레기가 있어서 더럽습니다.

쓰는 순서 至 至 至 至 至 至

0983 □□

誌

기록할 지

N2 총 14 획

음 し 誌上(しじょう) 기사면, 지면 | 雑誌(ざっし) 잡지 | 週刊誌(しゅうかんし) 주간지 | 日誌(にっし) 일지

中山(なかやま)さんの写真(しゃしん)が雑誌(ざっし)に載(の)りました。 나카야마 씨의 사진이 잡지에 실렸습니다.

金曜日(きんようび)に週刊誌(しゅうかんし)が発売(はつばい)されます。 금요일에 주간지가 발매됩니다.

쓰는 순서 誌 誌 誌 誌 誌 誌 誌 誌 誌 誌 誌 誌 誌 誌

0984 □□

窓

창 창

N2 총 11 획

음 そう 窓外(そうがい) 창밖 | 学窓(がくそう) 학창, 배움의 창가(학교나 교실) | 車窓(しゃそう) 차창 | 同窓(どうそう) 동창

훈 まど 窓(まど) 창문 | 窓口(まどぐち) 창구 | 窓辺(まどべ) 창가

高校生(こうこうせい)のときの同窓会(どうそうかい)がありました。 고등학교 동창회가 있었습니다.

相談窓口(そうだんまどぐち)を設(もう)けました。 상담 창구를 마련했습니다.

쓰는 순서 窓 窓 窓 窓 窓 窓 窓 窓 窓 窓 窓

0985

□ □

創

비롯할 창

N1 총 12 획

음 そう **創業**(そうぎょう) 창업 | **創作**(そうさく) 창작 | **創設**(そうせつ) 창설 | **創造**(そうぞう) 창조 | **創立**(そうりつ) 창립 | **独創**(どくそう) 독창

新(あたら)しい部門(ぶもん)を創設(そうせつ)しました。 새로운 부문을 창설했습니다.

学校(がっこう)が創立百周年(そうりつひゃくしゅうねん)を迎(むか)えました。 학교가 창립 백 주년을 맞았습니다.

쓰는 순서 創 創 創 創 創 創 創 創 創 創 創 創

0986

□ □

책 책

N3 총 5 획

음 さつ, さく **冊子**(さっし) 책자, 책 | **一冊**(いっさつ) 한 권 | **何冊**(なんさつ) 몇 권 | **別冊**(べっさつ) 별책 | **短冊**(たんざく) 글씨를 쓰는 조붓한 종이

これはフランス語(ご)の旅行会話(りょこうかいわ)の冊子(さっし)です。
이것은 프랑스어 여행 회화 책자입니다.

本(ほん)を一冊(いっさつ)、買(か)いました。 책을 한 권 샀습니다.

쓰는 순서 冊 冊 冊 冊 冊

0987

□ □

策

꾀 책

N1 총 12 획

음 さく **策略**(さくりゃく) 책략, 계략 | **散策**(さんさく) 산책 | **政策**(せいさく) 정책 | **対策**(たいさく) 대책

森(もり)の中(なか)を散策(さんさく)しました。 숲속을 산책했습니다.

少子化(しょうしか)の対策(たいさく)を話(はな)し合(あ)います。 저출생 대책을 논의했습니다.

쓰는 순서 策 策 策 策 策 策 策 策 策 策 策 策

0988

□ □

処

곳 처 (處)

N2 총 5 획

음 しょ **処罰**(しょばつ) 처벌 | **処分**(しょぶん) 처분 | **処理**(しょり) 처리 | **善処**(ぜんしょ) 선처 | **対処**(たいしょ) 대처

要(い)らない物(もの)を処分(しょぶん)しました。 필요 없는 물건을 처분했습니다.

この問題(もんだい)にどう対処(たいしょ)しますか。 이 문제에 어떻게 대처합니까?

쓰는 순서 処 処 処 処 処

0989

尺

자 척

N1 총4획

음 しゃく 尺度(しゃくど) 자, 길이 | 尺八(しゃくはち) 퉁소 | 一尺(いっしゃく) 1척 | 縮尺(しゅくしゃく) 축척

日本(にほん)には「尺八(しゃくはち)」という楽器(がっき)があります。 일본에는 '퉁소'라는 악기가 있습니다.

一尺(いっしゃく)は約(やく)30.3センチメートルです。 1척은 약 30.3cm입니다.

쓰는 순서 尺 尺 尺 尺

0990

泉

샘 천

N3 총9획

음 せん 泉水(せんすい) 샘물 | 温泉(おんせん) 온천 | 源泉(げんせん) 원천 | 冷泉(れいせん) 냉천, 찬 샘

훈 いずみ 泉(いずみ) 샘, 샘물

箱根(はこね)は温泉(おんせん)が有名(ゆうめい)です。 하코네는 온천이 유명합니다.

泉(いずみ)の水(みず)をくみました。 샘물을 펐습니다.

쓰는 순서 泉 泉 泉 泉 泉 泉 泉 泉 泉

0991

庁

관청 청 (廳)

N3 총5획

음 ちょう 庁舎(ちょうしゃ) 청사 | 官庁(かんちょう) 관청 | 警察庁(けいさつちょう) 경찰청 | 県庁(けんちょう) 현청

新(あたら)しい庁舎(ちょうしゃ)ができました。 새로운 청사가 생겼습니다.

県庁(けんちょう)の前(まえ)にバス停(てい)があります。 현청 앞에 버스 정류장이 있습니다.

쓰는 순서 庁 庁 庁 庁 庁

0992

寸

마디 촌

N1 총3획

음 すん 寸劇(すんげき) 촌극, 토막극 | 寸前(すんぜん) 직전, 바로 전 | 寸断(すんだん) 잘게 끊음, 토막토막 자름 | 一寸(いっすん) 잠시, 잠깐

広場(ひろば)で寸劇(すんげき)を見(み)ました。 광장에서 촌극을 봤습니다.

ゴールの寸前(すんぜん)で転(ころ)びました。 골인 직전에 넘어졌습니다.

쓰는 순서 寸 寸 寸

0993

推

밀 추

N1 총 11 획

음 すい 推移(すいい) 추이 | 推薦(すいせん) 추천 | 推測(すいそく) 추측 | 推理(すいり) 추리 | 類推(るいすい) 유추

훈 お(す) 推す(おす) 밀다, 추진시키다, 천거하다

推理小説(すいりしょうせつ)が好(す)きです。 추리 소설을 좋아합니다.

私(わたし)は学生会長(がくせいかいちょう)に野村(のむら)さんを推(お)しました。

나는 학생회장으로 노무라 씨를 밀었습니다.

쓰는 순서 推 推 推 推 推 推 推 推 推 推 推

0994

縮

줄일 축

N1 총 17 획

음 しゅく 縮小(しゅくしょう) 축소 | 縮図(しゅくず) 축도 | 圧縮(あっしゅく) 압축 | 恐縮(きょうしゅく) 공축, 황송함 | 短縮(たんしゅく) 단축

훈 ちぢ(む), ちぢ(まる), ちぢ(める), ちぢ(れる), ちぢ(らす)

縮む(ちぢむ) 줄다, 오그라들다, 줄어들다 | 縮まる(ちぢまる) 오그라들다, 줄어들다 | 縮める(ちぢめる) 줄이다, 축소하다 |

縮れる(ちぢれる) 주름이 지다, 곱슬곱슬해지다 | 縮らす(ちぢらす) 오글오글하게 하다, 곱슬곱슬하게 지지다

縮小(しゅくしょう)コピーの方法(ほうほう)が分(わ)かりますか。 축소 복사하는 방법을 압니까?

セーターが縮(ちぢ)んでしまいました。 스웨터가 오그라들고 말았습니다.

쓰는 순서 縮 縮 縮 縮 縮 縮 縮 縮 縮 縮 縮 縮 縮 縮 縮 縮 縮

0995

忠

충성 충

N1 총 8 획

음 ちゅう 忠告(ちゅうこく) 충고 | 忠実(ちゅうじつ) 충실 | 忠臣(ちゅうしん) 충신 | 忠誠(ちゅうせい) 충성

山田(やまだ)さんは忠告(ちゅうこく)を聞(き)きませんでした。 야마다 씨는 충고를 듣지 않았습니다.

事件(じけん)を忠実(ちゅうじつ)に再現(さいげん)しました。 사건을 충실히 재현했습니다.

쓰는 순서 忠 忠 忠 忠 忠 忠 忠 忠

0996

就

나아갈 취

N1 총 12 획

음 しゅう, じゅ 就航(しゅうこう) 취항 | 就職(しゅうしょく) 취업 | 就寝(しゅうしん) 취침 | 就任(しゅうにん) 취임 | 去就(きょしゅう) 거취 | 成就(じょうじゅ) 성취

훈 つ(く), つ(ける) 就く(つく) 취임하다, 취업하다, 종사하다 | 就ける(つける) 앉히다, 종사하게 하다

就寝時間(しゅうしんじかん)は11時(じ)です。 취침 시간은 열한 시입니다.

料理(りょうり)の仕事(しごと)に就(つ)きたいです。 요리하는 일에 종사하고 싶습니다.

쓰는 순서 就 就 就 就 就 就 就 就 就 就 就 就

0997 □□

층 층(層)

N2 총 14획

음 そう 階層(かいそう) 계층 | 高層(こうそう) 고층 | 断層(だんそう) 단층 | 地層(ちそう) 지층

高層(こうそう)マンションに住(す)んでいます。고층 아파트에 삽니다.

これは一万年前(いちまんねんまえ)の地層(ちそう)です。이것은 만 년 전의 지층입니다.

쓰는 순서 層 層 層 層 層 層 層 層 層 層 層 層 層 層

0998 □□

値

값 치

N2 총 10획

음 ち 価値(かち) 가치 | 血糖値(けっとうち) 혈당치 | 数値(すうち) 수치, 값 | 平均値(へいきんち) 평균치

훈 ね, あたい 値(ね) 값, 가격 | 値打(ねう)ち 값, 가격, 값어치 | 値段(ねだん) 가격 | 値(あたい) 값, 가격, 값어치

数値(すうち)を計算(けいさん)します。수치를 계산합니다.

この絵(え)は五百万円(ごひゃくまんえん)の値打(ねう)ちがあります。이 그림은 500만 엔의 값어치가 있습니다.

쓰는 순서 値 値 値 値 値 値 値 値 値 値

0999 □□

바늘 침

N3 총 10획

음 しん 針灸(しんきゅう) 침구, 침과 뜸 | 針葉樹(しんようじゅ) 침엽수 | 秒針(びょうしん) 초침 | 方針(ほうしん) 방침

훈 はり 針(はり) 바늘, 침, 가시 | 針金(はりがね) 철사, 가느다란 것

会社(かいしゃ)の方針(ほうしん)を話(はな)し合(あ)いました。회사 방침을 논의했습니다.

時計(とけい)の針(はり)が十時(じゅうじ)を指(さ)しています。시곗바늘이 열 시를 가리키고 있습니다.

쓰는 순서 針 針 針 針 針 針 針 針 針 針

1000 □□

낳을 탄

N1 총 15획

음 たん 誕生(たんじょう) 탄생, 출생, 첫돌 | 降誕(こうたん) 강탄, 탄생 | 聖誕(せいたん) 성탄 | 生誕(せいたん) 탄생

木村(きむら)さんの誕生日(たんじょうび)パーティーを開(ひら)きました。

기무라 씨의 생일 파티를 열었습니다.

聖誕節(せいたんせつ)にクリスマスカードを贈(おく)ります。성탄절에 크리스마스 카드를 보냅니다.

쓰는 순서 誕 誕 誕 誕 誕 誕 誕 誕 誕 誕 誕 誕 誕 誕 誕

1001

探

찾을 탐

N2 총 11 획

음 たん 探究(たんきゅう) 탐구 | 探検(たんけん) 탐험 | 探索(たんさく) 탐색 | 探偵(たんてい) 탐정 | 探訪(たんぼう) 탐방

훈 さぐ(る), さが(す) 探(さぐ)る 찾다, 탐색하다, 조사하다 | 探(さが)す 찾다

子(こ)どもの頃(ごろ)、探検家(たんけんか)にあこがれました。 어렸을 때 탐험가를 동경했습니다.

財布(さいふ)を探(さが)しています。 지갑을 찾고 있습니다.

쓰는 순서 探 探 探 探 探 探 探 探 探 探 探

1002

宅

집 택/댁 댁

N3 총 6 획

음 たく 宅地(たくち) 택지 | 宅配(たくはい) 택배 | 帰宅(きたく) 귀가 | 自宅(じたく) 자택 | 住宅(じゅうたく) 주택

宅配便(たくはいびん)が届(とど)きました。 택배가 도착했습니다.

いつも七時(しちじ)に帰宅(きたく)します。 언제나 일곱 시에 귀가합니다.

쓰는 순서 宅 宅 宅 宅 宅 宅

1003

討

칠 토

N1 총 10 획

음 とう 討議(とうぎ) 토의 | 討論(とうろん) 토론 | 検討(けんとう) 검토 | 征討(せいとう) 정벌, 토벌

훈 う(つ) 討(う)つ 공격하다, 쓰러뜨리다, 베다, 죽이다

計画書(けいかくしょ)の内容(ないよう)を検討(けんとう)しました。 계획서 내용을 검토했습니다.

親(おや)の敵(かたき)を討(う)ちました。 부모님의 원수를 갚았습니다.

쓰는 순서 討 討 討 討 討 討 討 討 討 討

1004

痛

아플 통

N3 총 12 획

음 つう 痛風(つうふう) 통풍 | 頭痛(ずつう) 두통 | 鎮痛(ちんつう) 진통 | 腹痛(ふくつう) 복통

훈 いた(い), いた(む), いた(める) 痛(いた)い 아프다 | 痛(いた)む 아프다, 고통스럽다, 괴롭다 | 痛(いた)める 아프게 하다, 고통을 주다

腹痛(ふくつう)がして、薬(くすり)を飲(の)みました。 복통이 나서 약을 먹었습니다.

虫歯(むしば)で歯(は)が痛(いた)みます。 충치 때문에 치아가 아픕니다.

쓰는 순서 痛 痛 痛 痛 痛 痛 痛 痛 痛 痛 痛 痛

1005

물러날 퇴 (退)

N2 총 9 획

음 たい 退院(たいいん) 퇴원 | 退場(たいじょう) 퇴장 | 引退(いんたい) 은퇴 | 辞退(じたい) 사퇴 | 進退(しんたい) 진퇴

훈 しりぞ(く), しりぞ(ける) 退く(しりぞく) 물러나다, 비키다 | 退ける(しりぞける) 물리치다, 격퇴하다

あした、祖母(そぼ)が退院(たいいん)します。 내일 할머니가 퇴원합니다.

課長(かちょう)は私(わたし)の意見(いけん)を退(しりぞ)けました。 과장님은 내 의견을 거절했습니다.

쓰는 순서 退 退 退 退 退 退 退 退 退

1006

갈래 파

N1 총 9 획

음 は 派遣(はけん) 파견 | 派生(はせい) 파생 | 党派(とうは) 당파 | 立派(りっぱ) 훌륭함, 뛰어남

社長(しゃちょう)は社員(しゃいん)を外国(がいこく)に派遣(はけん)しました。 사장님은 사원을 외국에 파견했습니다.

立派(りっぱ)な先生(せんせい)になりたいです。 훌륭한 선생님이 되고 싶습니다.

쓰는 순서 派 派 派 派 派 派 派 派 派

1007

조각 편

N2 총 4 획

음 へん 片鱗(へんりん) 편린 | 断片(だんぺん) 단편 | 破片(はへん) 파편 | 木片(もくへん) 나무 조각

훈 かた 片腕(かたうで) 한쪽 팔 | 片思い(かたおもい) 짝사랑 | 片道(かたみち) 편도

古文書(こもんじょ)の断片(だんぺん)が見(み)つかりました。 고문서의 단편이 발견되었습니다.

片道(かたみち)はいくらですか。 편도는 얼마입니까?

쓰는 순서 片 片 片 片

1008

허파 폐

N1 총 9 획

음 はい 肺(はい) 폐 | 肺炎(はいえん) 폐렴 | 肺活量(はいかつりょう) 폐활량 | 肺がん(はいがん) 폐암

タバコは肺(はい)によくありません。 담배는 폐에 좋지 않습니다.

肺炎(はいえん)で入院(にゅういん)しました。 폐렴으로 입원했습니다.

쓰는 순서 肺 肺 肺 肺 肺 肺 肺 肺 肺

1009

陛

대궐 섬돌 폐

N1 총 10 획

음 へい 陛下(へいか) 폐하(일왕) | 皇后陛下(こうごうへいか) 황후 폐하 | 天皇陛下(てんのうへいか) 일왕(천황) 폐하

陛下(へいか)がアメリカを訪問(ほうもん)しました。 일왕이 미국을 방문했습니다.

皇后陛下(こうごうへいか)がいらっしゃいました。 황후 폐하가 오셨습니다.

쓰는 순서 陛 陛 陛 陛 陛 陛 陛 陛 陛 陛

1010

閉

닫을 폐

N3 총 11 획

음 へい 閉鎖(へいさ) 폐쇄 | 閉店(へいてん) 폐점 | 開閉(かいへい) 개폐 | 密閉(みっぺい) 밀폐

훈 し(まる), し(める), と(じる), と(ざす) 閉(し)まる 닫히다 | 閉(し)める 닫다 | 閉(と)じる 닫히다, 끝나다 | 閉(と)ざす 닫다, 잠그다, 막다

閉店(へいてん)は夜十時(よるじゅうじ)です。 폐점은 밤 열 시입니다.

窓(まど)を閉(し)めてください。 창문을 닫아 주세요.

쓰는 순서 閉 閉 閉 閉 閉 閉 閉 閉 閉 閉 閉

1011

俵

나누어줄 표

N1 총 10 획

음 ひょう 一俵(いっぴょう) 낱섬, 한 가마 | 三俵(さんびょう) 세 가마 | 土俵(どひょう) 스모를 하는 판, 씨름판 | 二俵(にひょう) 두 가마

훈 たわら 俵(たわら) 섬, 가마니 | 米俵(こめだわら) 쌀섬, 쌀가마니

土俵(どひょう)で相撲(すもう)をとっています。 씨름판에서 스모를 하고 있습니다.

今(いま)では俵(たわら)はほとんど使(つか)いません。 지금은 가마니를 거의 사용하지 않습니다.

쓰는 순서 俵 俵 俵 俵 俵 俵 俵 俵 俵 俵

1012

割

벨 할

N3 총 12 획

음 かつ 割愛(かつあい) 할애 | 割賦(かっぷ) 할부 | 割腹(かっぷく) 할복 | 分割(ぶんかつ) 분할

훈 わ(る), わり, わ(れる), さ(く) 割(わ)る 깨다, 쪼개다 | 割(わ)り勘(かん) 더치페이 | 割(わ)り引(び)き 할인 | 時間割(じかんわ)り 시간표 | 割(わ)れる 깨지다 | 割(さ)く 찢다, 쪼개다

支払(しはら)いは分割(ぶんかつ)でお願(ねが)いします。 지불은 할부로 부탁드립니다.

コップを割(わ)ってしまいました。 컵을 깨고 말았습니다.

쓰는 순서 割 割 割 割 割 割 割 割 割 割 割 割

1013

郷

시골 향 (鄕)

N1 총 11 획

음 きょう, ごう 郷愁(きょうしゅう) 향수 | 郷土(きょうど) 향토 | 故郷(こきょう) 고향 | 同郷(どうきょう) 동향 | 水郷(すいごう) 수향, 물가의 마을

「ひつまぶし」は名古屋(なごや)の郷土料理(きょうどりょうり)です。

'히쓰마부시'는 나고야의 향토 요리입니다.

町(まち)で同郷(どうきょう)の人(ひと)に会(あ)いました。 시내에서 고향 사람을 만났습니다.

* ひつまぶし: 히쓰마부시, 따뜻한 밥 위에 장어 구이를 잘게 썰어 올린 나고야 명물 음식

쓰는 순서 郷 郷 郷 郷 郷 郷 郷 郷 郷 郷 郷

1014

憲

법 헌

N1 총 16 획

음 けん 憲兵(けんぺい) 헌병 | 憲法(けんぽう) 헌법 | 違憲(いけん) 위헌 | 合憲(ごうけん) 합헌

憲兵隊(けんぺいたい)に入隊(にゅうたい)しました。 헌병대에 입대했습니다.

五月三日(ごがつみっか)は日本(にほん)の憲法記念日(けんぽうきねんび)です。 5월 3일은 일본의 헌법기념일입니다.

쓰는 순서 憲 憲 憲 憲 憲 憲 憲 憲 憲 憲 憲 憲 憲 憲 憲 憲

1015

革

가죽 혁

N3 총 9 획

음 かく 革新(かくしん) 혁신 | 革命(かくめい) 혁명 | 改革(かいかく) 개혁 | 変革(へんかく) 변혁

훈 かわ 革(かわ) 가죽 | 革靴(かわぐつ) 가죽신 | 革製品(かわせいひん) 가죽 제품

外国(がいこく)で革命(かくめい)が起(お)きました。 외국에서 혁명이 일어났습니다.

牛(うし)の革(かわ)でできたかばんです。 소가죽으로 만든 가방입니다.

쓰는 순서 革 革 革 革 革 革 革 革 革

1016

穴

구멍 혈

N1 총 5 획

음 けつ 虎穴(こけつ) 호랑이 굴 | 洞穴(どうけつ) 동굴 | 墓穴(ぼけつ) 묘혈, 무덤 구덩이

훈 あな 穴(あな) 구멍 | 落(お)とし穴(あな) 함정, 계략 | 毛穴(けあな) 모공

洞穴(どうけつ)にコウモリがいます。 동굴에 박쥐가 있습니다.

犬(いぬ)が穴(あな)を掘(ほ)っています。 개가 구멍을 파고 있습니다.

쓰는 순서 穴 穴 穴 穴 穴

1017

呼

부를 호

N3 총8획

음 こ　呼応(こおう) 호응 | 呼吸(こきゅう) 호흡 | 点呼(てんこ) 점호 | 連呼(れんこ) 연호, 같은 말을 되풀이 해서 외침

훈 よ(ぶ)　呼(よ)ぶ 부르다 | 呼(よ)び出(だ)し 호출 | 呼(よ)び鈴(りん) 초인종

人数(にんずう)を点呼(てんこ)して確認(かくにん)しました。 인원수를 점호해서 확인했습니다.

呼(よ)び鈴(りん)が鳴(な)っています。 초인종이 울리고 있습니다.

쓰는 순서 呼 呼 呼 呼 呼 呼 呼 呼

1018

紅

붉을 홍

N3 총9획

음 こう, く　紅茶(こうちゃ) 홍차 | 紅潮(こうちょう) 홍조 | 紅白(こうはく) 홍백 | 紅葉(こうよう) 단풍잎 | 真紅(しんく) 진홍

훈 べに, くれない　紅(べに) 홍화, 잇꽃, 연지 | 口紅(くちべに) 립스틱 | 紅(くれない) 다홍

紅茶(こうちゃ)にレモンを入(い)れますか。 홍차에 레몬을 넣습니까?

きれいな色(いろ)の口紅(くちべに)です。 예쁜 색의 립스틱입니다.

쓰는 순서 紅 紅 紅 紅 紅 紅 紅 紅 紅

1019

拡

넓힐 확 (擴)

N1 총8획

음 かく　拡散(かくさん) 확산 | 拡充(かくじゅう) 확충 | 拡大(かくだい) 확대 | 拡張(かくちょう) 확장

小(ちい)さい字(じ)を拡大(かくだい)して読(よ)みます。 작은 글자를 확대해서 읽습니다.

道路(どうろ)の拡張工事(かくちょうこうじ)をしています。 도로의 확장 공사를 하고 있습니다.

쓰는 순서 拡 拡 拡 拡 拡 拡 拡 拡

1020

皇

임금 황

N1 총9획

음 こう, おう　皇居(こうきょ) 황거, 고쿄(일왕이 거처하는 곳) | 皇后(こうごう) 황후 | 皇室(こうしつ) 황실 | 皇帝(こうてい) 황제 | 皇子(おうじ) 황자 | 法皇(ほうおう) 법황

皇居(こうきょ)の近(ちか)くで写真(しゃしん)を撮(と)りました。 황거 근처에서 사진을 찍었습니다.

ここは昔(むかし)、皇帝(こうてい)が住(す)んでいた所(ところ)です。 여기는 옛날에 황제가 살던 곳입니다.

쓰는 순서 皇 皇 皇 皇 皇 皇 皇 皇 皇

1021

灰

재 회 (灰)

N3 총 6 획

음 かい 灰燼(かいじん) 회진, 잿더미 | 石灰(せっかい) 석회

훈 はい 灰(はい) 재 | 灰色(はいいろ) 회색 | 灰皿(はいざら) 재떨이 | 火山灰(かざんばい) 화산재

石灰(せっかい)は肥料(ひりょう)の一(ひと)つです。 석회는 비료의 하나입니다.

灰皿(はいざら)はありますか。 재떨이는 있습니까?

쓰는 순서 灰 灰 灰 灰 灰 灰

1022

孝

효도 효

N1 총 7 획

음 こう 親孝行(おやこうこう) 효도, 효성스러움 | 親不孝(おやふこう) 불효 | 孝子(こうし) 효자 | 忠孝(ちゅうこう) 충효

花田(はなだ)さんはとても親孝行(おやこうこう)な人(ひと)です。 하나다 씨는 매우 효성스러운 사람입니다.

親不孝(おやふこう)をしてはいけません。 불효를 해서는 안 됩니다.

쓰는 순서 孝 孝 孝 孝 孝 孝 孝

1023

后

임금 후

N1 총 6 획

음 こう 后妃(こうひ) 후비, 왕비 | 王后(おうこう) 왕후 | 皇后(こうごう) 황후 | 皇太后(こうたいごう) 황태후

음 きさき 后(きさき) 왕비

皇后(こうごう)がヨーロッパを訪(おとず)れました。 황후가 유럽을 방문했습니다.

天皇(てんのう)の后(きさき)になりました。 일왕의 왕비가 되었습니다.

쓰는 순서 后 后 后 后 后 后

1024

揮

휘두를 휘

N1 총 12 획

음 き 揮毫(きごう) 휘호 | 揮発油(きはつゆ) 휘발유 | 指揮(しき) 지휘 | 発揮(はっき) 발휘

オーケストラを指揮(しき)します。 오케스트라를 지휘합니다.

実力(じつりょく)を発揮(はっき)してメダルを取(と)りました。 실력을 발휘해서 메달을 땄습니다.

쓰는 순서 揮 揮 揮 揮 揮 揮 揮 揮 揮 揮 揮 揮

6 학년

□□

1025

胸

가슴 흉

N2 총10획

음 きょう 胸囲(きょうい) 가슴둘레 | 胸像(きょうぞう) 흉상 | 胸部(きょうぶ) 흉부 | 度胸(どきょう) 담력, 배짱

훈 むね, むな 胸(むね) 가슴 | 胸焼(むねや)け 명치 언저리가 쓰리고 아픈 증상 | 胸騒(むなさわ)ぎ 가슴이 두근거림

胸部(きょうぶ)のレントゲンをとります。흉부의 엑스레이를 찍었습니다.

お酒(さけ)を飲(の)みすぎて胸焼(むねや)けがします。술을 너무 많이 마셔서 가슴이 쓰립니다.

쓰는 순서 胸 胸 胸 胸 胸 胸 胸 胸 胸 胸

□□

1026

마실 흡

N3 총6획

음 きゅう 吸引(きゅういん) 흡인 | 吸収(きゅうしゅう) 흡수 | 吸入(きゅうにゅう) 흡입 | 深呼吸(しんこきゅう) 심호흡

훈 す(う) 吸(す)う 들이마시다, 빨다 | 吸(す)いがら 담배꽁초

大(おお)きく息(いき)を吸(す)って深呼吸(しんこきゅう)をしましょう。숨을 크게 들이마셔서 심호흡을 합시다.

タバコは外(そと)で吸(す)ってください。담배는 밖에서 피우세요.

쓰는 순서 吸 吸 吸 吸 吸 吸

연습 문제 ㉑

[　　/20]

■ 밑줄 친 한자를 바르게 읽은 것을 고르시오.

1　皇后がヨーロッパを訪(おとず)れました。

① こうごう　② ごうごう　③ こうこう　④ ごうこう

2　工場(こうじょう)の排水(はいすい)が海(うみ)を汚染しています。

① おおせん　② おせん　③ おおせい　④ おせい

3　資料(しりょう)を拡大コピーしました。

① がくたい　② かくたい　③ がくだい　④ かくだい

4　この書類(しょるい)は今月(こんげつ)までに郵送します。

① ゆうそう　② ゆそう　③ ゆうそ　④ ゆそ

5　憲法改正(かいせい)に反対(はんたい)です。

① ほんぽう　② ほんぽん　③ けんぽう　④ けんぽん

6　テレビの電源が切(き)れています。

① でんけん　② でんげん　③ てんけん　④ てんげん

7　陛下がアメリカの大統領(だいとうりょう)と会談(かいだん)しました。

① へいか　② へいげ　③ はいか　④ はいげ

8　セミの幼虫が木(き)にいます。

① よちゅ　② ようちゅ　③ よちゅう　④ ようちゅう

9　釜山(プサン)－東京間(とうきょうかん)のフェリーが就航しました。

① しゅこ　② しゅうこ　③ しゅこう　④ しゅうこう

10　講演(こうえん)が終(お)わって、質疑が始(はじ)まりました。

① しちぎ　② しちき　③ しつぎ　④ しつき

정답 1① 2② 3④ 4① 5③ 6② 7① 8④ 9④ 10③

6 학년

11 縮小コピーの方法が分かりますか。

①しゅくしょう　②しゅっしょう　③しゅくしょ　④しゅっしょ

12 門の両側には仁王像があります。

①にいおうぞう　②におうぞう　③にいおぞう　④におぞう

13 この付近は高層マンションが多いです。

①ごうそう　②こうそう　③ごうそん　④こうそん

14 裁判で無実を主張しました。

①さいばん　②さいぱん　③ざいばん　④ざいぱん

15 会社が創業百周年を迎えました。

①そんごう　②そうごう　③そんぎょう　④そうぎょう

16 鉄は磁石にくっつきます。

①じゃしゃく　②じゃせき　③じしゃく　④じせき

17 日本の新聞は縦書きです。

①たてがき　②たてかき　③たでがき　④たでかき

18 部屋を掃除しましょう。

①そうち　②そうじ　③そんち　④そんじ

19 このパソコンは声で操作できます。

①そうさ　②そうさく　③ぞうさ　④ぞうさく

20 夏至は昼間の時間が一番長いです。

①かち　②げち　③かし　④げし

정답 11① 12② 13② 14① 15④ 16③ 17① 18② 19① 20④

연습 문제 ㉒

[　　/ 20]

■ 밑줄 친 히라가나를 한자로 바르게 적은 것을 고르시오.

1　夕焼けで空が赤くそまっています。

① 梨まって　② 集まって　③ 染まって　④ 架まって

2　彼は有名なしきしゃです。

① 脂揮者　② 指揮者　③ 脂輝者　④ 指輝者

3　とてもゆうしゅうな成績で卒業しました。

① 優秀　② 優禿　③ 憂秀　④ 憂禿

4　1789年にフランスかくめいが起きました。

① 串余　② 串命　③ 革余　④ 革命

5　このネックレスは母のいひんです。

① 遣品　② 遺品　③ 遣晶　④ 遺晶

6　「ひつまぶし」は名古屋のきょうど料理です。

① 郷士　② 郷土　③ 郎士　④ 郎土

7　藤真さんはしせいがきれいです。

① 姿勢　② 姿熱　③ 資勢　④ 資熱

8　はりで指を刺しました。

① 釣　② 針　③ 針　④ 釘

9　これは、とてもおもしろいすいり小説です。

① 推理　② 推理　③ 稚理　④ 稚理

10　食欲がないのは、ないぞうの病気かもしれません。

① 内臓　② 内蔵　③ 丙臓　④ 丙蔵

정답 1③ 2② 3① 4④ 5② 6② 7① 8③ 9② 10①

11　広場には市のちょうしゃがあります。

①庁舎　②庁合　③庄舎　④庄合

12　今日は早く仕事がすみました。

①斎み　②斉み　③済み　④剤み

13　大学のどうそうかいに参加しました。

①回窒会　②回窓会　③同窒会　④同窓会

14　ここはちょうりゅうが速いので、泳がないでください。

①潮流　②潮琉　③朝流　④朝琉

15　やかんからじょうきが出ています。

①燕気　②燕汽　③蒸気　④蒸汽

16　その意見に私をのぞいて、みんなは反対しました。

①余いて　②途いて　③徐いて　④除いて

17　ヴァイオリンが美しいメロディーをかなでています。

①春でて　②奏でて　③泰でて　④秦でて

18　バスにはざせきがありませんでした。

①座席　②座度　③挫席　④挫度

19　うちの犬は私にとてもじゅうじゅんです。

①従須　②従順　③徒須　④徒順

20　子どもの人口減少がいちじるしいです。

①箸しい　②暑しい　③緒しい　④著しい

정답　11 ①　12 ③　13 ④　14 ①　15 ③　16 ④　17 ②　18 ①　19 ②　20 ④

색인
총획순

총 1 획

一 한 일 013

총 2 획

九 아홉 구 015
刀 칼 도 069
力 힘 력 028
十 열 십 015
二 두 이 013
人 사람 인 027
入 들 입 023
丁 고무래 정 138
七 일곱 칠 014
八 여덟 팔 014

총 3 획

干 방패 간 275
工 장인 공 055
口 입 구 020
久 오랠 구 220
弓 활 궁 072
己 몸 기 281
女 여자 녀 026
大 큰 대 018
万 일만 만 046
亡 망할 망 286
士 선비 사 232
山 뫼 산 024
三 석 삼 013
上 윗 상 018
夕 저녁 석 026
小 작을 소 019
子 아들 자 027
才 재주 재 070
千 일천 천 015
川 내 천 024
寸 마디 촌 319
土 흙 토 017
下 아래 하 018
丸 둥글 환 069

총 4 획

犬 개 견 028
欠 이지러질 결 155
公 공평할 공 052
区 구역 구 138
今 이제 금 043
内 안 내 044
毛 털 모 069
木 나무 목 017
文 글월 문 021
反 돌이킬 반 091
方 모 방 066
父 아버지 부 041
夫 지아비 부 173
分 나눌 분 043
不 아닐 불(부) 174
仏 부처 불 231
比 견줄 비 231
少 적을 소 045
水 물 수 017
手 손 수 021
収 거둘 수 294
心 마음 심 067
氏 성씨 씨 186
予 미리 예 131
五 다섯 오 014
午 낮 오 073
王 임금 왕 027
友 벗 우 042
牛 소 우 046
円 둥글 원 030
元 으뜸 원 074
月 달 월 016
六 여섯 육(륙) 014
引 끌 인 071
仁 어질 인 308
日 날 일 016
切 끊을 절/모두 체 080
井 우물 정 197
中 가운데 중 018
止 그칠 지 066
支 지탱할 지 258
尺 자 척 319
天 하늘 천 024
太 클 태 074
片 조각 편 323
戸 집 호 064
火 불 화 016
化 될 화 125

총 5 획

加 더할 가 153
可 옳을 가 215
刊 새길 간 215
去 갈 거 123
古 옛 고 043
功 공 공 157
広 넓을 광 074
句 글귀 구 220
旧 옛 구 220
台 토대 대/별 태 073
代 대신할 대 131
冬 겨울 동 040
令 하여금 령 166
礼 예도 례 113
立 설 립 031
末 끝 말 169
皿 그릇 명 133
母 어머니 모 041
目 눈 목 021
未 아닐 미 171
民 백성 민 171
半 반 반 051
白 흰 백 019
犯 범할 범 229
辺 가 변 172
弁 고깔/말씀 변 229
本 근본 본 031
付 줄 부 173
北 북녘 북 039
氷 얼음 빙 125
四 넉 사 013
写 베낄 사 093
仕 섬길 사 107
司 맡을 사 175
史 사기 사 233
生 날 생 022
石 돌 석 024
世 인간 세 136
市 저자 시 066
矢 화살 시 072
示 보일 시 245
申 거듭 신 131
失 잃을 실 186
圧 누를 압 245
央 가운데 앙 131
永 길 영 248
玉 구슬 옥 030
外 바깥 외 044
用 쓸 용 070
右 오른 우 019
由 말미암을 유 136
幼 어릴 유 306
以 써 이 193
田 밭 전 032
正 바를 정 028
左 왼 좌 019
主 주인 주 112
札 편지 찰 200
冊 책 책 318
処 곳 처 318
庁 관청 청 319
出 날 출 023
打 칠 타 100
他 다를 타 139
平 평평할 평 112
包 쌀 포 204
布 베/펼 포 263
皮 가죽 피 121
必 반드시 필 205
穴 구멍 혈 325
兄 형 형 041
号 이름 호 098

총 6 획

仮 거짓 가 215
各 각각 각 153
件 물건 건 217
考 생각할 고 079
曲 굽을 곡 127
共 한가지 공 158
光 빛 광 073
交 사귈 교 053
机 책상 궤 280
気 기운 기 025
年 해 년 016
多 많을 다 045
団 둥글 단 223
当 마땅할 당 082
同 한가지 동 080

灯 등불 등 165
両 두 량 136
列 벌일 렬 103
老 늙을 로 167
每 매양 매 049
名 이름 명 027
米 쌀 미 048
百 일백 백 015
糸 실 사 030
寺 절 사 053
死 죽을 사 135
色 빛 색 068
西 서녘 서 039
先 먼저 선 022
舌 혀 설 293
成 이룰 성 177
守 지킬 수 141
式 법 식 113
安 편안 안 100
羊 양 양 135
羽 깃 우 068
宇 집 우 305
危 위태할 위 306
有 있을 유 122
肉 고기 육 048
衣 옷 의 192
耳 귀 이 020
印 도장 인 193
因 인할 인 250
任 맡길 임 250
字 글자 자 022
自 스스로 자 043
再 두 재 251
在 있을 재 252
争 다툴 쟁 194
全 온전할 전 099
伝 전할 전 196
早 이를 조 032
兆 조 조 197
存 있을 존 314
州 고을 주 138
竹 대 죽 029
仲 버금 중 199
池 못 지 074
地 땅 지 078
至 이를 지 317
次 버금 차 127
虫 벌레 충 028
宅 집 택/댁 댁 322
合 합할 합 080
行 다닐 행 065
向 향할 향 108
血 피 혈 097
好 좋을 호 207
会 모일 회 052
回 돌아올 회 081
灰 재 회 327
后 임금 후 327
休 쉴 휴 031
吸 마실 흡 328

총 7 획

角 뿔 각 066
改 고칠 개 154
見 볼 견 030
決 결정할 결 132
系 맬 계 277
告 고할 고 219
谷 골짜기 곡 075
困 곤할 곤 278
局 판 국 098
究 연구할 구 109
君 임금 군 112
均 고를 균 221
求 구할 구 159
近 가까울 근 046
汽 물 끓는 김 기 072
岐 갈림길 기 161
技 재주 기 222
男 사내 남 026
努 힘쓸 노 163
対 대할 대 091
図 그림 도 078
豆 콩 두 133
乱 어지러울 란 283
卵 알 란 283
来 올 래 065
冷 찰 랭 165
良 어질 량 165
労 일할 로 167
里 마을 리 051
利 이로울 리 169
忘 잊을 망 286
売 팔 매 064
麦 보리 맥 048
返 돌이킬 반 123
防 막을 방 228
別 나눌 별 172
兵 군사 병 173
否 아닐 부 290
批 비평할 비 291
社 모일 사 052
似 닮을 사 233
私 사사 사 291
状 형상 상 235
序 차례 서 236
声 소리 성 058
束 묶을 속 183
身 몸 신 099
臣 신하 신 185
我 나 아 296
児 아이 아 186
言 말씀 언 054
余 남을 여 246
役 부릴 역 127
芸 재주 예 190
完 완전할 완 190
位 자리 위 192
囲 에워쌀 위 249
応 응할 응 249
医 의원 의 097
作 지을 작 055
材 재목 재 194
災 재앙 재 252
低 낮을 저 195
赤 붉을 적 020
折 꺾을 절 196
町 밭두둑 정 032
弟 아우 제 041
助 도울 조 123
条 가지 조 256
足 발 족 021
佐 도울 좌 198
走 달릴 주 065
住 살 주 107
志 뜻 지 258
車 수레 차(거) 023
体 몸 체 067
初 처음 초 202
村 마을 촌 032
沖 화할 충 202
快 쾌할 쾌 261
投 던질 투 102
坂 언덕 판 132
阪 언덕 판 204
判 판단할 판 262
貝 조개 패 029
何 어찌 하 081
形 모양 형 069
花 꽃 화 029
孝 효도 효 327
希 바랄 희 208

총 8 획

価 값 가 215
刻 새길 각 275
岡 언덕 강 154
居 살 거 217
京 서울 경 051
径 지름길 경 156
季 계절 계 157
届 이를 계 278
苦 쓸 고 128
固 굳을 고 157
空 빌 공 025
供 이바지할 공 279
果 실과 과 158
官 벼슬 관 158
具 갖출 구 133
国 나라 국 079
券 문서 권 279
金 쇠 금 017
奈 어찌 나 162
念 생각 념 163
担 멜 담 282
毒 독 독 224
東 동녘 동 039
例 법식 례 166
林 수풀 림 025
妹 누이 매 042
枚 낱 매 286
明 밝을 명 081

命 목숨 명 114
牧 칠 목 170
武 호반 무 227
門 문 문 064
物 물건 물 104
味 맛 미 111
放 놓을 방 113
拝 절 배 288
法 법 법 172
並 나란히 병 289
歩 걸음 보 065
宝 보배 보 289
服 옷 복 134
府 마을 부 173
阜 언덕 부 174
非 아닐 비 231
肥 살찔 비 231
事 일 사 107
使 하여금 사 114
舎 집 사 233
昔 옛 석 141
性 성품 성 237
所 바 소 107
松 소나무 송 184
刷 인쇄할 쇄 184
受 받을 수 104
垂 드리울 수 295
述 펼 술 239
承 이을 승 296
始 비로소 시 096
実 열매 실 144
芽 싹 아 187
岸 언덕 안 125
岩 바위 암 075
夜 밤 야 050
若 같을 약 296
易 바꿀 역/쉬울 이 247
延 늘일 연 297
沿 물 따라갈 연 298
泳 헤엄칠 영 099
英 꽃부리 영 189
往 갈 왕 248
雨 비 우 026
委 맡길 위 111
油 기름 유 125
乳 젖 유 307
育 기를 육 142
泣 울 읍 192
姉 손위 누이 자 042
者 놈 자 098
長 길 장 070
底 밑 저 195
的 과녁 적 195
典 법 전 196
店 가게 점 070
定 정할 정 142
制 절제할 제 255
卒 마칠 졸 198
宗 마루 종 315
注 부을 주 132
周 두루 주 199
宙 집 주 316
知 알 지 083
枝 가지 지 258
直 곧을 직 082
参 참여할 참 200
妻 아내 처 260
青 푸를 청 020
招 부를 초 260
忠 충성 충 320
取 가질 취 104
治 다스릴 치 203
波 물결 파 126
板 널빤지 판 137
版 판목 판 263
表 겉 표 137
河 물 하 264
学 배울 학 022
幸 다행 행 102
協 화합할 협 206
呼 부를 호 326
画 그림 화/그을 획 053
和 화할 화 142
拡 넓힐 확 326
効 본받을 효 267

총 9 획

看 볼 간 275
客 손 객 106
建 세울 건 155
計 셀 계 055
界 지경 계 136
係 맬 계 142
故 연고 고 219
科 과목 과 071
軍 군사 군 160
巻 책 권 279
急 급할 급 100
級 등급 급 137
紀 벼리 기 222
南 남녘 남 039
茶 차 다(차) 049
単 홑 단 163
段 층계 단 282
待 기다릴 대 094
度 법도 도 144
独 홀로 독 225
律 법칙 률 284
面 낯 면 137
美 아름다울 미 128
迷 미혹할 미 228
発 필 발 096
背 등/배반할 배 288
変 변할 변 172
保 지킬 보 229
負 질 부 101
飛 날 비 175
思 생각 사 079
査 조사할 사 233
砂 모래 사 291
相 서로 상 109
宣 베풀 선 293
星 별 성 075
省 살필 성/덜 생 177
城 성 성 177
洗 씻을 세 294
昭 밝을 소 143
送 보낼 송 105
首 머리 수 068
拾 주울 습 123
乗 탈 승 106
食 밥 식 048
神 귀신 신 093
信 믿을 신 186
室 집 실 054
約 맺을 약 187
洋 큰 바다 양 134
逆 거스릴 역 247
研 갈 연 109
染 물들 염 304
栄 영화 영 189
映 비칠 영 304
屋 집 옥 115
要 요긴할 요 190
勇 날랠 용 191
胃 밥통 위 306
音 소리 음 031
茨 가시나무 자 193
姿 모양 자 309
昨 어제 작 194
前 앞 전 044
畑 화전 전 129
専 오로지 전 312
点 점 점 056
政 정사 정 254
祖 할아버지 조 256
昼 낮 주 050
柱 기둥 주 132
奏 아뢸 주 316
重 무거울 중 091
指 가리킬 지 121
持 가질 지 124
浅 얕을 천 201
泉 샘 천 319
草 풀 초 029
秒 분초 초 143
秋 가을 추 040
追 쫓을 추 113
祝 빌 축 202
春 봄 춘 040
則 법칙 칙 261
炭 숯 탄 128
退 물러날 퇴 323
派 갈래 파 323
便 편할 편 204
肺 허파 폐 323
品 물건 품 104
風 바람 풍 075
限 한할 한 264
海 바다 해 076
香 향기 향 206
革 가죽 혁 325
県 고을 현 138

型 모형 형 266
紅 붉을 홍 326
活 살 활 080
皇 임금 황 326
栃 상수리나무 회 207
後 뒤 후 044
厚 두터울 후 267

총 10 획

家 집 가 079
降 내릴 강/항복할 항 276
個 낱 개 216
挙 들 거 154
格 격식 격 217
耕 밭 갈 경 218
高 높을 고 076
庫 곳집 고 126
骨 뼈 골 278
校 학교 교 023
郡 고을 군 160
宮 집 궁 093
帰 돌아갈 귀 081
根 뿌리 근 129
記 기록할 기 057
起 일어날 기 124
納 들일 납 282
能 능할 능 223
党 무리 당 283
帯 띠 대 164
島 섬 도 103
徒 무리 도 164
朗 밝을 랑 284
旅 나그네 려 094
連 잇닿을 련 166
料 헤아릴 료 168
流 흐를 류 097
留 머무를 류 226
馬 말 마 047
梅 매화 매 170
脈 줄기 맥 226
勉 힘쓸 면 140
班 나눌 반 287
配 나눌 배 105
倍 곱 배 145
俳 배우 배 288
病 병 병 096
粉 가루 분 230
秘 숨길 비 290
師 스승 사 234
射 쏠 사 291
殺 죽일 살/빠를 쇄 235
書 글 서 056
席 자리 석 176
消 사라질 소 095
笑 웃을 소 183
素 본디 소 237
速 빠를 속 100
孫 손자 손 184
修 닦을 수 238
純 순수할 순 295
時 때 시 050
息 쉴 식 095
案 책상 안 187
桜 앵두 앵 246
弱 약할 약 045
浴 목욕할 욕 190
容 얼굴 용 248
原 근원 원 076
院 집 원 097
員 인원 원 111
恩 은혜 은 307
益 더할 익 250
残 남을 잔 194
蚕 누에 잠 309
将 장수 장 310
財 재물 재 252
展 펼 전 312
庭 뜰 정 139
除 덜 제 313
造 지을 조 256
従 좇을 종 315
座 자리 좌 315
酒 술 주 115
株 그루 주 316
紙 종이 지 073
真 참 진 093
差 다를 차 199
借 빌릴 차 199
倉 곳집 창 200
値 값 치 321
針 바늘 침 321
討 칠 토 322
通 통할 통 083
特 특별할 특 203
破 깨뜨릴 파 262
陛 대궐 섬돌 폐 324
俵 나누어줄 표 324
夏 여름 하 040
荷 멜 하 126
航 배 항 265
害 해할 해 206
候 기후 후 207
訓 가르칠 훈 208
胸 가슴 흉 328

총 11 획

強 강할 강 045
康 편안할 강 154
健 굳셀 건 155
経 지날 경 218
械 기계 계 157
教 가르칠 교 054
球 공 구 102
救 구원할 구 221
規 법 규 221
埼 갑 기 161
崎 험할 기 161
寄 부칠 기 222
基 터 기 223
脳 골 뇌 282
断 끊을 단 223
堂 집 당 224
都 도읍 도 139
動 움직일 동 103
得 얻을 득 225
略 간략할 략 225
鹿 사슴 록 167
陸 뭍 륙 168
理 다스릴 리 082
梨 배나무 리 169
望 바랄 망 170
務 힘쓸 무 228
問 물을 문 140
密 빽빽할 밀 287
訪 찾을 방 288
部 떼 부 115
副 버금 부 174
婦 며느리 부 230
貧 가난할 빈 232
捨 버릴 사 292
産 낳을 산 175
商 장사 상 105
常 항상 상 235
船 배 선 072
雪 눈 설 076
設 베풀 설 236
盛 성할 성 293
細 가늘 세 083
巣 새집 소 183
率 거느릴 솔/비율 률 238
授 줄 수 239
宿 잘 숙 110
術 재주 술 239
習 익힐 습 101
視 볼 시 296
深 깊을 심 129
悪 악할 악/미워할 오 114
眼 눈 안 245
液 진 액 246
野 들 야 077
魚 물고기 어 047
域 지경 역 297
訳 번역할 역 297
欲 하고자 할 욕 305
郵 우편 우 305
移 옮길 이 250
異 다를 이 308
翌 다음날 익 308
章 글 장 140
帳 휘장 장 145
張 베풀 장 251
著 나타날 저 311
笛 피리 적 144
転 구를 전 108
接 이을 접 253
情 뜻 정 254
停 머무를 정 254
頂 정수리 정 313
第 차례 제 133
祭 제사 제 141
済 건널 제 313
鳥 새 조 047

組 짤 조 058
族 겨레 족 141
終 마칠 종 095
週 돌 주 049
進 나아갈 진 108
唱 부를 창 201
窓 창 창 317
菜 나물 채 201
採 캘 채 259
責 꾸짖을 책 260
清 맑을 청 201
推 밀 추 320
側 곁 측 203
探 찾을 탐 322
敗 패할 패 204
閉 닫을 폐 324
票 표 표 205
鄕 시골 향 325
許 허락할 허 265
険 험할 험 265
現 나타날 현 266
混 섞을 혼 266
貨 재물 화 207
黄 누를 황 077
黒 검을 흑 077

총 12 획

街 거리 가 153
覚 깨달을 각 153
間 사이 간 082
減 덜 감 216
開 열 개 124
検 검사할 검 217
結 맺을 결 155
軽 가벼울 경 091
景 볕 경 156
敬 공경 경 277
階 섬돌 계 134
過 지날 과 219
貴 귀할 귀 280
極 극진할 극 160
勤 부지런할 근 280
筋 힘줄 근 281
給 줄 급 161
期 기약할 기 094
短 짧을 단 122
達 통달할 달 163
答 대답할 답 071
隊 무리 대 164
貸 빌릴 대 224
道 길 도 049
童 아이 동 134
登 오를 등 092
等 무리 등 112
落 떨어질 락 092
量 헤아릴 량 166
満 찰 만 169
晩 늦을 만 285
買 살 매 064
無 없을 무 170
貿 무역할 무 228
博 넓을 박 171
飯 밥 반 171
番 차례 번 057
報 갚을 보 229
補 기울 보 289
復 회복할 복 230
棒 막대 봉 290
富 부유할 부 174
悲 슬플 비 139
備 갖출 비 232
費 쓸 비 232
詞 말 사 292
散 흩을 산 176
森 수풀 삼 025
象 코끼리 상 235
暑 더울 서 092
善 착할 선 293
税 세금 세 237
焼 사를 소 183
属 무리 속 238
順 순할 순 185
勝 이길 승 101
植 심을 식 129
陽 볕 양 130
然 그럴 연 188
葉 잎 엽 130
営 경영할 영 248
温 따뜻할 온 122
雲 구름 운 077
運 옮길 운 127
媛 미인 원 191
遊 놀 유 099
飲 마실 음 115
滋 불을 자 193
場 마당 장 067
装 꾸밀 장 310
裁 마를 재 311
貯 쌓을 저 252
絶 끊을 절 253
程 한도 정 254
提 끌 제 255
朝 아침 조 050
尊 높을 존 314
衆 무리 중 316
証 증거 증 257
集 모을 집 110
着 붙을 착 095
創 비롯할 창 318
策 꾀 책 318
晴 맑을 청 083
最 가장 최 202
就 나아갈 취 320
測 헤아릴 측 261
歯 이 치 121
湯 끓일 탕 135
統 거느릴 통 262
痛 아플 통 322
評 평할 평 263
筆 붓 필 114
賀 하례할 하 205
寒 찰 한 092
割 벨 할 324
港 항구 항 145
湖 호수 호 124
絵 그림 회 053
揮 휘두를 휘 327
喜 기쁠 희 268

총 13 획

幹 줄기 간 216
感 느낄 감 103
絹 비단 견 277
鉱 쇳돌 광 220
群 무리 군 160
禁 금할 금 222
暖 따뜻할 난 281
農 농사 농 130
働 일할 동 165
路 길 로 108
裏 속 리 285
幕 장막 막 285
盟 맹세 맹 286
夢 꿈 몽 227
墓 무덤 묘 227
福 복 복 102
腹 배 복 289
辞 말씀 사 175
飼 기를 사 234
想 생각 상 128
傷 다칠 상 292
署 마을 서 292
聖 성인 성 294
誠 정성 성 294
勢 형세 세 237
続 이을 속 184
損 덜 손 238
数 셈 수 056
詩 시 시 110
試 시험할 시 185
新 새 신 057
楽 노래 악/즐길 락 058
暗 어두울 암 122
愛 사랑 애 187
業 업 업 105
塩 소금 염 189
預 맡길/미리 예 304
遠 멀 원 046
園 동산 원 052
源 근원 원 306
意 뜻 의 111
義 옳을 의 249
賃 품삯 임 309
資 재물 자 251
腸 창자 장 310
電 번개 전 078
戦 싸움 전 196
節 마디 절 197
照 비칠 조 198
罪 허물 죄 257
準 준할 준 257
蒸 찔 증 317

鉄 쇠 철 106
置 둘 치 203
豊 풍년 풍 264
漢 한나라 한 140
解 풀 해 265
話 말씀 화 078

총 14 획

歌 노래 가 058
閣 집 각 275
境 지경 경 218
穀 곡식 곡 278
管 대롱 관 159
関 관계할 관 159
慣 익숙할 관 219
構 얽을 구 221
旗 기 기 162
徳 큰 덕 164
読 읽을 독 056
銅 구리 동 225
歴 지낼 력 226
練 익힐 련 101
領 거느릴 령 226
緑 푸를 록 130
綿 솜 면 227
鳴 울 명 047
暮 저물 모 287
模 본뜰 모 287
聞 들을 문 057
複 겹칠 복 230
鼻 코 비 121
算 셈 산 055
酸 실 산 234
像 모양 상 236
説 말씀 설/달랠 세 177
様 모양 양 144
語 말씀 어 054
漁 고기 잡을 어 188
駅 역 역 096
演 펼 연 247
誤 그르칠 오 304
熊 곰 웅 191
銀 은 은 135
疑 의심할 의 307
認 알 인 308
磁 자석 자 309
雑 섞일 잡 251
障 막을 장 310
適 맞을 적 253
銭 돈 전 312
静 고요할 정 197
精 정할 정 255
製 지을 제 255
際 즈음 제 256
種 씨 종 198
増 더할 증 257
誌 기록할 지 317
察 살필 찰 200
総 다 총 260
層 층 층 321
態 모습 태 262

총 15 획

潔 깨끗할 결 218
課 공부할 과 158
権 권세 권 279
劇 심할 극 280
器 그릇 기 162
談 말씀 담 109
導 인도할 도 224
論 논할 론 284
輪 바퀴 륜 168
箱 상자 상 126
賞 상줄 상 236
潟 개펄 석 176
線 줄 선 071
選 가릴 선 176
熟 익을 숙 295
縄 노끈 승 185
養 기를 양 188
億 억 억 188
熱 더울 열 189
遺 남길 유 307
蔵 감출 장 311
敵 대적할 적 312
諸 모두 제 313
調 고를 조 143
潮 밀물 조 314
質 바탕 질 259
賛 도울 찬 259
誕 낳을 탄 321
編 엮을 편 263
暴 사나울 폭 264
標 표할 표 205
確 굳을 확 267
横 가로 횡 145

총 16 획

鋼 강철 강 276
激 격할 격 276
館 집 관 094
橋 다리 교 106
機 베틀 기 162
糖 엿 당 283
頭 머리 두 067
録 기록할 록 167
奮 떨칠 분 290
輸 보낼 수 239
樹 나무 수 295
薬 약 약 098
燃 탈 연 247
衛 지킬 위 249
積 쌓을 적 195
整 가지런할 정 143
操 잡을 조 314
縦 세로 종 315
築 쌓을 축 261
親 친할 친 042
憲 법 헌 325
興 일 흥 267

총 17 획

講 외울 강 216
覧 볼 람 284
謝 사례할 사 234
厳 엄할 엄 297
優 넉넉할 우 305
績 길쌈할 적 253
縮 줄일 축 320

총 18 획

簡 대쪽 간 276
観 볼 관 159
難 어려울 난 281
類 무리 류 168
臨 임할 림 285
顔 얼굴 안 068
額 이마 액 246
曜 빛날 요 051
題 제목 제 110
職 직분 직 258
織 짤 직 259
験 시험 험 206

총 19 획

鏡 거울 경 156
警 경계할 경 277
識 알 식 245
願 원할 원 191
臓 오장 장 311

총 20 획

競 다툴 경 156
議 의논할 의 192
護 도울 호 266

지은이 한선희, 이이호시 카즈야
펴낸이 정규도
펴낸곳 (주)다락원

초판 1쇄 발행 2012년 2월 1일
개정판 1쇄 발행 2020년 3월 2일
개정판 8쇄 발행 2024년 5월 10일

책임편집 한누리, 송화록
디자인 정현석, 장미연, 이승현

다락원 경기도 파주시 문발로 211
내용문의: (02)736-2031 내선 460~465
구입문의: (02)736-2031 내선 250~252
Fax: (02)732-2037
출판등록 1977년 9월 16일 제 406-2008-000007호

ISBN 978-89-277-1230-5 13730

http://www.darakwon.co.kr

- 다락원 홈페이지를 방문하시면 상세한 출판 정보와 함께 동영상 강좌, MP3 자료 등 다양한 어학 정보를 얻으실 수 있습니다.
- 다락원 홈페이지에서 「NEW 일본어 상용한자 기초 마스터 1026」의 **MP3 파일**과 **확인 문제**, **연습 문제 해석**을 무료로 다운로드 받으실 수 있습니다.